全国高等教育自学考试指定教材
电子商务专业（专科）

经 济 学
Jingjixue

（含：经济学自学考试大纲）

（2018年版）

全国高等教育自学考试指导委员会　组编

主　编　缪代文

高等教育出版社·北京

扫描微信二维码
关注自考教材服务

图书在版编目(CIP)数据

经济学 / 全国高等教育自学考试指导委员会组编；缪代文主编. --北京：高等教育出版社，2018.10 (2021.10重印)
ISBN 978-7-04-050689-1

Ⅰ.①经… Ⅱ.①全… ②缪… Ⅲ.①经济学-高等教育-自学考试-教材 Ⅳ.①F0

中国版本图书馆 CIP 数据核字(2018)第 225324 号

| 策划编辑 | 雷旭波 | 责任编辑 | 孙 杰 | 版式设计 | 于 婕 |
| 责任校对 | 刘娟娟 | 责任印制 | 存 怡 | | |

出版	高等教育出版社	网址	http://www.hep.edu.cn
社址	北京市西城区德外大街4号		http://www.hep.com.cn
邮政编码	100120	网上订购	http://www.hepmall.com.cn
印刷	北京市大天乐投资管理有限公司		http://www.hepmall.com
开本	787mm×1092mm 1/16		http://www.hepmall.cn
印张	17.5		
字数	420 千字	版次	2018 年 10 月第 1 版
购书热线	010-58581118	印次	2021 年 10 月第 3 次印刷
咨询电话	400-810-0598	定价	37.00 元

本书如有缺页、倒页、脱页等质量问题，请到所购图书销售部门联系调换
版权所有 侵权必究
物 料 号 50689-00

组编前言

21世纪是一个变幻莫测的世纪,是一个催人奋进的时代。科学技术飞速发展,知识更替日新月异。希望、困惑、机遇、挑战,随时随地都有可能出现在每一个社会成员的生活之中。抓住机遇,寻求发展,迎接挑战,适应变化的制胜法宝就是学习——依靠自己学习、终身学习。

作为中国高等教育组成部分的自学考试,其职责就是在高等教育这个水平上倡导自学,鼓励自学,帮助自学,推动自学,为每一个自学者铺就成才之路。组织编写供读者学习的教材是履行这个职责的重要环节。毫无疑问,这种教材应当适合自学,应当有利于学习者掌握和了解新知识、新信息,有利于学习者增强创新意识、培养实践能力、形成自学能力,也有利于学习者学以致用,解决实际工作中所遇到的问题。具有如此特点的书,我们虽然沿用了"教材"这个概念,但它与那种以"教"为中心(教师讲、学生听,教师不讲、学生不懂)的教科书相比,已经在内容安排、编写体例、行文风格等方面大不相同了。希望读者对此有所了解,以便从一开始就树立起依靠自己学习的坚定信念,不断探索适合自己的学习方法,充分利用自己已有的知识基础和实际工作经验,最大限度地发挥自己的潜能,达到学习的目标。

欢迎读者提出意见和建议。

祝每一位读者自学成功。

全国高等教育自学考试指导委员会
2017年6月

目 录

经济学自学考试大纲

大纲前言 ……………………………… 2	Ⅳ 关于大纲的说明与考核实施要求 … 20
Ⅰ 课程性质与课程目标 …………… 3	附录 题型举例 ………………………… 23
Ⅱ 考核目标 ……………………… 4	后记 ……………………………………… 24
Ⅲ 课程内容与考核要求 ………… 5	

经 济 学

编者的话 ………………………………… 27

第一章 经济学导论 ………………… 29
第一节 经济学是关于选择的学问 … 30
第二节 资源配置与价格的作用 …… 34
第三节 经济学的基本定律和基本概念 …………………………… 37
第四节 经济学的基本内容和基本方法 …………………………… 42
本章小结 ………………………………… 48

第二章 消费者行为分析 ……………… 54
第一节 效用论 ………………………… 54
第二节 购买商品数量的原则（效用最大化原则）……………… 58
第三节 消费者剩余 …………………… 61
本章小结 ………………………………… 63

第三章 生产者行为分析 ……………… 66
第一节 厂商的生产活动：投入与产出 … 67
第二节 成本分析 ……………………… 72
第三节 利润 …………………………… 80
本章小结 ………………………………… 83

第四章 需求、供给与均衡价格 ……… 87
第一节 需求理论 ……………………… 88
第二节 供给理论 ……………………… 94

第三节 均衡理论及其运用 …………… 99
第四节 弹性理论及其运用 …………… 113
本章小结 ………………………………… 122

第五章 市场结构及市场失灵 ………… 128
第一节 市场类型和企业竞争策略 …… 129
第二节 垄断企业的产量、价格和利润 …………………………… 133
第三节 垄断竞争企业的产量、价格和利润 …………………………… 135
第四节 寡头企业的合作与竞争 ……… 137
第五节 市场失灵与微观经济政策 …… 144
本章小结 ………………………………… 156

第六章 宏观经济的主要变量 ………… 162
第一节 宏观经济变量 ………………… 163
第二节 总需求与总供给 ……………… 169
第三节 总供求均衡与国内生产总值的决定与变动 ……………… 172
本章小结 ………………………………… 177

第七章 国民收入决定理论 …………… 181
第一节 总需求的构成 ………………… 182
第二节 总需求与国民收入的决定 …… 188
第三节 总需求与国民收入的变动 …… 189
第四节 国民收入的注入与漏出 ……… 190

第五节　乘数原理 …………………… 190
　　第六节　凯恩斯国民收入决定理论 …… 194
　　本章小结 …………………………………… 196

第八章　失业与通货膨胀 …………………… 201
　　第一节　失业及其原因 ………………… 201
　　第二节　通货膨胀 ……………………… 208
　　第三节　失业与通货膨胀的交替及菲利浦斯曲线 …………………………… 214
　　本章小结 …………………………………… 215

第九章　经济增长和国际经济 ……………… 219
　　第一节　经济增长模型 ………………… 220
　　第二节　国际经济 ……………………… 225
　　本章小结 …………………………………… 233

第十章　宏观经济政策 ……………………… 237
　　第一节　财政政策 ……………………… 238
　　第二节　货币政策 ……………………… 245
　　第三节　相机抉择 ……………………… 249
　　第四节　供给管理政策及其他政策 …… 254
　　本章小结 …………………………………… 257

经济学重要概念 ……………………………… 263
参考文献 ……………………………………… 270
后记 …………………………………………… 271

全国高等教育自学考试
电子商务专业(专科)

经济学自学考试大纲

全国高等教育自学考试指导委员会 制定

大纲前言

为了适应社会主义现代化建设事业的需要,鼓励自学成才,我国在20世纪80年代初建立了高等教育自学考试制度。高等教育自学考试是个人自学、社会助学和国家考试相结合的一种高等教育形式。应考者通过规定的专业考试课程并经思想品德鉴定达到毕业要求的,可获得毕业证书;国家承认学历并按照规定享有与普通高等学校毕业生同等的有关待遇。经过30多年的发展,高等教育自学考试为国家培养造就了大批专门人才。

课程自学考试大纲是国家规范自学者学习范围、要求和考试标准的文件。它是按照专业考试计划的要求,具体指导个人自学、社会助学、国家考试、编写教材、编写自学辅导书的依据。

随着经济社会的快速发展,新的法律法规不断出台,科技成果不断涌现,原课程自学考试大纲中有些内容过时、部分知识陈旧。为更新教育观念,深化教学内容、考试制度、质量评价制度改革,使自学考试更好地提高人才培养的质量,各专业委员会按照专业考试计划的要求,对原课程自学考试大纲组织了修订或重编。

修订后的大纲,在层次上,本科参照一般普通高校本科水平,专科参照一般普通高校专科或高职院校的水平;在内容上,力图反映学科的发展变化,增补了自然科学和社会科学近年来研究的成果,对明显陈旧的内容进行了删减。

全国高等教育自学考试指导委员会经济管理类专业委员会组织制定了《经济学(二)自学考试大纲》,经教育部批准,现颁发施行。各地教育部门、考试机构应认真贯彻执行。

全国高等教育自学考试指导委员会
2018年6月

Ⅰ 课程性质与课程目标

一、课程性质与特点

经济学(二)是高等教育自学考试电子商务专业(专科)的一门专业基础课程。本课程的学习与教学提倡理论联系实际,以便适应互联网经济的快速发展,满足社会对电子商务和互联网金融专门应用型人才的需要。试卷中涉及的问题应以本大纲所确定的识记、领会和应用的有关要求为依据,试题的广度和深度不超出大纲要求的内容。

二、课程目标

《经济学(二)》课程考试的大纲是使得考生能够:
1. 了解经济学的基本理论、基本知识、基本技能与方法。
2. 理解经济行为的目的、作用与后果,价格的作用及资源配置。
3. 掌握市场经济中商品、服务和生产要素价格的供求均衡及变动,正确评价市场结构与类型及政府微观经济政策对厂商行为的影响。
4. 熟悉宏观经济变量、失业与通胀、经济增长、国际经济、宏观政策。
5. 通过系统的经济学训练,学生能够了解价格和收入的决定及其变动,理解个人、家庭和政府行为及其影响,简单评估外部变量的经济影响。

三、与相关课程的联系与区别

该课程与其他课程密切相关,是其课程体系中的基础课程之一。该课程为学生后续课程的学习做准备,为进一步学习电子商务专业技能及知识打基础。

四、课程的重点和难点

本课程的重点内容是第一章、第四章、第六章、第十章等章节,难点内容是第二章、第三章、第四章、第七章、第八章等章节,各章具体的重点和难点在大纲后面均有明确说明。

Ⅱ 考核目标

本大纲的考核目标,要求学生达到三个能力层次要求,即"识记""领会""应用"三个层次,具体含义是:

识记(Ⅰ):能识别和记忆有关的经济学概念及含义,并能根据考核要求正确地表达、选择与判断。识记是低层次的要求。

领会(Ⅱ):在识记的基础上,能够理解经济学基本概念及原理的内涵和外延,能够领悟有关概念、原理、方法的区别与联系,并且能够根据考核要求对经济问题进行逻辑推理和论证,做出正确的判断、解释和说明。领会是较高层次的要求。

应用(Ⅲ):在理解的基础上,能运用经济学基本概念、基本理论、基本方法,分析和解决有关的理论问题和实际问题。简单应用要求在领会的基础上,能用学过的一个或多个知识点分析和解决现实问题。应用是高层次的要求。

Ⅲ 课程内容与考核要求

第一章 经济学导论

一、学习目的与要求

通过本章的学习,了解"欲望无限"与"资源稀缺"的矛盾及其选择的必要性和可能性,理解经济学的含义及基本问题,掌握资源配置及不同的经济体制,能用稀缺性的原理分析现实中的简单经济问题。

二、课程内容

第一节 经济学是关于选择的学问

（一）经济学的产生及定义

资源分类;经济资源（劳动、土地、资本、企业家才能）;稀缺性问题及解决资源稀缺性问题的途径,西方经济学的基本假设,经济学要解决的基本问题。

（二）表示资源配置的两个经济模型

生产可能性曲线;市场运行图。

第二节 资源配置与价格的作用

（一）经济体制

经济体制;市场经济体制;计划经济体制;混合经济体制。

（二）市场经济体制是如何解决资源配置基本问题的

资源配置三大基本问题,价格机制。

（三）价格机制是怎样实现资源配置的

竞争和价格波动引起资源投入量的变化;价格变化;资源流动;价格机制的四大功能。

第三节 经济学的基本定律和基本概念

（一）经济学的四种表达方式

经济学的四种表达方式。

（二）经济学的基本定律

"给定条件下的最大化（或者最小化）",$MU_i/P_i=\lambda$。

（三）经济学的基本概念

权衡取舍;机会成本;边际决策;激励反应;比较优势;"看不见的手"。

第四节 经济学的基本内容和基本方法

（一）经济学的基本内容

微观经济学与宏观经济学的定义及相互关系。

（二）经济学基本方法

实证方法与规范方法；其他经济学方法（供求分析，成本收益分析，边际分析）。

三、考核知识点与考核要求

（一）经济学是关于选择的学问

1. 识记：(1)稀缺性的定义；(2)资源分类；(3)经济学的定义。
2. 领会：(1)选择必要性和可能性；(2)"经济人"假设和完全信息假设；(3)生产可能性曲线。
3. 应用：解释资源的稀缺性对个人、厂商和国家的影响。

（二）资源配置与价格的作用

1. 识记：资源配置方式：计划经济、市场经济和混合经济的含义。
2. 领会：计划经济、自由市场经济和混合经济之间的区别；价格机制及其功能。
3. 应用：理解不同经济体制的优劣。

（三）经济学的基本定律和基本概念

1. 识记：选择、机会成本和效率的重要性。
2. 领会：经济学基本定律。
3. 应用：举例说明权衡取舍和机会成本。

（四）经济学的基本内容和基本方法

1. 识记：(1)微观经济学的含义，微观经济学的中心是价格理论；宏观经济学的含义；(2)实证方法和实证经济学；规范方法和规范经济学；(3)经济学的分析工具；供求分析，边际分析，成本收益分析，短期与长期均衡分析。
2. 领会：微观经济学与宏观经济学的关系。
3. 应用：分别说明微观经济学和宏观经济学的基本问题。

四、本章重点和难点

1. 重点：稀缺性的含义；选择的含义；机会成本；生产可能性曲线。
2. 难点：资源配置的方式；价格机制的功能。

第二章　消费者行为分析

一、学习目的与要求

通过本章的学习，了解总效用、边际效用的概念及其相互关系，理解边际效用递减规律，掌握消费者均衡原则和消费者剩余概念。懂得边际效用递减规律的简单运用。

二、课程内容

第一节 效 用 论

（一）效用

欲望与效用；基数效用论与序数效用论。

（二）边际效用及边际效用递减规律

边际效用的含义，边际效用递减的原因，边际效用递减规律的特征。

（三）总效用与边际效用

总效用与边际效用的关系。

第二节 购买商品数量的原则（效用最大化原则）

（一）购买一种商品的数量原则

$$MU \geq P$$

（二）多种商品数量选择的消费者效用最大化原则

$$MU_x/P_x = MU_y/P_y$$

第三节 消费者剩余

（一）消费者剩余

（二）消费者剩余概念的运用。

三、考核知识点与考核要求

（一）效用论

1. 识记：效用的含义，边际效用的含义。
2. 领会：边际效用递减规律及特征，总效用与边际效用的关系。
3. 应用：用边际效用递减规律解释现实经济现象。

（二）效用最大化原则

1. 识记：效用最大化原则含义。
2. 领会：预算方程与效用最大化条件。
3. 应用：消费者数量决策。

（三）消费者剩余

1. 识记：消费者剩余含义。
2. 领会：边际效用、市场价格与消费者剩余的关系。
3. 应用：利用消费者剩余概念说明市场和分工、交换给人们带来的福利。

四、本章重点和难点

1. 重点：边际效用；效用最大化原则；消费者剩余。
2. 难点：预算方程与效用最大化原则条件。

第三章 生产者行为分析

一、学习目的与要求

通过本章的学习,了解短期生产函数,掌握产量规律及边际收益递减规律,理解长期生产函数中规模收益及要素最优组合的含义。了解成本、利润的概念,了解市场结构的类型与特点,能用边际收益递减规律、规模收益和规模经济理论分析现实中的经济问题。

二、课程内容

第一节 厂商的生产活动:投入与产出

（一）生产函数

要素:劳动,资本,土地,企业家才能。

生产函数的含义;长期和短期的概念。

（二）短期生产函数:投入与产出(产量)的关系

总产量、平均产量、边际产量及其相互关系。

（三）短期生产中的一般规律:边际收益(产量)缩减规律

（四）长期生产函数

规模收益;适度规模;生产要素投入最优组合。

第二节 成本分析

（一）短期成本

总成本;固定成本;可变成本;边际成本;平均成本;平均可变成本;平均固定成本。

（二）短期成本分析

盈亏平衡点;停止营业点。

（三）要素投入最优组合的确定最小成本原则

（四）长期成本分析

长期总成本;长期平均成本;长期边际成本;规模经济与规模不经济。

第三节 利润

（一）显性成本、隐性成本、机会成本

（二）收益

总收益;平均收益;边际收益。

（三）利润、经济利润与正常利润

最大利润规律(利润最大化原则);$MR=MC$。

三、考核知识点与考核要求

（一）厂商的生产活动:投入与产出

1. 识记:(1)生产函数的含义;(2)短期和长期的概念;(3)单一可变要素合理投入区的确定,合理投入区中,平均产量曲线和边际产量曲线的特征;(4)长期生产函数。规模收益的含义;生产要素投入最优组合。

2. 领会：总产量、平均产量、边际产量及其相互关系；要素投入最优组合的确定。
3. 应用：懂得边际收益（产量）递减规律、产生原因及解决办法。理解要素最优投入组合的意义。

（二）成本分析
1. 识记：短期成本概念；长期成本概念。
2. 领会：盈亏平衡点和停止营业点；最小成本原则。
3. 应用：长期平均成本、长期边际成本与规模经济与规模不经济。

（三）利润
1. 识记：(1) 会计成本和机会成本含义；(2) 显性成本和隐性成本的含义；(3) 利润、经济利润与正常利润的含义
2. 领会：机会成本与会计成本的区别。
3. 应用：经济利润最大化与最优产量的确定。

四、本章重点和难点

1. 重点：边际产量（收益）递减规律；生产要素最优投入组合；规模经济与企业最适规模；短期成本变动规律。
2. 难点：机会成本与会计成本；短期与长期；利润、经济利润与正常利润；利润最大化原则。

第四章　需求、供给与均衡价格

一、学习目的与要求

通过本章的学习，了解作为市场资源配置方式的市场经济运行的基本原理，要求考生理解需求与供给的基本概念及其影响因素，掌握需求定理、供给定理，了解均衡价格的形成和变动，了解支持价格、限制价格的含义，理解需求价格弹性的概念。

二、课程内容

第一节　需　求　理　论

（一）影响需求的因素
（二）需求和需求定理及其表达形式
需求，需求函数，需求表，需求曲线，需求定理及其形式，收入效应和替代效应，需求定理的例外。
（三）需求量的变动与需求的变动
需求量变动的含义；需求变动的含义；用需求函数或者需求曲线表示需求量的变动以及需求的变动。

第二节　供给理论

（一）影响供给的因素

（二）供给和供给定理

供给；供给定理及其表现形式；供给函数；供给表；供给曲线；供给定理的例外。

（三）供给量的变动和供给的变动

供给量变动的含义；供给变动的含义；用供给函数或者供给曲线表示供给量的变动以及供给的变动。

第三节　均衡理论及其运用

（一）均衡稳定原理及运用

均衡的定义、描述；均衡的几何表达；均衡价格的形成；均衡稳定原理；均衡价格和均衡数量；均衡稳定分析；市场出清，帕累托最优；支持价格，限制价格。

（二）均衡移动分析

供求定理；分析需求条件和供给条件变化所导致的均衡价格和均衡数量变动情况称为"均衡变动分析"；需求与供给的变动对均衡价格的影响。

（三）均衡稳定分析和均衡移动分析的综合例题

第四节　弹性理论及运用

（一）需求价格弹性系数

需求价格弹性系数的含义与计算公式；需求价格弹性的分类；其他弹性；决定需求价格弹性程度的因素。

（二）供给价格弹性系数

供给价格弹性系数的含义与计算公式；供给价格弹性的分类；影响和决定供给价格弹性的因素。

（三）弹性理论的运用

税收分担；宜"薄利多销"商品；宜"提价销售"商品；"谷贱伤农"。需求（供给）价格弹性对生产者总收益以及税收的影响。

三、考核知识点与考核要求

（一）需求和供给

1. 识记：（1）影响需求和供给的因素；（2）需求和供给的含义；（3）需求表和供给表、需求曲线和需求函数的含义；供给曲线和供给函数的含义；（4）需求量变动与需求变动的含义；供给量变动与供给变动的含义。

2. 领会：需求定理和供给定理；需求量（供给量）变动与需求（供给）的区别。

3. 应用：影响需求或供给的非价格因素如何对需求或供给产生影响。

（二）均衡理论及运用

1. 识记：（1）均衡的含义及均衡价格的形成；（2）均衡稳定分析：均衡、均衡价格和均衡数量；市场出清；帕累托最优；（3）支持价格、限制价格及经济影响。

2. 领会：均衡移动分析；供求定理。

3. 应用：分析（非价格因素引起的）需求或者供给变动对市场均衡价格和数量的影响。

（三）弹性及其运用

1. 识记：需求或供给价格弹性的定义。其他弹性。
2. 领会：（1）根据需求或供给价格弹性系数的大小对商品需求进行分类；（2）影响需求或供给价格弹性的因素。
3. 简单应用：（1）解释商品价格上涨或下跌对总收入的影响；（2）宜"薄利多销"商品；宜"提价销售"商品。

四、本章重点和难点

1. 重点：均衡稳定分析的运用：限制价格与支持价格。均衡移动分析的运用。
2. 难点：供求变动与供求量变动的区别；均衡价格的决定与变动；弹性与税收（补贴）分摊。

第五章　市场结构及市场失灵

一、学习目的与要求

通过本章的学习，了解市场结构及特点，理解不同市场厂商均衡条件及企业竞争策略，掌握市场失灵的表现形式、产生原因及解决办法，能正确分析身边存在的市场失灵现象。

二、课程内容

第一节　市场类型和企业竞争策略

（一）四种市场和企业的特点
（二）不同市场和企业类型形成的原因
（三）不同企业的竞争策略
（四）完全竞争企业的价格、最优产量和利润

第二节　垄断企业的产量、价格和利润
第三节　垄断竞争企业的产量、价格和利润
第四节　寡头企业的合作与竞争
第五节　市场失灵与微观经济政策

（一）垄断导致经济效率低下
（二）外部性问题
（三）公共物品
（四）市场失灵与微观经济政策

三、考核知识点与考核要求

（一）市场类型和企业竞争策略

1. 识记：市场结构（类型）；不同市场结构的特点。
2. 领会：不同市场的均衡（产量、价格和利润的决定）；寡头市场特点；寡头的合作与竞争；寡头博弈矩阵模型。

3. 应用:不同市场的企业竞争策略。

(二)市场失灵

1. 识记:市场失灵。

2. 领会:市场失灵产生的原因。

3. 应用:政府干预市场失灵的手段。

(三)外部性

1. 识记:外部性及影响。

2. 领会:科斯定理第一定理

3. 应用:解决外部性的政策措施。

(四)公共物品

1. 识记:(1)私人物品和公共物品的含义;(2)非排他性的含义和非竞争性的含义;(3)"搭便车"现象。

2. 领会:公共物品的类型及特征。

3. 应用:"公地悲剧"及解决办法。

四、本章重点和难点

1. 重点:四种市场结构的特征;寡头市场的特征;市场失灵。

2. 难点:不同市场的短期和长期均衡;博弈模型。

第六章　宏观经济主要变量

一、学习目的与要求

通过本章的学习,了解 GDP(国内生产总值)、失业和失业率概念,理解名义 GDP 和实际 GDP,掌握 GDP 与消费、投资、出口的关系,能运用 GDP 与消费、投资、出口的关系简单分析一国 GDP 的增长问题。

二、课程内容

第一节　宏观经济变量

(一)GDP 的含义

GDP 的核算:收入法,支出法,产品法;国民收入循环及国内生产总值恒等关系。

(二)失业

失业及失业率;奥肯定律。

(三)价格水平

名义与实际 GDP;GDP 指数、CPI、PPI。

第二节　总需求与总供给

(一)总需求及总需求曲线

总需求的含义;总需求曲线。

（二）总供给及总供给曲线

总供给的含义；潜在总供给；凯恩斯总供给曲线；短期总供给曲线；长期总供给曲线。

第三节 总供求均衡与国内生产总值的决定与变动

（一）总需求—总供给模型

总需求变动的影响；总供给变动的影响。

（二）总需求变动对国民收入与价格水平的影响

凯恩斯总供求模型；短期总供求模型；长期总供求模型。

（三）总供给变动对国民收入与价格水平的影响

（四）总供求模型的运用

三、考核知识点与考核要求

（一）宏观经济变量

1. 识记：(1) GDP 的含义；(2) 名义 GDP 与实际 GDP；(3) GDP 收入循环。
2. 领会：(1) GDP 核算方法；(2) GDP 指数、CPI、PPI；(3) 简单的失业率计算。
3. 应用：理解和掌握 GDP 增长与失业的关系（奥肯定理）。

（二）总需求与总供给

1. 识记：(1) 总需求曲线；(2) 凯恩斯总供给曲线；(3) 短期总供给曲线；(4) 长期总供给曲线。
2. 领会：潜在总供给。
3. 应用：总需求曲线向右下方倾斜的原因。

（三）总供求均衡与 GDP 的决定与变动

1. 识记：总需求—总供给模型的含义。
2. 领会：均衡国民收入和均衡价格水平。
3. 应用：总供求变动对均衡国民收入和均衡价格水平及其就业水平的影响。

四、本章重点和难点

1. 重点：失业率的计算。
2. 难点：总供求模型的运用。

第七章 国民收入决定理论

一、学习目的与要求

通过本章的学习，了解总供求均衡模型及 GDP 的决定与变动。理解消费函数、储蓄函数、投资函数以及简单的凯恩斯模型的含义；掌握乘数理论，掌握两部门、三部门、四部门的国民收入是如何决定的。

二、课程内容

第一节 总需求的构成

（一）凯恩斯分析总需求的三点假设

（二）总需求的四个部分

四部门与两部门的总需求的构成。

（三）消费函数

消费函数与储蓄函数；平均消费倾向和平均储蓄倾向；边际消费倾向和边际储蓄倾向。

（四）投资函数

投资对象；投资分类；投资函数；资本边际效率。

第二节 总需求与国民收入的决定

（一）简单凯恩斯国民收入决定模型

$Y=C+I$ 的几何图形。

（二）简单凯恩斯国民收入决定模型的数学形式

当 $C=a+bY$ 时，$Y=a+I/1-b$。

第三节 总需求与国民收入的变动

（一）总需求的变动

两种情况：斜率变化和曲线移动。

（二）总需求模型表示的总需求的变动对国民收入的影响

总需求变动在凯恩斯总供给曲线区域内，即总需求的变动只引起国民收入的增减，而不会引起价格水平的波动。

第四节 国民收入的注入与漏出

（一）总支出

消费支出、投资支出、政府支出、净出口；公式 $Y=C+I+G+(X-M)$。

（二）总支出是对国民收入的注入

（三）当国民收入 Y_0 不变时，C 与 S 之间此消彼长

储蓄是漏出，储蓄引起国民收入反方向变动。税收与储蓄一样是国民收入的漏出。储蓄变动对国民收入变动的影响的几何表示。"节约的悖论"。

第五节 乘数原理

（一）乘数的定义及例证

乘数；乘数原理。

（二）乘数公式

投资乘数（投资乘数、政府购买乘数、对外贸易乘数计算公式）；政府转移支付乘数；税收乘数；平衡预算乘数。

第六节 凯恩斯国民收入决定理论

（一）"古典"国民收入决定理论

（二）凯恩斯国民收入决定理论

（三）不同的政策主张

三、考核知识点与考核要求

（一）总需求的构成

1. 识记：(1) 总需求的构成；(2) 消费函数与储蓄函数；(3) 边际消费倾向和边际储蓄倾向；(4) 投资函数；(5) 资本边际效率。
2. 领会：边际消费倾向和资本边际效率。
3. 应用：消费函数（$C=a+bY$）中收入的绝对量（Y）和相对量（b）对消费的影响。

（二）总需求与国民收入的决定

1. 识记：(1) 简单凯恩斯国民收入决定模型；(2) $Y=C+I$ 的几何图形。
2. 领会：边际消费倾向。
3. 应用：简单凯恩斯国民收入决定模型的数学形式（当 $C=a+bY$ 时，$Y=a+I/1-b$）。

（三）总需求与国民收入的变动

1. 识记：总需求的变动；总需求变动的两种情况：斜率变化和曲线移动。
2. 领会：凯恩斯总供给曲线区域。
3. 应用：用几何图形表示总需求的变动引起国民收入的增加而价格水平不变。

（四）国民收入的注入与漏出

1. 识记：(1) 总支出；(2) 消费支出、投资支出、政府支出、净出口；(3) 公式 $Y=C+I+G+(X-M)$。
2. 领会：(1) 总支出是对国民收入的注入；(2) 储蓄是漏出。
3. 应用："节约的悖论"与萧条时期总储蓄变动的影响。

（五）乘数原理

1. 识记：(1) 乘数的含义；(2) 投资乘数（投资乘数、政府购买乘数、对外贸易乘数计算公式）；(3) 政府转移支付乘数；(4) 税收乘数；(5) 平衡预算乘数。
2. 领会：投资乘数。
3. 应用：乘数原理的含义及意义。

（六）凯恩斯国民收入决定理论

1. 识记：(1) "古典"国民收入决定理论；(2) 凯恩斯国民收入决定理论。
2. 领会：凯恩斯国民收入决定理论。
3. 应用：凯恩斯主义的经济政策主张。

四、本章重点和难点

1. 重点：消费函数；储蓄函数；投资函数；边际消费倾向；AD-AS 模型。
2. 难点：乘数原理；简单凯恩斯模型。

第八章 失业与通货膨胀

一、学习目的与要求

通过本章的学习，了解失业、通货膨胀的含义及衡量指标，理解失业、通货膨胀的类型及原因,掌握失业及通货膨胀对经济的影响,能根据失业、通货膨胀及经济增长的情况,初步判断一国当前的经济形势。

二、课程内容

第一节 失业及其原因

(一) 自然失业

摩擦性失业;结构性失业;临时性和季节性失业;工资刚性失业。

(二) 需求不足的失业(周期性失业)

需求不足的失业的定义;充分就业。

(三) 需求不足失业的原因

三大心理规律。

(四) 失业的后果与影响

(五) 失业的对策

(六) 凯恩斯需求不足失业原理

第二节 通 货 膨 胀

(一) 通货膨胀的类型和原因

货币主义理论;费雪方程式;凯恩斯过度需求理论。

(二) 通货膨胀的影响或后果

通货膨胀造成实际收入和实际财富的再分配、资源的重新配置、国民收入和就业水平的变化。

第三节 失业与通货膨胀的交替及菲利浦斯曲线

(一) 凯恩斯的观点——关于失业与通胀的关系

(二) 菲利浦斯曲线及运用

三、考核知识点与考核要求

(一) 失业

1. 识记:(1) 失业的分类;(2) 自然失业(摩擦性失业,结构性失业,临时性和季节性失业,工资刚性失业(非均衡失业));(3) 需求不足的失业(周期性失业)。

2. 领会:周期性失业与充分就业关系。

3. 应用:有效需求不足的原因(三大心理规律)及对策。

(二) 通货膨胀

1. 识记:通货膨胀的含义及类型。凯恩斯的过度需求理论。货币主义。

2. 领会:通货膨胀对社会经济的影响。

3. 应用:通货膨胀的原因与对策。

(三) 失业与通货膨胀的交替及菲利浦斯曲线

1. 识记:充分就业时的国民收入。

2. 领会:凯恩斯关于失业与通货膨胀不同时并存。

3. 应用:菲利浦斯曲线及运用。

四、本章重点和难点

1. 重点:自然失业;周期性失业;失业的原因;通货膨胀的原因。
2. 难点:失业和通货膨胀的影响及对策。

第九章 经济增长和国际经济

一、学习目的与要求

通过本章的学习,了解经济增长的含义,理解经济增长的源泉,掌握经济周期的阶段和分类。能用本章所学知识,初步判断经济增长率对一国经济的长期影响。了解国际贸易的成因、国际收支平衡以及外汇与汇率的概念,能判断一国货币的升值与贬值,能用所学理论简单分析人民币汇率变动对我国进出口的影响。

二、课程内容

第一节 经济增长模型

(一)经济增长模型

经济增长的含义;哈罗德—多马模型的含义、基本公式。

(二)经济增长因素分析

人力资源;自然资源;资本;技术进步。

(三)经济增长是非论

零增长理论;增长价值怀疑论;对零增长理论的反驳。

第二节 国 际 经 济

(一)国民收入均衡公式

国民收入均衡公式;净出口等于国外净投资($X-M=I_f$);储蓄投资差额等于国外净投资($S-I=I_f$)。

(二)汇率

汇率的含义;汇率及其标价方式;直接标价法;间接标价法;固定汇率制和浮动汇率制;汇率的决定与变动;本币贬值和升值对进出口的影响。

(三)比较优势理论与国际贸易的成因

相对成本优势理论;机会成本优势理论。

(四)国际收支

国际收支;国际收支平衡表的内容。

三、考核知识点与考核要求

(一)经济增长模型

1. 识记:(1)经济增长的含义;(2)哈罗德—多马模型。(3)经济增长因素与源泉。
2. 领会:(1)哈罗德—多马模型基本公式;(2)哈罗德—多马模型的经济含义。
3. 应用:理解高储蓄率是否能带来高经济增长。

（二）国际经济

1. 识记：（1）开发中的国民收入均衡公式；（2）汇率的含义。直接标价法和间接标价法；（3）国际贸易和国际收支；（4）资本输入与资本输出。
2. 领会：（1）汇率变动的经济影响；（2）贸易顺差和贸易逆差。
3. 应用：分析人民币贬值和升值对我国进出口的影响。

四、本章重点和难点

1. 重点：哈罗德—多马模型；汇率的经济影响；国际贸易的成因。
2. 难点：国际收支平衡

第十章 宏观经济政策

一、学习目的与要求

通过本章的学习，了解宏观经济四大政策目标，理解财政政策和货币政策的基本原理，掌握政府调控经济的基本原理，能利用所学知识初步理解我国在不同时期出台的财政政策和货币政策。

二、课程内容

第一节 财政政策

宏观经济政策目标

充分就业、价格稳定、经济增长、国际收支平衡。

（一）财政收入

税收。

（二）财政支出

政府公共工程支出；转移支付。

（三）财政政策的运用

（四）政府财政政策实施中的困难

（五）赤字财政政策和挤出效应

（六）财政政策乘数

第二节 货币政策

（一）货币供应量

货币创造；货币乘数。

（二）凯恩斯主义的货币政策——三大货币政策工具

公开市场业务；再贴现政策；准备率政策。

（三）货币政策工具的运用

（四）货币主义的政策主张

第三节 相机抉择

（一）相机抉择

相机抉择的含义；财政政策措施与货币政策措施的特点；政策配合及四种配合方式。

（二）菲利浦斯曲线及"临界点"

菲利浦斯曲线；"临界点"；IS-LM分析。

第四节 供给管理政策及其他政策

（一）供给管理政策（减税政策）

拉弗曲线的含义。

（二）其他政策

收入政策；指数化（工资指数化和税收指数化）；贸易政策和汇率政策；就业政策。

三、考核知识点与考核要求

（一）财政政策

1. 识记：(1) 宏观经济政策目标；(2) 财政政策的含义。财政政策（预算政策）包括税收、公共支出、预算平衡和政府借贷等手段；(3) 财政收入政策；(4) 财政支出政策。
2. 领会：(1) 财政政策的运用；(2) 财政政策运用的困难；(3) 赤字政策和挤出效应。
3. 应用：扩张性和紧缩性财政政策的内容。

（二）货币政策

1. 识记：(1) 货币定义；(2) 西方国家金融制度。中央银行和商业银行；准备金制度，货币乘数与货币创造；(3) 资本市场。
2. 领会：(1) 货币供给；(2) 货币政策；(3) 三大货币政策工具：公开市场业务，再贴现政策，准备率政策。
3. 应用：货币政策工具的应用。

（三）相机抉择

1. 识记：相机抉择；政策协调：(1)"双松"搭配；(2)"双紧"搭配；(3)"松紧"搭配；(4)"紧松"搭配。
2. 领会：财政政策和货币政策的运用。
3. 应用：财政政策与货币政策的配合。

（四）供给管理政策及其他政策

1. 识记：(1) 供给政策的含义；(2) 拉弗曲线；(3) 供给政策的内容。
2. 领会：(1) 收入政策；(2) 指数化；(3) 贸易政策；(4) 汇率政策；人力政策；(5) 产业政策。
3. 应用：财政政策措施与货币政策措施的不同特点。

四、本章重点和难点

1. 重点：货币供给；相机抉择；供给管理政策。
2. 难点：赤字政策和挤出效应；货币政策工具的应用。

Ⅳ 关于大纲的说明与考核实施要求

一、"经济学(二)"自学考试大纲的目的和作用

"经济学(二)"课程自学考试大纲是根据电子商务专业自学考试计划的要求,结合自学考试的特点而确定的。其目的是对个人自学、社会助学和课程考试命题进行指导和规定。

"经济学(二)"课程自学考试大纲明确了课程学习的内容以及深度和广度,规定了该课程自学考试的范围和标准。因此,它是编写自学考试教材和辅导书的依据,是社会助学组织进行自学辅导的依据,是自学者学习教材、掌握课程内容知识范围和程度的依据,也是进行自学考试命题的依据。

二、"经济学(二)"课程自学考试大纲与教材的关系

"经济学(二)"课程自学考试大纲是进行学习和考核的依据,教材是学习掌握课程知识的基本内容与范围,教材的内容是大纲所规定的课程知识和内容的扩展与发挥。课程内容在教材中可以体现一定的深度或难度,但在大纲中对考核的要求一定要适当。

大纲与教材所体现的课程内容应基本一致;大纲里面的课程内容和考核知识点,教材里一般也要有。反过来教材里有的内容,大纲就不一定体现。

三、关于自学教材

(一) 教材

《经济学》,全国高等教育自学考试指导委员会组编,缪代文主编,高等教育出版社,2018年版。

(二) 参考文献

1. 刘凤良,侯纪兰,赵坤.经济学[M].北京:高等教育出版社,2000.
2. 梁小民.西方经济学教程[M].北京:中国统计出版社,1998.
3. 刘凤良.西方经济学[M].北京:中国财政经济出版社,1999.
4. 高鸿业.西方经济学[M].5版.北京:中国人民大学出版社,2011.
5. 缪代文.微观经济学与宏观经济学[M].6版.北京:高等教育出版社,2017.

四、关于自学要求和自学方法的指导

"经济学(二)"自学考试大纲的课程基本要求是依据电子商务专业(专科)考试和专业培养目标而制定的,同时该基本要求还明确了课程内容的主体内容以及对基本内容掌握的

程度。基本要求中的知识点构成了课程内容的主体部分。因此,课程基本内容掌握程度、课程考核知识点是高等教育自学考试的主要内容。

为有效地指导个人自学和社会助学,本大纲已经指明了课程的重点和难点,在章节的基本要求中一般也指明了章节内容的重点和难点。

本课程共 5 学分,本课程属于专业基础理论课,所以,不考虑实验内容,由于成人学习的个性化特点,建议业余自学时间不应低于 90 个学时。

五、社会助学的建议

本课程教学建议主要采用老师讲授和课堂讨论相结合的方法,注重理论联系实际;注重现代化教学手段的应用,以及开放式教学方法的应用,帮助学生最大限度地实现学习的目标。

总课时:66 学时(其中讲授 60 学时,复习 4 学时,机动 2 学时)

顺序	教学内容	学时
1	第一章　经济学导论	4
2	第二章　消费者行为分析	4
3	第三章　生产者行为分析	8
4	第四章　需求、供给与均衡价格	8
5	第五章　市场结构及市场失灵	6
6	第六章　宏观经济主要变量	8
7	第七章　国民收入决定理论	4
8	第八章　失业和通货膨胀	6
9	第九章　经济增长和国际经济	8
10	第十章　宏观经济政策	4
11	课程总结与复习	4
12	机动	2
合计	—	66

六、对考核内容的说明

1. 本课程要求考生学习和掌握的知识点都是本课程考核的内容。课程中各章的内容均由若干知识点组成,在自学考试中成为考核知识点,因此,本课程自学考试大纲中所规定的考试内容是以分解为考核知识点的方式给出的。由于各知识点在课程中的地位、作用以及知识点自身的特点不同,自学考试将对各知识点分别按三个认知(或叫能力)层次确定其考核要求。

2. 在考试之日起 6 个月前,由全国人民代表大会和国务院颁布或修订的法律、法规都将列入相应课程的考试范围。凡大纲、教材内容与现行法律、法规不符的,要以现行法律、法规为准。命题时也会对我国经济建设和科技文化发展的重大方针政策的变化予以体现。

七、关于考试命题的若干规定

1. 本课程采取闭卷笔试的考试方式,试卷满分 100 分,60 分及格,考试总时长为 150 分钟。考试时因有些数据需要计算,故可携带无记忆存储功能以及无通讯功能的计算器,考试前必须经监考人员检查合格后方能进场使用。

2. 本大纲各章所规定的基本要求、知识点及知识点下的知识细目,都属于考核的内容。考试命题既要覆盖到章,又要避免面面俱到。要注意突出课程重点、章节重点,加大重点内容的覆盖度。

3. 命题中不应有超出大纲中考核知识范围的题目,考核目标不得高于大纲中所规定的相应的最高认知层次要求。命题应着重考核自学者对基本概念、基本知识和基本理论是否了解或掌握,对基本方法是否会用或熟练。不应出现与基本要求不符的偏题或怪题。

4. 命题时,对本课程不同认知层次内容要求在试卷中体现的分数比例大致为:识记占 30%,领会占 30%,应用占 40%。

5. 要合理安排试题的难易程度,试题的难度可分为易、较易、较难和难四个等级。每份试卷中不同难度试题的分数比例一般为:易占 30%,较易占 30%,较难占 20%,难占 20%。

必须注意的是,试题的难易程度与认知能力层次有一定的联系,但二者不是等同的概念。识记、领会、应用这三个认知能力层次中,各自都存在易、较易、较难和难四种难易程度的题目。

6. 课程考试命题的主要题型一般有单项选择题、多项选择题、作图解释题、简答题、计算题和案例分析题等。

在命题工作中必须按照本课程大纲中所规定的题型命题,考试试卷使用的题型可以略少,但不能超出本课程对题型的规定。

附录 题型举例

一、单项选择题：在每小题列出的备选项中只有一项是最符合题目要求的,请将其选出。

以下属于扩张性财政政策的是

A. 降低再贴现率   B. 增加转移支付

C. 减少政府支出   D. 增加货币供应量

二、多项选择题：在每小题列出的备选项中至少有两项是符合题目要求的,请将其选出,错选、多选或少选均无分。

微观经济学要解决的基本问题有

A. 生产什么及多少   B. 如何生产

C. 为谁生产   D. 如何消费

E. 利用资源

三、作图解释题

画图说明天气炎热对冰淇淋(市场)均衡价格和均衡数量的影响。

四、简答题

边际收益递减规律对企业进行决策有何启示?

五、计算题

某君用20元购买 X、Y 两种商品,已知 X 的单位价格 P_x 为1元,Y 的单位价格 P_y 为2元,又知 X、Y 能给他带来的边际效用函数如下:$MU_x = 40 - 2X$,$MU_y = 20 - 2Y$,求此君在不增加开支情况下的最佳的选择。

六、案例分析题

某机构分析了1986—2016年30年间美国100个城市房价中位数,发现纽约州的罗切斯特市和堪萨斯州的威奇托市房价涨幅最低(增长幅度90%),而美国西部的加利福尼亚州的旧金山、圣何塞、奥克兰、橙县、洛杉矶、圣迭戈以及俄勒冈州的波特兰、华盛顿州的西雅图等8个城市中房价中位数涨幅最大(338%~557%)。

问题:什么是供求定理?根据你自己的观察和所学理论,说明导致美国西部8个城市成为美国100个城市中房价中位数涨幅最大的主要原因?

后 记

2017年4月由全国高等教育自学考试指导委员会办公室召开了全国高等教育自学考试课程大纲、教材编前会,会上确定了"经济学(二)"课程自学考试大纲编写的指导思想、基本原则和要求。

本大纲由中国人民大学缪代文教授参考2000年1月版本进行重新编撰。大纲完成后,中国人民大学杨其静教授、李三希副教授参加审稿工作,由全国考委经济管理类专业委员会审定。

全国高等教育自学考试指导委员会
经济管理类专业委员会
2018年6月

全国高等教育自学考试指定教材
电子商务专业(专科)

经 济 学

全国高等教育自学考试指导委员会 组编

主 编 缪代文

编者的话

经济学所研究的生存与发展问题,是人类命运的基本问题。经过二百多年来的快速发展,经济学被萨缪尔森称为"最古老的艺术,最新颖的科学",是社会科学王冠上的明珠。现代社会经济中,各种行为和现象,或多或少地都可以用经济学原理加以解释。因此,学习经济学知识有着十分重要的意义。

本书是适应《国家中长期教育改革和发展规划纲要(2010—2020年)》要求,根据"必须"和"够用"原则,为全面提高国民素质,满足为社会培养大批高质量的、优秀的应用性人才需要而编写的经济学基础教材。

本书的结构与特点如下:

(1) 采用"问题先行与理论归纳"叙述方式。本书的每一章都提出了学习目标,根据自学考试大纲明确了知识要求和技能要求。通过提出与思考问题、解决问题来把握概念和原理,围绕应用讲理论,培养学生实际工作能力。以学生为中心,满足自我学习、自我指导的需要。融合案例、问题与基本原理,理论阐述与提出问题、回答问题结合在一起,重要知识点"学"与"练"结合,"快问快答",把抽象的理论原理还原为具体现象和具体问题,这样读者可以感受到西方经济学不再难学,不再晦涩、散乱、庞杂、抽象,而是好学易懂的。

(2) 突出"均衡原理"及其运用。用"剪刀供求均衡原理及其运用"来统领教材内容,循序渐进、由浅入深地描述**价格和收入**的决定和变动,以供求原理贯穿微观经济学和宏观经济学的内容,以保持整体上的连贯性和逻辑性:第一章"经济学导论"介绍稀缺、选择、资源配置与利用及经济学十大原理;第二章"消费者行为分析",它是对需求的深入研究,它用边际概念说明消费者如何实现满足和效用的最大化以及消费选择的基本原则;第三章"生产者行为分析",它是对供给的深入探讨,介绍产量、成本变化的规律、要素最优组合以及厂商如何实现利润最大化;第四章"需求、供给与均衡价格",介绍基本的供求模型,教会学生熟练运用供求分析方法。本章是经济学的核心和基础;第五章"市场结构及市场失灵",介绍"竞争与垄断、市场类型及公司博弈(合作与竞争)",分析市场机制和市场供求不能完全发生作用的市场问题即市场失灵;第六章"宏观经济的主要变量",介绍宏观经济主要变量及其衡量,分析国内生产总值与总需求和总供给的关系,说明消费支出、投资支出、政府支出、净出口决定的总支出及总需求曲线,它与总供给曲线相交,决定了国民收入水平(就业与失业)和价格水平,诸如GDP(国内生产总值)、CPI(居民消费价格指数)、PPI(生产价格指数)等重要问题将在此得到说明;第七章"国民收入决定理论",凯恩斯的国民收入决定模型说明在价格水平不变的情况下国民收入(经济活动水平、就业)的决定与变化;第八章"失业和通货膨胀",介绍失业和通货膨胀的原因、影响及对策;第九章"经济增长和国际经济",介绍影响经济增长的因素、源泉及其模型；考察国外对本国的需求、供给及本国对国外的需求、供给，说明国际贸易的成因及国际收支平衡；第十章"宏观经济政策"，主要考察需求管理政策和供给管理政策。

（3）内容简洁易记，侧重理论应用，中心突出，结构严谨。全书共10章，囊括了"经济学"自学考试大纲要求的主要内容，用供求模型贯穿微观经济学与宏观经济学的内容。全书的重点和核心内容是第四章（供求均衡原理），然后用供求原理把全书内容串联起来，从第二章至第十章，它们既是供求原理的运用，又是对供求原理的深入解析。重点原理讲深、讲透，突出应用性和实践性。结构和体例安排精心巧妙，案例引出问题，从分析问题的过程中发现原理，正文侧重理解与掌握，问答和案例偏重识记与领会，具体到抽象，动脑走心，符合学生逻辑思维习惯。

本书"案例"与"理论"融汇，"问题"与"阅读"并举，"学"与"练"结合，为读者提供深入理解知识点的必备资源、阅读氛围和思考背景。生动有趣、由浅入深、循序渐进、通俗易懂、化繁为简、逻辑清晰是本书的特点和追求。

本书适用于电子商务、市场营销、财务会计、旅游饭店管理等经管类及相关专业，也可作为应用性、技能型人才培养的公共基础课教材或社会从业人士的业务参考书及培训用书。

在本书写作过程中，编者参阅了目前已出版的国内外经济学的优秀教材、专著和相关材料，在此向有关作者、译者致以谢意并向读者推荐这些参考文献。

由于编者水平有限，加上时间仓促，不完善和不妥之处敬请广大读者批评指正。

编者
2018年6月

第一章 经济学导论

学习目标

知识要求：了解稀缺、经济人、选择、机会成本、激励反应、边际决策、看不见的手、资源配置等重要的经济学基本概念；**理解**欲望无限与资源稀缺的矛盾及其选择的必要性和可能性，理解经济学的含义和经济学的基本问题，掌握资源配置概念，能用稀缺性的原理分析现实中的简单经济问题。

技能要求：知道经济学的基本内容和基本方法；**会用**"生产可能性曲线"图形分析市场资源配置并且能根据市场运行图说明经济循环的基本流程。

【开篇案例】欲望无限、资源稀缺与理性选择

欲望无限。 在北京读书的外地学生应该都有寒假春节回家买火车票的经历：寒风中排队，忐忑不安，从希望、失望到绝望。哪怕只能买到站票也欢天喜地。上车后，火车渐行渐远，站得腰酸背疼腿抽筋，多么盼望有个座位，有了座位想卧铺，有了卧铺还想要包厢，有了包厢还幻想要专列，有了专列还嫌太慢，插上翅膀的欲望会飞向无限的天空。

美国的社会心理学家马斯洛把人类需要分成从低到高的生理需要（衣食住行）、安全需要（生活稳定、人身安全）、社交需要（情感需要、亲情友情）、受人尊重需要（利他行善、助人为乐）、自我实现需要（献身理想、价值发现）。

资源稀缺。 相对于欲望无限，满足欲望的产品和服务以及生产它们的资源必然是稀缺的。

理性选择。 解决资源稀缺与欲望无限多样的矛盾只有依靠选择。例如，寒假回家，可以选择不同时间、不同交通工具、音频视频空中团聚，"条条大路通罗马"。

资源的多用途性为选择提供了可能性。稀缺的资本、劳动、土地资源，到底用来做什么？取决于人类需要的先后顺序和轻重缓急。

虽然欲望无限多样，幸好需要总是有轻重缓急、先后顺序；

虽然经济资源稀缺，幸好资源有多种用途使选择成为可能；

虽然做出选择很困难、需要权衡取舍，幸好有经济学帮助我们做出正确的决策。

经济学是一门关于选择的学问。

讨论题

假如，你跟别人不太一样，一生不用睡觉并且能够活到160岁，你会如何安排你的未来（学习、恋爱、婚姻、家庭、工作、事业、爱好等）？

经济学的世界里,因为欲望无限、资源匮乏和分配不均,迫使人们仔细地、谨慎地把资源用在最紧要、最需要的地方,经济学把这一行为称为选择或资源配置。

第一节 经济学是关于选择的学问

一、经济学的产生及定义

(一)资源稀缺与选择的必要性

资源是指生产商品和服务必需的生产要素,生产要素包括土地、资本和劳动(普通人力劳动投入和更复杂的企业家管理才能投入)。经济活动是使用资源(投入)进行生产并交换满足人们需要的(产出)行为。在个人和家庭生活中,"巧媳妇难为无米之炊""不当家不知道柴米贵"说的就是个人或家庭主妇受收入约束,他们要理财并"经济"地利用有限的资源(收入)。企业同样如此,在成本既定时,生产面临着如何"经济"地配置"人、财、物"资源。

稀缺是指相对于人类多样无限的需要而言,生产满足需要的产品和服务的资源是有限的,即欲望无限引起资源稀缺。稀缺性是对社会资源有限性状态的一种描述。学习中要注意区分稀缺与短缺。短缺是指供给小于需求,供求均衡时,短缺就不存在了。稀缺是相对于人类无限多样化的需要,是一个恒久存在的、人类不得不始终面对的问题。

选择又叫资源配置,即资源不同用途和不同产品及劳务组合的选择,以便更好地满足人类的需要。相对于无穷多样的、不断产生的需要,我们在一定时期内用来满足需要的资源和手段却是有限的,欲望无限与资源有限的矛盾,只有通过选择来解决。

选择的必要性根源于稀缺性。每个人、每个家庭和企业无时无刻不面临着稀缺性问题,解决欲望无限与资源稀缺的矛盾,离不开选择。那些刻不容缓、举足轻重的欲望需要优先考虑并配置较多资源。经济人要思考如何满足需要、先满足哪些需要,分析轻重缓急和先后顺序。

总体而言,个人、家庭和企业面对收入约束和成本约束时,都会做出理性选择,每个人都会追求自身利益最大化和个人成本最小化。"最大最小问题"或者选择问题的核心是效率和节约,有效地、合理地配置稀缺资源不仅会影响个人、家庭生活和收入水平,也会影响到企业、政府、国家的经济增长和经济发展水平。最大限度地满足人类欲望,通过理性选择来合理有效地配置和利用稀缺资源是人类社会永恒的主题,经济学正是为解决这一问题而产生的。所以,经济学产生于人类社会客观存在的稀缺性和由此引起的选择的必要性。

(二)选择的可能性

资源的重要特点是多用途性,资源的多用途性质为资源配置或选择提供了可能性。经济学把资源分成经济资源和非经济资源。非经济资源是那些不需要投入成本、取之不尽用之不竭的资源,如阳光、空气、海水等。经济资源是有限的、需要付出成本的东西,如劳动、土地、资本。

劳动包括体力和脑力投入,管理和企业家才能属于脑力投入;土地是指用作生产投入的所有自然资源,包括土地、矿藏及原材料等;资本是指生产过程中必需的技术、工具、机器和厂房等。

任何一种资源都具有多种用途,这样,资源的多用途性就为选择提供了可能性。例如,土地可以用于修建动物园、公园、学校、医院、饭馆、写字楼、政府办公大楼、百货大楼、体育场、图书馆、游泳池、养鱼池、公路、铁路、飞机场、监狱,还可以用于种粮食、蔬菜、水果、草药。同样,资本可以投入到工业、农业、商业、建筑业、运输业、服务业以及科教文卫等不同行业,劳动可以从事生产大炮(军用品),也可以用于制造黄油(民用品),可以生产劳动,也可以旅游休闲。稀缺的资本、劳动、土地资源,到底用来做什么?取决于人类需要的先后顺序和轻重缓急。

(三)经济学是研究资源配置的学问

经济学的定义。经济学是一门关于选择的学问,是研究资源配置的学问。选择的前提是既有的稀缺资源,选择的必要性根源于人类欲望的繁多、复杂、无限,选择的可能性是资源的多用途性,选择的过程是资源配置,选择的对象和结果是不同产品及服务的不同组合。

关于经济学的定义,美国著名经济学家萨缪尔森描述为:经济学是研究人和社会如何进行选择,来使用可以有其他用途的稀缺的资源以便生产各种商品,并在现在或将来把商品分配给社会的各个成员或集团以供消费之用(萨缪尔森著《经济学》1985年第12版,国内翻译出版《经济学》(上),中国发展出版社,1992年3月第1版第4页)。可见,理解经济学定义的关键是稀缺与选择,即资源配置问题。也有的经济学家认为,稀缺资源配置与使用的效果也非常重要。因此,经济学也要研究资源配置效率问题。这样,经济学的完整定义就应该是"经济学是资源配置与利用(效率)的一门科学"。

与资源配置相联系的另一个概念是经济活动。经济活动是指各种经济单位使用稀缺资源(投入)进行生产并交换,最终满足人们消费需要(产出)的行为。经济活动的目的是资源有效合理配置、激励人们创造财富、增加经济福利、满足消费需要。经济活动的实现手段是生产和创新,提高效率。

(四)西方经济学的基本假设

西方经济学有两个基本假设。一个是经济人(理性人)假设,它假设行为主体做选择时,是理性的、非感情用事的。理性经济人决策时,总是趋利避害、权衡得失、精于计算,经济行为的动机是利己的,总是追求利益最大化或者成本最小化。另一个是完全信息假设,它假设理性人或经济人具有完全的知识,经济人总是能获得充分信息且获取信息不用支付任何成本,每个人都了解经济活动的条件与后果,知道商品和服务的性能和特点、供求及价格变化,总是能确定自己的需求量及其变化并做出最佳决策。西方经济学家认为,这两个假设未必符合事实,但却是理论分析所必需。

在这两个假设条件下,西方经济学致力于解决欲望无限与资源稀缺的矛盾,其具体手段或方式就是理性选择。

(五)经济学的基本问题

经济学要解决的基本问题就是由资源的稀缺性引发的生产什么、怎样生产、为谁生产这**三大基本问题**。三大问题的解决可以提高资源利用效率,使得有限的资源满足更多的需要。农耕社会,人们跟随农作物生长慢节奏地生活;工业和信息时代,人们更加快节奏地讲求效率,时间就是金钱,汽车代替马车,铁路取代水运,购物到百货超市,长篇小说不如微型短篇小说受欢迎,写字用简化字,博客不如微博,浏览文字的没有看图的多。有人开玩笑地评价著名经济学家萨缪尔森和他的妻子四次生6个孩子,缪尔达尔夫妻规模化养育12个孩子,都是追求高效率、合理配置资源的结果。现代社会,追求高效率化地生存。效率问题本质上是资源约束下满足更多需要的问题。

经济学虽然只有二百多年的历史,但却是近代发展最为迅速的科学,被经济学泰斗萨缪尔森称为"最古老的艺术、最新颖的科学",它作为社会科学"王冠上的明珠",成为众多精英追逐的人类大智慧。

二、表示资源配置的两个经济模型

为了进一步理解和掌握经济学(选择的学问或资源配置的学问),下面介绍两个非常重要的经济模型:生产可能性曲线和市场运行图。

(一) 生产可能性曲线

生产可能性曲线是指一个社会用其全部资源和当时的技术所能生产的各种产品和劳务的最大数量的组合。假设一个社会把其全部资源用于军用品 A 和民用品 B 两种产品的生产。那么生产可能性曲线可用图1-1表示。

图 1-1 中,生产可能性曲线(a、b、c、d、e、f 的连线)表示一个社会在资源有限、技术一定的情况下(稀缺性假设)所能生产的 A 产品和 B 产品的不同产量组合,连接不同产量组合点就形成了产量组合曲线。如图,如果选择 b 点,则社会得到的 B 产品多于 A 产品;如果选择 e 点,则 A 产品增加,同时必须放弃部分 B 产品。在曲线上的任意一点都表示全部资源被利用时,社会可接受并得到的产量组合(选择性假

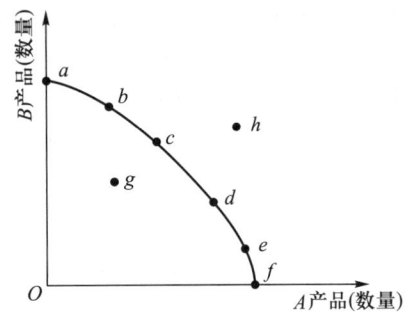

图 1-1 生产可能性曲线

设)。曲线以外的 h 点是产量达不到的情况(资源稀缺),因为没有足够的资源;曲线以内的 g 点虽可以达到,但没有效率(资源浪费),未能有效利用资源。

利用生产可能性曲线,可以把握经济学和资源配置的核心知识点。

1. **资源稀缺约束**。稀缺资源界定了产品选择的范围。由于资源稀缺,社会生产的 A 产品产量最多达到 a 点而 B 产品产量最多达到 f 点;在图 1-1 中,之所以无法选择曲线以外的组合(如图 1-1 中的 h)是因为资源稀缺和生产能力有限。

2. **选择的可能性**。虽然资源稀缺,但资源的多用途性和不同资源的替代性,这为更多的选择提供了可能。由于资源稀缺,要想同时拥有 A 产品和 B 产品,就必须进行选择。经济社会提供了选择的可能性(曲线上两种商品的各种可能组合的集合),曲线上各种组合的存在意味着可能的多种产品选择。

3. **机会成本**。在生产可能性曲线上,增加任何一种商品都必然会减少另外一种商品的数量;选择意味着要权衡取舍,选择的代价就是机会成本。

图 1-2,从 C 点到 D 点,必需品增加了 ΔX,就要放弃、减少奢侈品 ΔY。得到 ΔX 的机会成本就是放弃的 ΔY。生产可能性曲线向下倾斜表明当全部资源都被利用时,要想获得更多一些的奢侈品,就必须牺牲或放弃越来越多的必需品。即随着奢侈品生产的增长,其选择成本或机会成本也越来越大。

选择成本或机会成本递增规律在许多重要的选择中都存在。例如,政府发现为获得更多工业品就必须放弃越来越多的农产品;要增加福利就必须征税、容忍财政赤字和通货膨胀。企业发现技术升级越来越困难,需要支付的各项费用越来越高。个人在实现物质需要

和精神需要时也存在这种交替关系。机会成本是经济学中一个非常重要的概念,它是直接由选择问题引申出来的概念。机会成本的含义是指做出一项决策时所放弃的最高潜在收益。如果没有选择,机会成本就是零,例如,亚当选择夏娃的机会成本就是零。而今天的青年人恋爱婚姻,选择多多,其决策的机会成本显然大于零。

4. **资源配置取向**。生产可能性曲线反映一定的资源配置取向。在图1-2中,选择涉及用稀缺资源"生产什么、生产多少"这一经济学最基本的问题。如果所有的资源都用在生产奢侈品上,生活必需品数量则为零,反之奢侈品数量则为零。如果资源既用于生产奢侈品,又用于生产生活必需品,则二者的不同组合就是曲线 AB 上的所有组合点。例如,C 点表示奢侈品多于必需品的组合,而 D 点表示奢侈品少于必需品的组合。

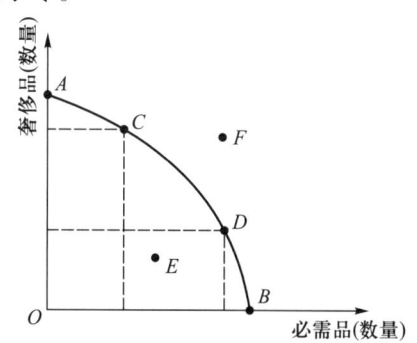

图 1-2 必需品与奢侈品的不同组合及选择

曲线 AB 上的不同组合代表了不同的选择或资源配置取向:经济不发达,总收入偏低、温饱型人均收入水平的国家,多为 D 点选择;经济较富裕的国家多为 C 点选择。

(二) 市场运行图

市场是指交易的场所或接触点。市场由两个方面组成:(1) 生产要素市场(劳动市场、资本市场、房地产市场、信息市场、企业家市场、技术市场等);(2) 最终产品市场(商品及劳务市场)。

市场主体是指市场上从事各种交易活动的当事人,它包括自然人、家庭、厂商或企业、社团组织、政府、经济组织的法人。在生产要素市场上,市场主体(公众)作为卖方(供给方)为市场提供劳动力、房屋、土地、资金、技术、信息、管理才能,并且获得作为买方(需求方)的厂商支付的工资、租金、土地使用费、利息、专利费、佣金、利润等;在产品市场上,市场主体(厂商)作为卖方(供给方)为市场提供商品及服务,公众则是买方(需求方)并支付价格。

图1-3是市场运行图。不管是在产品市场上还是在要素市场上,市场的基本逻辑是:任何市场主体如果想得到利益,必须首先提供要素或者产品使别人满意。公众要到产品市场上购买消费品,他(她)必须先提供产品或劳务获得收入;厂商要到生产要素市场上购买生产要素,必须首先供给产品和服务并取得收入。

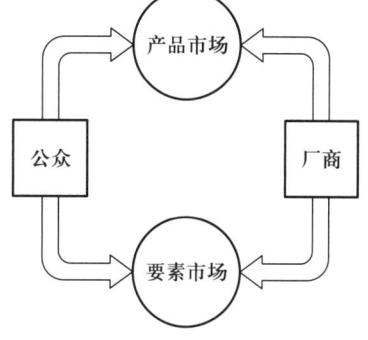

逆时针实物循环。公众供应要素(劳动、资本、土地等)→要素市场→厂商得到要素后生产商品并供应→产品市场→公众得到商品……

图 1-3 市场运行图

顺时针收入循环。厂商支付工资、租金、利润等收入→要素市场→公众得到收入并到产品市场购买商品→产品市场→收入流回到厂商……

第二节 资源配置与价格的作用

一、经济体制

经济体制是指资源配置和利用中所采取的经济决策方式和经济运行方式。

解决资源配置与利用中的基本问题,过去传统社会中主要依靠习惯和传统,而现代社会经济中,则通过市场经济体制和计划经济体制这两种基本的经济体制:(1)市场经济体制,即主要通过各个经济主体的自由自愿交易,即通过市场来解决资源配置与利用问题。生产什么?如何生产?为谁生产?价格解决一切,跟着市场需求和价格走,企业使用成本最低的技术和成本组合;要素价格决定人们收入的高低,产品的分配取决于人们的货币选票;资源的高效利用、经济波动和通货膨胀也主要通过价格的调节与刺激、间接经济手段来实现。(2)计划经济体制,即主要通过政府的计划来解决以上问题,中央集中的指令性计划决定生产什么(军需物资或民用消费品数量及比例)、如何生产(生产要素统一调拨、按计划产供销"一条龙")、为谁生产(产品分配由自上而下的组织及制度决定,计划中心起着支配作用)。由于计划经济体制不能更好地解决诸如信息、动力、失衡、配置成本等问题。因此,当今世界绝大多数的国家很少选择纯粹的计划经济体制。大多数国家采取的经济体制是一种市场经济体制与计划经济体制有机结合的混合经济体制。

二、市场经济体制是如何解决资源配置基本问题的?

市场经济体制的基础是市场主体的自愿交换、分散决策和价格调节。

价格是个指挥棒,解决了资源配置的三大基本问题:生产什么?如何生产?为谁生产?

生产什么?价格传递稀缺信息,不同的价格或者价格涨跌可以帮助人们分辨各种资源和产品的稀缺性。用于生产某种产品的资源多一些,用于生产另一种产品的资源就会少一些。把稀缺资源投入到价格高、社会更需要的产品上就是合理的。要素价格的变动引导要素的流动与组合,指引社会生产什么,正是价格吸引了劳动、土地、资本和企业家才能流向相对价格高的行业和产品。

如何生产?不同的生产方法和资源组合是可以相互替代的。同样的产品可以有不同的资源组合(劳动密集型方法或资本技术密集型方法)。劳动密集型与资本密集型生产方式的选择,不同生产要素的比例,多用劳动还是多用资本,何种投入比例最优,这些要经过价格比较、成本核算之后才做出决定。

为谁生产?相对收入高低是如何形成的?是由要素供求状况和资源稀缺程度决定的,产品分配依靠市场竞争实现,价高者得。

价格调节通过价格机制发挥作用。价格的功能或者价格的作用被称为"价格机制"。价格的作用决定着资源配置效率的高低,价格这只神奇的"看不见的手"指挥着经济社会运行。

价格的作用是在价格与供求、竞争的联系中实现的,经济学把这种联系称为价格机制。**价格机制**是指商品或资源的供求变化与价格、价格与供给、价格与需求之间的有机联系。

三、价格机制是怎样实现资源配置的？

（一）竞争和价格波动并引起资源投入量的变化

竞争和价格波动。当某种商品供不应求时，卖方相对于买方占有优势，形成"卖方市场格局"，买者竞争、竞相抬价，市场价格上升，价格上升既激励供给量又抑制需求量：价格上升激励企业扩大生产、增加产品供给量；同时，价格上升抑制和减少需求量。最终，供不应求状况得到缓解直至消失，形成供求均衡，价格也趋于稳定。当某种商品供过于求时，买方相对于卖方占有优势，形成"买方市场格局"，卖者竞争、压价抛售，市场价格下降，价格下降既抑制供给量又激励需求量：价格下降使得企业减少产品供给量；价格下降刺激需求量上升。最终，供过于求状况得到缓解直至消失，形成供求均衡，价格也趋于稳定。

所以，供求失衡会通过竞争和价格变化达到均衡，竞争压力会通过价格变化来释放。资源配置状态或结果表现为供求均衡且价格趋于稳定。

（二）价格变动引起资源在不同部门或产品间的流动

1. **价格变化**。收入、偏好、预期、政策、政治、文化、习惯、成本、技术、相对价格、自然气候等非价格因素的改变都会对需求或者供给产生影响并通过这种影响作用于价格。

2. **资源流动**。价格变动引起卖方申请贷款、投资、招聘员工、采购配件、场地租用、市场和销量等变化。具体来讲，工资、利息、利润的变动引导劳动、资本、企业家在不同部门、行业和地区间的流进流出；土地虽然不能移动，但租金的变动会引起土地用途的变化。所以，价格最终决定了劳动、资本、企业家、土地在各部门间的流进流出，决定了社会资源的配置，使生产者扩大规模并使其他部门的厂商把资源（资金、人力、物力）投入该种商品的生产。

要素和产品的流通无时无处不受到价格机制的作用。**价格高低**反映了要素和产品的**稀缺程度**。

3. **"看不见的手"**。没有集中的计划，它的运转不用语言传达指令，像精密的工作系统、无色的指挥灯、无声的语言组合在一起一样，价格机制通过一系列供求、价格、竞争的联系，把数以万计的陌生人联系在一起，依靠分工、合作、交换，解决了数以万计的、关系复杂的问题。任何一个大城市，人口成百万乃至上千万，每天要消费难以计数的粮食、果品、肉类、蔬菜，每天有成千上万的人去购买电器、衣物、日用品，这就需要有物流、收入流、资金流及人员流动，如此庞大而复杂的经济流程是如何进行的？这一切，都是在没有任何人设计、指导和计划下自行完成的，经济的"自然秩序"是价格机制这只神奇的"看不见的手"创造出来的。

（三）价格机制的四大功能

1. **传递信息**的功能。价格指引卖家生产什么、生产多少、怎样生产、卖给谁，价格变化告诉生产者投入或撤出资金、扩大或缩小生产规模。价格指引买家"货比三家"，增加或减少需求。

如果没有价格信号，如何判断一个企业盈亏以及它是在创造财富还是浪费财富？如果没有价格信号，靠什么识别人类偏好、判断物品的稀缺程度？如果没有价格信号，如何决定投入劳动、资本、土地各要素的配置比例？如果没有价格体系和价格机制，人们的经济活动和经济行为就会失去方向，无法做出选择。有了价格体系和价格机制，人们就能进行核算、选择和替代，提高效率。

如果取消了价格，政府、企业、居民就不可能快速、准确、低成本地知道供求的变动，没真实而快捷的信息,社会就不可能有效地配置资源。现实生活中,对生产者和消费者而言,他们恐怕不知道价格涨跌的原因,其实他们也不需要知道价格为什么涨跌,他们只要了解价格变化趋势并做出相应反应就够了。

2. 合理**配置资源**的功能。市场经济中,哪个部门或企业的商品价格上升,意味着它的生产者就可以获得较多的利润,它就有能力得到较多贷款和投资,社会资源就会流进这个部门或企业;反之,哪个部门商品价格下降,资源就会从该部门或企业退出,流到市场价格高、利润高的部门或企业中去。

当某部门资源投入过多、产品供过于求时,其市场价格就会下降,利润减少;反之,当某部门资源投入过少、产品供不应求时,其市场价格会上升,利润增加。

资源在价格变动引导下在部门间的流进流出使得社会资源得到调整,供求相等时,就达到了均衡,实现了资源的合理配置。

3. 提供**生产动力**和**竞争压力**的功能。产品和要素的供给者都会对价格变化做出反应,价格提供了生产动力(激励)并促使企业间展开竞争:价格上涨,生产者就会扩大规模。当供给量增加并超过市场需求量时,价格开始下降,这又会迫使生产者努力降低成本、采用新技术、提高产品质量;当该行业竞争激烈,供给量大量增加,价格继续下降,这时生产该商品的部分生产者就会把资金抽出投向别的行业。激烈的竞争使商品越来越丰富,最终达到均衡,实现要素或资源的最优配置。

【案例分析】价格管制不能增加有效供给

价格能够从供给和需求两个方向影响资源配置并达到均衡,而非价格手段只能从一个方向影响资源配置并始终失衡。例如,春运火车票价管制下,人们会通过提前抢订、等待排队、申请配额、跑关系走后门等非价格手段去竞争低价车票,获胜者能够得到黑市价与管制价的差额(无主财产),非价格手段产生的衍生竞争行为不会增加火车客运服务而只会消耗和浪费社会资源,只能影响需求量(低价格产生大量不能实现的需求)但不能激励供给量增加,供求始终处于失衡状态,于是黄牛、黑市交易禁而不绝,"野火烧不尽,春风吹又生"。

4. **收入分配**功能。市场中,每个人要先有供给才能实现他(她)的需求,先利人后利己。每个人要获得多样化的满足、实现需求,他(她)必须首先取得收入。一个人收入的多少取决于他拥有的生产资源(土地、劳动、资本、企业家才能等)以及这些资源的供求价格高低。某种资源价格的涨跌影响拥有该种资源或要素的人的收入,进而相对地降低或增加了其他要素所有者的收入。所有要素的市场价格都平衡地或同比例地涨落,一般不会影响到人们的相对收入;而各种要素的市场价格非平衡或不同比例的变动,会引起人们相对收入的变化。

【快问快答】什么是市场机制?

答:市场机制是市场各要素之间的联系,即价格、供求、竞争之间的联系。市场机制的调节作用通过价格机制来完成。价格机制是指商品或资源的供求与竞争、价格之间的有机联系。例如,当冰激凌供不应求时,买者竞争,价格上升,导致需求量减少供给量增加,缓解供求失衡直至达到均衡。

【快问快答】市场经济是如何配置资源的?

答:市场经济的**基础**是市场及其中的买者竞争和卖者竞争;市场经济的**主体**是企业、个人和家庭,他们分散决策,自主自愿决定生产什么、生产多少、如何生产、分配给谁;市场经济的主体的**目标**是在成本和市场规则约束下,受价格指引,追求效用和利润最大化;市场经济配置资源是通过价格自发波动、市场竞争、资源自由流动**实现**的。

第三节 经济学的基本定律和基本概念

一、经济学的四种表达方式

经济学运用诸如供给、需求、弹性、均衡价格、边际成本、边际收益、国内生产总值、乘数、充分就业等术语来描述经济问题和经济学原理。经济学在一定的假设条件下还可以运用图形、表格、数学等工具来理解、解释现实并简化经济生活。

许多对经济学感兴趣的人常常因为其特殊的表达方式而产生畏惧。有的经济学著作中存在把经济问题复杂化、数学化、公式化、神秘化倾向,使得初学者对其望而却步,这也招来一些有识之士的批评:"其实,可以使每个人都成为经济学家,只要没有数学分析。"这听起来有些偏颇,但并非毫无道理。其实,经济学可以用四种表达方式:**文字**、**图形**、**表格**、**数学**。选择哪一种,取决于个人的偏好。文字是一种二维表达,它是思想和精神表达完整和精彩的形式;几何图形、图表和函数表达精细、准确、简洁,它的直观性、精确性、哲理性适合课堂教学的要求,是人对文字内涵进行的抽象转换。大多数教材采用图文形式,图文兼具正是这个知识爆炸、生活多变的时代的最流行的阅读需求。经济学对一个人的整体思维和分析、判断能力有要求,但它所运用的数学相对于很多其他学科来说,并不艰深,绝大多数人都能够达到那个要求。经济学不像量子力学那样要求有深厚的数学基础,领悟经济学的美妙只需要简单的逻辑推理,只要你愿意动脑筋,努力思考就行了。

但是,熟悉大多数经济学家的语言又是必需的,它的价值是能够为你提供一种关于你周围世界的、新的、有用的思考方式。面对繁杂无序、冲突顽固的现象和力量,经济学提供了一个扎扎实实的观念体系。

正如你不能在一夜之间成为一个数学家、心理学家或律师一样,学会像经济学家一样思考也需要一些时间。为了尽可能缩短读者掌握经济学的时间(时间也是稀缺资源之一),本节用通俗、生动的语言介绍在整个经济学中反复出现的一些重要概念和知识点,如最大化分析(或最小化分析)、权衡取舍、机会成本、边际决策、激励反应、比较优势、"看不见的手"等,它们是经济分析的基础。一旦熟悉和掌握了经济学方法和术语之后,你应该学会像经济学家一样去思考。

二、经济学的基本定律

一百多年来,经济学卓有成效地运用现代数学工具或统计方法,极大地推动了数学的发展,现代数学中的线性规划、数理统计、非线性动态分析、控制论、博弈论等,都从经济学中汲取了丰厚的养分。但是,经济学的成功并不仅仅是数学工具的运用,其成功在更大程度上得益于它的简洁。

有人曾经嘲笑经济学家,说经济学的全部内容可以在两个星期内掌握。其实,一门可以在两个星期内掌握的科学,一定是简练到优美地步的学问,其基本定律一定如此有效以至于根本用不到更多的假设和辅助定理,就足以解释整个世界了。

通俗地讲,经济学的基本定律是理性人都无一例外地追求"**给定条件下的最大化(或者最小化)**"。理性追求给定成本(价格、收入或付出)下的收益最大化,具体化为效用最大化、产量最大化、利润最大化。

支撑经济学的"最大化分析"可以浓缩为一个公式:

$$MU_i/P_i = \lambda$$

MU_i 为每增加一单位 i 商品消费给消费者带来的效用,即边际效用(满足),P_i 为 i 种商品的单位价格,λ 为一常数,当边际效用递减的情况下,$MU_i/P_i = \lambda$ 是消费理论中的消费者均衡条件(原则)或消费者效用最大化公式。$i=1,2,3,\cdots n$,代表不同的商品,它的展开式为:$MU_1/P_1 = MU_2/P_2 = \cdots = MU_n/P_n = \lambda$。例如,消费者选择两种商品 x 和 y,当 MU_x/P_x 大于 MU_y/P_y 时,他会增加 x 商品或减少 y 商品,直到每单位货币得到的不同商品的边际效用相等,即 $MU_x/P_x = MU_y/P_y$。

我们可以根据 $MU_i/P_i = \lambda$ 推出其他一些重要的微观经济学中的理论或定理。

(1)需求定理。$MU_i/P_i = \lambda$ 公式中,如果 MU_i 不变,P_i 下降人们会增加商品 i 的消费,反之则减少商品 i 的消费,即其他条件不变时,价格变化引起需求量相反方向变化,得到需求定理。

(2)供给定理。把公式 $MU_i/P_i = \lambda$ 换成 $MR_i/C_i = \lambda$,边际收益与成本之比,假定 i 种商品的单位生产成本 C_i 不变,每增加一单位 i 商品生产给厂商带来的收益 MR_i 上升,供给增加,反之供给会减少,得到供给定理(其他条件不变时,供给量随成本价格或收益同方向变动)。

(3)要素最优组合的条件。如果把 MU_i 看作投入 i 种要素获得的边际收益(MR_i),P_i 看作投入要素支付的成本(C_i),固定投入不变且边际收益递减规律存在时,生产者实现收益最大化和要素最优配置的条件是 $MR_i/C_i = \lambda$。

(4)分工和交易原理。我们还能从 $MU_i/P_i = \lambda$ 得到交易、分工和贸易原理,不同消费者对不同商品而言,边际效用(MU_i)是不同的,这就产生了交换的必要。不同国家的资源禀赋不同,成本(C_i)不同,就产生了分工和贸易。

(5)寻租理论。不完全竞争市场中"寻租"和"设租"的理论基础也是基于 $MR_i/C_i = \lambda$ 公式中成本(C_i)与边际收益(MR_i)的比较分析。

(6)外部性和公共产品理论。成本(C_i)收回上的困难以及边际收益(MR_i)分担上的不对称产生了搭便车、外部性、公共产品等市场失灵问题。

总之,经济学中的重要原理,包括边际效用递减规律、边际收益(报酬)递减规律、边际成本递增规律、消费者均衡原则、要素最优投入组合、需求定理、供给定理、均衡价格的形成机制、效用最大化原理、利润最大化原则、寻租与设租、公共产品、搭便车、外部性、市场失灵,等等,这样一些经济学的基本内容都是从经济理性、"给定条件下的最大化",也就是 $MU_i/P_i = \lambda$ 这个公式中**推演**出来的,经济学在预设的简洁性和逻辑一致性上达到了炉火纯青的地步。

【快问快答】经济学为什么要在边际上比较成本与收益？

答：因为，经济决策本质上都是边际选择，增加一个单位产量，比较相应的收益与成本，可以准确判断决策的对错。

三、经济学的基本概念

1. 权衡取舍

权衡取舍又叫选择替代，它是指在资源有限的前提下，人们得到一些东西的时候必须要放弃另一些东西。比如你选择多喝啤酒还是少喝啤酒多吃匹萨？公平与效率的取舍？通货膨胀与失业的取舍？多生产甲产品和少生产乙产品，还是多生产乙产品和少生产甲产品？"天下没有免费午餐""有得必有失""甘蔗没有两头甜""鱼和熊掌不兼得"，等等，这些谚语表达的都是资源约束下的权衡取舍。

人们经常面临"有与无"的选择，例如，看电影还是上课？与张先生结婚就要拒绝王先生的求婚；买了房子就要放弃买股票。但经济生活中，人们面对的更多、更广泛的仍然是"多与少"的数量权衡取舍：①很少有人遇到"'体面穿戴+饥肠辘辘'与'裸体出门+鸡鸭鱼肉'"的两难选择，但却常常遭遇"学习经济学的时间多了，会计学、心理学、人口学上花的时间就少了；新增加5个小时的学习时间，就要放弃本来可用于睡眠、骑车、看电视、打零工的时间"的苦恼；②是用更多的时间打工挣钱储蓄货币呢，还是少加班、干自己喜欢的事来储蓄健康和快乐的感受？③一国资源更多地用于大炮生产（军需品）还是更多地用于黄油（民用品）生产；④任何社会都需要在效率与平等之间进行权衡取舍，是牺牲效率、降低工作激励、追求平等，还是从效率提高、"馅饼"增大中逐步提高个人生活质量？

2. 机会成本

机会成本又称选择成本，它是指做出一项选择时所放弃的其他选择，在放弃的选择中，潜在收益最高的那一项资源运用带来的收益就是该选择的机会成本。上大学的成本是多少？明星如何计算自己的成本与收益？经济学讲的机会成本，是特指**被放弃的最大收益**：某人上大学除交纳学费、书费（10万元）外，实际上还存在时间成本——把这段时间用于旅游服务工作四年可以挣到8万元；用于从事足球运动四年可以挣到90万元；用于从事篮球运动四年可以挣到600万元（放弃的潜在最高收益就是机会成本）。他四年大学的机会成本600万元，总成本610万元。他认识到上大学的机会成本极高，所以他会放弃上大学，选择在从事篮球运动退役以后再去上大学。

3. 边际决策

边际决策是指人们经常要对现有行动计划进行增量调整，这种增量调整被称为边际决策或边际变动——边际决策涉及决策行为的方向（前进、后退、保持）。边际的含义就是因变量关于自变量的变化率，其边际值为因变量关于自变量的导数值。例如，自变量——产量增加一个单位，因变量——收益及成本的改变量为5个单位和3个单位，我们会说边际收益大于边际成本，经济活动是可取的并且可以继续进行；当边际收益小于边际成本时，应该减少乃至停止进行该项经济活动；最优化水平在边际成本等于边际收益时达到。

消费者和生产者几乎无时无刻不在考虑边际量，以便做出更好的决策，只有一种行动的边际收益大于边际成本时，理性人才会采取该项行动。

【案例分析】在边际上决策

一个航空公司的边际问题是决定对等退票的乘客收取多高的价格。假设每个座位的平均成本是 500 美元。航空公司的票价可以低于 500 美元吗？答案是可以，因为航空公司考虑的是边际成本而非平均成本。飞机即将起飞时仍有 10 个空位，在登机口等退票的乘客愿意支付 300 美元买一张票（边际收益为 300 美元）。航空公司应该卖给他机票吗？当然应该。飞机有空位，多增加一位乘客的边际成本是一包花生米、一杯咖啡、一罐饮料（边际成本为 20 美元）。只要乘客的支付意愿大于边际成本，让他登机就是合算的、理性的。

经济学的"边际革命"是数学方法的革命，是从常量数学方法转向应用变量数学（微积分）方法的飞跃，英国的杰文斯认为，"经济学是快乐和痛苦的微积分学"。

边际分析用于变动趋势分析。经济学运用边际分析法时，要把追加的支出和追加的收入相比较，二者相等时为临界点。边际分析法是经济学的基本研究方法之一，不仅在理论上，而且在实际工作中也起着相当大的作用，是开启经济决策王国大门的钥匙。

4. 激励反应

激励反应是指人们会对激励做出反应，即人们在比较成本与收益后做出的决策。例如：①1870 年阿尔弗雷德·马歇尔在《经济学原理》中提出的需求定理是对激励反应原理的最好说明：某种商品价格上升时，意味着购买者成本上升，人们会做出减少购买而选择其他替代品的决策，反之，当价格下降时，人们对该商品的购买会增加。供给定理同样是对激励反应原理的最好说明，商品的生产者会根据价格的升降做出相应决策，因为价格的升降意味着出售商品的收益的增减；②经济学研究发现，广泛地提高税率反而会减少政府的财政收入，因为税率提高降低了对生产者的激励，从而其生产活动减少。罗纳德·里根描述过征税的激励反应：第二次世界大战期间拍电影，演员赚过大钱，但战时附加所得税高达 90%，演员只要拍四部电影收入就达到最高税率——90%，所以，演员们拍完四部电影就停止工作，并到乡下度假。高税率引起少做工作，低税率引起多做工作。所以，1980 年，里根当选总统施政计划的重要内容之一就是减税，这一激励政策被称为里根经济学——供给学派的经济学观点。③埃及有很多"烂尾楼"。之所以"烂"，是能看见墙面没有粉刷或顶楼没有封顶。这些烂尾楼的下面几层，早就有人入住，有的已经住了一二十年。房间里面装修完好，水、电、煤气俱全。除了从墙面、从顶层看上去，房子好像尚未完工之外，一切正常。为什么埃及人造房子要留个烂尾巴？原因是为了避税。埃及房子建成之后要缴纳土地税、市政税、原始税、治安税等。但是如果房子没有建造完成就不缴税。于是，埃及许多私宅就处于"没有建造完成"的状态，所以出现了很多烂尾楼。"上有政策，下有对策"，埃及政府对老百姓的避税"对策"无可奈何。

5. 比较优势

比较优势说明了交易能使每个人状况更好的道理。即使一国在所有物品上都有绝对优势，也不可能在所有物品上都有比较优势。相反，即使一国在所有物品的生产上都没有绝对优势，它也会在某些物品的生产上具有比较优势。

两个人的交换能使双方获益，两个国家的贸易可以使每个国家的状况都变得更好，即双赢。贸易促使人们专门从事自己最擅长的活动，并享有更多的各种各样物品和劳务。

任何个人、企业、单位和社会即使没有绝对优势，但仍然存在比较优势——比较优势永远存在。例如,姚明应该打球,玛丽应该打字,为什么呢?

玛丽打球挣取的年收入是 10 万元,打字挣取的年收入是 15 万元,打球和打字肯定都不如姚明(姚明有绝对优势,玛丽只有绝对劣势)。但是,玛丽打字挣到每元钱的机会成本(放弃/得到 = 10/15 = 0.67 元)小于她打球的机会成本(打球挣到每元钱的机会成本为 15/10 = 1.5 元)。

玛丽打球**越差**意味着她打字的机会成本就**越低**——例如玛丽打球只挣 0.01 万元钱,反过来玛丽打字的机会成本就是 0.01/15 = 0.006 7 万元——玛丽**打球越差**,她打字的机会成本就**越低**,玛丽的比较优势就**越大**。

同样,姚明打球挣取的年收入 12 000 万元,打字挣取的年收入是 120 万元,打球和打字肯定都超过玛丽(绝对优势),但他打字挣到每元钱的机会成本(放弃/得到 = 12 000/120 = 100 元)大大超过他打球的机会成本(打球每元钱的机会成本为 120/12 000 = 0.01 元)。姚明打字挣到每元钱的机会成本很高(100 元),姚明显然应该选择机会成本低的(0.01 元)、有比较优势的工作——打球。

市场经济中,每个人应该选择做自己有比较优势的工作,你只有为市场提供了服务、产品、效用,为别人创造了财富、供应了幸福,市场才会给你回报,才会奖励你、肯定你。你的收益、盈利是市场对你创造财富、制造幸福的无声的赞美、表扬、奖励,指引你扩大规模、勇往直前;你的损失、破产是市场对你浪费和消灭财富、制造痛苦的无声的谴责、批评、惩罚,喝醒你改弦易张、迷途知返。你的比较优势只有通过市场交换实现,市场是理性的——它不管你说,它只看你做的。

不管是个人还是企业,不管是家庭还是社会,了解自身的比较优势,学会选择和替代,参与专业化分工和市场交换,就会有更多的机会。按照比较优势进行分工的社会会变得更加富足,按照比较优势进行贸易的两个国家能享有更多的商品和服务。

【快问快答】放弃打球的玛丽,打字的机会成本是 0.67 元;放弃打字的姚明,打球的机会成本是 0.01 元。谁的机会成本高?谁有比较优势?

答:玛丽的机会成本高于姚明,但只要机会成本低于1,他们都有比较优势。只要存在比较优势,就有交换的必要。比较优势大小的差异并不妨碍他们的交换活动。

6. "看不见的手"

"看不见的手" 是指家庭或企业受价格这只"看不见的手"指引,决定购买什么、购买多少、何时购买,决定生产什么、生产多少、如何生产、为谁生产,他们时刻关注着价格,不知不觉地考虑他们行动的收益与成本。结果,价格指引这些个别决策者通过市场在大多数情况下实现了整个社会福利的最大化。

1787 年,亚当·斯密到伦敦与他的忠实信徒、英国历史上影响最大的首相之一皮特见面。斯密是最后一个到达会面地点的,他一进屋,大家就全体起立欢迎他。斯密说道:"诸位,请坐!"皮特回答说:"不,您坐下,我们再坐,我们都是您的学生。"斯密有什么东西能让一个英国首相如此恭恭敬敬?因为,亚当·斯密是"看不见的手"原理的发现者。17 世纪和 18 世纪是资本主义形成和发展的初期阶段,生产规模还相对比较小,经济自由竞争还受到各种限制。英国资产阶级古典经济学家亚当·斯密在其 1776 年出版的名著《国民财富的性质和原因的研究》(简称《国富论》)对经济自由竞争、自由贸易进行了详尽的阐述,斯密表述了使他欣喜若狂的伟大发现(著名经济学家萨缪尔森把这一发现与牛顿的伟大发现相提并论):动机良好的法令和干预手段,不能帮助经济制度运转,不要计划,利己的润滑油会使经济齿轮奇迹般地正常运转,市场这只"看不见的手"会解决一切。每个人既不打算促进公共的利益,也不知道他所增进的公共福利为多少。他所追求的仅仅是他个人的利益。在这场合,像在其他许多场合一样,他受一只"看不见的手"引导去促进一种目标,而这种目标绝不是他所追求的东西,由于他追逐自己的利益,他经常促进了社会利益,其效果要比他真正想促进社会利益时所得到的效果还大。

后来的经济学家发现,斯密关于"看不见的手"的论述是"经济学皇冠上的宝石",他们运用拓扑学和集合论等数学工具,在完全竞争的情况下严格证明了"看不见的手"原理。

"看不见的手"的经济学意义在于:(1)利己与利他并不矛盾,可以统一起来;(2)"看不见的手"(价格机制以及由此形成的分工交换、市场竞争、商品贸易)引导下的个人利己行为在促进社会利益方面,其效果要好于个人利他行为;(3)要相信并尊重市场的调节力量,价格调节经济是一种正常的自然秩序——"上帝"的旨意,通向地狱的道路是用良好的愿望铺成的,要时刻警惕干预主义被滥用。

第四节 经济学的基本内容和基本方法

一、经济学的基本内容

(一)微观经济学

微观经济学主要以单个经济单位(单个生产者、单个消费者、单个市场经济活动)作为研究对象,分析单个生产者如何取得最大利润;单个消费者如何获得最大效用;单个生产者的产量、收益、成本、利润如何决定;生产要素供应者的收入如何决定;单个商品的效用、供给量、需求量和价格如何确定。研究社会中单个经济单位的经济行为,比如单个消费者买车买房、升职加薪、投资理财、子女就业等行为。如何支配收入,并确定储蓄和消费的比例? 如何选择商品和服务? 何时就业? 每周工作几个小时? 怎样制定退休计划? 公司应该生产什么产品? 聘请拥有哪些技能的员工? 公司是购买还是租赁机器? 增加物资设备还是扩大规模(连锁店和营业面积)? 商品如何定价? 如何激励经理? 一个竞争激烈的市场里商品的价格是怎么决定的? 垄断市场或者寡头市场商品如何定价?

微观经济学要解决的是资源配置问题,即解决生产什么、如何生产、为谁生产三个基本问题。

微观经济学的中心理论是价格理论。

【快问快答】微观经济学的核心理论是什么?基本假设是什么?

答:价格理论。基本假设是理性人假设和完全信息假设。

(二)宏观经济学

宏观经济学研究总体经济,比如,社会就业状况和失业状况。关于宏观经济的问题包括:经济周期的原因? 国内生产总值(英文简称GDP)的增长速度(经济增长)是由什么决定的? 究竟什么在影响着通货膨胀? 汇率变化(本币兑换外币或外币兑换本币的比率)又是由什么引起的？货币政策和财政政策效应？政府债务如何管理？当出现失业时,是否意味着资源的闲置？

宏观经济学的三大基本问题是：

第一,失业问题。为什么资源得不到充分利用,如何解决失业,实现"充分就业";

第二,经济波动问题。国民收入增长为什么会波动;

第三,通货膨胀问题。如何对待"通货膨胀"？

由上可见,稀缺性不仅引起了资源配置问题,而且还引起了资源利用问题。主流经济学认为,经济学是研究稀缺资源配置和利用的学问。

【快问快答】宏观经济学的核心问题是什么？

答:资源利用问题。资源利用涉及三大基本问题:失业问题;经济波动问题;通货膨胀问题。

(三) 微观经济学与宏观经济学的关系

微观经济学与宏观经济学相互区别又相互联系。区别是:(1) 理论依据不同。微观经济学的理论基础是新古典经济学,宏观经济学的理论基础是凯恩斯经济学;(2) 假设不同。微观经济学的假设是资源稀缺;宏观经济学的假设是有效需求不足,存在失业;(3) 分析方法和分析对象不同。微观经济学采用个量分析法分析居民、家庭、企业的利益最大化(成本最小化)行为和市场资源配置,宏观经济学采用总量分析法研究全社会福利最大化及整体资源利用。联系是:微观经济学是基础,在资源配置方式既定的条件下,宏观经济学研究总量的决定问题;微观经济学则是在资源总量既定的条件下分析各种资源的最优配置。可见,二者互为前提、彼此补充,一个关注树木,一个专注森林,只有资源配置和利用达到最优,稀缺性问题才能得到解决。需要特别强调的是,宏观经济活动不是微观经济活动的简单相加,总体不是无数个经济个量之和,学习中不要犯"合成谬误"。

【快问快答】说明微观经济学与宏观经济学的异同？

答:区别。研究对象不同(个体与总体)、中心问题不同(价格与收入及就业)。

相同。微观经济学和宏观经济学不是两种不同的经济理论体系,而是经济学体系中的两个部分,都是研究稀缺资源选择问题,一个侧重资源配置的微观个体行为研究,另一个侧重资源利用的宏观总体行为,二者相互补充、互为前提。

二、经济学的基本方法

(一) 实证方法和规范方法

实证方法是以一种摆脱或排斥价值判断、集中研究和分析经济活动与经济过程如何运行的分析方法。它只研究经济现象间的联系,分析和预测经济行为的后果,只回答"是什么",对诸如"状态""可选择的政策""实施某方案的后果"等方面进行描述、解释。实证分析一般借助于一系列经验数据、假设条件、经济数量模型,根据理论模型做出预测,然后用事实来验证预测,以便决定修改或放弃理论及其预测。经济学就是在"考察资料、形成假说、检验假说、修改或放弃假说"中演化和发展的。

规范方法是以一定的价值判断(伦理学意义上的好或坏)为基础,提出某些标准作为分析处理经济问题的标准,作为制定经济政策的依据,并研究如何才能符合这些标准。它回答"该做什么""应该是什么",其分析结论往往无法通过经验事实来检验。

(二) 实证经济学和规范经济学

用实证方法或规范方法分析失业、通胀、财政政策、增长、发展等经济问题和经济现象,称为实证经济学或规范经济学。

不管个人的好恶,以一种客观和超然的态度,对生产、失业、价格和类似现象加以描述、分析、解释,并把这些现象联系起来是实证方法的基本特征和基本要求。微观经济学与宏观经济学都把社会经济制度作为既定不变量,不分析社会经济制度变动对经济的影响,故它们都属于实证经济学。

规范的尺度或价值判断的标准,不同时期和不同流派的经济学是不同的。例如,中世纪对经济问题的分析,是以神学为"规范"的;西方古典经济学的规范是个人主义的伦理观;当代福利经济学派的规范则是"福利主义";伦理学派的规范是"机会均等"的彻底自由主义。经济学规范研究重在考察行为的后果,判断它们的好坏善恶,分析这些后果是否可以变得更好。因此,规范研究包含了对于偏好的行动路线的判断和规定。

经济学规范研究常常涉及以下问题:通货膨胀的容忍限度应该是多少(6%? 8%? 12%?)? 究竟是应当把解决就业压力放在优先位置,还是把抑制通货膨胀放在优先位置? 是否应该向富人课税以帮助穷人? 国防开支每年应当增长3%还是7%? 经济学家根据不同规范和价值判断展开争论,他们之间的分歧不可能通过科学或诉诸事实加以解决。对于通货膨胀应多高,什么程度的贫穷才是合乎正义的以及国防开支应占多大比重的问题,根本不存在正确或错误的答案,这些问题是由政治抉择来解决的。在西方,经济学界的喜好争论和混乱令人印象深刻,有人甚至揶揄:如果让任何一个职业的全体成员组成一个枪毙犯人的行刑队,只有经济学家们会围成一个圆圈。其实,经济学家之间的意见分歧并不像一般人想象的那么大。经济学者之间在实证经济学的许许多多问题上已经取得相当一致的意见:如租金控制的影响、最低工资、关税以及汇率的作用和政府支出。实证经济学只有在货币的作用和通货膨胀问题上,还存在着重大分歧。经济学之间的重大分歧是在宏观经济学和规范经济学领域,如在有关政府的适当规模、工会的力量、通货膨胀和失业、收入的公平分配等涉及广泛的政治和伦理问题中,经济学者们就和他们的父母兄弟一样存在意见分歧,而在对价格和市场的微观经济学中,经济学者们的意见相当一致。

【快问快答】经济学者们在哪些问题上相当一致?

答:经济学者之间,在微观经济学和实证经济学领域的许许多多问题上已经取得相当一致的意见:如租金控制的影响,最低工资的后果,关税以及汇率的作用和政府支出。

(三) 实证分析的基本要求

运用实证方法进行经济分析的**基本要求**是避免主观性、防止合成推理谬误和警惕误判因果关系。

1. 避免主观性

在观察和处理问题时,不是从客观实际出发,而是从愿望、意志、感情、个人经验出发,就是主观性,在实际工作中,有时表现为教条主义和经验主义。人们习惯于用自己大脑中的概念、理论、经验来解析经济现象。人们年轻的时候,很容易接受新思想,然而一旦把经验、知识组织成一种关于现实的观点以后,人们很容易变成自己知识、成见、偏见、感情和利益的俘虏。西方学者承认,经济问题容易引起个人感情,在涉及根深蒂固的个人信仰和偏见时,血压上升,语音刺耳,而某些偏见又都是披上薄薄的一层合理化外衣的特殊经济利益。生长在地球上面,以为宇宙的其他部分都在围绕地球转;有的人牛顿力学学得很好,却妨碍他们掌握新出现的相对论。生活在资本主义社会并长久地体验其生活方式,要赞同和理解其他经济制度是比较困难的。同样的情况也存在于经济理论之中,当你采用一套新的经济原理时,你就会以新的和不同的方式去理解现实。因此,让我们对自己的主观性和没有明确表达出的假设条件事先有所警惕。

2. 防止合成推理谬误

合成推理谬误又叫**合成谬误**,是指不顾前提和条件,简单地把个别或微观合成为整体或宏观。合成谬误的逻辑学定义是:把对局部来说是对的东西,仅仅由于它对局部来说是对的,便说它对总体来说也必然是对的。

事实上,对局部正确的东西对整体可能并不正确甚至完全相反。萨缪尔森在《经济学》第一章中指出:"对于部分来说是对的事情,对于整体来说也是对的,这一错误的概念就是**合成谬误**"。在经济学领域中,十分肯定的是:对个体来说是对的,对整体来说并不一定总是对的;反之,对整体来说是对的东西,对任何个体来说可能是十分错误的。

例如,每个人都用脚尖站着来看庆祝游行并不能使人得到什么好处,虽然某一个人这样做可以看得更清楚一些;在电影院看电影,个人选择站起来,会看得很清楚;受到影响的其他人也站起来,所有的人都会站起来。最后的结果是,所有人都很累、很辛苦地站着看电影——对个体有利的行为,对群体却是有害的。

以下例子都是正确的陈述,如果你认为不对,就犯了**合成推理错误**:

(1) 某企业的工人或某行业的工人会从提高的工资获得好处,但所有工业的工人并不能从类似的工资提高中获得好处。

(2) 即使所有的农民努力干活而大自然又给予"合作",以致获得一次大丰收,农业总收入也很可能要下降。

(3) 在经济萧条时,个人多储蓄一些,反而会减少整个社会的储蓄额。

(4) 对个人来说是妥善的行为,对整个国家来说有时却是愚蠢的事情。

在经济学领域,可以肯定的是:对于个人来说是对的东西,对整个社会来说并不总是对的;反之,对大家来说是对的东西,对某个人来说可能是十分错误的。有这么一种说法,"每个人都希望世界美好,但是每个人都在努力使世界变坏。"目标、行为与结果很多时候并不一致,研究事与愿违也是经济学的任务。例如,对于个人来说,大学毕业得到工作的概率比高中毕业得到工作的概率可能增加5%,但政府通过扩招使所有同龄的人都大学毕业并且其他条件不变的话,这群人全体得到工作的概率并不会增加5%。

3. 警惕反因果关系错误

由于错误地断定因果关系的方向,人们(包括经济学家)会犯"**反因果关系**"错误。例如,下面的观点就是搞反了因果关系。

(1) 甲城市警察在不断增加,暴力犯罪事件却有增无减,所以,警察越多越集中的地方,越危险,越不安全。

(2) 夫妻们准备要孩子并预期到孩子出生,开始购买婴儿车和旅行车,从而引起婴儿车和旅行车销售量上升。有人据此认为:婴儿车和旅行车的销售引起人口增长。

(3) 有人认为,只有他在春天穿上绿裙子以后,树木才会发绿。

(4) 一位记者认为,由于佛罗里达州是死亡率最高的一个州,因此,住在那里一定对健康不利。

(5) 大规模的、地毯似的广告宣传导致了美国高标准的生活水平。

人的大脑不能理解一大堆互不相关的事实,一切分析都需要进行概括和抽象、演绎和归纳。对于某城市的高死亡率与人们健康的关系,我们必须仔细分析,首先假定该城市与其他城市除居住生活环境以外的其他条件相同,或者根据年龄分布、性别、有损健康的诸多因素做出校正以便具有可比性,然后考察资料,确定假设、形成假说、检验假说,最后,才能对居住在该城市是否有利于健康做出结论。

【快问快答】经济学研究的基本方法和基本要求是什么?

答:经济学研究的基本方法是实证方法。运用实证方法是微观经济学和宏观经济学的主流。许多经济学家认为,经济学的实证化是经济学科学化的唯一途径,这样才能使经济学成为像物理学、化学一样的真正科学。记住,经济学家在考察分析、描述经济现象时,离不开定义、假设、假说、检验这几大实证方法的基本环节,概念定义、确定假设、形成假说、检验假说的过程,也就是理论形成的过程。理论往往比感觉更可靠。

运用实证方法进行经济分析的**基本要求**是避免主观性、防止合成推理谬误和警惕误判因果关系。

(四) 其他经济学方法

经济关系的复杂化和多样化,经济学研究方法也日益深入,除了规范方法和实证方法这两个基本研究方法外,经济学运用的研究方法也逐渐增加,例如,静态分析法与动态分析法、演绎法与归纳法、均衡分析法与非均衡分析法、均衡稳定分析法与均衡移动分析法、短期分析法与长期分析法、供求分析法、成本收益分析法、边际分析法,等等,形成了一个较为完整的方法体系。下面介绍三种重要的分析方法。

1. 供求分析

供求分析是指在分析经济现象或考虑经济问题时,总是要从供给和需求这两个方面来考虑。需要我们掌握的供求分析有两个内容:

(1) 均衡稳定分析。供求量的相互作用总是要反映在价格上,竞争引起价格波动,总会使供求量趋于一致并最终形成均衡。供过于求,卖者竞争,卖者竞相压价;反之,供不应求,买者竞争,竞相抬价。最终形成稳定的均衡价格和均衡数量,给市场提供相对稳定的预期和信息。

(2) 均衡移动分析。非价格因素变动影响供给或者需求,导致均衡移动,使得价格数量发生变动。例如,城市化的聚集效应产生了居住需求,一方面,住房需求增加(**需求变动**或者叫需求函数和曲线变动)拉动房屋均衡租金上涨;另一方面,房屋均衡租金上涨刺激房屋租赁供给量大幅度增加(**供给量变动**)。

又如,1992年美国对伊拉克实行禁运,一方面,伊拉克国内供给大幅度下降(**供给变动**),物品短缺,通货膨胀;另一方面,价格暴涨会抑制需求量(**需求量变动**),抵消价格上升引发的抢购商品、囤积货物。反映稀缺的价格暴涨会激励商人加快倒买倒卖活动,有利于突破禁运。但是,萨达姆分不清因果关系,把通胀归罪于商人并处决42名德高望重的商人,商业活动的停止进一步强化了短缺,最终引火烧身,自取灭亡。

【重要提示】供求分析的重点是均衡及其变动

供求分析的重点是均衡及其变动,后面第四章和第六章的学习,介绍的就是均衡的决定和均衡的变动(均衡价格和均衡数量、均衡价格水平和收入水平的决定与变动),请注意区分(价格引起的)**供求量**的变动与(非价格因素引起)**供求**的变动。

2. 成本收益分析

成本收益分析是指人们做出每一项决策都会比较成本与收益。当成本或收益变动时,人们的行为也会改变。给定成本下争取最大收益,或者给定收益下使得成本最小,这是理性人或经济人的行为原则。成本收益分析要求对未来行动有预期目标,通过评估各种条件下的行为的实际效果,争取以最小的成本取得最大的收益。经济学的成本收益分析方法与其他学科的成本—收益分析的最大不同,是经济学的总成本中包含了选择成本或机会成本。例如,对于一个小学生来说,上学读书的机会成本不高,但是,随着年龄、学识、职位、责任和薪酬的增长,尤其是他取得高收益工作机会的增加,他上学读书的机会成本就会越来越大。

3. 边际分析

边际分析是指当自变量发生微小变动时,因变量就随之变动。人们不仅会比较总成本与总收益,还会比较边际成本与边际收益。边际的概念植根于高等数学的一阶导数和偏导数的概念。常常用到的边际的概念如边际成本、边际收益、边际利润、边际效用、边际消费、边际储蓄等。边际分析是马歇尔在一百多年前创立的,它告诉我们,人们在做决策的时候,除了应用绝对量作为决策参数外,更应该运用增量参数进行决策。

边际分析是对新出现的情况进行分析,即属于现状分析。这显然不同于总量分析和平均分析,总量分析和平均分析实际上是过去分析,是过去所有的量或过去所有的量的比。在现实社会中,由于各种因素经常变化,用过去的量或过去的平均值概括现状和推断今后的情况是不可靠的,而用边际分析则更有利于考察现状中新出现的某一情况所产生的作用、所带来的后果。边际分析理论奠定了西方经济学的基础。

边际分析在经济分析中的简单应用:(1)最优产量的决定。当边际收益等于边际成本时,此时的产量水平为最佳产量水平,因为这时得到的总利润最大。(2)一对结婚十年的恩爱夫妻过不下去了,是理性分开还是勉强继续一起生活?继续没有感情生活的理由是:感情不和是最近的事情,双方过去到现在总幸福大大超过总的不愉快(例如600∶100)。分开的理由是:幸福的边际净值为负。继续在一起的每一天、每一分钟痛苦都会大于幸福,分开越早,总幸福净值就越大,分开越晚,总幸福净值就越小,直至为负。

学习建议

经济学可以帮助你了解周围的世界、参与经济生活、解决生活中的许多疑问,理解宏观经济政策。它不会使你成为天才,但它可以使你少犯错误。经历了二百多年的发展,经济学已经相当成熟了,虽然我不敢说学习经济学会改变你的一生,但是,它会使你看到一种全新的思维方式,在人生的重要时期它可以帮助你做出更加理性的、合理的选择。总之,经济学家说:"学生的时间是稀缺的,但他们会发现学习经济学的投入是一项值得的、高回报、高效率的投资"。作者建议读者把学习经济学当成一项投资,建议你用162个学时来学习经济学,"课前预习""课堂听老师讲授""课后复习"投入的时间成本应该是各占1/3。

把学习经济学当成一次激动人心的远航。系统地学习经济学,对于大多数人而言,一辈子可能只有一次。但是,在人的整个一生中——从摇篮到坟墓——会无数次地碰到经济学严酷的真理。没有学习经济学,就无法正确认识和理解周围的世界。两位经济学大师保罗·萨缪尔森、曼昆曾经说过,经济学课程的学习改变了他们的一生。事情确实如此,学习经济学是一项高效的"人力资本"投资,而且获益将是持续的、长期的。

远航去经济学的世界,现在出发吧!

本 章 小 结

1. 经济学大致经历了重商主义、古典经济学、新古典经济学、当代西方经济学四个主要阶段。虽然它只有二百多年的历史,但却是近代发展最为迅速的科学,被经济学泰斗萨缪尔森称为"最古老的艺术、最新颖的科学",它作为社会科学"王冠上的明珠",成为众多精英追逐的人类大智慧。凯恩斯说:经济学家的思想始终左右着这个世界——不管它是在对的时候还是在错的时候。学习经济学是一项高效率的智力投资。

2. 经济学是关于稀缺资源配置与利用的科学,经济学产生的两个基本条件是稀缺性和选择性,资源稀缺以及选择的必要产生了经济学。机会成本、生产可能性曲线、市场经济体制等都与选择有关,所以,经济学被称为**选择的学问**。这里讲的经济学是指理论经济学,它主要包括微观经济学和宏观经济学。

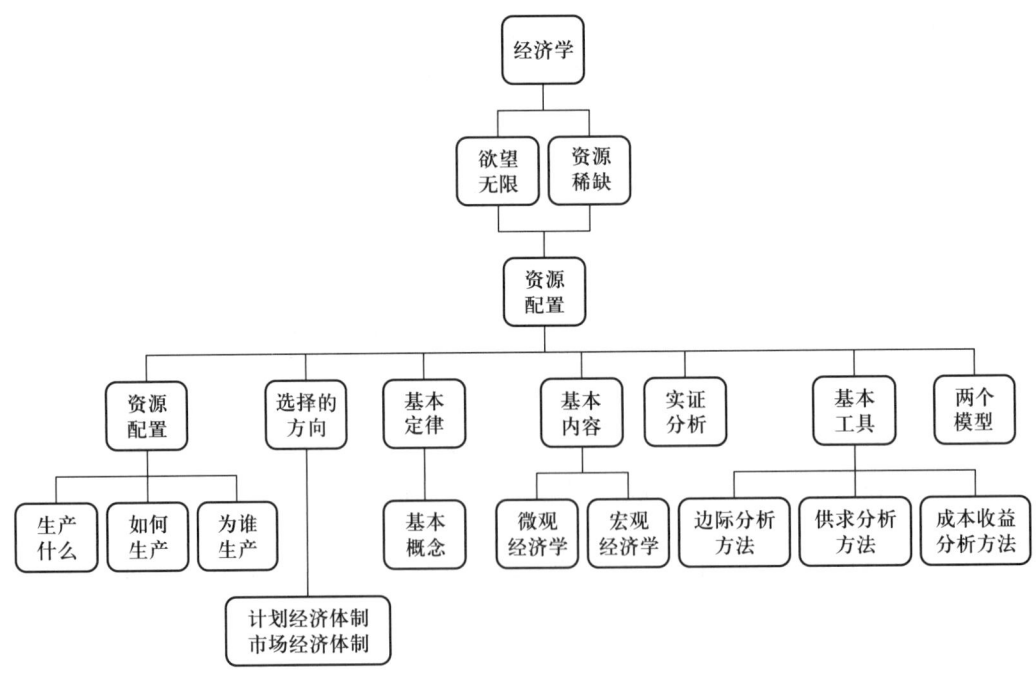

思 考 题

1. 假如你一天有 16 个小时在闲暇和学习之间分配。设闲暇时间为变量 X,学习时间为变量 Y,用坐标图表示学习与闲暇之间此消彼长的关系;如果你每天 6 小时用于闲暇,请在图上标出你要选择的点,假如你决定每天只需要 5 个小时的闲暇时间,请标出新点;你觉得时间少了,这样你每天用 18 个小时分配在学习和闲暇上,画出新的曲线。(提示:16 个小时的函数方程式为 $16=X+Y$;18 个小时的函数方程式为 $18=X+Y$,方程式的变化在几何图形中表现为线的移动)

2. 什么是经济学,如何从资源的稀缺性和选择性推导出经济学?(提示:欲望无限使得资源稀缺。解决二者矛盾离不开"理性选择",经济学是一门关于选择的学问)

3. 不同的制度在解决生产什么、如何生产和为谁生产问题的方式上有何不同。考虑在家庭内、大学里、食品行业和军队里是怎样解决三个基本经济问题的。(提示:家庭内通常是习惯和传统起作用,大学和食品行业主要受市场机制支配,军队靠计划指令)

4. 举例说明你身边存在的权衡取舍难题。(提示:时间资源的分配;收入的分配;专业选择、职业规划、择业等)

5. 简述价格机制的四大功能。(信息传递、资源配置、激励与竞争、收入分配)

6. 下面是一个边际分析的案例。如果年收入 5 万元,纳税 20%,超过 5 万元以上的部分税率 50%,请计算一个有 6 万元年收入的人的平均税率和边际税率。(提示:当收入总额为 6 万元时,平均税率 $=(5\times20\%+1\times50\%)/6=25\%$;边际税率 $=10000\times50\%/10000=50\%$)

7. 个人在萧条时期多储蓄一些,会增加还是减少社会总储蓄?(提示:减少。经济萧条时,需求不足,储蓄增加,消费进一步减少,导致国民收入减少,最终,总储蓄也会下降。"合成谬误"就是静态地把宏观变量看成是微观变量的简单相加。事实上,对个人来说是正确的事情,对整个社会来说并不总是正确的。例如,农民个人增产可以增收,但对于农民总体而言,增产未必增收。)

练 习 题

一、单项选择题

1. 资源的稀缺性是指( )

A. 世界上的资源最终会消耗完

B. 相对于人们的欲望而言,资源总是不足的

C. 资源绝对量少

D. 人们的购买力不足

2. 微观经济学要解决的问题是( )

A. 资源配置　　　B. 资源利用　　　C. 收入分配　　　D. 国民收入决定

3. 宏观经济学的基本假设是( )

A. 市场出清　　　B. 市场失灵　　　C. 均衡　　　　　D. 完全竞争

4. 生产可能性曲线以内的任何一点表示( )

A. 可以利用的资源稀缺　　　　　　　B. 资源没有得到充分利用
C. 资源得到了充分利用　　　　　　　D. B 或 C

5. 重商主义的代表人物是(　　)。
A. 亚当·斯密　　　　　　　　　　　B. 卡尔·门格尔
C. 安·德·孟克列钦　　　　　　　　D. 瓦尔拉斯

6. 不属于古典经济学代表的人物是(　　)
A. 亚当·斯密　　　　　　　　　　　B. 约翰·海尔斯
C. 大卫·李嘉图　　　　　　　　　　D. 马尔萨斯

7. 微观经济学的中心问题是(　　)。
A. 就业或失业问题　　　　　　　　　B. 收入或分配问题
C. 消费或投资问题　　　　　　　　　D. 价格及供求问题

8. 对今天的西方经济学思想产生最深远影响的经济学家是(　　)。
A. 马尔萨斯和加尔布雷斯　　　　　　B. P·萨缪尔森和西蒙斯
C. 大卫·李嘉图和托马斯·曼　　　　D. 亚当·斯密和约翰·梅纳德·凯恩斯

9. 下列描述不对的是(　　)。
A. 资源配置的基本问题是"生产什么""如何生产""为谁生产"
B. 生产要素包括劳动、土地、资本和企业家才能
C. 生产要素的分布是均匀的
D. 企业家才能是一种无形的、极其稀缺和重要的生产要素

10. "看不见的手"描述的通常是(　　)。
A. 企业　　　　　B. 政府　　　　　C. 市场　　　　　D. 个人

二、多项选择题

1. 资源配置是解决(　　)的问题。
A. 生产什么　　　B. 如何生产　　　C. 为谁生产
D. 充分就业　　　E. 通货膨胀

2. 微观经济学(　　)。
A. 以个体为研究对象
B. 以经济总体中的行业为研究对象
C. 解决资源配置问题
D. 解决资源利用问题
E. 讨论商品价格决定

3. 微观经济学的基本假设条件包括(　　)。
A. 人都是合乎理性
B. 具有完全信息
C. 每个消费者的收入不变
D. 价格不变
E. 市场出清

4. 西方经济学里,分别完成了两次大的综合或折中的经济学家是(　　)。
A. 阿弗里德·马歇尔

B. 卢卡斯

C. P·萨缪尔森

D. 约翰·梅纳德·凯恩斯

5. 引发经济学上"边际革命"的经济学家有(　　)。

A. 英国的 W.S.杰文斯

B. 瑞士洛桑学派的法国人 L.瓦尔拉斯

C. 英国剑桥学派经济学家阿弗里德·马歇尔

D. 奥地利的卡尔·门格尔

(参考答案:单选 BAABC BDDCC　多选 ABC ACE AB AC ABD)

三、作图题

1. 琳达1小时可以读80页经济学书,她还可以1小时读100页心理学著作。她每天学习8小时。(a)请画出琳达阅读经济学和心理学著作的生产可能性曲线;(b)琳达阅读160页经济学著作的机会成本是什么? (提示:设琳达读经济学书 Y 页,读心理学著作 X 页,两者是线性减函数关系,即 $Y=a-bX$,因为8小时可以读640页经济学书或800页心理学著作,所以,$Y=640-0.8X$,据此可作线性生产可能性曲线图)

2. 假定一个社会以其全部资源生产小麦和棉花,数据如下:

可能的组合	A	B	C	D	E
小麦(万吨)	20	18	14	8	0
棉花(万吨)	0	1	2	3	4

试画出该社会的生产可能性曲线。

(提示:参考图1-1或者图1-2)

【背景资料】经济学简史①

经济学真正作为一门科学是从16、17世纪开始的,在18、19、20世纪获得了极大的发展。

1. 重商主义——经济学的史前史

早期的经济学研究侧重于经济政策,如反对高利贷、保护关税、主张发展对外贸易、扩大出口、限制进口,其研究领域侧重于流通领域,但没有形成一个完整的体系,其政策主张是强调政府干预、保护贸易,经济学家把这一时期(15—17世纪)的经济学研究概括为"重商主义"。

重商主义产生于欧洲地理大发现的冒险时代,那是一个崇尚英雄、冒险家、商人、航海家的新时代。通过扩大出口、保护关税、海外殖民能导致一个国家的繁荣,这样的重商主义观点被当时的统治者普遍接受。

重商主义者的代表人物有早期的英国经济学家约翰·海尔斯(他在16世纪写的《对我国同胞某些控诉的评述》中提出的"货币主义",他是最早鼓动政府创造货币来制造繁荣的

---

① 该部分可作为选学内容

人。晚期重商主义者有英国的托马斯·曼(他于17世纪所著的《英国得自对外贸易的财富》是重商主义的代表作)。法国学者安·德·孟克列钦著的《献给国王和王太后的政治经济学》最早使用"政治经济学"一词,它使经济理论从一开始就贴近政策。

2. 古典经济学(从亚当·斯密到大卫·李嘉图)

经济学之父亚当·斯密(1723—1790)出版其《国富论》(1776)的那年可以认为是经济学真正诞生之时。亚当·斯密试图把经济运行从封建统治制度的政府干预中解脱出来,他也极其不满贵族老板的伪善矫饰,指出"阁下有面包、葡萄酒和肉吃,靠的并非面包师、酿酒工、肉食店老板的好心,而是他们对自利的追求"。

亚当·斯密提出的理论具有如此巨大的影响,是因为他揭示了资产阶级的时代精神,即斯密向当时处于上升阶段的资产阶级提供了适合于他们的利益要求的理论,这一套鼓励自由竞争、自由放任的理论告诉厂商们,照顾好自己的企业是上帝的旨意。斯密把个人利己行为与社会财富和经济福利内在地统一起来,由此而得出价格调节(市场竞争性价格)经济是一种正常的自然秩序的结论。

《国富论》出版以后的半个世纪中,经济学家发现了收益递减规律。年青时代功成名就的马尔萨斯牧师(1798年22岁时写成《新人口论》)预言,生产率每前进一步都会伴随着人口无节制的增长。马尔萨斯成为那个时代悲观主义的代表人物,托马斯·卡列尔给经济学以"恐怖的科学"的称号。马尔萨斯提醒后人,人口增长必须与经济增长相适应。

从1820年到1870年,整整半个世纪中,李嘉图使经济学者和政治家们着了迷。李嘉图的成名作是《政治经济学及其赋税原理》,他的劳动价值理论成为马克思主义经济学的重要来源之一。

3. 新古典经济学

1870年前后,世界上有三个人同时而独立地提出了边际效用价值论,引发了经济学上的"边际革命",开创经济学这一新时期的经济学家是英国的W.S.杰文斯、瑞士洛桑学派的法国人L.瓦尔拉斯、奥地利的卡尔·门格尔。

与古典经济学强调成本、生产费用和供给不同,新古典经济学发现和分析了需求、效用和偏好,特别是在瓦尔拉斯的深奥的数学分析中,一般均衡的分析得到完成。1890年英国剑桥学派经济学家和最早的经济学折中大师阿弗里德·马歇尔(1842—1924)出版了《经济学原理》,这本书综合了供求论、边际效用论、边际生产力论、生产费用论,形成均衡价格论、价值论、分配论、局部均衡论、需求弹性、供给弹性等各种经济理论。马歇尔是庇古、凯恩斯的老师,早年学习数学、物理学,他把达尔文理论引进经济领域,提出自然不飞跃的经济进化论,其剪刀均衡价格论把供给和需求曲线神奇地综合在一起,使经济学向简单化、直观化、定量化迈进了一大步,建立了现代微观经济学的基本学科体系,他也使经济学走出了象牙塔,成为备受政府和社会重视的学科。20世纪的经济学就是在这些研究基础上发展起来的。

4. 当代西方经济学

(1) 凯恩斯革命

在凯恩斯之前,微观经济学发展到如此成熟的程度,以至于没有与之相适应的宏观经济分析。20世纪30年代大萧条对传统经济理论提出了挑战,在约翰·梅纳德·凯恩斯出版《就业、利息和货币通论》(麦克米伦公司,伦敦,1936年)(后简称《通论》)之后,经济学就不再是以前的经济学了。作为大萧条之后亦学亦商亦仕的人物,凯恩斯的影响是深远的,为了恢复第二次世界大战后的世界经济秩序,他力主建立世界银行、国际货币基金组织,他的《通论》开创了干预主义时代,一直到今天,当代经济学始终与凯恩斯的名字联系在一起。

(2) 后凯恩斯主义时期——主流经济学

战后一段时间,凯恩斯主义流行于西方各国。美国经济学家保罗·萨缪尔森等人把凯恩斯主义的宏观经济学与新古典经济学的微观经济学理论混合在一起,他们的理论被称为新古典综合理论。1948年保罗·萨缪尔森出版《经济学》(目前再版次数名列前茅的被译成上百种文字的教材)成为20世纪下半叶西方正统的经济学教材。《经济学》被认为是对混合经济制度的最好概括,该理论在政策实践中被广泛运用。

(3) 新自由主义对主流经济学的反攻时期

20世纪60年代末出现在西方国家的"滞涨"使经济学家重新审视凯恩斯主义。弗里德曼、哈耶克、西蒙斯、卢卡斯是新自由主义的代表人物,货币主义、自由放任、理性预期是他们与新古典综合派斗争的理论武器。新自由主义使政府实施干预政策时更加慎重,它提醒决策层:应该让市场价格制度发挥作用,如果忽视市场价格制度的作用,社会将受到惩罚。

对主流经济学提出挑战的还有 J.K.加尔布雷斯。他在1957年著的《丰裕社会》、1967年出版的《新工业国》是最畅销的经济学著作,他的文笔优美和好发惊人议论使其获得了"艺术学者"的称号。他认为,现代公司追求增长最大化而非利润最大化,他把战后出现的企业集团和跨国公司归入"计划体系",并认为美国国内"市场体系"中的1 200万个分散企业无法与"计划体系"中的少数千余家大公司相抗衡。

5. 经济学的前景。

从苏格拉底、亚里士多德和亚当·斯密到凯恩斯和加尔布雷斯教授的2 250年的历史发展中,人类社会的绝大多数人从物品匮乏时代进入了丰裕社会,经济学是对人类的提供种类浩繁的物品和劳务方面的日常事务的研究。尽管人类社会仍然承受着失业、通货膨胀、沉重债务、持续贫困的困扰,然而,经济学家们不再相信对人类经济增长的马尔萨斯式的悲观预测,托马斯·卡列尔关于经济学是"沉闷的科学"的断语已失去市场,人们重新相信经济学作为"社会科学皇后"的说法。

80多年前,现代经济学之父凯恩斯透过大萧条的阴影,为人类描绘出一种令人惊异的经济前景:假设一百年以后,我们所有人的生活……要比我们现在……好上百倍,如果没有世界大战,没有人口的巨大增长,那么经济问题是可以解决的。那时,经济问题不再是人类的永久的问题。那时,人类将面临的问题是,怎样利用越来越多的闲暇,过着智慧、和睦、美好的生活。当人类富裕以后,最深层的经济问题不再是生产什么、如何生产、为谁生产,而是为什么要富裕、为什么目的而活着,"人的价值""选择的自由""平等""公平"等将取代效率。

我们千万不要忘记,这只是预言,它除了说明人类经济命运会不断好转外,什么也说明不了。凯恩斯要告诉子孙后代的是:那是未来,经济学应该关注现在,在一百多年的发展过程中,人类仍要把某些令人憎恶的品质(如占有货币的偏好)奉若神明。

当我们试图理解经济和经济学的现在和未来时,可以仔细品味加尔布雷斯教授在《丰裕社会》对现代社会的关键性评价:一个贫困交加的社会必然崇敬生产,而丰裕社会则应将注意力转向其他目标;当私人财富得到保证时,社会福利便成为可能;我们正从对物的投资转向对人本身的投资。

第二章 消费者行为分析

学习目标

知识要求：**了解**边际效用论（基数效用论）的总效用、边际效用概念及边际效用递减规律；**理解**效用最大化原则；**掌握**收入约束下的消费者如何实现效用最大化。

技能要求：**知道**当人们说汽车、住房的价值大、有用的时候，一般是指总效用，决定商品价格的往往是边际效用；**了解**边际效用递减规律并且可以用它说明消费者的支付意愿、需求和需求曲线；**会用**消费者购买商品的均衡原则指导和说明消费行为。

【开章案例】水的边际效用

边际效用递减规律被称为戈森定律，它可以简单概括为"随着获得物品的数量递增而欲望和享受递减"。钻石没有水有用，价格却比水贵，水对生命如此不可缺少，为什么价格却很低？200年以前，这一悖论困扰着亚当·斯密。现在，我们知道如何解答这一问题了，其答案如下：决定某一物品单位价格的是边际效用而不是总效用。例如，第一杯至第十杯水的边际效用分别是900、100、80、50、20、10、4、3、2、1，那么，虽然水的总效用是1170，但水的边际效用却是1，如果一单位边际效用的支付意愿是1元，则消费者对水的支付意愿是1元。

如果第一至第三个单位的钻石的边际效用分别是100、99、98，那么，钻石的总效用是297，钻石的边际效用是98，则消费者对钻石的支付意愿是98元，是水的98倍。所以，钻石比水贵。但水的总效用仍然是钻石的3.94倍，因为，水更有用。

相对于钻石，水的供应充足，其边际效用如此之低，最后一杯水只能以很低的价格出售，甚至一些水仅仅用于浇草坪或洗汽车。我们发现，商品越多，它的最后一单位的相对购买愿望越小，所以大量的水价就越低。为什么必不可少的水在一些地方成为免费商品？正是无限供给量使其边际效用大大减少，因而降低了这一极其重要商品的价格。

结论：边际效用决定消费者的支付意愿，边际效用小，愿意支付的价格就低，比如水；边际效用大，愿意支付的价格就高，比如钻石。这就是经济学中的"稀缺定价铁律"。

讨论题

你会根据边际效用决定对物品的支付吗？在日常消费购买决策中，你经常遇到支付意愿大于市场价格的情况吗？

第一节 效 用 论

本章研究需求定理的理论依据，说明消费者怎样实现效用最大化？这里，消费者是指能作出统一消费决策的个人、家庭或组织。消费者行为分析的目标是追求幸福最大化。什么是幸福？美国经济学家萨缪尔森用"幸福方程式"来说明幸福取决于欲望和效用：

$$幸福 = \frac{效用}{欲望}$$

幸福与欲望成反比，与效用成正比。那么，什么是效用呢？

一、效用

（一）什么是效用

效用是指满足，效用大小就是指人们在消费商品时所感受到的满足程度的大小。效用函数具有多元性，消费者不仅能从取得商品、接受服务、感到安全、得到尊重、发现自我中获得满足，得到主观上的效用；消费者也能从助人利他、积德行善、同情他人、自我牺牲中获得满足，这些同样有效用，所谓"施之者比受之者有福"。19 世纪后期，经济学家将"效用"作为消费者在不同消费可能性之间进行选择的依据，用它来解释有理性的消费者如何把他们有限的资源分配在能给他们带来最大满足的商品上。消费者从某种商品和服务中得到的满足程度高，就是效用大；反之，就是效用小；没有满足，就是零效用；得到的不是满足，是痛苦，就是负效用。

（二）效用的两种选择学说：基数效用论和序数效用论

分析消费者行为的两种方法分别是基数效用论者的边际效用分析方法和序数效用论者的无差异曲线的分析方法。

基数和序数这两个术语来自数学。基数是指 1、2、3、…，等等。基数是可以加总求和的。例如，基数 3 加 9 等于 12，且 12 是 3 的 4 倍等。序数是指第一、第二、第三、…，等等。序数只表示顺序或等级，序数是不能加总求和的。

在 19 世纪和 20 世纪初期，西方经济学家普遍使用基数效用的概念。表示效用大小的计量单位被称作效用单位。例如，对某一个人来说，吃一顿丰盛的晚餐和听一场音乐会的效用分别为 6 个效用单位和 12 个效用单位，后者效用是前者效用的 2 倍，二者效用之和为 18 个单位。到了 20 世纪 30 年代，有的西方经济学家开始使用序数效用概念。序数效用论者认为，效用的大小是无法具体衡量的，效用之间的比较只能通过顺序或等级来表示。

二、边际效用及边际效用递减规律

边际是指新增加或额外的部分。边际效用是指消费者在一定时间内增加消费某种商品和劳务带来的满足或效用。现在假设消费者连续消费了 8 个单位商品，第 8 个单位给他带来的效用被称为边际效用（最边上的或最后的那个单位增加的效用）。详见表 2-1，如果消费者仅消费 3 个单位，那么对他来说边际效用为 5。

表 2-1 效 用 表

商品数量	总效用	边际效用
0	0	
1	7	7
2	13	6

续表

商品数量	总效用	边际效用
3	18	5
4	22	4
5	25	3
6	27	2
7	28	1
8	28	0
9	27	−1

边际效用递减规律：在某一时期内，随着个人连续消费越来越多的某单位商品，他从中得到的额外的效用量（效用增量）是递减的。

边际效用递减规律的特征如下：

（1）递减性。边际效用的大小与消费商品的数量成反比。例如，一张桌子有三条腿可以站稳，第四条腿能增加桌子的稳定性和承重力，但是，增加的这条腿的效用（第四条腿的效用＝边际效用）显然不如第三条。越是后面的桌子腿，增加的承重力越比前面的一条低，用经济学的话说，桌子腿的边际效用越来越低而边际成本不变或递增。

（2）反复性。边际效用是在特定的连续的时间段里起作用，不同的时间里具有再生性、反复性。

（3）主观性。边际效用具有主观性，消费者对商品的支付意愿或愿意支付的价格由边际效用决定，数量越少，边际效用越大，支付意愿越强；反之，支付意愿越弱。例如消费同样单位的芹菜或芥末，最后一个单位，有人欣然接受、意犹未尽，也有人如堕深渊、痛苦万分。

（4）相对性。例如运动员第二场比赛得了亚军，相对于第一场得的亚军满足感下降，一想到跟冠军只有毫厘之差，不免懊恼、沮丧、难受，但看到上次的冠军这次只拿了季军，心中立即释然。

边际效用递减规律的例外情况也是存在的，如成套邮票、毒品等。但是，更多的、普遍存在的现象，比如"虱子多了不痒，债多了不愁""吃饱了蜜不甜"、人们追求多样化和少而精、君子戒多戒贪、公务员拒腐寡欲、"良田万顷，日食一升；广厦万间，夜眠七尺"、普通人济贫扶弱、人类崇尚自由选择等都可以在边际效用递减的规律中得到解释。

边际效用递减的原因。边际效用递减规律也被称为戈森定律。戈森定律可以简单概括为"随着获得物品的递增则欲望和享受递减"，欲望和享受递减解释了边际效用递减的原因。

关于**边际效用递减规律的伟大意义**，戈森（1810—1858）说："我相信，我在解释人类关系方面所做的，正如哥白尼在解释天体关系方面所做的。我相信，我已成功地发现了使人类得以生存并支配人类进步的力量，以及这种力量发生作用的法则的一般形式。哥白尼的发现使人类得以预测天体未来运行的轨迹。我的发现使我得以指出，人们为了实现人生目的所必定遵循的确定不移的路线"。

另外，边际效用递减规律还解释了需求定理。假定消费者购买商品时，单位货币的效用不变(每一元代表一个单位效用),这样,消费者每购买一单位商品,就必须放弃一定单位的货币效用单位。随着放弃的同一单位货币的增加,他从最后的商品中得到的边际效用就越来越小,他的支付意愿必然越来越低。由此可见,由于购买的商品量越多,对每单位商品愿意支付的单位价格就低。需求定理,也是建立在边际效用递减和消费者不同偏好及不同收入基础之上的。

三、总效用与边际效用

1. 总效用。总效用是指随着消费量增加而得到的效用总量。总效用是边际效用之和。如表2-1,A先生消费4个单位商品,他得到的总效用是第一到第四个边际效用之和,即 7+6+5+4=22。随着消费量的增加,只要边际效用为正值,其总效用也增加。但是,当边际效用下降为零时,即第8个时,总效用便停止增加。

表里的数字可以用图2-1表示。每一长方形的高度,表示每增加一个单位商品消费所得到的边际效用。长方形的高度一直往下减,最后到零。横轴上从0点到任一点上长方形面积的总和表示消费产生的总效用。例如,如果一天消费8个,总效用就是图中矩形面积之和。

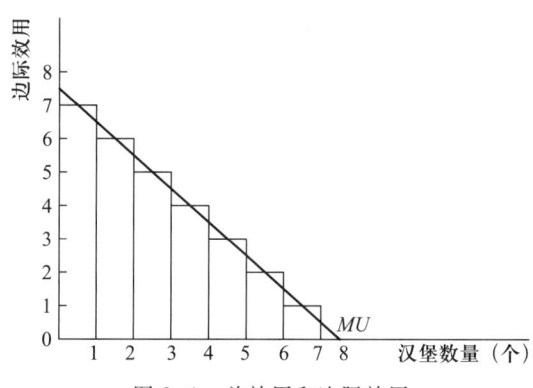

图2-1 总效用和边际效用

如果单位商品小到一定程度,我们就可得到图中MU的连续线,即边际效用曲线。在表2-1和图2-1中,你都可以看到,当A先生消费的越来越多时,A先生得到的总效用会越来越以缓慢的速度增长。这是因为,随着A先生消费商品数量的增加,边际效用递减造成的。

2. 总效用与边际效用的关系。例如,玛利亚消费汉堡的边际效用函数为:$MU(Q_x) = 40-5Q_x$。总效用与边际效用的关系如下:

(1) 总效用是边际效用之和。当玛利亚消费3个汉堡时,总效用=35+30+25=90;

(2) 前后相邻的总效用之差乃边际效用。第3个汉堡的边际效用可以根据边际效用函数得到(25),即 $MU(3)=40-5\times3=25$,也可以通过总效用减它的前一个总效用得到。$MU(3)=90-65=25$;

(3) 边际效用为零时,总效用最大。例如,当消费8个汉堡时,边际效用为零,$MU(Q_x)=40-5Q_x=0$,$Q_x=8$,这时,总效用=140。如果,玛利亚继续消费,9个汉堡的总效用则下降为135;

(4) 边际效用为负时,总效用会下降,最后增加的边际效用不是满足,是麻烦、痛苦。番茄的边际效用在正常情况下为正值,但收获过剩,就变为负担。

结论:根据边际函数,人们可以准确地进行数量选择,而总量函数则不足为据。

【案例分析】几个包子才能饱?

民间故事说,有一人吃了5个包子,感叹道:"早知道吃5个包子可以饱,又何必吃前面4个呢?!"。这个人因此被人笑话。人们笑话他是因为,他分不清5个包子的效用与第五个包子的效用(即总效用与边际效用)的区别。

第二节 购买商品数量的原则(效用最大化原则)

一、购买一种商品的数量原则:$MU \geq P$

(一) 不考虑成本支付,$MU \geq 0$

如果不考虑成本支付或价格(免费,即$P=0$),消费者消费商品的数量由边际效用函数决定($MU \geq 0$)。

例如,有边际效用函数$MU(Qx) = 40-5Qx$,令$MU(Qx) = 0$,则$40-5Qx = 0$,故$Qx = 8$。

消费者消费的商品数量分别为1,2,3,4,5,6,7,8,9,其总效用为35,65,90,110,125,135,140,140,135;边际效用(MU)分别为35,30,25,20,15,10,5,0,-5。

选择消费商品的数量为8个单位时,**总效用最大**(140),这时,边际效用(MU)为0,继续选择消费会减少总效用量(135)。

(二) 考虑成本支付,$MU \geq P$

如果考虑成本支付,假定一单位货币代表一单位效用。**边际效用**决定单个消费者的**支付意愿**($MU \equiv$愿意支付价格。例如,某商品的MU值为1,表示消费者愿支付的货币为1元)。

一种商品数量选择的**最大化效用原则**:

$$MU \geq P \text{ 或 } MU = P$$

例如,汉堡的边际效用函数$MU(Qx) = 40-5Qx$,汉堡的单价$P=5$元。令$MU(Qx) = 5$,则$40-5Qx = 5$,故$Qx = 7$;如果汉堡的单价$P=10$元。令$MU(Qx) = 10$,则$40-5Qx = 10$,故$Qx = 6$;如果汉堡的单价$P=35$元。令$MU(Qx) = 35$,则$40-5Qx = 35$,故$Qx = 1$。

当市场价格为P时,$MU>P$,增加购买;$MU<P$,减少购买;$MU=P$,这时所购商品数量的总效用最大,停止购买。通过对比MU与P来找到购买商品的合适数量,即最后一个单位商品的边际效用等于商品的市场价格时就是合适数量,购买商品的数量要遵循$MU/P=1$的原则。

【知识预习】净效用或消费者剩余

已知,玛利亚消费汉堡的边际效用函数$MU(Qx) = 40-5Qx$,汉堡的单价$P=5$元。她消费了一个,问:玛利亚消费一个汉堡的成本收益情况。

答:因为玛利亚消费汉堡的边际效用函数$MU(Qx) = 40-5Qx$,消费1个汉堡的$MU(1) = 40-5\times1 = 35$,汉堡的市场单位价格$P=5$元。如果单位货币与单位效用相等,她消费1个汉堡的边际效用(35)减去成本(5),她的净效用或消费者剩余为30个单位。

可见,一种商品的购买,要满足:"边际效用要大于或等于市场价格"原则。

$$MU/P = 货币的边际效用 = 1$$

符合这个原则,消费者就能实现总效用最大。

二、多种商品数量选择的消费者效用最大化原则:$MUx/Px = MUy/Py$

消费者购买多种商品(为了简便假定是两种商品)是为了效用最大化,存在一种最优决策的原则吗?人们在决定购买组合发生前要考虑两个因素:第一,各种商品的边际效用;第二,该商品的价格及消费预算。人们购买的最后一个鸡蛋和最后一双鞋提供的边际效用不会正好相等,而且一双鞋的成本远远高于一个鸡蛋的成本,因而所付出的价格也不同。

人们应该如此安排他们消费商品数量的比例(**消费者效用最大化原则**):在不超过消费预算的前提下,每种单个商品上花费的每一元支出给消费者带来的边际效用相同。这样的购买组合,消费者能得到了最大的满足或效用。

重复一遍"**消费者效用最大化原则**"(每单位货币得到相同边际效用的规律):在消费者的收入和各种商品市场价格既定的条件下,购买不同商品的边际效用与价格之比相等。

我们用两个公式来简练地表达消费者均衡原则。假定消费者选择购买两种商品 X 和 Y,**消费者效用最大化原则**的基本条件可以用两个公式来简练地表达:

$$I = P_x X + P_y Y$$
$$MUx/Px = MUy/Py$$

第一个公式是收入和价格约束条件公式,即消费预算方程式,I 为收入,X 和 Y 为两种商品的数量,Px 和 Py 为两种商品的价格。第二个公式是**效用最大化条件**。MUx 和 MUy 为两种商品的边际效用。

当 MUx/Px 大于 MUy/Py,消费者应该增加 X 商品或减少 Y 商品的购买,直到二者相等;当 MUx/Px 小于 MUy/Py,消费者应该增加 Y 商品或减少 X 商品的购买,直到二者相等。为什么必须保持这一条件呢?如果花费在某种商品上的每一元能够提供更多的边际效用,那么,把钱从其他商品的花费中转移到该商品上去,边际效用递减规律作用使得花费在该商品的每一元的边际效用下降,一直到等于其他商品的边际效用时为止,这就增加了总效用。如果花费在某种商品上的每一元提供的边际效用少于普通水平,那么,消费者可以减少购买该商品的数量,直到花费在该商品上的最后一元所提供的边际效用上升到普通水平为止。

【拓展与提高】消费组合

若消费者张某消费 X 和 Y 两种商品的效用函数 $U = X^2 Y^2$,张某收入为 500 元,X 和 Y 的价格分别为 $P_x = 2$ 元,$P_y = 5$ 元,求:

(1)张某的消费均衡组合点。

(2)若政府给予消费者消费 X 以价格补贴,即消费者可以原价格的 50% 购买 X,则张某将消费 X 和 Y 各多少?

(3)若某工会愿意接纳张某为会员,会费为 100 元,但张某可以 50% 的价格购买 X,则张某是否应该加入该工会?

解:(1)由效用函数求导得 MU_X, MU_Y;根据消费者均衡条件 $MU_X/MU_Y = P_x/P_y = 2/5$,结合预算方程式解出 $X = 125, Y = 50$。

（2）价格发生变动，预算线随之变动，消费者均衡条件 $MU_X/MU_Y = P_x/P_y = 1/5$ 得 $X = 250, Y = 50$。

（3）收入发生变动，预算约束线也发生变动，张某可支配收入变为 400 元，$X = 200, Y = 40$。

比较一下张某参加工会前后的效用。参加工会前：$U = X^2 Y^2 = 125^2 \times 50^2$，参加工会后：$U = X^2 Y^2 = 200^2 \times 40^2$。所以张某应加入工会。

【重点讲解】边际定价揭开"斯密价值悖论"

水、粮食、阳光、空气、国防安全和法律秩序对生命效用之大、如此不可缺少，为什么价格却很低，而对于生命并非必不可少的钻石、工艺品、古董却具有如此高的价格呢？

200 年以前，这一悖论困扰着亚当·斯密，他觉得不可思议、无法解释，是一个谜。现在，我们知道如何解答这一问题了，其答案如下：水的总效用并不能决定水的价格，水的价格是由其边际效用决定，边际上、边缘上、最后一个单位的水的效用决定了所有水的单位价格。第一、二、三、四、五、六、七桶水分别用于饮用、酿酒、洗澡、浇花、洗衣、养鱼、冲厕所，其效用分别为 7 000、600、500、400、30、2、1 时，供给的第七桶水（最后一桶水＝边际供给）以其边际效用决定水的价格为 1 元/桶。7 桶水的消费者总支付意愿（总效用）为 8 533，但边际支付意愿（边际效用）、最后一桶水的愿付价格为 1，决定了 7 桶水的支付代价是 7×1 元＝7 元。7 桶水的效用剩余＝总效用－总代价＝8 533－7＝8 526。

边际定价又叫稀缺定价，如果水不是充裕，而是极其稀缺，例如只有 1 桶水，那么，水的单价就是 7 000。如果市场上只有 1/10 桶水，其价格就会超过钻石。

【重点预习】边际定价的几何描述

边际定价的几何描述。"水的供给和需求曲线相交于很低的均衡价格，而钻石的供给和需求曲线相交所决定的钻石的均衡价格很高。"见图 2-2 和图 2-3。为什么水的供给和需求相交于如此低的均衡价格呢？

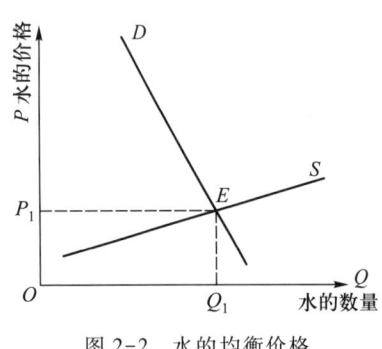

图 2-2　水的均衡价格　　　　　图 2-3　钻石的均衡价格

从成本或供给看：钻石是十分稀缺的，得到 1 单位钻石的成本很高，它的供给线抬得很高，而且很陡。而相对于钻石而言，水资源相当丰富，供给线很低且较为平缓，得到 1 单位水的成本很低，在世界上的许多地方都可以几乎不费代价而得到。

从需求角度看：我们对水的依赖性大于钻石，需求曲线很陡而钻石需求曲线较为平缓，水的总效用大，但水的价格不决定于总效用。相反，水的价格取决于它的最后一杯水的效用即边际效用。

为什么必不可少的水在一些地方成为免费商品？正是无限供给量使其边际效用大大减少，因而降低了这一极其重要商品的价格。从均衡图（图2-2，图2-3）看，需求曲线位置虽然很高，但却很陡峭，给定的陡峭的对水的需求曲线与位置很低的供给曲线相交，均衡价格必然就低，所以，水价惊人的低。

正如一位学生所言，经济学的价值论并不难懂，只要你记住：在经济学中，是"狗尾巴摇动狗身子"。摇动价格和数量这个"狗身子"的是边际效用这条"狗尾巴"。

结论：容易得到的物品，或许总效用大，但边际效用不一定大，消费者愿意支付的价格低，市场价格就可能低，比如水；稀罕的物品，或许总效用低，但边际效用不一定小，消费者愿意支付的价格就高，市场价格就可能高，比如钻石。

第三节 消费者剩余

一、消费者剩余

消费者剩余又叫净效用或效用剩余，它是指消费者愿意支付的价格高于商品实际市场价格的差额，即消费者剩余 $S=MU-P$，或者总消费者剩余 $S=TU-P*Q$。在分工和交换社会中，每个人都可能享受到消费者剩余，原因在于：市场竞争总会形成相对稳定的均衡价格，对于所购买的每一个鸡蛋或每一杯水，我们会支付相同的价格。根据边际效用递减规律，对于我们来说，前面的单位要比最后的单位具有更高的价值。因此，我们就从前面的每一单位中享受了消费者剩余（效用剩余）。

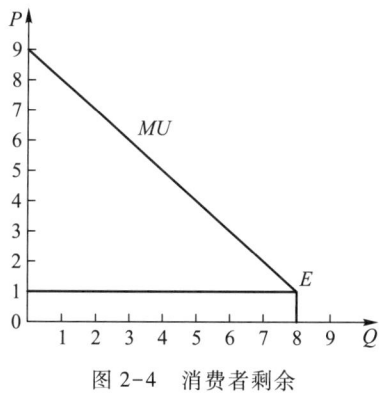

图2-4 消费者剩余

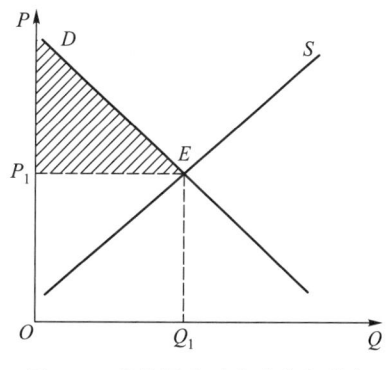

图2-5 均衡图表示的消费者剩余

图2-4说明了一个消费水的人的消费者剩余的概念。比如说，水的价格为每单位1元。图2-4中位于1元的水平线表示了这一点。该消费者应该购买多少水呢？根据 $MU=P$ 这一效用最大化原则，该消费者购买8个单位的水，他得到的总效用为44个单位（支付意愿为44元），实际支付8元，他的消费者剩余最大，为36个单位（44-8=36元）。第1单位的水能够消除极度的干渴，消费者愿意为它支付9元，消费者剩余为8；第2单位的水，消费者剩余为7……；如此下去，直到第8单位。在E点时，消费者达到了均衡，此时，支付意愿1元，市场价格1元，消费者剩余为0。继续购买是不理智的，超过E点，消费者剩余将为负，总效用会下降。

在图 2-5 中,供求相互作用决定的均衡价格为 P_1,消费者购买商品数量 Q_1 所支付的成本总额为图形 OP_1EQ_1 的面积,但得到的总效用是图形 $OPEQ_1$ 的面积,这样总效用减总成本,阴影部分三角形 PP_1E 为消费者剩余。

二、消费者剩余概念的运用

1. 在制定有关公共物品、机场、道路、水坝、地铁和公园的许多决策中,消费者剩余概念是极其有用的。假设一条新的可免费使用的连接两个大城市的高速公路的修建正在考虑之中。由于高速公路免费使用,它不能给建设者带来任何收入。而使用高速公路的人节省了时间或享受了旅行安全,他获得的效用增加,得到更多的消费者剩余。为了避免个人之间效用比较的困难问题,我们假设有 10 000 个使用者,他们在一切方面都是完全相同的。

假定,使用仅一次,每个人就可以从高速公路中得到 350 个单位的效用。免费使用产生的消费者剩余 $S = MU - P = 350 - 0 = 350$;总消费者剩余 $S = TU - PQ = 350 \times 10\,000 - 0 \times 350 = 350$ 万个单位。给定 1 货币单位 = 1 效用单位,那么只要总成本小于 350 万元(10 000 × 350 元),消费者就会赞成修建这条高速公路。从事于"成本—收益"分析的经济学家们一般建议,如果这条高速公路的总消费者剩余大于它的成本,就应该建筑这条高速公路。

2. 消费者剩余还可以解释人们对把价格和价值相等同的怀疑是有其道理的。我们已经知道,尽管水和空气的总经济价值远远超过了钻石或皮衣,但它们可能具有很低的货币价值(价格乘以数量)。空气和水的消费者剩余是很大的,而钻石和皮衣的价值可能只略微大于其购买价格(较低的消费者剩余)。

3. 消费者剩余概念还指出,现代社会的公民享受着巨大的分工和交换带给人们的好处或福利。我们中的每个人都能以低价购买大量品种繁多的非常有用的商品。

如果某些人因为他们的高生产率和高收入水平而态度傲慢,因为成功而不可一世,可以建议他们冷静下来。如果把他们送到没有分工和交换的社会中,什么都要自给自足,没有分工和交换,没有其他人的劳动,没有一代又一代人积累下来的技术知识,没有资本和设备,他们的货币收入什么东西也买不到,他们只不过是茹毛饮血的野蛮人。很显然,我们所有的人都从我们从来没有建造的经济世界中获得了消费者剩余。

【难点讲解】消费者剩余和生产者剩余

(1)消费者是按照他对商品或服务的效用评价来决定他愿意支付的商品价格的。但是,市场上的商品实际价格是由供求决定的。边际效用决定的支付意愿与市场价格的差额就是消费者剩余。由于边际效用递减,消费者剩余越来越少。所以,消费者对某种商品消费量越少,单位剩余就越大;消费越多,单位剩余就越少。

(2)与边际效用对应的是边际成本递增规律(趋势),生产者按照供求决定的市场价格得到的收益与前面较低的边际成本就存在一个差额,这个差额就是生产者剩余。

可见,消费者剩余和生产者剩余概念,实际上是边际效用递减规律和边际成本递增规律的运用(图 2-6)。

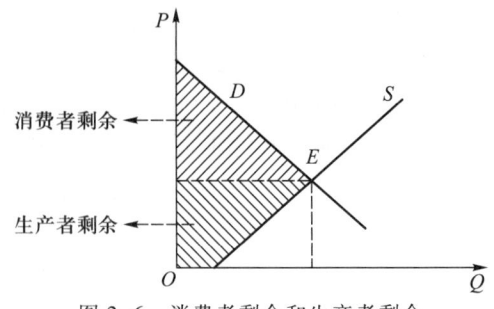

图 2-6 消费者剩余和生产者剩余

本章小结

1. 收入既定,价格不变时,你在购买或选择多种商品时如何实现效用或满足最大化?每一货币单位所购买的不同商品的边际效用均相等,这是消费者购买商品时的明智原则。用公式描述,消费者效用最大化条件是:

$$P_A X_A + P_B X_B = M$$

$$\frac{MU_A}{P_A} = \frac{MU_B}{P_B} = \lambda$$

2. 消费选择中,决定消费者支付意愿或者愿意支付的价格的往往是边际效用,当汽车和住房特别多时,最后每一单位的汽车或住房就可能非常便宜,当饮用水"特别特别"稀缺时,最后一杯水就价值连城,即"物以稀为贵"。

3. 消费者剩余概念把边际效用与市场价格结合起来。消费者剩余=边际效用-市场价格。

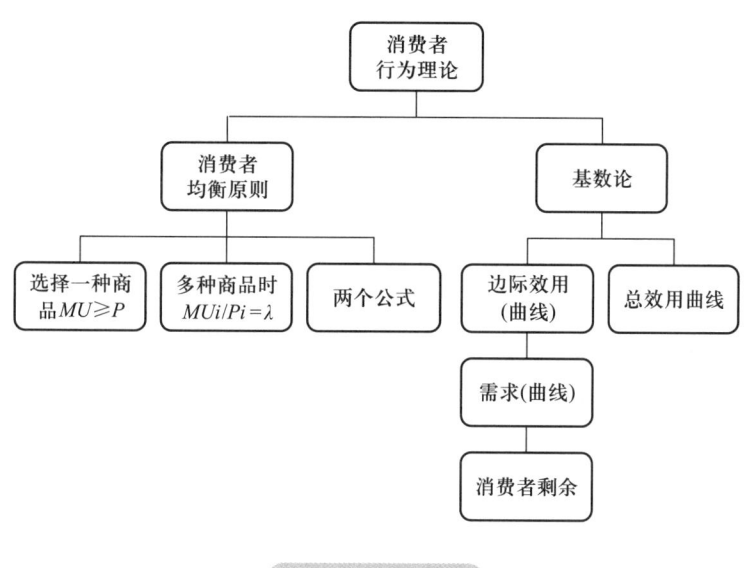

思 考 题

1. 基数效用论和序数效用论各自是怎样解释消费者均衡的?(提示:前者用不同商品边际效用与价格之比,后者用两种商品边际替代率等于两种商品价格之比来说明消费者均衡)

2. 解释边际效用和边际效用递减规律。举例说明边际效用与总效用的关系并画图。(提示:$MU>0$ 时,$TU\nearrow$;$MU<0$,$TU\searrow$;$MU=0$,TU 最大。)

3. 说明边际效用与支付意愿、市场价格、消费者剩余的关系。(提示:MU 决定个人选择商品时的支付意愿;消费者剩余是边际效用与市场单价的差额,即 $S=MU-P$)

4. 消费者行为的分析要说明什么问题?(提示:既定收入和价格条件下,消费者如何实现效用即个人满足的最大化。)

练 习 题

一、单项选择题

1. 随着商品消费量的增加,一般说来,消费者获得的(　　)。
   A. 总效用递减　　　　　　　　　　　B. 边际效用递减
   C. 边际效用递增　　　　　　　　　　D. 边际效用不变

2. 对于消费两种商品的消费者来说,实现效用最大化的条件是(　　)。
   A. $MU_1/P_1 > MU_2/P_2$　　　　　　B. $MU_1/P_1 < MU_2/P_2$
   C. $MU_1/P_1 = MU_2/P_2$　　　　　　D. $MU_1 = MU_2$

3. 如果当消费某种商品的边际效用为零时,则这时消费该商品所得到的总效用(　　)。
   A. 等于零　　　　B. 等于1　　　　C. 降至最小　　　　D. 达到最大

4. 总效用曲线达到顶点时,(　　)。
   A. 边际效用曲线达到最高点　　　　B. 边际效用为零
   C. 边际效用为负　　　　　　　　　D. 以上说法都不正确

5. 消费者剩余是指消费者从商品的消费中得到的(　　)。
   A. 满足程度
   B. 边际效用
   C. 满足程度超过他实际支出的价格部分
   D. 满足程度小于他实际支出的价格部分

6. 消费3个面包,属于边际效用范畴的是(　　)。
   A. 消费3个面包得到的总满足程度　　B. 消费3个面包的平均满足程度
   C. 消费第一个面包的满足程度　　　　D. 消费第三个面包的满足程度

7. 边际效用递减规律的例外情况是(　　)。
   A. 国际旅游　　　　　　　　　　　B. 精神产品消费
   C. 美味佳肴　　　　　　　　　　　D. 毒品

8. 钻石比水贵,错误的解释是(　　)。
   A. 水的总效用大但边际效用小
   B. 水的边际效用小且单价低
   C. 稀缺程度导致钻石边际效用和单价高,但总效用和价值低
   D. 钻石比水重要,所以单价高

9. 消费选择的明智做法是(　　)。
   A. 关注消费品效用大小
   B. 比较不同商品的"性价比"
   C. 使得不同商品的边际效用与其价格之比趋近于一致
   D. B 和 C

10. 总效用与边际效用的关系是(　　)。
    A. 总效用和边际效用不断增加

B. 总效用不断下降,边际效用不断增加
C. 总效用和边际效用不断下降
D. A、B 和 C 都不对

(参考答案:单选 BCDBC　DDDDD)

二、简答题

1. 如果有两种商品 X 和 Y,$MUx/Px>MUy/Py$,消费者怎样进行调整,才能达到效用最大化?若 $MUx/Px<MUy/Py$,消费者应如何调整两种商品的购买量?为什么?(提示:根据消费者均衡原则,可以增加商品 X 或者减少商品 Y,或者增加商品 X 的同时减少商品 Y,直到 $MUx/Px=MUy/Py$。)

2. 假定消费者消费两种商品 X 和 Y,X 的边际效用函数为:$MU_X=40-5Q_x$,Y 的边际效用函数为:$MU_Y=30-Q_y$,消费者的货币收入 $M=40$,并且 $P_X=5$,$P_Y=1$,那么消费者的最佳消费组合应是怎样的?(提示:多种商品数量选择的消费者均衡原则,将 $MUx/Px=MUy/Py$ 代入 $M=5Q_x+Q_y$。得出 $Q_x=3$,$Q_y=25$。)

3. 若消费者张某的收入为 55 元,全部用于购买食品和衣服,食品和衣服的价格分别为 5 元和 10 元。已知两类商品对张某的边际效用值如下表所示,问张某购买食品和衣服各多少?

消费量	消费食品的边际效用	消费衣服的边际效用
1	25	40
2	23	35
3	20	30
4	18	25
5	15	10
6	20	15

(提示:根据基数效用论的多种商品数量选择的消费者均衡条件 $MUi/Pi=\lambda$,计算出两种商品边际效用与价格的比值并列表;找到不多不少用完 55 元而且比值相等的购买数量组合,即食品 5,衣服 3。虽然食品 3 和衣服 1、食品 6 和衣服 5 也满足件消费者均衡条件 $MUi/Pi=\lambda$,但它们不满足收入约束的条件,不是低于就是高于 55 元)

第三章 生产者行为分析

学习目标

知识要求：**了解**短期中一种变动投入下的生产函数、产量规律及边际收益递减规律；**理解**一种可变要素的合理投入区域；**掌握**生产要素的最佳组合原理。

技能要求：**知道**规模收益与规模经济的区别；**了解**厂商的利润最大化原则；**会用**产量规律、成本规律、利润最大化原则解释微观经济现象。

【开章案例】上大学的会计成本和机会成本

市场中，每个人既是生产者又是消费者。作为生产者，他要供给土地、劳动、资本或者企业家才能，要计算预期收益和成本。例如，上大学的成本问题。每位大学生在四年期间学费、书费等各种支出约为4万元。这种钱是实实在在地看得见的支出，称为会计成本。会计成本是会计师在账面上记录下来的成本，它只包括实际有货币流出和流入的交易，包括工资薪金、土地和房屋租金、原料、材料、燃料、动力和运输等费用，以及为借入资金支付的利息。会计成本是一种历史成本，它记录了过去企业的实际支出。

上大学的代价绝不仅仅只包含这种会计成本。上大学放弃工作的机会和工资收入就是上大学的机会成本。例如，如果一个人不上大学而去工作，每年可以得到6万元，这四年的机会成本就是24万元。上大学的代价（成本）应该是会计成本与机会成本之和，共计28万元。

一个有篮球天赋的美国青年，如果在高中毕业后可以直接去NBA（美国职业篮球联赛）打篮球，每年可收入100万美元。这样，他上大学四年的机会成本就是400万美元。因此，有这种天赋的青年，即使学校提供全额奖学金，他也会在去大学的篮球队与去NBA打篮球之间犹豫。有些具备当模特的气质与条件的姑娘，放弃上大学也是因为当模特时收入高，上大学的机会成本太大。当你了解机会成本后，就知道为什么有些年轻人不上大学了。可见机会成本这个概念在我们职业规划中也是十分重要的。

机会成本包括企业所有者投入企业的自有资金的利息、企业所有者为该企业提供劳务而应得的薪金、家庭可能投入的许多无偿的时间、放弃的使用相同生产要素在其他生产用途中所能得到的最高收入等。

会计成本和机会成本之间的区别说明了经济学家与会计师分析经营活动之间的重要不同。会计师记录成本是为了向别人报告企业的损益情况，以便能够反映企业过去的行为。经济学家关心、研究企业如何作出生产和定价决策，因此，他们衡量成本的目的是判断某个方案或者资源的某种用途的好与坏,这必然涉及不同方案或者不同用途之间的比较,对不同投入来源的结果作出选择。

讨论题

上大学是为了将来有更好的收益和前途。但是,上大学是要付出代价的。上大学的代价绝不仅仅只是付出的学费、努力和时间。请问上大学的成本有哪些?

第一节 厂商的生产活动:投入与产出

生产理论研究生产者行为(厂商行为),作为理性的、利己的经济人,生产者的目标是:成本约束下追求利润最大化。厂商利润最大化目标的实现,涉及三个问题:

第一,投入的生产要素与产出(产量)的关系(要素最优投入组合);

第二,成本与收益,产量与利润的关系(利润最大化原则或者最小成本原则);

第三,市场理论(市场结构与类型问题,有关产量、价格和利润的厂商均衡问题)。

一、生产函数

厂商是从事生产活动的,生产就是将投入转化为产出的活动,经济学中用生产函数描述生产活动。投入,就是厂商组织并整合劳动、土地、资本和企业家才能四大生产要素。产出,就是厂商生产出产品和服务并销售。厂商趋向于用既定投入获得最大产出。经济学家用生产函数表示投入与产出之间的关系。

生产函数是指,能生产出最大产出量与这一产出所需要的投入之间的关系。它反映了一定物质技术的状况。假定产量为 Q,投入的要素分别为资本 K、劳动 L、土地 N、企业家才能 Ne,则生产函数可表示为:$Q=f(K,L,N,Ne)$。

【知识库】生产函数

1. 一个农学家有一本关于农业生产函数方面的书,该书说明了能够生产出不同数量的玉米的土地和劳动的各种组合;其中一页上有生产 100 千克玉米所需要的土地和劳动的各种组合,另一页上列出了生产 200 千克玉米所需要的土地和劳动投入组合。

2. 电力生产。一本工艺指南方面的书表明,生产 100 万千瓦电力所需要的汽轮机、污染控制设备、燃料和劳动的各种组合。其中一页上有一个以天然气为燃料的生产蓝图,该图表明了生产电力的低资本成本和高燃料成本的组合;另一页上有一个以煤为燃料的生产图,该图表明了生产电力的低燃料成本和因污染控制而产生的高资本成本;其他页上描述了核电站和太阳能电站等生产情况。当把所有的 1991 年不同生产蓝图放在一起时,便形成了 1991 年电力生产的生产函数。

有成千上万个不同的生产函数——每个生产函数对应于一种产品——尽管它们并没有被记入工程手册上。生产函数描述了一个企业如何能够生产出它的产品组合,同时,生产函数也是决定企业的成本曲线的重要因素。

3. 已知某企业的短期生产函数(一种要素变动)为:$Q=5+5L+2L^2$。求:平均产量 AP 和边际产量 MP。解:$AP=TP/L=Q/L=(5+5L+2L^2)/L=5/L+5+2L$;$MP=dTP/dL=dQ/dL=Q'=5+4L$。

二、短期生产函数：总产量、平均产量和边际产量

经济学根据生产中要素投入变动情况，把生产分为短期和长期。短期定义为在这样一个时期，企业能够通过改变可变要素，如原料和劳动，但不能改变固定要素（如机器设备）来调整生产，或者说至少有一种要素投入不能变；把长期定义为一个足够长的时期，以致包括设备资本在内的所有要素都能得到调整。

从企业的生产函数中，可以得到三个重要产量概念：总产量、平均产量和边际产量。

总产量（TP）是以一定投入所得到的用实物单位衡量的产出总量，如多少吨小麦或多少桶石油。见表 3-1 第 2 栏和图 3-1。

表 3-1 总产量、边际产量和平均产量表

（1）L 劳动单位	（2）TP 总产量	（3）MP 边际产量	（4）AP 平均产量
0	0	—	—
1	2 000	2 000	2 000
2	3 000	1 000	1 500
3	3 500	500	1 167
4	3 800	300	950
5	3 900	100	780

表 3-1 和图 3-1 表明，随着劳动单位投入量的增加，总产量的增长呈现为越来越小的阶梯式。

平均产量（AP）是总产量除以总投入的平均数（见表 3-1）。

边际产量（MP）是指，在其他投入不变时，增加某一种投入所增加的产量或额外产出量。例如，我们保持土地、机器和其他投入不变，劳动的边际产量就是从增加 1 单位的劳动中得到的额外产量。见表 3-1 第 3 栏和图 3-2。

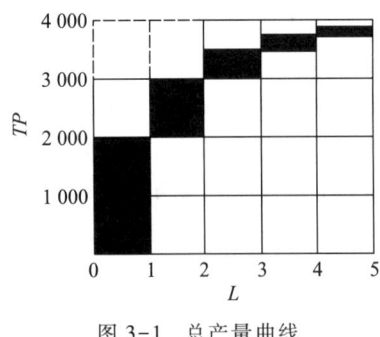

图 3-1 总产量曲线

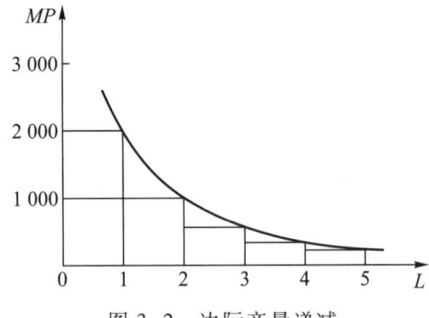

图 3-2 边际产量递减

表 3-1 和图 3-2 表明，第 1 个单位劳动，劳动的边际产量为 2 000；第 5 个单位劳动，劳动的边际产量仅为 100。图中，边际产量呈现为阶梯式递减。如使增长阶段变光滑就可给出边际产量递减曲线。该曲线以下面积，即矩形画线部分的面积加总，等于图 3-1 所示的总产量。总产量的变化受限于边际产量的变动。边际产量递减决定了总产量以越来越小的阶梯式增长。当边际产量为负值时，理性的厂商会停止劳动投入，并且调整劳动投入量直到

$MP \geq 0$,这时总产量最高。

【例题】短期生产函数

新开张的汽车4S店,营业面积、装修、会计和营业执照等完成了,老板要决定聘用多少销售服务人员。他根据什么原则聘用服务人员,聘用多少?

答:聘用服务人员的原则是"劳动要素的边际收益等于边际成本原则"。给定完全竞争的劳动力市场,劳动力价格为100元/天,即劳动力的边际成本始终不变。由于劳动力的边际生产力递减,越是新招聘进来的,他所带来的边际收益也递减,老板需要服务人员的数量通过比较劳动力的边际收益与工资,第九个服务人员带来的边际收益如果是100(100 = 100),老板就不应该聘用第十个了,因为,第十个带来的收益可能小于成本(90<100)。

总产量、平均产量、边际产量的关系:$AP = TP/L$,$MP = \Delta T/\Delta L$

根据总产量曲线、平均产量曲线和边际产量曲线及其相互关系,可以确定劳动这一可变要素投入量的合理区域。如图3-3所示。

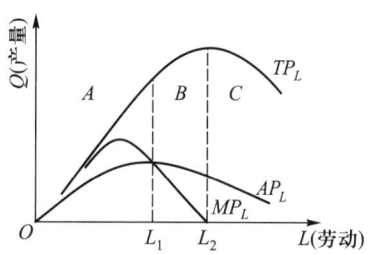

图3-3 总产量、平均产量、边际产量的关系

【重点讲解】为什么厂商理性的产量决策在第二阶段?

在图3-3中:

(1)厂商产量选择不会停留在第一阶段 A。劳动的边际产量大于劳动的平均产量,$MP>AP$。这意味着,劳动的边际水平超过平均水平,因而理性的厂商不会把劳动投入量确定在这一领域。

(2)厂商产量不会选择第三阶段 C。劳动的边际产量小于0,即$MP<0$。边际产量小于零,即增加投入不仅不增加产量,反而会促使产量下降,因而厂商也不会把劳动投入量确定在这一阶段上。

(3)理性的生产者会把劳动投入量选择在第二阶段上($MP>AP$,$MP = 0$)。可变投入的第二阶段,即可变投入位于平均产量与边际产量曲线的交点以及边际产量等于0之间的区域,被称为可变生产要素的合理投入区。

三、短期生产中的一般规律:边际收益(产量)递减规律

边际收益(产量)递减规律是指,在保持技术不变和其他投入不变时,连续增加同一单位的某一种投入所增加的产量迟早会逐步减少,从而引起边际收益(产量)减少。

为什么生产函数通常遵守收益递减规律呢?其原因在于:随着某一种要素的不断投入,如劳动的更多单位增加到固定数量的土地、机器和其他投入上,劳动可使用的其他要素越来越少。土地变得更加拥挤,机器超负荷运转,所投入的劳动所增加的产量越来越少,从而引起收益递减。

边际收益递减规律。在农作物生产中,对于水的投入而言,收益递减是很容易理解的。第1单位的水关系到作物的生命;以后的几单位水保持作物健康、快速的生长。但是,随着水的增加量越来越多,土地被淹没,大多数作物实际上会死亡。

边际收益递减规律只是一条广泛观察到的经验性规律,中国俗语中的"一个和尚挑水

吃,两个和尚抬水吃,三个和尚没水吃",就反映了资本(水桶)不变时,仅仅靠增加劳动(和尚)这一种生产要素导致的边际收益递减。出现收益递减的根本原因是只有一种要素投入,使得增加的要素可利用的水桶显得越来越不够用,于是大家相互攀比、推诿扯皮、人浮于事,以至边际收益递减、人多没水吃。

【快问快答】经济学中短期和长期分别指什么?

答:(1)只能改变一种(或几种)生产要素,或者至少有一种生产要素不可改变的生产时期,叫短期;(2)可以改变所有生产要素或投入的生产时期,叫长期。

四、长期生产函数:规模收益和要素投入最优组合

下面假设技术不变,分析所有生产要素同时变动对产量(收益)的影响,从而确定合理的要素投资或者适度生产规模。

1. 规模收益

上面考察的是一种要素的投入,下面看所有要素投入下的产出规模。

规模收益是指所有生产要素同时同比例增加情况下的投入与产出的关系。例如,如果土地、劳动、水和其他投入都增加相同的比例,小麦产量会发生何种变化呢? 或者,如果劳动、计算机、橡胶、钢和厂房的空间都增加 1 倍,汽车产量会有何种变化呢? 这些问题都涉及规模收益,即投入的规模扩大对收益或产量的影响。当所有的投入<u>同比例</u>增加时,总产量有三种反应。

(1) 规模收益递增。它表示所有投入的增加比例小于产出增加比例。例如,一位正在设计一个小规模化工厂的工程师发现,把劳动、资本和原料增加 20%,会引起总产出 30% 的增长,即生产规模增加的幅度小于收益增加的幅度。管理工程研究发现,那些达到当今最大规模的工厂的许多制造过程享有适度的规模收益递增。

(2) 规模收益不变。它表示所有投入的增加比例导致相同的产出的增加比例。例如,如果劳动、土地、资本和其他投入增加 20%,那么,在规模收益不变的情况下,产出也增加 20%,即生产规模增加的幅度等于收益增加的幅度。许多手工业(如在发展中国家使用的手织机)表现为规模收益不变。

(3) 规模收益递减。它表示所有投入的增加比例大于产出增加的比例。譬如说,一个农民的玉米地、种子、劳动和机器都增加了 20%。如果总产出仅仅增加了 15%,这种情况表现为规模收益递减,即生产规模增加的幅度大于收益增加的幅度。许多涉及自然资源的生产活动,如种植酿酒的葡萄或栽培树林等,都表现为规模收益递减。

当所有投入的同比例平衡增加导致了产出更大比例、同比例或更小比例的增加时,生产表现为规模收益递增、不变或递减。

当今的生产中哪一种收益形式最为普遍呢? 经济学家常常认为,大多数生产活动应当能够达到规模收益不变。他们的理由是:如果生产能够通过对现有工厂一次又一次的简单重建而得到调整,那么,生产者很容易使投入和产出保持相同比例的增长。在这种情况下,你可以观察到在任何产出水平上的规模收益不变。

当企业的规模变得越来越大时,管理和协调的问题也就日益难以处理。在无情地追逐较高利润的过程中,企业可能发现它的市场已经扩展到能够有效管理的范围之外。正如历史上扩张得太单薄的帝国那样,规模过大的企业会发现它们自己面临较小、更敏捷的对手的

入侵。因此,尽管技术上可能产生规模收益不变或递增,但是,对管理和监督的需要可能最终导致大企业的规模收益递减。

2. 最优投入组合

不同生产要素投入的比例和组合实际上是**不同**的,带来的产出量也是不同的。有理性的生产者会选择最优投入组合进行生产。确定最优投入组合需要运用等产量线和等成本线。

(1) 等产量线

等产量曲线是指在技术水平一定的条件下生产同一产量商品的两种生产要素投入量的各种不同组合所形成的曲线。以 Q 表示既定产量水平,L 表示可变要素劳动的投入量,K 表示可变要素资本的投入量,则与等产量曲线相对应的生产函数为:

$$Q = f(L, K)$$

与无差异曲线相似,等产量曲线与坐标原点的距离的大小表示产量水平的高低:离原点越近的等产量曲线代表的产量水平越低;离原点越远的等产量曲线代表的产量水平越高。同一平面坐标上的任意两条等产量曲线不会相交。等产量曲线是凸向原点的。

(2) 边际技术替代率及其递减

在维持产量水平不变的条件下,增加一个单位的某种要素投入量时所减少的另一种要素的投入数量,被称为边际技术替代率。以 RTS 表示边际技术替代率,劳动对资本的边际技术替代率的公式为:

$$RTS_{LK} = -\Delta K / \Delta L$$

公式中的 ΔK 和 ΔL,分别表示资本投入的变化量和劳动投入的变化量。公式中加一负号是为了使 RTS 值在一般情况下为正值。

在两种生产要素相互替代中,存在着一种变动趋势,即在维持产量不变的前提下,当一种生产要素的投入量不断增加时,每一单位的这种生产要素所能替代的另一种生产要素的数量是递减的。这一趋势被称为边际技术替代率递减规律。

边际技术替代率递减,其原因是:随着劳动对资本的不断替代,劳动的边际产量逐渐下降,而资本的边际产量不断上升。因此,随着劳动对资本的不断替代,作为逐渐下降的劳动的边际产量与逐步上升的资本的边际产量之比的边际技术替代率趋于递减。

(3) 等成本线

等成本线是指在既定的成本和生产要素价格条件下,生产者可以购买到的两种生产要素的各种不同数量组合的轨迹。见图 3-4。

在图 3-4 中,C 代表既定成本,w 代表劳动价格即工资率,r 代表资本的价格即利息。横轴上的点 C/w 表示既定的全部成本都购买劳动时的数量,纵轴上的点 C/r 表示既定的全部成本都购买资本时的数量,连接这两点的线段就是等成本线。它表示既定的全部成本所能购买到劳动和资本的各种组合。等成本线以内区域中的任何一点,如 A 点,表示既定的全部成本都用来购买该点的劳动和资本的组合以后还有剩余。等成本线以外的区域中的任何一点,如 B 点,表示用既定的全部成本购买该点的劳动和资本的组合是不够的。唯有等成本线上的任何一点,

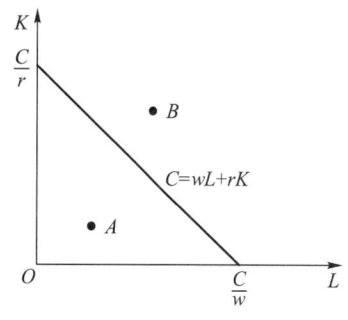

图 3-4 等成本线

才表示用既定的全部成本能刚好购买到的劳动和资本的组合。

在成本固定和要素价格已知的条件下，便可以得到一条等成本线。所以，任何关于成本和要素价格的变动，都会使等成本线发生变化。关于这种变动的具体情况，与前面对预算线的分析是类似的，读者可以自己参照进行分析。

（4）最优投入组合

把企业的等产量曲线和相应的等成本线画在同一个平面坐标系中，就可确定企业在既定成本下实现最大产量的最优要素投入组合点，即生产均衡点。见图3-5。

在图3-5中，有一条等成本线 AB 和三条等产量曲线 Q_1、Q_2 和 Q_3。图中，唯一的等成本线 AB 与其中一条等产量曲线 Q_2 相切于 E 点，该点就是生产的均衡点。它表示：在既定成本条件下，企业应该按照 E 点的要素组合进行生产，即劳动投入量和资本投入量分别为 OL_1 和 OK_1，这样，厂商就会取得最大的产量。

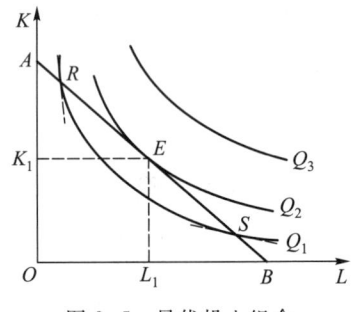

图3-5　最优投入组合

为什么 E 点是生产要素最优投入组合点呢？这是因为，图中，等产量曲线 Q_3 代表的产量虽然高于等产量曲线 Q_2，但唯一的等成本线 AB 与等产量曲线 Q_3 既无交点又无切点。这表明等产量曲线 Q_3 所代表的产量是企业无法实现的产量，因为企业利用既定成本只能购买到位于等成本线 AB 上或等成本线 AB 以内区域的要素组合。再看等产量曲线 Q_1，等产量曲线 Q_1 虽然与唯一的等成本线 AB 相交于 R、S 两点，但等产量曲线 Q_1 所代表的产量是比较低的。因为，此时企业在不增加成本的情况下，只需由 R 点出发向右或由 S 点出发向左沿着既定的等成本线 AB 改变要素组合，就可以增加产量。所以，只有在唯一的等成本线 AB 和等产量曲线 Q_2 的相切点 E，才是实现既定成本条件下的最大产量的要素组合。任何更高的产量在既定成本条件下都是无法实现的，任何更低的产量都是低效率的。

确定生产要素最优投入还有另外一种方法，即在既定产量下当所花费成本最小时的要素组合为最优投入组合，要素投入满足 $MP_L/C_L=MP_k/C_k$，其中 MP_L 是劳动的边际产量，MP_k 是资本的边际产量。C_L、C_k 为劳动和资本要素的单位价格。其道理类似于消费者均衡原则。

【快问快答】什么是生产要素最优组合？其标准是什么？

答：生产要素最优组合就是以最小的成本生产最大产量的组合。其标准是 $MP_L/C_L=MP_k/C_k$，它的含义是每一货币单位用于购买劳动这一要素所能增加的产量等于在资本要素支出上所能带来的产量。

第二节　成本分析

成本的高低决定了利润多寡，同时，成本也是企业在市场竞争中进行决策的重要依据，因此，企业对成本极为重视。这里，不仅要分析会计成本，而且也要涉及机会成本。经济学讲的成本包含机会成本，总成本＝会计成本（显性成本）＋机会成本（正常利润或隐性成本）。

一、短期成本

1. 总成本

总成本(TC)是指生产一定水平的产量所需要的成本总额,它随产量的上升而上升。总成本等于固定成本加可变成本。见表 3-2。

表 3-2 固定成本、可变成本和总成本

产量 Q	(1) 固定成本 FC(元)	(2) 可变成本 VC(元)	(3)=(1)+(2) 总成本 TC(元)
0	55	0	55
1	55	30	85
2	55	55	110
3	55	75	130
4	55	105	160
5	55	155	210
6	55	225	280

表 3-2 说明了各种不同产量简化了的总成本。TC 随着 Q 的上升而上升。这是很自然的,因为生产某一商品的更多产量必须使用更多的劳动和其他投入;增加的生产要素引起货币成本的增加。例如,生产 2 单位商品的总成本为 110 元,生产 3 单位商品的总成本增加为 130 元。

2. 固定成本

固定成本是指,不随产量变动而变动的成本,即使产量水平为零也必须支付的开支总额。固定成本不受任何产出量变动的影响,有时,固定成本也称"经常开支"或"沉积成本"。它由许多项目构成,如契约规定的建筑物和设备租金,债务的利息支付,长期工作人员的薪水,等等。

固定成本用 FC 表示。由于 FC 是无论产量水平如何变化都必须支付的数量,因此,FC 的数值为 55 元,保持不变。

3. 可变成本

可变成本是指,随着产出(产量)水平变化而变动的开支。它包括原材料、工资和燃料,也包括不属于固定成本的所有成本。可变成本,用 VC 表示。根据定义,当 Q 为零时,VC 为零。它是 TC 中随着产量增加而增加的部分。实际上,在任何两种产量之间,TC 的增加量就是 VC 的增加量。因为,FC 的数值一直不变。

由表 3-2 可作出总成本、固定成本和可变动成本曲线图。

在图 3-6 中,FC 曲线与横轴平行。这是因为短期固定成本不会随产量的变动而变化。TC 曲线是在产量为零时,从固定成本(FC)的高度出发,随产量变动向右上方倾斜,开

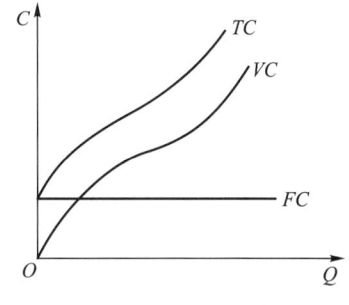

图 3-6 总成本、不变成本和可变成本曲线

始较快,尔后渐缓,最后又加快。VC 曲线是从圆点出发向右上方倾斜,其变动趋势与 TC 一致。因为 FC 一定时,TC 的变动取决于 VC。

4. 边际成本

边际成本是成本概念中最重要的概念。边际成本是指,生产增加一单位产出所增加的成本。例如,一个企业生产 1 000 块硬盘的总成本为 10 000 元。如果生产 1 001 块硬盘的总成本为 10 015 元,那么,生产第 1 001 块硬盘的边际成本为 15 元。边际成本可用 MC 表示,见表 3-3。

表 3-3 边际成本的计算　　　　　　　　　　　单位/元

产量 Q	(1)总成本 TC	(2)边际成本 MC
0	55	—
1	85	30
2	110	25
3	130	20
4	160	30
5	210	50

表 3-3 适用表 3-2 中的数据,说明了如何计算边际成本。MC 数值来自于 TC 减去前一单位的 TC。例如,第一单位的 MC 是 30 元 = 85 元 - 55 元。第二单位的边际成本是 25 元 = 110 元 - 85 元。以此类推。

根据表 3-3 可作出图 3-7。

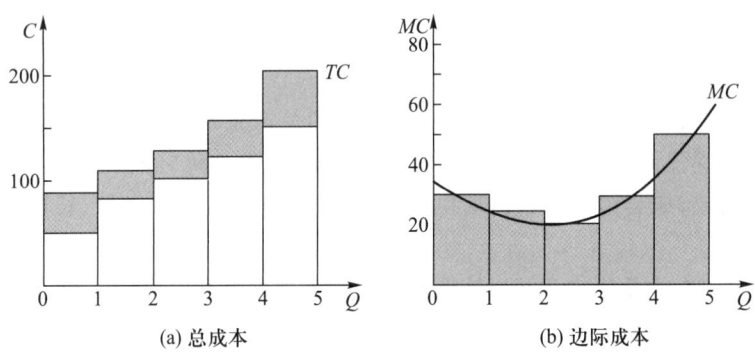

(a) 总成本　　　　　　(b) 边际成本

图 3-7　总成本与边际成本之间的关系

图 3-7 说明总成本与边际成本的关系。它表明 TC 与 MC 之间的关系类似于总产量与边际产量,或者总效用与边际效用之间的关系。经验告诉人们,对于大多数短期生产活动,以及对于农业和许多小企业来说,边际成本曲线类似如图 3-7(b)所示的 U 形曲线。这种 U 形曲线在开始阶段下降,接着达到最低点,然后开始上升。正是 MC 曲线的这一特性,决定了 TC 曲线的运行轨迹。

5. 平均成本、平均固定成本和平均可变成本

(1) 平均成本

平均成本是总成本除以总产量所形成的成本。平均成本也称单位成本。其公式为:

$$平均成本 = 总成本/总产量 = TC/Q = AC$$

根据总成本和产出量可计算出平均成本,见表 3-4。

表 3-4 根据总成本计算的各项成本　　　　　　　　单位/元

(1)产量 Q	(2)固定成本 FC	(3)可变成本 VC	(4)总成本 $TC=FC+VC$	(5)边际成本 MC	(6)平均成本 $ACTC/Q$	(7)平均可变成本 AVC	(8)平均固定成本 AFC
0	55	0	55	—	∞	0	∞
1	55	30	85	30	85	30	55
2	55	55	110	25	55	27.5	27.5
3	55	75	130	20	43.3	25	18.3
4	55	105	160	30	40	26.2	13.7
5	55	155	210	50	42	31	11
6	55	225	280	70	46.6	37.5	9.1
7	55	315	370	90	52.8	45	7.8
8	55	425	480	110	60	53.1	6.8
9	55	555	610	130	67.7	61.6	6.1
10	55	705	760	150	76	70.5	5.5

在表 3-4 第 6 栏中,当产量仅为 1 个单位时,平均成本必然等于总成本,即 85 元/1 = 85 元。当产量为 2 个单位时,平均成本为 110 元/2 = 55 元。应该注意,在开始时,平均成本越来越低;当产量为 4 个单位时,平均成本 AC 降到最低点,此后缓慢上升。

(2) 平均可变成本

正如总成本可分解为固定成本和可变成本一样,平均成本也可细分为平均固定成本和平均可变成本两部分。

平均可变成本是总可变成本除以产出量所形成的成本。其公式为:
$$平均可变成本 = 总可变成本/产量 = VC/Q = AVC$$

在表 3-4 第 7 栏,AVC 的数值随产量增加先下降,尔后上升。

(3) 平均固定成本

平均固定成本是总固定成本除以产出量的成本。其公式为:
$$平均固定成本 = 总固定成本/产量 = FC/Q = AFC$$

见表 3-4 第 8 栏。如果我们采用产量的小数单位,那么,AFC 在开始时为无穷大,随着产量增加 AFC 越来越小。因为,有限的 FC 为越来越多的产量所分摊。

【例题】短期成本概念与成本函数

已知总成本函数 $TC = Q^3 + 2Q^2 + 80Q + A$,其中,$A$ 为任意常数。求:FC、VC、AC、AVC、AFC、MC。

解:$FC = A$;$VC = Q^3 + 2Q^2 + 80Q$;$AC = TC/Q = (Q^3 + 2Q^2 + 80Q + A)/Q = Q^2 + 2Q + 80 + A/Q$;$AVC = (Q^3 + 2Q^2 + 80Q)/Q = Q^2 + 2Q + 80$;$AFC = A/Q$;$MC = dTC/dQ = 3Q^2 + 4Q + 80$。

二、短期成本分析

盈亏平衡点和停止营业点:平均成本最低点和平均可变成本最低点。

根据表3-4,可画出平均可变成本、平均成本和边际成本曲线图。

短期成本的特征:

1. 曲线呈 U 形状

图3-8中,MC、AC、AVC 三条曲线呈 U 形状。这一特征是由边际成本递增规律(边际成本的性质)确定的:随着可变投入的增加,边际成本在开始时递减,随着可变投入的继续增加,最终会不断上升。

2. MC 相交与 AC、AVC 的最低点(E、M)

在 MC 曲线上升的过程中,总是通过 AC 曲线的最低点。因为,如果 MC 小于 AC,那么 AC 必然会下降。用成本曲线的术语来说,如果 MC 曲线位于 AC 曲线的下方,那么 AC 曲线必然会下降;如果 MC 大于 AC,AC 必然会上升;当 AC 等于 MC 时,AC 曲线既不上升,也不下降。

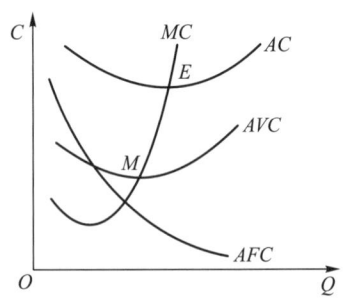

图 3-8　根据总成本曲线
得出其他成本曲线

3. 盈亏平衡点

如果产量在 E 点左边,增加产量可以降低平均成本,如果产量在 E 点右边,减少产量可以降低平均成本。产量在 E 点平均成本最低。所以,如果厂商销售商品的**市场价格 P 或平均收益 AR** 高于 E 点,就盈利;低于 E 点就亏损,等于 E 点盈亏平衡。当 P 等于 E 点的 AC 时,增加和减少产量都会亏损,只有在这一点正好价格等于平均成本。图3-8中的 E 点便称为收支相抵点(盈亏平衡点)。

4. 停止营业点

同样道理,当 P 等于 M 点的 AVC 时,增加和减少产量都收不回可变成本(变动投入)。图3-8中的 M 点被称为停止营业点。因为,亏损情况下,能收回部分固定成本,可以继续营业。如果亏损连可变成本也不能完全收回,就必须停止营业。

【案例与实践】门庭冷落的保龄球场为什么不停业?

在现实中,我们经常会看到一些保龄球场门庭冷落,但仍然在营业。这时打保龄球的价格相当低,甚至低于成本,他们为什么这样做呢?对企业短期成本的分析有助于解释这一现象,同时也可以说明短期成本分析对企业短期经营决策的意义。

在短期中,保龄球场经营的成本包括固定成本与可变成本。保龄球场的场地、设备、管理人员是短期中无法改变的固定投入,用于场地租金设备折旧和管理人员工资的支出是固定成本。固定成本已经支出,无法收回,也被称为"沉没成本"。保龄球场营业所支出的各种费用是可变成本,如电费、服务员的工资等。如果不营业,这种成本就不存在,营业量增加,这种成本就会增加。由于固定成本已经支出,无法收回,所以,保龄球场在决定短期是否营业时,考虑的是可变成本。

假设每场保龄球的平均成本为20元,其中固定成本为15元,可变成本为5元。当每场保龄球价格为20元以上时,收益大于平均成本,经营当然有利。当价格为20元时,收益等于平均成本,这时收支相抵,仍然可以经营。当价格低于20元时,收益低于平均成本。乍一看,保龄球场应该停止营业。但当我们知道短期中的成本有不可收回的固定成本和可变成本时,决策就不同了。

假设现在每场保龄球价格为10元,是否应该经营呢?可变成本为5元,当价格为10元时,在弥补可变成本5元之后,仍然剩下5元,这5元可用于弥补固定成本。固定成本15元是无论经营与否都要支出的,能弥补5元,当然比一点也弥补不了好。因此,这时仍然要坚持营业。这时企业考虑的不是利润最大化,而是**损失最小化**——能弥补多少固定成本算多少。

当价格下降到与可变成本相等的5元时,保龄球场经营不经营是一样的。经营收益正好弥补可变成本,不开门经营的话这笔可变成本不用支出。因此,价格等于平均可变成本之点称为停止营业点,意思是在这一点时,经营与不经营是一样的。在这一点之上,只要价格高于平均可变成本就要继续经营;在这一点之下,价格低于平均可变成本,无论如何不能经营。

门庭冷落的保龄球场仍在营业,说明这时价格仍高于平均可变成本。这就是保龄球场不停业的原因。

有许多行业是固定成本高而可变成本低,例如,旅游景点、饭店、游乐场所等。所以,在现实中这些行业的价格可以降得相当低。但这种低价格实际上仍然高于平均可变成本,因此,经营仍然比不经营有利——至少可以弥补部分固定成本,实现损失最小化。

三、要素投入最优组合的确定:最小成本原则

运用边际产量概念可以说明在给定各种投入的价格的条件下,厂商如何选择最小成本进行生产。假设厂商追求生产成本的最小化,即厂商应该在最低可能的成本上进行生产,从而使利润达到最大。

【例题】最小成本的投入组合。

一个企业的工程师计算出两种可能的选择都能够生产出9单位的理想产量。在两种情况下,燃料(F)的成本为每单位2元,而每小时劳动(L)的成本为5元。在第一种选择下,投入组合为$A(F=10,L=2)$。第二种选择的投入组合为$B(F=4,L=5)$。哪一种选择更好呢?在两种投入的市场价格下,A选择的生产总成本为:(2元×10)+(5元×2)=30元,B选择的生产总成本为:(2元×4)+(5元×5)=33元。因此,A选择优于B选择,9/30小于9/33,是较好的最小成本的投入组合。

当存在着许多种可能的投入组合时,选择投入最优组合的一般程序为:(1)计算劳动、土地、资本等每单位投入的成本;(2)计算每一种投入的边际产量。当每单位投入的边际产量对于各种投入都相等时,就得到了最低成本的投入组合。这也就是说,每单位的劳动、土地、石油等对于产量的边际贡献必须正好相等,企业的生产总成本达到了最低。这一结论称为最低成本规则,可用公式表示为:

$$MP_L/C_L = MP_K/C_K$$

企业的这一规则($MP_L/C_L = MP_K/C_K$)完全相似于追求效用最大化的消费者所遵循的原则($MUx/Px = MUy/Py$)。只要把它带入已知的产量函数或者成本函数,就能够求解两种要

素的配置比例。

在分析消费者选择的过程中,我们看到,为了效用最大化,消费者购买商品时要使花费在每一消费品上的每元的边际效用对于各种商品都相等。

【原理运用】最小成本原则。

如果一种要素价格下降,而所有其他要素的价格不变,那么,企业用现在更便宜的要素替代所有其他要素是有利可图的。

以劳动为例。劳动的价格下降会提高 MP_L/C_L 的比率,从而使 MP_L/C_L 高于所有其他投入的 MP/C。根据边际收益递减规律,增加劳动的雇佣量会降低 MP_L,从而降低 MP_L/C_L。直至每一元的劳动边际产品产量重新与其他要素的边际产品产量比率相等,从而实现最低成本原则。

四、长期成本分析

在长期内厂商可以根据产量的要求调整全部的生产要素投入量,甚至进入或退出一个行业。在长期内,厂商所有的成本都是可变的,没有固定与变动的区别。所以,厂商的长期成本可以分为三种:长期总成本、长期平均成本和长期边际成本,即 LTC、LAC 和 LMC。

(一) 长期总成本

从长期看,厂商的每一产量水平面对不同的生产规模(投入及组合)。长期总成本 LTC 是指厂商在长期中在各种产量水平上通过改变生产规模所能达到的最低总成本,即对各个产量水平下的最低成本。

在长期中,要生产同样的产量,厂商的成本可大可小。为了得到 100 公斤水,可雇一个人挑,或找两个人抬,或找三个人运,不同的生产规模(投入及组合),总成本是不一样的;每天销售 5 万个汉堡,可以是一个店,也可以开 3 个或 10 个分店,厂商选择的生产规模和生产方式当然是生产成本最低的。

(二) 长期平均成本

长期平均成本(曲线)可以根据短期平均成本(曲线)求得。在图 3-9 中有三条短期平均成本曲线 SAC_1、SAC_2 和 SAC_3,它们各自代表了三个不同的生产规模。在长期内,厂商可以根据产量要求,选择最优的生产规模进行生产。假定厂商生产 Q_1 的产量,则厂商会选择 SAC_1 曲线所代表的生产规模,以 OC_1 的平均成本进行生产。对于产量 Q_1 而言,平均成本 OC_1 是低于其他任何规模下的平均成本的。假定厂商生产的产量为 Q_2,则厂商会选择 SAC_2 曲线所代表生产规模进行生产,相应的最小平均成本为 OC_2,如果选择生产规模 SAC_1,则平均成本为 OC_1,明显高于 OC_2;假定厂商生产的产量为 Q_3,则厂商会选择 SAC_2 曲线所代表的生产规模进行生产,相应的最小平均成本为 OC_3。

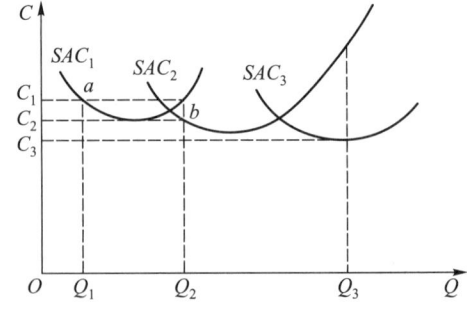

图 3-9 最优生产规模选择

在长期中,厂商总是可以在每一产量上找到相应的成本较低的最优的生产规模进行生产。在短期内,厂商做不到这一点。假定厂商现有生产规模为 SAC_1 曲线所代表,需要生产

的产量为 OQ_2，那么，厂商在短期内只能以 SAC_1 曲线上的 OC_1 的平均成本来生产，而不可能是 SAC_2 曲线上以较低的平均成本 OC_2 来生产。

由于长期内可供厂商选择的生产规模是很多的，在理论分析中，可以假定生产规模可以无限细分，从而可以有无数条 SAC 曲线，于是，便可得到长期平均成本 LAC 曲线，如图 3-10 所示。

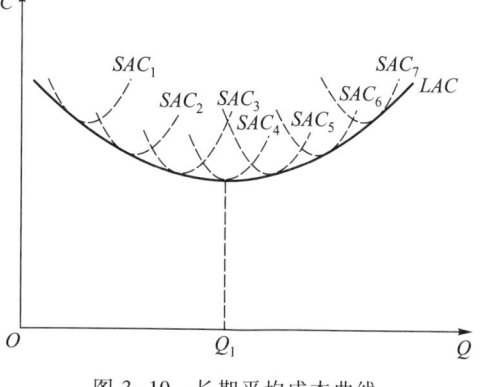

图 3-10 长期平均成本曲线

在图 3-10 中，长期平均成本曲线是无数条短期平均成本曲线的包络线。在这条包络线上，连续变化的每一个产量水平都存在 LAC 曲线和一条 SAC 曲线的相切点。该 SAC 曲线所代表的生产规模就是生产该产量的最优生产规模，该切点所对应的平均成本就是相应的最低平均成本。LAC 曲线表示厂商在长期内在每一产量水平上可以实现的最小的平均成本。

(三) 规模经济与长期平均成本

长期平均成本曲线呈先降后升的 U 形状，这种形状和短期平均成本曲线是很相似的。但是，这两者形成 U 形的原因并不相同。如前所述，短期平均成本曲线呈 U 形的原因是短期生产函数的边际收益递减规律的作用。但在长期内所有生产要素投入量都可变的情况下，边际收益递减规律不对长期平均成本曲线的形状产生影响。长期平均成本曲线的 U 形特征主要是由长期生产中的规模经济和规模不经济所决定。

规模经济。在企业生产规模扩张的开始阶段，厂商的产量上升而平均成本递减。规模经济考察产出规模扩大（产量扩大）而导致的长期平均成本降低的情况。例如，厂商把所有要素投入都增加 80%，结果产量增加 97%，生产率提高，长期（单位）平均成本下降。

规模不经济。当生产扩张到一定的规模以后，继续扩大生产规模，厂商的产量上升而平均成本就会递增。例如，厂商把所有要素投入都增加 80%，结果产量只增加 50%，生产率下降使长期（单位）平均成本递增。

【例题】规模经济和规模不经济。

(1) 规模经济和规模不经济是由厂商变动自己的企业生产规模所引起的，所以，也被称为规模内在经济和规模内在不经济。

(2) 导致规模经济的原因有：劳动分工、专业化、技术因素、要素不可分割、容器原理、多级生产、费用分摊、融资成本、大机器效率、管理效率等。

(3) 导致规模不经济的原因有：管理难度、劳动异化、劳资关系恶化、流水线某一环节导致全线停产。

正是规模经济和规模不经济，决定了长期平均成本 LAC 曲线表现为先下降后上升的 U 形特征。

需要指出的是，规模收益与规模经济和规模不经济是不同的，规模收益考察"投入"规模与"产出"（产量或收益）的关系 $Q=f(L,K)$；规模经济和规模不经济研究"产出"或产量规模扩大与"投入的成本"变化的关系 $C=f(Q)$。

(四)长期边际成本

长期边际成本 LMC 是指每增加一单位的产量所增加的成本,$LMC = dLTC/dQ$

见图 3-11。长期边际成本曲线呈 U 形,它与长期平均成本曲线相交于长期平均成本曲线的最低点。其原因在于:根据边际量和平均量之间的关系,当 LAC 曲线处于下降段时,LMC 曲线一定处于 LAC 曲线的下方,也就是说,此时 LMC<LAC,LMC 将 LAC 向下拉;相反,当 LAC 曲线处于上升段时,LMC 曲线一定位于 LAC 曲线的上方,也就是说,此时 LMC>LAC,LMC 将 LAC 向上拉。因为 LAC 曲线在规模内在经济和规模内在不经济的作用下呈先降后升的 U 形,这就使得 LMC 曲线也必然呈先降后升的 U 形,并且,两条曲线相交于 LAC 曲线的最低点。

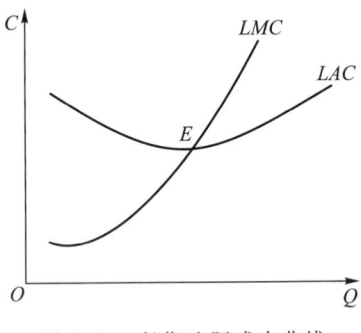

图 3-11 长期边际成本曲线

【快问快答】长期边际成本曲线与长期平均成本曲线的关系?

答:当边际成本低于平均成本时(左边),平均成本会随产量增加而下降(规模经济);当边际成本高于平均成本时(右边),平均成本会随产量增加而上升(规模不经济);当边际成本等于平均成本时(E 点),平均成本最低。

第三节 利 润

一、显性成本、隐性成本和机会成本

企业成本包括显性成本和隐性成本两个部分。

显性成本是指厂商在生产要素市场上购买或租用所需要的生产要素的实际支出。例如,某厂商向工人支付的工资,向银行支付的利息,向土地出租者支付的地租,这些支出便构成了该厂商的生产显性成本。显性成本又叫会计成本。

隐性成本是指厂商本身自己所拥有的那些生产要素的机会成本。

【问题解答】什么是隐性成本?

答:厂商使用自有生产要素时,也应该得到报酬。厂商给自己支付利息、地租和薪金。这笔成本支出不如显性成本那么明显,故被称为隐性成本。

隐性成本是机会成本。当我们说个人选择时,要考虑机会成本。当企业用自有生产要素时,他也要考虑机会成本,只是这里叫隐性成本。

经济学家认为,无论生产要素为谁所有,在经济上生产要素的收益是重要的。即使所有者没有直接领取报酬,而是以利润的形式得到补偿,由于所有者有其他工作机会,因此,我们必须把失去的机会作为所有者劳动的成本来计算。

【问题解答】什么是机会成本、正常利润、超额利润?

答:(1) 使用一项资源而放弃的其他用途中的最高收益,就是机会成本。(2) 一项资源在某个领域或市场中获得的收益不增不减、不多不少、没有进入者和退出者,这个收益就是正常利润。例如,某个 NBA 后卫,不管他到哪个俱乐部打球,获得的年薪都是 600 万美元。
(3) 超过正常利润的利润就是超额利润,又叫经济利润。例如,NBA 的这个后卫,他到火箭俱乐部与到其他俱乐部不同,除了 600 万美元年薪外,还因为姚明的缘故,获得了来自中国企业的 500 万美元额外代言费,这就是经济利润。

二、收益

厂商的收益就是厂商的销售收入。厂商的收益可分为总收益、平均收益和边际收益。它们的英文简写分别为 TR、AR 和 MR。

总收益是指厂商按一定价格出售一定量产品时所获得的全部收入。以 P 表示既定市场价格,以 Q 表示销售总量或产量,则有:

$$TR = P \times Q$$

平均收益是指厂商平均每一单位产品销售所获得的收入。公式可表示为:

$$AR = TR/Q$$

边际收益是指厂商增加一单位产品销售所获得的收入增量。公式可表示为:

$$MR = \Delta TR / \Delta Q$$

三、利润、经济利润与正常利润

利润是总收益与总成本之间的差额。

$$\pi(Q) = TR(Q) - TC(Q)$$

利润 π、收益 TR、成本 TC 都与厂商的产量(销售量)有关,都是产量的函数,随着产量的变化而变动。

增加一单位产品的生产和销售,如总收益的增加(MR)大于总成本的增加(MC),利润将会多些。反之,如果增加的单位产品的生产和销售,使总成本的增加大于总收益的增加,利润将会减少。由此可得出最大利润规律,即:$MR>MC$ 则增加产量;$MR<MC$ 则减少产量;$MR=MC$ 则产量处于最佳水平。

最大利润规律或利润最大化原则可以概括为:

$$MR = MC$$

这个等式有两方面的应用价值:(1)厂商最优产量抉择的依据,$MR>MC$ 则增加产量;$MR<MC$ 则减少产量;$MR=MC$ 产量处于最佳水平;(2)获得最大利润的均衡条件,$MR>MC$ 时,如果不增加产量,可以赚到的利润没有赚到;$MR<MC$ 时,如果不减少产量,总利润不会增;只有当产量满足 $MR=MC$ 时,总利润才最大。

这个规律具有普遍意义,它对任何厂商都适用。但是,应用这一规律的结果则取决于厂商所在的市场类型。具体说,取决于:

(1)厂商是否在完全竞争下经营。如果在完全竞争下经营则厂商的产品价格为市场所确定。厂商只是既定价格的接受者。它要解决的只是按市场价格,提供多少产品。

(2)厂商具有某种市场力量,即有某种可改变它的产品价格的能力。最显著的例子是,一个公司是某种产品的仅有生产者,即垄断。大多数厂商尽管不能完全垄断市场,但对它们的产品价格均有一定控制能力。

上面提到的利润是经济利润,企业所追求的最大利润指的就是最大的经济利润。

【快问快答】现代经济学对传统厂商理论利润最大化有哪些批评?

答:现代经济学对传统厂商理论利润最大化假定的批评包括:厂商经常亏损,无法实现利润最大化,经常是亏损最小化;厂商的目标除了利润最大化,还有销售最大化、股东回报最大化、社会目标最大化(慈善和吸引风险投资)、经营管理控制权最大化、升值和个人声誉最大化;厂商利润最大化还存在许多障碍没有被充分考虑到,例如,机会成本、厂商不知道自己的需求线和边际收益线、不能确定多长时间能取得利润、信息不完全不充分,等等。

经济利润是指企业的总收益与总成本(包括显性成本和隐性成本两个部分)之间的差额。在西方经济学中,需要区别经济利润和正常利润。正常利润是指,厂商对自己所提供的企业家才能的报酬的支付。正常利润是成本的一个组成部分。因此,经济利润不包括正常利润。由于厂商的经济利润等于总收益减去总成本,所以,当厂商的经济利润为零时,厂商仍然可得到正常利润(会计利润或企业家才能报酬)。

【重要提示】利润最大化原则是确定产量的准则。

一个完全竞争的厂商面临着一条平行于数量轴的需求曲线,他每天利润最大化的收益为 5 000 美元。此时,厂商的平均成本是 8 美元,边际成本是 10 美元,平均变动成本是 5 美元。求厂商每天的产量是多少,固定成本是多少?(答:实现每天利润最大化要满足 $MR=MC$, $MR=P=MC=10$; $TR=PQ=5\ 000$,得 $Q=TR/P=5\ 000/10=500$)。

为什么 $MR=MC$ 是确定产量的准则? 因为,我们不能根据 TR 与 TC 的比较去确定产量而只能依靠 $MR=MC$ 得到最优产量。例如,请看表 3-5。如果产量表示癌症科研课题研究小组的数量。当课题研究小组为 7 个时,得到的总收益 $TR=56$,付出的总成本 $TC=37$,请问,此时应该增加还是减少小组的数量?

不管增加还是减少小组,收益总是大于成本的,我们难以决策。从 $TR=56>TC=37$,你可能作出继续增加癌症研究投入的错误决定。事实上,总成本和总收益的比较不能帮助我们进行选择,总量概念是不可靠的。只有边际概念,即边际收益与边际成本的比较才能帮助我们作出明智的决策。第七个小组带来的收益 MR_7 是 8,而成本 MC_7 是 10,显然,我们应该减少而不是增加产量。当产量为 6 时,$MR_6=MC_6$ 时,产量最优,此时边际利润为零($MR_6-MC_6=8-8=0$)时,总利润最大(48-27=21)。

表 3-5 依靠 $MR=MC$ 得到最优产量

产量 Q	0	1	2	3	4	5	6	7	8
总成本 TC	8	9	10	11	13	19	27	37	48
总收益 TR	0	8	16	24	32	40	48	56	64
边际成本 MC	8	1	1	1	2	6	8	10	12
边际收益 MR	0	8	8	8	8	8	8	8	8

本章小结

1. 生产函数是反映投入产出关系的一个概念。长期中，企业追求利润最大化可以通过扩大规模和寻找要素的最优投入组合来实现。

（1）规模扩大且要素同时且同比例投入会出现规模收益递增、规模收益不变、规模收益递减。

（2）经济学通过等产量线和等成本线的组合模型，来表现要素的最优投入组合。

（3）规模经济反映产量规模扩大与"投入的成本"变化的关系。长期平均成本曲线反映了这一变化趋势。规模收益与规模经济（规模不经济）的关系：在规模经济的情况下，规模收益会递增；在规模不经济的情况下，规模收益会递减。

2. 经济学讲的成本包括显性成本和隐性成本，机会成本是隐性成本。企业长短期平均成本曲线、边际成本曲线都呈 U 形变动。

3. 利润、收益和成本都与产量有关，都是产量的函数，随着产量的变化而变动。利润最大化原则可以概括为：$MR=MC$。这个等式有两方面的应用价值：（1）它是确定最优产量的依据；（2）它是获得最大利润的均衡条件。

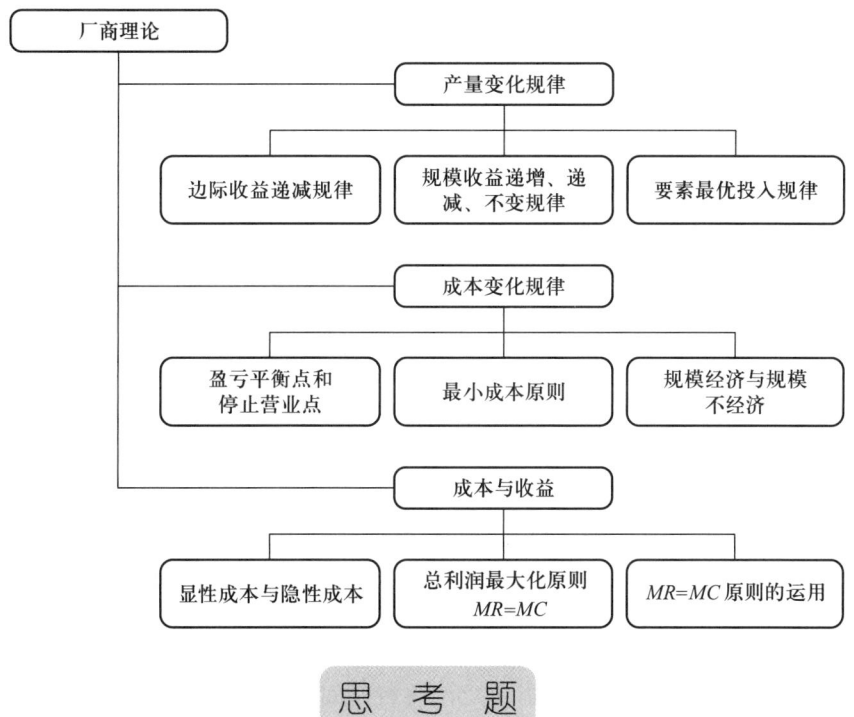

思 考 题

1. 什么是生产函数？在只有一种可变要素投入时，为什么产出的增加少于投入增加的比例？（提示：复习边际收益递减规律；原因：随着某一种要素的不断投入，该要素可使用的其他要素越来越少）

2. 两种可变要素投入之间存在替代关系。一种要素价格提高了，那么企业会在保持产量不变的前提下减少这种要素投入。那么，企业会减少多少呢？（提示：减少多少要根据最

小成本原则)

3. 什么是规模收益递减、规模收益不变和规模收益递增?(提示:当所有投入同比例增加时,总产量有三种反应:(1) 规模收益递增,如所有投入的增加比例(10%)小于产出增加比例(20%)。(2) 规模收益不变,如所有投入的增加比例(10%)等于产出的增加比例(10%)。(3) 规模收益递减,如所有投入的增加比例(10%)大于总产出增加的比例(5%))

4. A 企业,第一年规模扩大 40% 后,其收益增加了 60%;第二年,规模继续扩大 40%,随之其收益增加了 30%。A 企业计划在第三年继续扩大企业规模。试对 A 企业扩大规模的行为作出经济分析。(提示:一般情况下,当企业的规模变得越来越大时,尽管技术上可能产生规模收益不变或递增,但是管理和协调的问题就会越来越突出,最终导致企业的规模收益递减)

5. 某公司支付 1 名会计人员 10 万元年薪,这笔费用是显性成本,还是隐性成本?(提示:显性成本)

6. 某小零售店女店主自己做账,你将如何计算她的各项成本?(提示:总成本由显性成本和隐性成本构成,显性成本包括银行贷款及利息、房租、水电、进货款、雇佣人员支付的工资、缴纳税费等;隐性成本包括使用自己房屋的市场租金、使用自己资金的市场利息、自我雇佣的工资。零售店女店主自己做账也要给自己支付工资,只是这部分费用比较隐蔽,但是在计算总成本时,必须考虑把隐性成本(机会成本)考虑进去,其数额等于她雇佣一名会计人员支付的薪酬)

7. 某产品的边际成本递增,这是否意味着平均可变成本递增?请作图解释。(提示:边际成本是否引起 AVC 递增,要看 AVC 与 MC 的关系。当 $AVC>MC$ 时,AVC 递减;当 $AVC<MC$ 时,AVC 递增。参考图 3-8)。

8. 某企业的平均成本曲线为 U 形,为什么其平均可变成本曲线比平均成本曲线低?(提示:因为 $AC=AFC+AVC$,所以,平均可变成本曲线低于平均成本曲线,$AC>AVC$。参考图 3-8)

9. 总成本、显性成本、隐性成本、会计成本之间有什么关系?(提示:总成本包括显性成本和隐性成本;会计成本是显性成本;计算总成本时要考虑机会成本或隐性成本)

10. 请证明为什么边际成本曲线相交于平均成本曲线和平均可变成本曲线的最低点?(提示:参考图 3-8。边际成本曲线低于平均成本曲线和平均可变成本曲线时,平均成本曲线和平均可变成本曲线下降;边际成本曲线高于平均成本曲线和平均可变成本曲线时,平均成本曲线和平均可变成本曲线上升。边际成本曲线等于平均成本曲线和平均可变成本曲线时,相交的点,就是平均成本曲线和平均可变成本曲线的最低点)

11. 假定从甲地到乙地,飞机票价 100 元,飞行时间 1 小时;公共汽车票价 50 元,需要 6 小时,考虑下列情况最经济的旅行方法:(1) 一个企业家,每小时的时间成本是 40 元;(2) 一个学生,每小时的时间成本是 4 元;(3) 你自己如何?(提示:考虑机会成本(时间成本)的概念。企业家乘坐不同交通工具的总成本,飞机:100+1×40=140 元,汽车:50+6×40=290 元,企业家乘飞机合适;学生总成本,飞机:100+1×4=104 元,汽车:50+6×4=74 元,学生坐汽车合适)。

练 习 题

一、单项选择题

1. 厂商短期调整是（　　）。
   A. 可以增加劳动要素　　　　　　　　　B. 可以增加资本要素
   C. 可以增加土地要素　　　　　　　　　D. 以上都对

2. 随着产量增加，固定成本（　　）。
   A. 增加　　　　　　B. 不变　　　　　　C. 减少　　　　　　D. 先增后减

3. 利润最大化原则是（　　）。
   A. 边际收益小于边际成本　　　　　　　B. 边际收益大于边际成本
   C. 平均收益等于平均成本　　　　　　　D. 边际收益等于边际成本

4. 长期是（　　）。
   A. 可以增加劳动要素　　　　　　　　　B. 可以增加资本要素
   C. 可以增加土地要素　　　　　　　　　D. 可以调整所有生产要素

5. 经济学中的经济利润是指（　　）。
   A. 正常利润　　　　B. 平均利润　　　　C. 机会成本　　　　D. 超额利润

6. 短期中，厂商选择停止营业的条件是（　　）。
   A. 平均收益（销售单价）等于平均成本
   B. 平均收益（销售单价）大于平均成本
   C. 平均收益（销售单价）小于平均成本
   D. 平均收益（销售单价）等于平均变动成本

7. 长期中，厂商选择停产、退出所在行业的条件是（　　）。
   A. 平均收益（销售单价）等于平均可变成本　　B. 平均收益（销售单价）大于平均成本
   C. 平均收益（销售单价）小于平均成本　　　　D. 平均收益（销售单价）等于平均成本

8. 经济学中，短期或长期划分的依据是（　　）。
   A. 时间长度　　　　　　　　　　　　　B. 产业周期性
   C. 产品价格是否可调整　　　　　　　　D. 生产要素是否可调整

9. 在等产量线与等成本线的分析中，要素最优投入组合点是（　　）。
   A. 两线的交点　　　　　　　　　　　　B. 两线较高位置的交点
   C. 两线较低的交点　　　　　　　　　　D. 两线的切点

10. 边际收益递减规律作用的条件是（　　）。
    A. 技术不变
    B. 一种投入变化而其他要素投入不变
    C. 技术稳定变动
    D. 一种投入变化时，其他要素投入和技术不变

11. 总成本在短期内包括（　　）。
    A. 半年以内的成本　　　　　　　　　　B. 一年以内的成本
    C. 固定成本　　　　　　　　　　　　　D. 固定成本和可变成本

12. 下面生产要素中属于可变成本的是(　　)。
   A. 设备、厂房 B. 设备、厂房租金
   C. 工人的工资和原材料、燃料 D. 管理人员的年薪
13. 生产函数指的是(　　)。
   A. 生产与消费的关系 B. 消费与投资的关系
   C. 供给与需求的关系 D. 投入与产出的关系

（提示：DBDDD DDDDD　DCD）

二、计算题

1. 在洛杉矶,粉刷一所房屋的市场价格是 10 000 元。某房屋粉刷公司用在梯子、刷子等工具上的不变成本为 4 000 元,该公司粉刷房屋的可变成本如下：

产出数量 （粉刷房屋的数量）	1	2	3	4	5	6	7	8	9	10
可变成本/万元	2.0	2.6	3.2	3.6	4.2	5.0	6.0	7.2	8.6	10.2

计算该公司的总成本,并绘出平均收益曲线、总收益曲线和总成本曲线的图形。产出数量在什么范围内时厂商可以获得利润？

（提示：当产出数量为 1、2、3、…、10 时,市场价格和平均收益曲线是一条平行线,总收益曲线向右上方倾斜,分别为 1、2、3、4、5、6、7、8、9、10 万元；总成本分别为 2.4、3.0、3.6、4.0、4.6、5.4、6.4、7.6、9.0、10.6 万元,据此可绘出向右上方倾斜的曲线；产出数量为 1—10 时,利润分别为 −1.4、−1、−0.6、0、0.4、0.6、0.6、0.4、0、−0.6。所以,产出数量达到 4 之前利润为负,之后利润由少变多,再变少直至为负。理智的产量选择是 9 个单位）

2. 某钢铁厂的生产函数为 $Q=5LK$,其中 Q 为该厂的产量,L 为该厂每期使用的劳动力数量,K 为该厂每期使用的资本数量。如果每单位资本和劳动力的价格分别为 2 元和 1 元,那么每期生产 40 单位的产品,该如何组织生产？（提示：由 $Q=5LK$ 求导可得 $MP_L=5K$,$MP_K=5L$；按照厂商组织生产的最小成本原则 $MP_L/C_L=MP_K/C_K$ 可得出 $5K/5L=1/2$；又，$40=5LK$。联立解出 $K=2,L=4$）

3. 某出版社将要出版一本售价为 10 元的书。出版该书的固定成本为 5 000 元,每本书的可变成本为 5 元。那么,出版社的收支平衡点在哪里？（提示：收支平衡点要满足 $TC=TR$ 或 $AC=AR$；$TR=10Q,TC=5\,000+5Q$,收支平衡时的产量 $Q=1\,000$）

第四章 需求、供给与均衡价格

学习目标

知识要求：**了解**需求或供给及影响需求或供给的不同因素，并严格区分"供求量变动"和"供求变动"；**理解**需求或供给受不同因素影响的变化程度（弹性理论）；**掌握**供求量相互作用怎样决定均衡价格和均衡数量。

技能要求：**知道**不同因素怎样影响需求或供给函数及均衡的变动；**了解**不同因素影响需求或供给、均衡变动的函数和几何表达形式（本章涉及较多函数概念和几何图形，需要读者预习相关数学知识）；**会用**供求函数和几何模型进行某种商品的供求均衡分析。

【开章案例】管制价格还是影响供求？

如何解决上学难？这个问题仁者见仁智者见智，莫衷一是。经济学家说："直接管价格不是好办法，补贴政策更有效。补贴优于价格管制，单补需方优于供求双补"。下面我们举例说明。

（1）**管制价格的后果**

例如，某州每年有十二万高中毕业生，市场对大学教育的供求函数分别是 $S=50\ 000+8P$，$D=90\ 000-2P$。公式中 D、S 代表需求和供给，P 代表价格，假定影响需求或供给的非价格因素不变。市场均衡（$D=S$）时，上大学的学费是 4 000 元（均衡价格），上大学的人数是 82 000 人（均衡数量）。

如果政府规定"限制价格"为 2 400 元/年/人，就会出现教育服务供不应求（短缺），即"上学难"，此时供给量为 69 200 人、需求量为 85 200 人。管死了价格，也就管死了供给量。供不应求而供给量又始终不变，需求方必然展开竞争，排队、配给、"走后门"、不正之风，黑市价为 10 400 元/年/人（计算过程是：令 $D=S$，管制下不变供给量与需求函数均衡，则 69 200 = 90 000−2P，P = 10 400 元/年/人）。管制的后果是"供不应求"的长期化和固定化、黑市价格暴涨和黑市交易猖獗（表现为"千军万马过独木桥"的分数竞争、奥数竞争和学区房竞争）。

（2）**补贴政策的后果**

政府"补贴需方"，即以教育券形式每年补贴 2 000 元学费给申请上大学的学生。教育券补贴影响需求函数，需求函数变为 $D'=90\ 000-2(P-2\ 000)=94\ 000-2P$，新的 $D'=S$ 下，上大学的学费（年）变为 4 400 元/年/人，得到补贴后大学生学费实际支出为 2 400 元。同时，上大学的人数和大学的收入也增加了，多方共赢。

(3) 分析

补贴政策优于价格管制政策。因为,价格管制使得"供不应求"固化而补贴措施间接影响价格。补贴政策通过影响供给或者需求,价格机制发挥作用并形成新的均衡。在新的均衡下,申请上大学的人多了,学生负担轻了,大学收入增加了。当然,政府财政负担也大了。但是,这对教育正外部性公共产品服务来说,是必需的、值得的。而且,更重要的是让学校感到压力,促进学校间竞争,鼓励学校面向学生、服务学生、提高教育公共产品质量。

讨论题

价格管制为什么会破坏市场均衡?补贴政策下市场均衡发生了怎样的变化?

第一节 需 求 理 论

一、影响需求的因素

(1) 影响需求的因素

影响一种商品需求量的因素多种多样,许多非价格因素都会对单个家庭和个人的需求量产生影响。概括起来主要有以下几种:

第一,商品本身的价格。商品本身价格的变化引起对该商品的需求量反方向变动,即需求定理。例如,汽车市场,汽车价格的变化引起汽车这种商品需求量反方向变动。

第二,相关商品价格。商品之间联系有三种:互补关系(如汽车与汽油,钢笔与墨水,录音机与磁带,热带鱼与水族箱);替代关系(如汽车与火车、羊肉与牛肉、面粉与大米、公路与铁路);没有直接关系(如汽车与大蒜、羊肉与钢笔)。互补关系商品价格对该商品需求影响是反方向的,因为,它们共同满足一种欲望,它们之间是互补的。替代关系商品价格对该商品需求影响是同方向的,因为,它们可以互相替代来满足同一种欲望。

【快问快答】汽油与汽车是互补商品还是替代商品?

答:互补商品。汽油价格变化引起对汽车需求相反方向的变化。

第三,消费者的收入。消费者收入的增加,家庭和个人对汽车、电器、水果、住宅、电力等需求量会上升。仔细观察会发现,消费者收入水平的高低对商品需求量的影响是不同的。生活必需品对收入变化的反应不大,而奢侈品、耐用消费品对收入变化的反应则较大。应当注意,并不是任何商品的需求都与收入同方向变动,低档商品就是例外。

第四,消费者的偏好。社会消费风尚的变化,将促使消费者在商品价格未发生任何变化的情况下增加或减少对某商品的需求。而消费者偏好的变化受许多因素影响,其中,广告宣传可以在一定程度上影响偏好的形成,这就是为什么许多厂商不惜血本大做广告的原因。

第五,政府的经济政策。例如,征税以及偏紧的财政政策和货币政策会抑制消费者的需求量,而补贴以及鼓励消费的消费信贷制度则会增加消费者需求量。

第七,消费者对未来的预期。消费者对自己的收入水平、对商品价格水平的预期直接影响消费者对商品的需求量。

(2) 多元需求函数

如果把影响需求数量的各种因素作为自变量,把需求数量作为因变量,则可以用函数关

系来表示"影响需求的因素与需求之间的关系",这种函数称为"多元需求函数",用公式表示就是:

$$D=f(a,b,c,d,\cdots,n)$$

其中 D 代表需求,$a,b,c,d,\cdots,n$ 代表影响需求的因素,公式的经济意义是:影响需求的因素是多种多样的,包括价格、相关商品价格、收入、分配、政策、人口、预期等一系列因素,它们的变动都会引起需求不同程度的变动。经济学家把这些影响需求的因素抽象概括为价格因素和非价格因素。价格因素是指商品本身的价格,非价格因素包括相关商品价格、收入、分配、政策、人口、预期等。

【快问快答】决定需求的非价格因素是什么?

答:西方经济学把决定需求的因素分为价格因素和非价格因素。其中非价格因素包括相关商品价格、收入、分配、政策、人口、预期等,它们都会影响到消费者行为。

下面假定非价格因素不变,讨论需求变量与价格变量的关系。

二、需求和需求定理及其表达形式

(一) 需求及其形式

1. 需求

需求量是指居民在一定时期内,当影响需求的非价格因素不变时,某一时期内在不同价格水平上居民愿意并且能够购买的商品量。购买意愿和购买能力缺一不可。

需求量会对不同的价格作出响应,不同单位的需求量对应不同的价格,于是产生一组"价格—需求量"组合。需求是需求量与价格的关系中的"一组需求量"。

需求的表达形式有四种,即文字形式、函数形式、表格形式、曲线形式,需求、需求函数、需求表、需求曲线都是指不同价格下的需求量(集合),内容上是完全一样的。

2. 需求函数。假定非价格因素不变,只考虑商品本身的价格与该商品的需求量的关系,并以 P 代表价格,D 为需求,则一元需求函数为:

$$D=f(P)$$

需求函数是用数学公式表示价格与需求量两个变量的关系。在需求函数中,价格是自变量,需求是因变量。线性需求函数的公式为:$D=a-bP$;非线性需求函数的公式为:$D=aP^{-b}$;某一个具体的需求函数可以是:$D=110-10P$。

在需求函数 $D=110-10P$ 中,D 是需求,与价格 $P=5$(元)对应的 60 个单位是"需求量"。所以,需求(D)是对应着不同价格的"许多"的需求量(d)。在一元需求函数中,任意给定价格时,就会有与之对应的量——"需求量"。例如,当汽车线性需求函数为:$D=110-10P$ 时,存在一组"价格与需求量"组合:$L(11,0)$;$K(10,10)$;$J(9,20)$;$I(8,30)$;$H(7,40)$;$G(6,50)$;……,与不同价格对应的这一组汽车需求量(复数)称为需求(D)。需求是复数。

【重点提示】需求不等于需求量。

需求是与自变量价格 P 对应的因变量 D。例如,在需求函数 $D=110-10P$ 中,需求是 D,是随着价格变量(P)的变化而变化的不确定的变量。

什么是**需求量**?需求量是指居民在一定时期内,当影响需求的非价格因素不变时,在某一**给定**价格水平上愿意并且能够购买的商品量。例如,在汽车需求函数 $D=110-10P$ 中,给定价格为 6 万元时,需求量为 50 万辆。需求量是确定的单数。

3. 需求表

需求表是用数字表格形式来直观表示需求与价格两个变量对应关系的表格。不同的价格对应着不同的需求量,居民在特定时间内,对某一商品的需求量同这种商品的价格之间存在着一一对应的关系。例如,需求函数 $D=110-10P$,当某一商品的价格为 0、1、2、3、4、5、6、7、8、9、10、11 元时,需求量依次为 110、100、90、80、70、60、50、40、30、20、10、0 个单位。这些"价格—数量"组合,可用下面的需求表来表示。

表 4-1 某一商品的需求表

价格-数量组合	价格/元	需求量/单位数
A	0	110
B	1	100
C	2	90
D	3	80
E	4	70
F	5	60
G	6	50
H	7	40
I	8	30
J	9	20
K	10	10
L	11	0

表 4-1 是某一商品的需求表。需求表用数字表示某一商品的价格和需求量之间的函数关系。这种需求表提供"价格—数量"的各种组合,说明了在各种价格下可能有的需求量。表中,第二列是自变量"价格";第三列是"需求"。与某一给定价格吻合的是需求量,比如,$P=8, d=30$。

4. 需求曲线

需求函数关系式 $D=110-10P$,既可以列表,又可以绘成曲线。通过需求表,很容易找出对应于每一价格的每一需求量;通过需求曲线,不仅容易找出对应于每一价格的每一需求量,而且可以明显地看出价格变化时需求量变化的趋势。

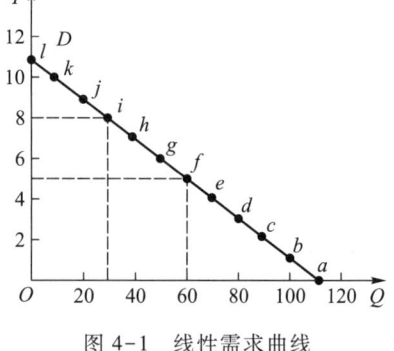

图 4-1 线性需求曲线

现在根据表 4-1 中的"价格—数量"组合,连接 A、B、C、D、E、F、G、H、I、J、K、L 各点,绘出图 4-1 中的需求曲线。

从上图可以看出,需求曲线是表示其他条件不变时商品价格和需求量之间的函数关系的几何图形。需求曲线是一条斜率为负的光滑的曲线,它是建立在价格和需求量的变化都是连续的这一假设上的。西方学者认为这一假设有"简便"的优点,尽管它很难完全符合实际。

【难点解答】如何理解需求量为负?

在鞋制品需求函数 $D=800-10P$ 中,纵坐标图上给定价格超过80元,表示数量的横轴进入左边第二象限,比如,$P=100$ 美元时,需求量为 -200 双鞋。如何理解需求量为负数?

答:需求曲线一般都定义在第一象限,例外情况属于理论探讨,目的在于帮助人们更好理解需求定理。

需求量为负数表明价格超过一定限度后,购买商品的需求方转变为供给方,需求量转变为供给量。"在鞋制品需求函数 $D=800-10P$ 中,给定价格超过80元,比如,$P=100$ 元时,需求量为 -200 双鞋"表明:当价格足够高时(超过80元),商场里原来的需求方会停止购买,愿意供给自己脚上的鞋给其他需求者而赤脚走出商场。

在汽车需求函数 $D=110-10P$ 中,价格超过11万元时,"需求量为负",汽车需求方变为供给方:"这个价格你要多少汽车,我给你多少汽车",或者"如此这般高价,我可以给你",这些常常是买者讨价还价的策略。

关于需求曲线,需要注意:

(1)需求曲线向右下方倾斜,斜率为负,表明需求与价格反方向变化的关系。

(2)价格和需求量之间的关系可以是线性关系,也可以是非线性关系。当二者之间存在线性关系时,需求曲线是一条向下方倾斜的直线,直线上任一点的斜率都相等。图4-1中的需求曲线便是如此。与此不同,当二者之间存在非线性关系时,需求曲线是一条向右下方倾斜的曲线,曲线下不同的点的斜率是不同的,请看图4-2。

(3)曲线上所有的点,代表同一时间存在的多种购买可能(组合),其中只有一种可能会在市场上实现。

图4-2的纵轴表示每单位商品的价格,横轴表示市场对该商品的需求量。D 代表需求曲线,线上的任意一点都有其相对应的价格和在该价格水平上的商品需求量(如 a 或 b)。

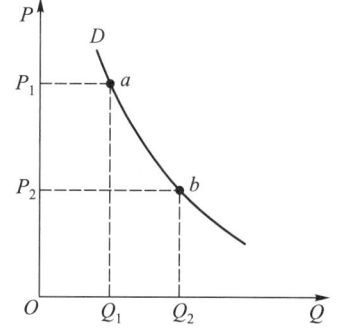

图4-2 非线性需求曲线

这些不同的表示方法各有特点,需求函数精确、需求表通俗、需求曲线直观,它们都一样说明其他因素不变时,价格与需求量按反方向变化的关系。

(二)需求定理及其形式

需求定理是指假定影响需求的非价格因素不变时,当一种商品的价格下降时,居民愿意并且能够购买的商品数量就随之增加,反之则下降,即价格与需求量按反方向变化。需求定理的函数形式表现为负斜率;需求定理的表格形式表现为价格与需求量的相反变化方向;需求定理的曲线形式表现为曲线向右下方倾斜。

(三)收入效应和替代效应

为什么需求量与价格呈反方向变动(需求曲线向右下方倾斜)呢?这是收入效应和替

代效应共同作用的结果。

收入效应是指当价格变化引起居民实际收入减少或增加时,导致居民对该商品的需求量下降或增加。例如,私家车涨价,意味着居民实际收入减少,货币购买力下降。于是,居民对汽车的需求量下降。

替代效应是指一种商品价格上涨导致消费者购买其他的非涨价商品来替代涨价商品,来减少对涨价商品的需求量,达到实际收入不减少的目的。比如,私家车涨价,居民选择摩托车、自行车等其他未涨价的交通工具来替代私家车,于是,市场对私家车的需求量下降。又比如,大米涨价而面粉价格不变,面粉相对就便宜了,消费者就会更多地购买面粉而减少大米的购买量,以达到实际收入不减少的目的。这种因某种商品价格上升而引起的其他商品对该商品的取代就是替代效应。

需求定理成立的原因。收入效应使消费者在价高时少买,在价低时多买,即价格的高低变化影响每一个消费者对该商品的购买量;替代效应使价格上升的商品需求量减少,使价格下降的商品需求量增加,即较高的价格挤走一些购买者,较低的价格带来新的购买者。所以,替代效应和收入效应说明了需求定理成立的原因。

(四)需求定理的例外

需求定理的例外有三种情况。第一,炫耀性商品,其价格与需求量呈同方向变化。如首饰、豪华型轿车、知名品牌等,厂家一直大力宣传只有高价才能显示其社会身分,低价时,或价格大众化后,高档消费群的需求量反而下降。第二,低档生活必需品(吉芬商品)。英国经济学家发现,在1845年爱尔兰大灾荒时,马铃薯的价格上升,需求量反而增加。第三,投机性商品(股票、债券、黄金、邮票等)。其价格发生波动时需求呈现出不规则变化,受心理预期影响大,有时出现"买涨不买落"现象。

【难点解答】如何理解价格为负?

经济学家一般都假定价格大于零。有学生问,存在价格等于零或者小于零的情况吗?

在汽车需求函数 $D=110-10P$ 中,给定价格为负数,比如,$P=-10$ 万元时,需求量为210万辆,如何理解价格为负数?

答:价格 $P=0$ 表明获得商品没有成本;价格为负数表明购买商品支付的代价为负,成本变收益。比如,$P=-10$ 万元时,意味着"得一送10万元"——开回家一辆车,不仅没有支付成本,还得到卖家送的十万元,这时,汽车需求量210万辆。理论上存在"价格为负数",实践上"价格为负数"往往是商家的销售技巧或者广告策略。

三、需求量的变动与需求的变动

为了避免日常生活中不犯错误,需要严格区分需求量的变动与需求的变动。

1. 需求量的变动

需求量的变动是指在非价格因素不变的条件下,由于价格变化引起的需求量的变化。凡是价格直接引起的需求数量的变化,以后我们都称为"需求量的变动"。

从需求函数来看,"需求量的变动"是 $D=f(P)$ 内部变量变化,自变量变动引起的因变量的变动(内生变量的关系)。例如,$D=40-2P$,自变量"价格"从4变动到2时,因变量"需求量"从32变动到36;需求函数 $D=40-2P$ 没有变化。

从需求表上看,"需求量的变动"是"价格-数量组合"变动的结果。"需求量的变动"表现为同一需求表"价格"增加引起"需求量"下降。

从需求曲线看,"需求量的变动"表现为同一条需求曲线上"点的移动"($a→b$)。在需求函数(如 $D=40-2P$)中,从 a 点(4,32)移动到 b 点(2,36)时,对应的"需求量的变动"是 32→36。整个曲线没有发生位移,它表明在不同的价格水平上需求量的不同(点移动)。见图 4-3。

图 4-3 中,当价格为 $P_1=4$ 时,需求量为 $Q_1=32$;当价格下降到 $P_2=2$ 时,需求量增加到 $Q_2=36$。价格与需求量的变化在需求曲线上是从 a 点到 b 点的移动。

2. 需求的变动(需求函数公式的变动)

需求的变动是指在商品本身价格不变的情况下,由于其他非价格因素的变化所引起的需求的变动。例如,在 $D=a-bP$ 中,需求的变动是非价格因素(外生变量)引起函数中参数 a 或者 b 的变化)。需求函数的变动、需求表的变动、需求曲线的变动,凡是由非价格因素直接引起的需求变化,以后我们都称为"需求的变动"。

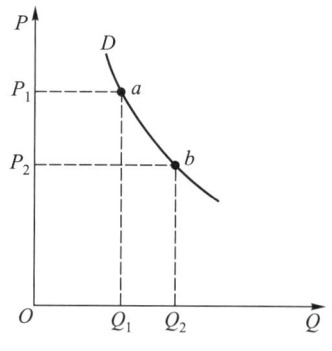

图 4-3 需求量的变动

从需求函数来看,"需求的变动"是由外生变量引起的需求函数公式的变动。例如,需求函数公式因为非价格因素变化(如收入),人均年收入从 5 万元提高到 9 万元时,汽车需求函数公式由 $D=110-10P$ 变为 $D'=180-10P$;当城市化率上升时,市场对房屋的需求函数公式由 $D=1000-P$ 变为 $D'=2000-P$;当政府征税时,人们对奢侈物品的需求函数公式由 $D=800-5P$ 变为 $D'=80-5P$;当保健品广告被禁止时,人们对它的需求函数公式由 $D=100-10P$ 变为 $D'=60-10P$,等等。这种对应由于非价格因素(外生变量)变化引起的需求关系的变化叫"需求函数的变动""需求的变动"或"线移动",它涉及非价格因素、需求和价格三个以上的变量。

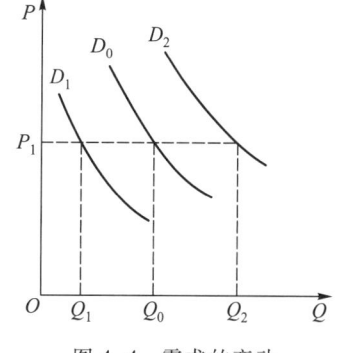

图 4-4 需求的变动

从需求表看,需求的变动不是同一需求表中"价格—数量"组合的移动,而是相同价格水平下不同需求表的变化。

从需求曲线看,需求的变动表现为整个需求曲线的移动(线移动)。见图 4-4。

图 4-4 中,P_1 价格未发生变化,只是由于收入、相关商品价格、人口、预期、偏好、国家政策的变化,引起需求曲线向左下方或右上方移动。读者可以根据不同因素的变动,自己判断需求曲线变动的方向。

【重点解答】举例说明非价格因素对需求的影响。

假定某人对住房面积的需求函数为 $D=26-4P$。

预期他明年的收入(非价格因素变化)增加,需求函数变为 $D'=60-4P$。问:当房屋租赁市场价格为 5 元/m²/天时,预期收入变化前后你的住房需求量各是多少?

答:预期收入变化前他的住房需求量是 $D=26-4P=26-4×5=6$ m²/天;预期收入变化后

他的住房需求量是 $D' = 60-4P = 60-4\times 5 = 40 \text{m}^2/\text{天}$。

需求可分为个人需求和市场需求。个人需求是指某个居民对某一商品的需求；市场需求是指居民全体对某一商品的需求，市场需求是个人需求的集合。

现在，所有影响需求的因素都可以反映在几何图形中：价格因素和非价格因素（点移动和线移动）。

【快问快答】需求定理及其原因是什么？

答：需求定理是指其他条件不变时，价格变量与需求变量的关系，即价格变化引起需求量反方向变化。需求定理产生的原因有：**收入效应**，即价格涨跌引起实际收入相反方向的变化，从而导致需求量的变化；**替代效应**，即价格涨跌引起购买替代品行为发生，从而导致需求量的变化。

【难点提示】单个消费者的需求就是市场需求吗？

答：不是。但从单个消费者的需求可以得到市场需求，一种商品的市场需求可以通过加总单个消费者的需求得到。

第二节 供给理论

一、影响供给的因素

（1）影响供给的因素

影响一种商品供给数量的因素也是多种多样的，概括起来主要有：

第一，商品本身的价格。即根据供给定理，商品本身价格的变化引起供给量同方向变动。

第二，相关商品价格。两种互补商品之间，甲商品价格下跌会减少乙商品的供给，使乙商品供给曲线左移。两种替代商品之间，甲商品价格下跌会使乙商品的供给增加，反之减少。例如，一块地可种小麦也可种苞米，苞米价格下跌，农民会不种苞米而种小麦，使小麦的供给曲线右移。

第三，生产要素的价格。生产要素价格下降会降低商品的生产成本，企业就愿意增加供给，甚至愿意以比以前更低的价格提供同样数量的商品。所以，生产要素的价格下跌会使供给曲线右移，相反，供给曲线左移。

第四，厂商目标。经济学一般假定厂商以利润最大化为目标，即利润大小决定厂商供给多少。但厂商有时也为市场占有率、销售最大化以及政治、道义、名誉等目标而决定其供给。

第五，技术进步。技术进步可大大提高生产效率，使企业有可能在给定资源条件下更便宜地生产商品，或者说利用同样的资源生产出更多的商品。所以，技术进步会使供给曲线右移。新材料、新能源的发明和利用，可将供给带到一个新的水平。

第六，政府的政策。政府的价格政策、产业政策、分配政策、征税和补贴政策、财政和货币政策等会刺激或抑制供给。

第七，厂商预期。乐观的预期会增加供给；反之，厂商对投资前景持悲观态度，则会减少供给。

第八,自然条件、社会条件、政治制度等。

(2)多元供给函数

如果把影响供给的各种因素作为自变量(多元),把供给数量作为因变量,则可以用函数关系来表示"影响供给的因素与供给之间的关系",它表示供给是各种影响供给的因素的函数,多元供给函数的公式为:

$$S = f(a, b, c, d, \cdots, n)$$

上式中,S 代表供给;$a, b, c, d, \cdots, n$ 代表影响供给的因素(如厂商目标、预期、技术、成本等)。经济学家把影响供给的因素抽象概括为价格因素和非价格因素。价格因素是指商品本身的价格,非价格因素包括相关商品价格、生产要素的价格、厂商目标、技术进步、政府的政策、厂商预期、自然条件、社会条件、政治制度等。

二、供给和供给定理

(一)供给和供给定理

1. 供给

供给是指在一定时期内,当影响供给的非价格因素不变时,在不同价格水平上厂商或企业愿意并且能够提供的商品量,即与不同的价格对应的供给量集合就是供给。经济学讲的供给反映的是价格与其供给量之间的"价格—数量"组合关系(复数)。供给是"许多"的供给量。供给、供给函数、供给表、供给曲线都是指不同价格下的厂商愿意并且能够供给的商品数量。

2. 供给定理

供给定理是指当非价格因素不变时,某种商品的供给量与其价格呈同方向变动,即供给量随着商品本身价格上升而增加,随着商品本身价格的下降而减少。供给定理是在假定价格以外的因素不变的前提下,商品本身价格与供给量之间的关系。

供给定理存在的原因有两个。第一,企业对最大利润的追求。较高的价格意味着较多的利润,较多的利润驱使企业扩大生产、增加供给。当价格下降时,利润也下降了,这又促使企业缩减生产,从而减少了供应量。第二,商品价格必须同增加的成本(边际成本)相适应,才能使商品供给量相应增加,因为根据收益递减规律和成本递增规律,在一定的技术条件和生产规模之下,数量达到一定程度以后便会出现收益递减和成本递增现象。这时,价格提高的幅度会大于供给量增加的幅度,在供给曲线上表现为逐步变陡。

【快问快答】什么是供给定理?生产者为什么会遵循这一规律?

答:商品价格上升,激励生产者增加供给;反之,则减少供给,这就是供给定理。因为,第一,多生产一单位产品,成本会上升(边际成本递增),所以,价格上涨才能激励供给;第二,价格越高,生产者越有利可图,越有积极性;第三,价格越高,越能吸引新的生产者加入,市场总供给量就会增加。

(二)供给定理的表现形式

1. 供给函数

假如其他因素不变,只考虑商品本身的价格与该商品的供应量的关系,价格是自变量,供给量是因变量,则一元供给函数为:

$$S=f(P)$$

上式供给量 S 是价格 P 的函数且正相关。例如,线性供给函数:$S=-a+bP$,供给定理表现为正斜率;某一个具体的供给函数可以是:$S=-5+10P$ 或者 $S=10P$,供给函数中,斜率为+10。

【难点解答】如何理解价格为负?

在劳动供给函数 $S=6\,000+600P$ 中,只要价格在-10元/小时以上,就存在供给意愿。给定价格为负数,比如,$P=-5$ 元/小时,劳动供给量为 3 000 个单位,如何理解价格为负?

答:价格为负数表明供给商品得到的收益为负,收益变成本。比如,$P=-5$ 元/小时,意味着"工作 1 小时另付出 5 元钱"——为得到实习或者将来发展机会,短期工作不仅没有获得报酬反而要付出额外成本。理论上存在"价格为负数",实践上"价格为负数"往往是市场主体基于长期战略的考虑。

【重点提示】供给不等于供给量。

(**1**)**供给**(S)是价格(P)与供给量(d)的关系,它是按各种价格要供应的数量单(或表)。例如,当汽车线性供给函数为:$S=10P$ 时,就存在一组价格与供给量之间的关系。当价格(P)分别为 1、2、3 万元……,供给量(d)分别为 10、20、30 万辆……,与不同价格对应的这一"组"汽车供给量(复数)称为供给(S)。供给是复数,供给是不确定的变量。供给也分为个别供给和市场供给。

(**2**)**供给量**(d)是指在一定时期内,当非价格因素不变时,在某一给定价格水平上企业愿意并且能够提供的商品量。例如,在供给函数 $S=10P$ 中,给定价格为 4 万元时,供给量(d)为 40 万辆。供给量是单数,是确定的。

2. 供给表

请看表 4-2,"价格—数量"的各种组合及变化趋势,说明了在价格变化引起的供给量相同方向的变化趋势。

表 4-2 某一商品的供给表

价格数量组合	价格(元)	供给量(单位数)
A	0	0
B	1	10
C	2	20
D	3	30
E	4	40
F	5	50
G	6	60
H	7	70
I	8	80
J	9	90
K	10	100
L	11	110

3. 供给曲线

把供给表中的"价格—数量"组合关系绘成图 4-5 就是"向右上方倾斜的供给曲线"。通过供给曲线,不仅可以很容易地找出与价格对应的供给量,而且可以明显地看出价格与供给量同方向变化的趋势。

图 4-5 表明价格与供给量同方向变动,即价格上升,供给量增加,反之则下降。上图是一条直线,即线性曲线。价格与供给量之间的关系也可以是非线性关系,非线性供给曲线上的斜率在每一点上是不同的,而线性关系则是相同的,但它们的区别不影响供给曲线的性质。

图 4-6 的纵轴表示每单位商品的价格,横轴表示市场供给量。S 代表供给曲线,线上的任意一点都有相对应的价格和在该价格水平上的商品供给量(a 或 b)。

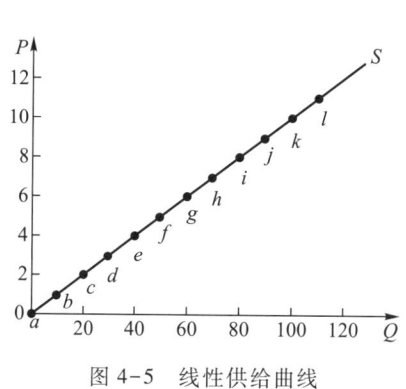

图 4-5 线性供给曲线

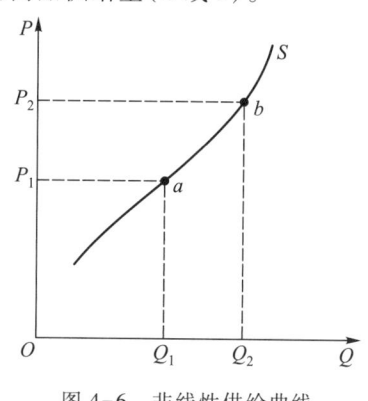

图 4-6 非线性供给曲线

【难点解答】如何理解供给量为负?

在矿泉水供给函数 $S=-100+100P$ 中,纵坐标图上给定价格低于 1 美元/瓶,表示数量的横轴进入左边第二、三象限,比如,$P=0.5$ 美元时,供给量为 -50 瓶矿泉水。如何理解供给量为负数?

答:供给量为负数表明价格低到一定限度后,商品的供给方转变为需求方,供给量转变为需求量。"在矿泉水供给函数 $S=-100+100P$ 中,$P=0.5$ 美元时,供给量为 -50 瓶矿泉水"表明:当价格足够低时(1 美元/瓶以下),商场会关门,停止销售,打出"高价收购矿泉水"的牌子,囤积货物,待价而沽。你要小心了,所谓"高价收购",其实收购价格不过是 0 美元/瓶到 0.90 美元/瓶。

(三)供给定理的例外

有些特殊商品,供给定理不适用。劳动力的供给就是一例。当工资(劳动的价格)增加时,劳动力的供给会随着工资的增加而增长,但当工资增加到一定程度时,如果工资继续增加,劳动力的供给不仅不会增加,反而会减少。如图 4-7 所示。

劳动力供给之所以呈以上形状,是因为随着工资率(每小时工资水平)的进一步提高,劳动者仅用较少的工作时间就可以获得原先需要较多的工作时间才能获得的维持基本

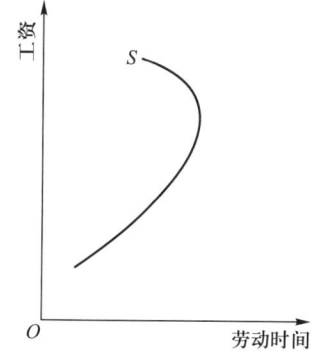

图 4-7 弯曲的劳动供给曲线

开支所需的工资收入。这时,他在闲暇与收入(工作)之间更倾向于前者。

除了劳动力的供给特例之外,像土地、古董、古画、名贵邮票、证券、黄金等,这些物品的供给曲线也可能呈不规则变化。

三、供给量的变动和供给的变动

1. 供给量的变动

供给量的变动是指非价格因素不变的情况下,商品本身价格变动所引起的供给量的变动。

从供给函数来看,它涉及的是函数公式中的内生变量,即 $S=f(P)$ 中自变量与因变量的关系。例如,$S=-5+10P$,价格(自变量)从 2 变动到 4 时,供给量(因变量)从 15 变动到 35,供给函数没有变化。

从供给表上看,供给量的变动表现为同一供给表中"价格—数量"组合的移动后,其中与价格对应的供给量的变动;

从供给曲线看,供给量的变动表现为同一条供给曲线上的点的移动($a \rightarrow b$)。"点的移动"是供给函数(如 $S=-5+10P$)中给定 P 变化($2 \rightarrow 4$)时对应的供给量的变化($15 \rightarrow 35$)。供给函数公式本身没有变化。整个曲线没有发生位移,它表明在不同的价格水平上供给量的不同(点移动)。

图 4-8 中,当价格为 P_1 时,供给量为 Q_1,当价格上升为 P_2 时,供给量增加为 Q_2,价格与供给量的变化在供给曲线上则是从 a 点移动到 b 点。

2. 供给的变动(供给函数公式的变动)

供给的变动是指商品本身价格不变的情况下,非价格因素(外生变量)变动所引起的供给函数的变动。

从供给函数来看,供给的变动是供给函数公式的变动。例如,技术进步使供给函数由 $S=-5+10P$ 变为 $S'=50+10P$;生产成本上升使供给函数由 $S=-5+10P$ 变为 $S'=-10+10P$;宏观政策变化使企业投资意愿上升,供给函数由 $S=500+200P$ 变为 $S'=800+200P$;从采用手工生产到自动化生产方式,供给函数发生变化,供给函数由 $S=-2+2P$ 变为 $S'=500+2P$。

从供给表角度看,供给的变动不是同一供给表中"价格—数量"组合的移动,而是整个供给表的变化。

从供给几何曲线图看,供给的变动表现为整个供给曲线的移动("线移动")。

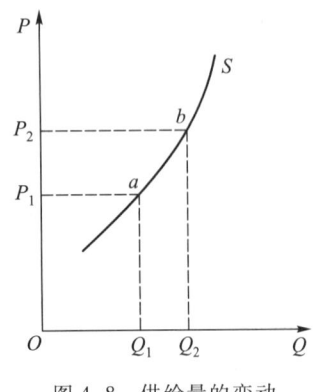

图 4-8 供给量的变动

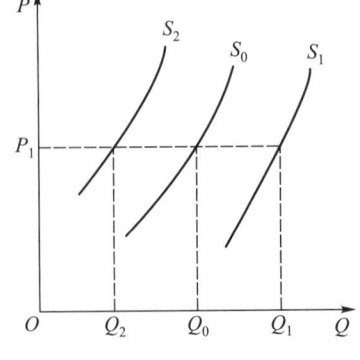

图 4-9 供给的变动

图 4-9 中,价格 P_1 未发生变化,只是由于厂商目标、技术、成本、预期、相关商品价格、

政策等因素的变化,引起供给曲线向左或右移动。

现在,所有影响供给的因素都可以反映在几何图形中:价格因素和非价格因素(点移动和线移动)。

【快问快答】如何区分供求量的变动与供求的变动?

答:原因不同。一个因为价格因素,一个是因为非价格因素。

(1)供给量(需求量)的变动是因为自变量价格的变动。供求量的变动反映的是函数内P与S或者P与D两个变量的对应关系,其数学形式是$S(P)$和$D(P)$;其几何形式是曲线上的"点移动"。

(2)供给(需求)的变动是因为自变量非价格变动。供求的变动反映的是函数外生变量与S或者与D的关系,其数学形式是$S(a,b,c,d,\cdots,n)$和$D(a,b,c,d,\cdots,n)$;其几何形式是"线移动"。例如,$S=20+6P$变为$S'=200+6P$,表现为函数变动或者"曲线移动"。

【重点解答】价格不变,为什么供给还会变化?

答:因为非价格因素会变化。

例如,假定房屋租赁市场上,供给函数为$S=-4+6P$。

2017—2018年政府推出租售同权政策使得供给函数(非价格因素变化)发生变化,供给函数由$S=-4+6P$变为$S'=12+6P$。这样,即使房屋租赁市场价格不变(5元/m²/天)时,市场租赁供给也会变化(由26m²/天,变为42m²/天)。

【难点提示】单个生产者的供给就是市场供给吗?

答:不是。但从单个生产者的供给可以得到市场供给和市场供给曲线,一种商品的市场供给可以通过加总单个生产者的供给得到。

第三节 均衡理论及其运用

一、均衡稳定原理及运用

(一)均衡

1. 均衡的定义

在物理学中,均衡是指两种力量相互作用恰好相等时的静止状态。例如,热量从高温物体转移到低温物体,最后达到温度的一致(热力学第二定律)。马歇尔把均衡引入经济学用于分析经济中各种变动力量相当、相对静止、不再变动的状态。

在微观经济学静态分析中,均衡是指供给与需求两种变动力量相当、没有变化趋势、相对静止、不再变动的平衡状态。经济中供给与需求两种变动力量通过竞争机制和价格机制的调节,达到一种均衡状态。均衡状态下的价格称为均衡价格,数量称为均衡数量。供求的均衡趋势就像水往低处流、热量从高温物体转移到低温物体一样不可抗拒。广义的均衡是一种相对静止的状态,一种经济主体实现"最优"或"最大"的状态。所以,效用最大化原则又称为"消费者均衡原则",要素最优投入组合又叫"生产者均衡"。

若市场价格背离均衡价格,供求的相互作用,有自动恢复均衡的趋势。静态均衡分析中,不考虑非价格因素这种外生变量,只考察内生变量"价格"与"需求量"和"供给量"(P、D、S 三大变量)的关系。

2. 均衡的描述

(1)几何图形描述。在曲线图上,均衡是指供给曲线和需求曲线相交的点(见图 4-12 均衡图中的 E 点)。E 点决定了均衡价格和均衡数量。

(2)数学描述。例如,给定住宅商品房租赁市场的需求函数和供给函数分别为 $D=20-2P$,$S=-10+8P$,如果影响商品房市场的非价格因素(财政及货币政策、人们的收入及预期、建房成本和基本技术等)不变,即给定条件下供求函数方程中的参数(20,-2 和-10,+8)不变时,供求的相互作用(买者竞争或者卖者竞争)依靠价格的上下波动最终使得需求量与供给量相等,即 $D=S$。此时的成交价格等于均衡价格为每平方米 3 元,成交量为均衡数量为 14 万平方米。简单的数学表达如下:

$$给定: D = 20 - 2P$$
$$S = -10 + 8P$$
$$均衡条件: D = S$$
$$则有\ P = 3, Q = 14$$

(3)文字语言描述。供求力量的相互作用就像水往低处流,最终一定会形成水平状态(均衡)一样,会使得供给量与需求量趋于相等、买方要价与卖方要价趋于一致。

商品供不应求时,买者竞争,买者竞相抬价,市场价格上升,从而供给量增加而需求量下降。商品供过于求时,卖者竞争,卖者为出货,竞相削价,市场价格下降,从而供给量减少而需求量上升。最终实现供求均衡并决定均衡价格和均衡数量。

可见,市场供求处于非均衡状态时,买者竞争或者卖者竞争会使得价格上下波动,价格上下波动影响需求量和供给量变化,供求趋于相等,这种状态下的市场成交价格和成交数量就是均衡价格和均衡数量。

【重点提示】均衡是怎样形成的?

答:均衡通过市场竞争和价格波动形成。

只要有商品的自愿交换和要素的自由流动,就会有市场;只要市场供求处于非均衡状态,必然会有竞争。供给意愿与需求意愿不一致,会出现买者间的竞争或者卖者间的竞争,价格波动促使买卖双方达成一致,最后成交,成交价就是均衡价格,成交量就是均衡数量。

【难点提示】市场为何能保持均衡趋势?

市场均衡是一种相对稳定状态。市场价格只要背离均衡价格,竞争通过价格波动及价格的双向作用(激励与抑制),促使非均衡的市场价格自动恢复到均衡点并保持均衡的趋势。

(二)均衡形成的几何表达

先不考虑非价格因素(外生变量)对供求及价格的影响,仅对市场中需求量与供给量这两种力量与价格的关系(三大变量,D、S 和 P)进行比较静态分析。

市场上需求量与供给量存在三种状态:

（1）$D<S$，供过于求，供给量大于需求量，卖者竞争，价格下降。图4-10。
（2）$D>S$，供不应求，供给量小于需求量，买者竞争，价格上升。图4-11。
（3）$D=S$，供求相等，供给量等于需求量，供求均衡，均衡价格，均衡数量。图4-12。

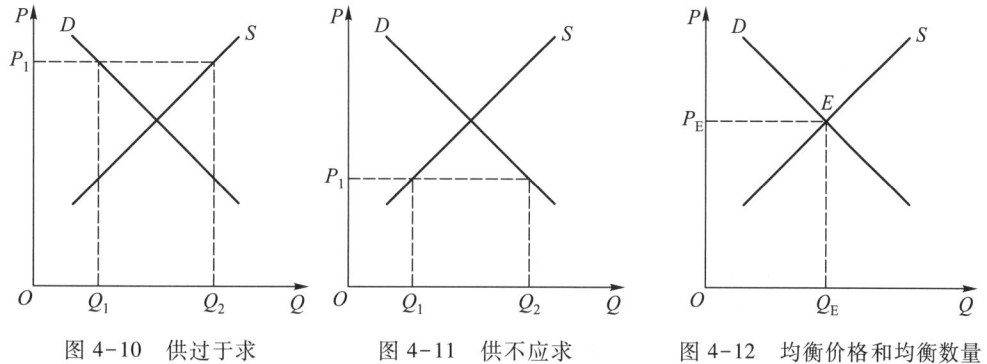

图4-10 供过于求　　　图4-11 供不应求　　　图4-12 均衡价格和均衡数量

均衡是供求决定的，是通过竞争机制和价格机制的作用形成。

【快问快答】支持价格和限制价格的后果是什么？

答：支持价格是政府制定的超过市场均衡价格的价格（图4-10），其后果是供过于求（过剩），增加去产能压力；限制价格是政府制定的低于市场均衡价格的价格（图4-11），其后果是供不应求，增加财政压力。短缺或不足是干预市场、管制价格必然出现的后果。

（三）均衡稳定原理

均衡稳定原理是指只要存在充分的竞争，供求就存在一致的趋势，就像水往低处流达到平衡的状态。当供不应求时，买者竞争导致市场价格上升，价格上升使得供给量增加而需求量减少；当供过于求时，卖者竞争导致市场价格下降，价格下降使得供给量减少而需求量增加。供给与需求相互作用，价格波动自发调节商品的需求量和供给量在某一价格上正好相等。这时既没有过剩（供过于求），也没有短缺（供不应求），市场正好"出清"，这种需求量与供给量在某一价格水平上正好相等的情况，经济学上称之为均衡状态，此时的价格为均衡价格，此时的供给量和需求量正好一致，称为均衡数量。

市场出清。市场出清意味着竞争性市场均衡实现了帕累托效率或者帕累托最优状态。

什么是帕累托最优状态？帕累托最优状态是这样一种状态，在不使任何人境况变坏的情况下，不可能再使某些人的处境变好。帕累托最优状态通俗的说法是，任何改变都会出现"损人利己"或者"损己利人"。例如，两人均分了4块蛋糕就是帕累托最优状态，因为，任何改变都会使得一人受益而另一人受损。这就需要理解什么是帕累托改进？帕累托改进是指资源配置状态的改变使得至少一个人的状态变得更好，而且没有任何一个人的状态变坏。例如，我国农村联产承包责任制试点，使得农民状态变好而没有使得城市居民状态变坏。所以，农村改革没有遇到任何阻力，是因为存在帕累托改进余地。再例如，一架飞机有100个座位，坐满了99个人，没有达到最优，再上来1人，"利人不损己"（不会损害飞机上已有乘客的利益），存在帕累托改进余地。一旦满员后，就实现了帕累托最优。

均衡稳定原理的几何意义。只要供求失衡，就会有竞争，价格就会波动并影响需求量和供给量，最终恢复均衡。供求均衡出现在该商品的市场需求曲线与市场供给曲线相交的交点上，该交点被称为均衡点（E点）。均衡点相对应的供求量和价格分别被称为均衡数量和均衡价格。见图 4-12。

【重点预习】怎样计算均衡价格和均衡数量？

答：分两步。

第一步，找到供给函数 $S(P)$ 和需求函数 $D(P)$；

第二步，只要有竞争和价格，就会形成均衡，就可以令 $D=S$，然后就可以计算均衡价格和均衡数量。

（四）均衡价格和均衡数量

1. 均衡价格的定义

均衡价格是指供给量和需求量相等时的价格。市场上买者愿意支付的"需求价格"与卖者愿意接受的"供给价格"五花八门、千变万化。一个汉堡，在众多买者和卖者心中有数不清的需求价格和供给价格、需求量和供给量，但是，达成共识成交后，成交价只有一个：所有人接受的价格——均衡价格，成交量也只有一个：供求相等的数量——均衡数量。

图 4-13 中，E 点以外的需求价格和供给价格，不是供给量大于需求量，就是供给量小于需求量，只有 E 点供给量和需求量相等，此时，需求价格等于供给价格。

2. 均衡价格和均衡数量的决定

（1）均衡价格的决定。均衡价格是由市场上供给方的竞争或者需求方的竞争自发作用决定的。均衡价格决定后，如果价格背离市场均衡价格，它是不能持久的，供求的较量存在着刺激价格变动的因素和力量，使得价格自动恢复到供给量和需求量相等时的价格。

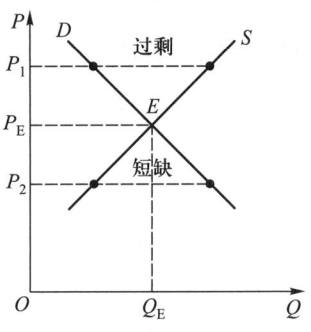

图 4-13 均衡价格的形成

（2）均衡数量的决定。均衡数量是指供给量和需求量因竞争和价格波动，使二者相等时的数量。

（3）均衡价格决定的几何模型。图 4-13 中，D 和 S 分别是市场需求曲线和市场供给曲线。只要价格偏离均衡价格、出现过剩或者短缺，商品市场上需求和供给这两种相反的力量就会发生作用，使价格上下波动，调节需求量和供给量增减并最终促使需求量和供给量相等，价格恢复到均衡价格。

【知识点问答】什么情况下，会持续出现"过剩"或者"短缺"？

答：（1）如果没有外力干预，非均衡状态，不管是供不应求还是供过于求，一定会有买者竞争或者卖者竞争，会有价格波动，从而促使供求趋于一致。（2）如果有外力干预（例如垄断力量或者政府管制价格），非均衡状态就会持续存在，出现"过剩"或者"短缺"（图 4-13）。

（4）均衡价格决定的数学方程模型。如果给定需求函数为 $D=f(P)$，供给函数为 $S=f(P)$，并且消费者竞争行为使得供不应求时，价格上升；生产者竞争行为使得供过于求时，价格下降。均衡状态或者稳定状态必然出现。用经济模型来说明均衡价格的决定，则为：

$$D=f(P)$$
$$S=f(P)$$

均衡条件：$D=S$

上式中，$D=f(P)$ 为需求函数，$S=f(P)$ 为供给函数，被称为行为方程式。$D=S$ 代表供求相等的均衡条件，即均衡方程式，可以根据均衡方程式得出 P 的值。

【重点例题】如何得到供求函数？

某保健品市场调研的供求数据如下：价格为 15 元/盒时，市场供给量为 10 万盒，市场需求量为 40 万盒；价格为 25 元/盒时，市场供给量为 40 万盒，市场需求量为 20 万盒。

要求：请写出供求函数及其均衡价格和均衡数量。

根据 $D=a-bP$，$S=-c+dP$，代入已知数据，$a=70$，$b=2$，$c=35$，$d=3$

得：
$$D=70-2P$$
$$S=-35+3P$$

【重点练习】均衡的计算。

已知需求函数、供给函数和均衡条件为：
$$D=26-4P$$
$$S=-4+6P$$
$$D=S$$

求：均衡价格和均衡数量。

解：根据均衡条件 $D=S$ 求均衡价格
$$26-4P=-4+6P$$

得：均衡价格 $Pe=3$

将 $Pe=3$ 代入需求函数和供给函数

得：$D=26-4\times3=14$
  $S=-4+6\times3=14$

均衡数量为 14，即 $Qe=14$。

所以，均衡价格为 3，均衡数量为 14。

【重点讲解】怎样理解均衡价格的决定和供求的决定？

（1）价格决定需求或者供给。

当我们单独考察需求与价格时，价格是自变量，需求是因变量，需求量随着价格变化而变化；

当我们单独考察供给与价格时，价格是自变量，供给是因变量，供给量随着价格变化而变化。

其数学表达形式为：
$$D=f(P)$$
$$S=f(P)$$

（2）价格决定于需求和供给。

当我们考察价格本身是由什么因素决定时，供求力量对比与作用是自变量，均衡价格是因变量。供求借助竞争力量作用导致价格波动并在某一个点停下来，这个点即均衡点。

其数学表达形式为：

$$D(P) = S(P)$$

（3）均衡价格决定的过程是：供求失衡，竞争作用引起价格上升或下降，价格波动调节需求量和供给量增减并逐步趋于一致而形成均衡价格，一句话价格由供求互动决定。

在非均衡状态下，供求决定价格是通过竞争和价格调节需求量和供给量来逐步走向均衡的。

所以，市场上的价格最终是由需求和供给两种相反的力量共同作用的结果，只有将供求结合起来，才能说明一种商品价格的决定。经济学讲的"价格决定"一般是指由于供给量和需求量的相互作用最终使供求不均衡得以消除，使价格不再波动而处于一种相对静止、不再变动的状态，这时的价格和数量是均衡价格和均衡数量。

【情景课堂】第二象限的均衡数量——**供求反转**。

已知，运动衣的供求函数为 $S = -200 + 2P, D = 600 - 8P$，令 $D = S$，均衡价格和均衡数量分别为 $P = 80, Q = -40$，如何理解均衡数量为负数？

答：均衡数量为负数意味着**供求反转**。

学校运动会结束，同学们穿着学校发的运动衣走进经济学实验课堂。没有想到的是，经济学老师威廉姆斯一上课，就宣布：学校通知运动衣不是免费的，需要学生买单。

老师在黑板上写下"供求均衡点 $P = 80$ 美元/件，$Q = -40$ 件"，奇怪的"-40"，没人懂。

老师耐心解释了均衡数量为负的含义：

（1）老师说："80美元一件，你们嫌贵，我嫌便宜""根据供给模型（$S = -200 + 2P$），低于100美元，没有供给，80美元的价格不足以激励供给服装，运动衣是有学校补贴的，很合算哟。你们不要，脱下来卖给我。"因为价格低，供给量为负（-40）意味着本来作为供给方的老师转变为需求方，他对服装的需求量是40个单位。

（2）同学们说："当然贵，我们心中有杆秤（$D = 600 - 8P$），低于75美元，我们才会买"。80美元的价格对学生来说还是太高了，学生们的运动衣需求量为负（-40）意味着学生们从需求方转变为供给方。也就是说，威廉姆斯教授出价（80元美元）高到每个同学愿意脱下身上的运动外套光着膀子纷纷走出教室。

（五）均衡理论运用（均衡稳定分析）

1. 理论描述

在供求函数方程和均衡方程（$D = 26 - 4P, S = -4 + 6P, D = S$）中，需求（$D$）、供给（$S$）和价格（$P$）是经济模型内部所要决定和影响的变量，叫内生变量。

在图4-14中，$D = S$ 时，均衡点为 E 且是唯一的。P 处于稳定状态。离开稳定状态，给 P 一个任意值，就会有与之对应的需求量和供给量，或者过剩（ab），或者不足（cd）；改变 P，需求量就会变动，从 a 到 E、从 E 到 d；供给量从 b 到 E、从 E 到 c，但是，均衡点是稳定的、不会变动。需求量或者供给量的变动都不会引起均衡点或曲线交叉点"E"的移动。

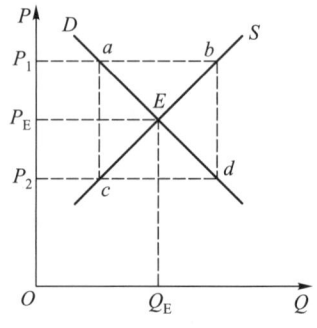

图4-14　价格的决定

供求的均衡与竞争是分不开的。供不应求时，买者竞相抬价，市场价格上升；供过于求时,卖者竞相压价,市场价格下降;当某种商品的供求均衡时,买卖双方势均力敌,价格趋于不变,从而决定了均衡价格和均衡数量。

所以,只要存在竞争,价格灵活,富有弹性,过剩和短缺都会被消除,达到均衡状态。如果政府长期干预市场、控制价格,就会出现过剩或不足。

2. 理论运用(支持价格和限制价格)

(1) 支持价格

为了消除供求关系变化引起的价格波动,或者为了调节某些产品的供求,政府往往会实施管制价格政策。管制价格不是高于均衡价格就是低于均衡价格。

支持价格又叫最低限价,它是指政府为了扶植某一行业而规定的该行业产品的最低价格。最低限价高于均衡价格。

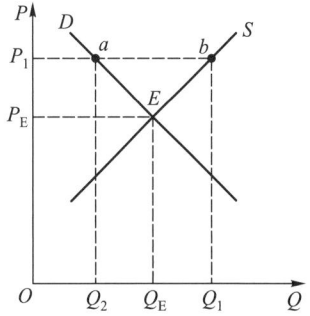

图 4-15 最低限价(支持价格)

从图 4-15 可见,政府规定的价格为 P_1,此时供给为 OQ_1,但需求却是 OQ_2,供过于求,Q_1Q_2 为过剩部分,通常由政府收购建立库存或出口。最低限价一旦取消,市场价格将会迅速下降,回复到原有的均衡价格水平。

支持价格的优点是,减缓经济波动、稳定生产、保护生产者和劳动者获得稳定高收入、政府可以存储商品、促进农业现代化以及扩大农业投资和调整农村产业结构而采取的支持政策。但是,这一政策的缺点也很明显。一般出现过剩产能和库存,降低生产效率,还会使政府支出增加、背上沉重的财政包袱。劳动市场超过均衡工资的最低限价,会带来劳动力过剩,即失业。

【快问快答】支持价格的优缺点是什么?

答:(1) 优点是稳定生产、保证生产者和劳动者收入稳定等;(2) 缺点是增加库存和政府财政负担。

(2) 限制价格

限制价格又叫最高限价,它是指政府为了限制某些物品的涨价而规定的商品的最高价格。最高限价低于均衡价格。

在图 4-16 中,政府限价为 P_1,低于均衡价格,此时供给为 OQ_1,需求为 OQ_2,供不应求,为了不让价格上涨,不得不实行配给制。限制价格下,价格固定,供给固定,供不应求得不到缓解,于是出现排队、短缺、抢购、配给、黄牛、黑市、搭配、"走后门"、浪费等现象。由于政府限价所引起的买者竞争不能借助涨价实现,所以,供给量不能增加。而非价格竞争扭曲了价格机制,浪费了社会资源,败坏了社会风气。

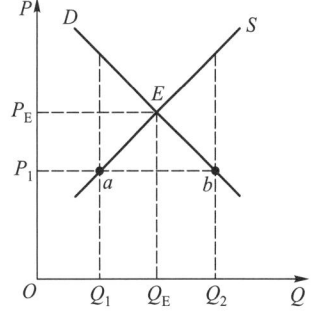

图 4-16 最高限价(限制价格)

在几何图形上,均衡点下面的政府限价只是挂在那里的"牌价",按照这个价格一般买不到商品。必须付出额外的成本(排队、配给、搭配的劣质品、付给黄牛的加价、托关系、"走后门"、搭人情等)才能取得短缺的商品。

【快问快答】限制价格的优缺点是什么?

答:(1)优点是保证公平供应、社会稳定、民生关怀等;(2)缺点是供给固定、引起短缺、排队、配给和黑市交易。

【案例与实践】如何计算和表示黑市价格?

例如,已知粮食市场上,大米供求函数为:

$$D = 26 - 4P$$
$$S = -4 + 6P$$
$$均衡条件:D = S$$

市场均衡价格和均衡数量为:$P = 3$ 元/公斤,$Q = 14$ 公斤。政府规定的限制价格为1元/公斤。

求:黑市价格?

解:利用反需求函数计算黑市价。黑市价格的计算分两步:

第一步,把政府限价代入供给函数,得到限价下的产量($S = 2$);

第二步,原需求函数自变量和因变量反转,计算得到的价格就是黑市价($2 = 26 - 4P$,$P = 6$ 元/公斤)。

政府的牌价与黑市价之间的差额由于是"无主租值",所以,会引起权力、黄牛、买者激烈的追逐。媒体曾经披露中部地区与春运火车票有关的腐败案,一个小小的火车站站长家中居然藏了几麻袋发霉的、上千万元的现金。最没有竞争优势的是普通消费者,他们要放弃工作、闲暇和睡眠去竞争限价短缺商品,他们的竞争手段是排队、等待、加价、托关系、搭人情。

所以,经济学家一般反对长期采用限制价格政策(通过政府规定房租、利率、粮食等商品的价格)。

二、均衡理论运用(均衡移动分析)

(一)均衡移动原理

1. 均衡移动原理

均衡移动原理是指任何非价格因素变动都会引起供求函数方程本身以及均衡的变动,从而引起均衡价格和均衡数量也发生改变。

均衡变动原理与外生变量。在供求函数方程和均衡方程($D = a - bP, S = -c + dP, D = S$)中,$a$、$b$、$c$、$d$ 是经济模型外部条件(收入、偏好、预期、成本、技术和政策等非价格因素)所要决定的变量,叫外生变量。在具体的供求方程中,外生变量是已知的参数,比如,$D = 26 - 4P$,$S = -4 + 6P$。外生变量变动,供求函数方程必然改变,均衡点移动,均衡价格和均衡数量也跟以前不同。

2. 均衡移动原理的数学解释

在数学意义上,均衡点变动原理表现为外生变量即供求函数中参数的变动,从而导致供求函数以及相应的均衡价格和均衡数量的改变。比如,$D = 26 - 4P, S = -4 + 6P$ 变为 $D' = 44 - 4P, S' = 4 + 6P$,均衡点由 $E(3, 14)$ 移动到 $E'(4, 28)$。

均衡价格和均衡数量是由供求均衡决定的,如果供求变动,必然使均衡点变动,从而均衡价格和均衡数量也发生改变。利用均衡点变动原理分析"均衡点改变"情况被称为比较静态分析($E—E'$)。

3. 均衡移动原理的几何解释

供给的变动。见图4-17,供给的变动是指商品本身价格不变的情况下,其他因素包括厂商目标、厂商数量、技术、成本、预期、相关商品价格、自然条件、政策等变动所引起的供给的变动。从供给几何曲线图看,供给的变动表现为整个供给曲线的移动(线移动)。

需求的变动。见图4-18,需求的变动是指在商品本身价格不变的情况下,由于其他非价格因素包括收入、购买者数量、相关商品价格、消费偏好、分配、政策、人口、预期等的变化所引起的需求的变动。从几何图看,需求的变动表现为整个需求曲线的移动(线移动)。

在图4-17、图4-18中,供给的变动和需求的变动会引起均衡点的移动,从而导致均衡价格和均衡数量的变化。

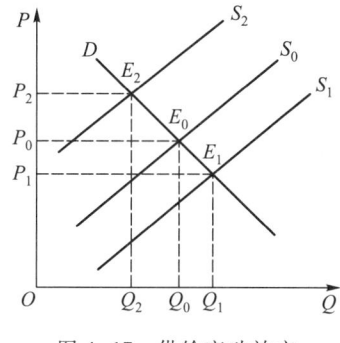
图4-17 供给变动效应

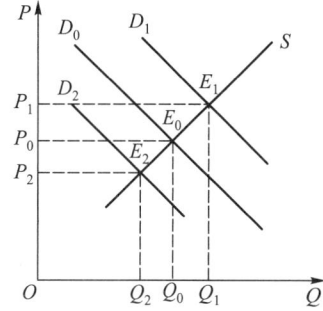
图4-18 需求变动效应

在图4-17中,假定需求曲线不变,该种商品价格不变,当供给的增加使供给曲线向右移动时,均衡数量增加而均衡价格降低;当供给的减少使供给曲线向左移动时,均衡数量减少而均衡价格提高,这被称为**供给变动效应**。

在图4-18中,假定供给曲线不变,该种商品价格不变,当需求的增加使需求曲线向右移动时,均衡价格和均衡数量会增加;当需求的减少使需求曲线向左移动时,均衡价格和均衡数量会下降,这被称为**需求变动效应**。

【快问快答】征税使得供求曲线向左移动还是向右移动?

答:不管对卖者还是买者征税,曲线都向左移动,税赋买卖共担,比例不变。

例如,已知某保健品的市场供求函数为:$D=70-2P, S=-35+3P$。

(1)政府对卖方征"从量税",每盒商品征税1元。供给左移$S \to S'$,新的$S'=-35+3(P-1)=-38+3P$,截距短了,斜率未变。

(2)政府对买方征"从量税",每盒商品征税1元。需求左移$D \to D'$,新$D'=70-2(P+1)=68-2P$,截距短了,斜率未变。

市场需求是个人需求的集合,如果买者的数量增加(减少)时,则市场需求曲线向右(向左)移动;市场供给是个人供给的集合,当卖者的数量增加(减少)时,市场供给曲线向右(向左)移动。需求或供给的变动会引起均衡的变动(均衡价格和均衡数量)。人类就是生活在由价格和价格体系支配的社会经济系统中。经济学家哈耶克说,价格体系正是人类偶然发现的、未经理解而学会利用的体系(虽然人类远非已经学会充分地利用它)。所以,理解均衡价格及其变动对于我们每一个人都非常重要。

【原理运用】怎样帮助不发达地区?

答:统一市场、做大市场,让市场在资源配置中起决定性作用。

例如,有发达与不发达的两个地区,工资水平存在明显差距。该怎样帮助不发达地区的工人提高收入?

(1) 到底怎样扶贫? 仁者见仁智者见智,可以采取诸如免税、补贴、最低工资标准、搬迁、修路架桥、捐款、慈善各种扶持政策。

所有这些办法都有成本。例如,制定"最低工资标准"伤害的会是最弱势的、没有任何技能的工人,不仅没有提高他们的收入,反而可能使他们找工作更加困难。

(2) 放松管制、降低人财物流动成本、取消劳动力流动限制、统一市场、增加供求者的数量(供求曲线右移)等,也许是更加可靠的办法。

例如,有两地的劳动市场供求函数如下:

贫穷不发达 A 地区:$D_A = 26 - 4P$,$S_A = -4 + 6P$,均衡工资水平为 3 元/小时,就业量 14 万人;富裕发达的 B 地区:$D_B = 80 - 4P$,$S_B = 20 + 6P$,均衡工资水平为 6 元/小时,就业量 56 万人。

政府取消劳动力流动限制后,两地区供求函数合并为:

$D = D_A + D_B = 106 - 8P$,$S = S_A + S_B = 16 + 12P$,供求曲线右移动。

均衡工资水平为 4.5 元/小时,就业量 70 万人。

所以,放松管制,没有花纳税人的钱,也没有增加政府的财政负担,原来 A 地区工人的工资水平提高了,原来 B 地区用工成本降低了,总就业量没有下降。

结论:统一大市场中,对于劳动市场需求方即厂商而言,用工成本有降低,也有提高,上下抵消;对于劳动市场供给方即工人而言,既提高了收入又没人失业,无成本、无代价地帮助了穷人。

(二) 供求定理和供求分析的步骤

根据以上供给变动效应和需求变动效应,可以得到以下供求定理:

1. 供求定理

供求定理的内容是:需求的变动引起均衡价格和均衡数量同方向变动;供给的变动引起均衡价格反方向变动而引起均衡数量同方向变动。

供求定理是经济学定理中最重要的定理之一,市场一切交易活动和价格变动都受供求定理支配,供求定理具有非常广泛的实用价值。因为,价格和数量取决于供给和需求曲线的位置,而当外生变量(非价格因素)发生变化时,就会使供给曲线和需求曲线发生移动,曲线移动,市场上的均衡就改变了。当需求与供给同时变动时,均衡的变化是不确定的,具体情况取决于双方力量对比。

【快问快答】你能举例说明"供求定理"吗?

答:例如,有冰淇淋市场:

(1) 天气炎热引起需求增加(曲线右移),均衡价格和均衡数量上升(D 与 P、Q 同方向

变动);

(2)地震导致冰激凌供给下降,均衡价格上升而均衡数量下降(S 与 P 反方向、与 Q 同方向变动)。参考图 4—17 和图 4—18。

2. 供求分析的基本步骤

"**供求分析**"是供求均衡点移动分析的简称。"供求分析"是要说明哪些因素影响供求、供给或需求的变动使得均衡(均衡价格和均衡数量)怎样变动。供求分析的重点和目标是分析均衡价格和均衡数量的变动。均衡变动的分析被称为"比较静态分析",即原均衡与新均衡的比较。

由于导致供求变动的因素太多、太复杂,因此,有必要确定分析某个(些)事件(非价格因素)影响市场均衡的步骤。

分析某个(些)事件如何影响一个市场时,我们按两个步骤进行:

第一,确定该事件对供求的影响。确定该事件是使供给曲线移动(供给函数改变),$S \rightarrow S'$,还是使需求曲线移动(需求函数改变),$D \rightarrow D'$,或者是使两条曲线都移动;确定曲线移动方向,即向右移动,还是向左移动。

第二,用供求图来考察这种移动对均衡(均衡价格和均衡数量)的影响。均衡变动后,价格涨了还是降了,均衡数量多了还是少了?

供求分析中要特别注意,"需求""供给"是指曲线的位置,曲线移动(函数改变)会使均衡变化($E—E'$)、新价格引起"需求量""供给量"变化。因此,说明需求或供给移动中涉及的是"点移动"还是"线移动"是理解供求原理的关键。**供求分析的目的是要说明均衡变化($E—E'$)后,新的均衡价格(P')和均衡数量(Q')是高了还是低了**。现在读者可以根据以上两个步骤画图并分析以下事件对均衡价格、均衡数量的影响以及它们涉及的分别是"需求点移动"还是"需求线移动":(1)天气炎热对冰激凌市场的影响;(2)地震使冰激凌厂商中止生产及对其市场的影响;(3)天气炎热和地震同时发生对冰激凌市场的影响。

【**案例分析**】利用供求定理分析房价变动原因。

北京市某大型居住社区二手房市场价格下跌了,如何判断是需求原因所致还是供给原因的结果?

运用供求定理,结合政府抑制购房的政策(外生变量),可以基本判断:房价下跌是需求原因。

(1)**原理**。根据供求定理,需求变动引起"价量"同变动;而供给变动引起"价反量同"变动。所以,"价量同变"是需求变动所致,"价反量同"变动就是供给变动所为。

(2)**运用**。××××年的限购限贷限售调控政策使得"价量"同降,属于"价量齐跌"。所以,此次房价下跌是**需求下降**引起。逻辑是:政府抑制购房的政策→需求曲线左移→均衡价格下降→二手房成交量减少。

(三)均衡移动分析(供求分析)例题

生活中我们可以看到很多供求变动引起均衡点变动的实例。比如,"洛阳纸贵"(需求函数变动),"减肥运动"(食品需求函数变动),所谓"千年极寒"引起的能源、保温材料上市公司股价暴涨(需求函数变动)。

下面重点介绍征税对供求函数以及均衡点变动影响的情况。

1. 赋税分担

征税分为从量税和从价税。从量税是按照商品的重量、数量、容量、长度和面积等计量单位为标准计征的税,税额固定,税负与从价税相对应。从价税是按商品价格为标准计征的税,其税率表现为货物价格的百分率。产品税、增值税、营业税、房产税、城镇土地使用税、关税等,都属从价税。从量税会导致供求函数截距变化,从价税会改变供求函数斜率。截距变化引起的供求曲线平行移动以及斜率变化引起供求曲线陡峭程度改变,都会影响均衡发生变化并形成新的均衡价格和均衡数量。

【重点例题】 赋税分担的经济学发现。

已知某厂商生产销售的香烟的需求函数、供给函数为:

$$D = 26 - 4P$$
$$S = -4 + 6P$$

根据均衡条件 $D=S$,得:均衡价格 $P=3$,均衡数量 $Q=14$。

求:(1) 政府对卖方征"从量税",每单位征税1元,新的价格和产量?

(2) 买卖者之间赋税的分担情况?

解:

(1) 根据前面介绍的供求分析步骤,解题步骤如下:

征税影响供给,新的供给函数为 $S' = -4 + 6(P-1) = -10 + 6P$,供给曲线向左移动 S-S';

令 $D = S'$,则 $P' = 3.6$,$Q' = 11.6$。新的均衡"价升量跌"。

(2) 税收分担,见图4-19:

买者负担,单价由3.0元增加为3.6元,多了0.6元,即分担60%税赋;

卖者负担,卖价由3.0元增加为3.6元,交完1元税后,实际所得2.6元,每单位收入由原来的3.0元减少为2.6元,相当于承担了0.4元,即分担40%税赋。

结论: 虽然只是对卖方征税,但税赋最后却是由买卖双方共同分担的。

【如果政府不对卖者征税,而是对买者征税,是不是税收完全由买者承担呢?不是的,不管向谁征收,税赋最后总是由买卖双方共同分担的。

向消费者征1元税的市场影响:$D' = 26 - 4(P+1)$,$D' = S$,新的均价为2.6元,均衡数量为11.6个单位。买者每单位总支付2.6+1=3.6元,增加0.6元,承担60%;卖者单位收益3元变2.6元,少了0.4元,相当于承担40%的税赋。】

征税的影响的几何解释。图4-19中,假设对生产者征从量税,使生产者供给减少,供给曲线左上移动。因为,赋税增加后,厂商每单位商品得到的收益下降,愿意提供的产量下降,这样,供给减少(曲线左移)、价格上升,即 $S \to S'$,价格上升。结合之前的重点例题,对生产者征税,而赋税却由消费者(3.6-3.0=0.6)和生产者(3-2.6=0.4)共同承担,这是经济学的一大发现。

赋税承担的比例如何确定?赋税到底是主要由买者还是卖者承担取决于供给和需求的相对弹性。如果需求价格弹性大于供给价格弹性,赋税主要由生产者承担;反之税赋主要由消费者承担(下面弹性理论将会详细介绍)。见图4-20和图4-21。

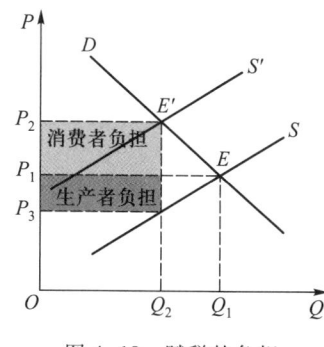 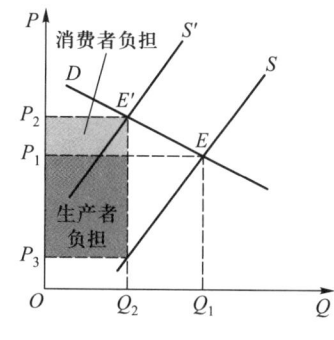 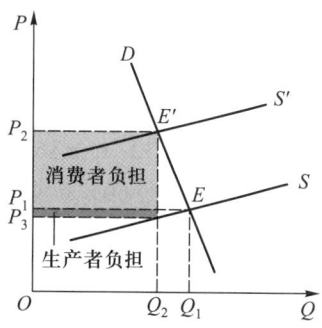

图 4-19　赋税的负担　　　图 4-20　赋税主要转嫁给生产者　　图 4-21　赋税主要转嫁给消费者

2. 汽车关税

关税是从价税,按商品价格为标准计征的税,其税率表现为货物价格的百分率。从价税有利于保证财政收入,使得税收收入不受通货贬值的影响。

【重点例题】关税的影响——从量税和从价税

已知某进口汽车的市场供求函数为:$D=70-2P$,$S=-35+3P$,$P=21$(万元)/辆。

(1) 如果对买方征收从量税,每辆车 10(万元),求:征收关税后,汽车价格以及买卖方收支情况。

(2) 如果对买方征收从价税,即按照商品价格计征 20%,求:征收关税后,汽车价格以及买卖方收支情况。

解:

(1) 如果对买方征收"从量税",每辆车征 10(万元),则新的需求函数 $D'=70-2(P+10)=50-2P$,斜率不变,$D'=S$,新的均衡价格为 17 万元/辆,买者还要价外纳税,买者每单位共支付 27 万元(17+10=27 万元/辆)。买者比过去多支付了 6 万元,承担 60% 的税赋;卖方每辆车得到 17 万元的收益,比过去少了 4 万元,相当于承担了 40% 的税赋。

(2) 如果对买方征收从价税,即按照商品价格计征 50%,则新的需求函数 $D'=70-2(P+50\%*P)=70-2P(1+0.5)=70-3P$,斜率改变,新的均衡价格为 17.5 万元,纳税额为 17.5×50%=8.75 万元,加上纳税,买者单位实际支付 26.25 万元(17.5×(1+0.5)=26.25 万元/辆)。

买者比过去多支付了 5.25 万元,承担 60% 的税赋(5.25/8.75);卖方每辆车得到 17.5 万元的收益,比过去少了 3.5 万元,相当于承担了 40% 的税赋(3.5/8.75)。

分析:第一,从量税改变截距,从价税改变斜率。第二,不管是从量税还是从价税,与过去的单位成本 21 万元比较,买者负担都增加了(27 万元和 26.25 万元)。第三,不管是从量税还是从价税,与过去的 21 万元单位收益比较,卖者单位收益都减少了(17 万元和 17.5 万元)。

人们会问,关税,如果不是对买者征,是不是买者负担就不会增加呢?而事实上,只要是征税,买者负担总是会增加的。

【例题】关税(从价税)的影响——对卖方征收。

例如,已知某进口汽车的市场供求函数为:$D=70-2P$,$S=-35+3P$,$P=21$(万元)/辆。

如果对卖方征收从价税,即按照汽车价格计征50%,则新的供给函数 $S'=-35+3(P-50\%*P)=-35+3P(1-0.5)=-35+1.5P$,斜率改变,新的均衡价格为30万元,纳税额为 $30\times50\%=15$ 万元,买者单位支付30万元,多支付了9万元,卖者单位收益为15万元(30-15=15万元/辆,少了6万元。买卖方各自承担了税赋的60%和40%。

【例题】关税(从量税)的影响——对卖方征收。

例如,已知某进口汽车的市场供求函数为:$D=70-2P$,$S=-35+3P$,$P=21$(万元)/辆。如果对卖方征收从量税,即按照汽车数量单位计征,税额固定为每辆10万元,则新的供给函数 $S'=-35+3(P-10)=-65+3P$,斜率不变,新的均衡

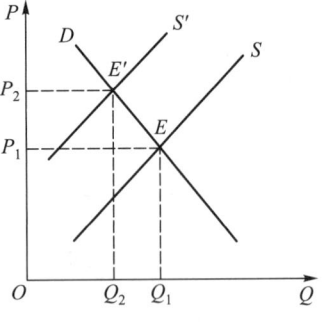

图 4-22 汽车关税

价格为27万元,纳税额为10万元,卖方缴纳关税后单位收益为17万元,相当于承担4万元税赋,即40%。买者单位支付27万元,多了6万元,即承担了税赋的60%。见图4-22。

【快问快答】"从量税"和"从价税"影响函数斜率还是截距?

答:"从量税"影响函数截距,"从价税"影响函数斜率。

(1) 已知某品牌外国汽车的市场供求函数为:$D=70-2P$,$S=-35+3P$,政府对卖方从价计率征收"从价税"50%,求:新的供给函数。

解:受新政策影响,供给函数 $S'=-35+3P(1-50\%)=-35+1.5P$。即斜率改变。

(2) 已知某品牌外国汽车的市场供求函数为:$D=70-2P$,$S=-35+3P$,政府对卖方从价计征"从量税"每辆车征10万元,求:新的供给函数。

解:受新政策影响,供给函数 $S'=-35+3(P-10)=-65+3P$。即斜率不变。

三、均衡稳定分析和均衡移动分析的综合例题

【综合例题】政府干预工资的后果——均衡稳定分析和均衡移动分析综合题。

假设劳动力市场上的供求函数为:$S=-6+2W$,$D=9-0.5W$。其中,W代表每小时工资水平,单位为美元/小时。市场上劳动量的单位为万人。要求:

(1) 均衡稳定分析:

劳动供求均衡时的均衡工资和均衡劳动量分别是多少?

答:市场均衡时 $S=D$,均衡工资 $W=6$美元/小时;均衡数量 $Q=6$(万人)。

(2) 均衡稳定分析:

若政府干扰均衡,管制价格(工资),强制规定最低工资为8元,有多少人愿意工作?厂商需要多少工人?失业多少?

答:劳动供给 $S=-6+2\times8=10$(万人);劳动需求(企业)$D=9-0.5\times8=5$(万人);供求失衡,供过于求,失业量=5(万人)。

(3) 均衡移动分析:

政府改变用最低工资干预经济学,对厂商进行补贴,厂商雇佣一个工人,补贴3元,请计算新的均衡工资和均衡劳动量及政府的补贴额。

答：对厂商补贴影响需求函数，$D = 9 - 0.5(W-3) = 10.5 - 0.5W$；令 $S = D'$，均衡工资 $W = 6.6$ 美元/小时；均衡劳动量 $= 7.2$（万人）；政府的补贴额 $= 7.2 \times 3 = 21.6$。

第四节 弹性理论及其运用

一、需求价格弹性系数

（一）需求价格弹性系数

需求价格弹性系数是指一定时期内需求量变动比率与价格变动比率的比值。不同商品在不同的价格水平上需求量对价格的反应程度是不一样的。一种商品，例如香烟，价格下跌10%，需求量增加2%，需求价格弹性就是0.2（2%/10%），缺乏弹性；另一种商品，例如智能手机，价格下跌10%，需求量增加30%，需求价格弹性就是3（30%/10%），富有弹性。经济学用不同商品不同的需求价格弹性来表示这种区别。

需求价格弹性系数=需求量的变动比率/价格的变动比率

$$E_d = \Delta Q/Q \div \Delta P/P = P/Q \times \Delta Q/\Delta P$$

公式中，Q 是需求量，ΔQ 是需求量变化量，P 是价格，ΔP 是价格变化量，E_d 是需求价格弹性的弹性系数。由于价格与需求量变化方向是相反的，所以在 E_d 公式中加一个负号，以便保证弹性值为正。它还可以用微分方式表示：

$$E_d = -\frac{dQ}{dP} \cdot \frac{P}{Q}$$

需求弹性是需求理论中的一个重要概念，除了需求价格弹性（需求弹性）外，还有需求交叉弹性、需求收入弹性。

【原理运用】任意两个变量之间都可以计算弹性系数吗？

只要变量之间存在内在因果关系，都可以用弹性系数表示其内在关系。例如，需求交叉弹性、需求收入弹性等。

需求交叉弹性表示一种商品的需求变化对相关其他商品价格变化的反应程度（汽油价格上涨20%，对公共交通运输服务需求上升40%，则公共交通服务的需求交叉弹性为2）。

需求收入弹性表示一种商品的需求变化对收入变化的反应程度（收入提高10%，对国内旅游服务需求上25%，国际旅游服务需求上30%，则国内旅游的需求收入弹性为2.5，国际旅游的需求收入弹性为3.0）。

【原理运用】需求交叉弹性对企业、政府有何意义？

例如，燃油汽车与新能源汽车的需求交叉弹性为3，汽车厂商就明白，当新能源汽车降价10%时，那么对普通燃油汽车的需求则会下降30%。所以，几乎所有的汽车厂商面对新能源汽车革命，都不敢等闲视之。

例如，相对于进口手机，国产手机需求的交叉弹性为6。那么，在通货膨胀背景下，国内手机涨价10%，则对苹果等外国手机需求将提高60%，对进口的需求增长，使得国际收支平衡状况恶化。所以，政府要关注通胀，尤其是需求交叉弹性大的商品的价格变化。

不同商品的需求价格弹性是不同的,如必需品的需求通常对价格变动作出的反应微小;而奢侈品则具有较高的价格敏感性。一般把物品的需求价格弹性分为五类:需求富有弹性($E_d>1$)、需求缺乏弹性($1>E_d>0$)、需求单位弹性($E_d=1$)、需求无弹性($E_d=0$)、需求无穷弹性($E_d\to\infty$)。

(二) 需求价格弹性的五种情况

不同商品的需求在其弹性上是有差异的。必需品,如食品的需求通常对于价格变动作出的反应微小;而奢侈品,如航空旅行则常常具有很高的价格敏感性。根据商品的需求对价格变动的反应程度,可将商品区分为五类。

1. 需求富有价格弹性。它是指需求量变动的幅度大于价格变动的幅度。如价格变动(下降)50%引起需求量的变动(增加)200%,这就是需求富有价格弹性。见图4-23。

2. 需求缺乏价格弹性。它是指需求量变动的幅度小于价格变动的幅度。如价格变动(下降)50%引起需求量变动(增加)25%,这就是需求缺乏弹性。见图4-24。

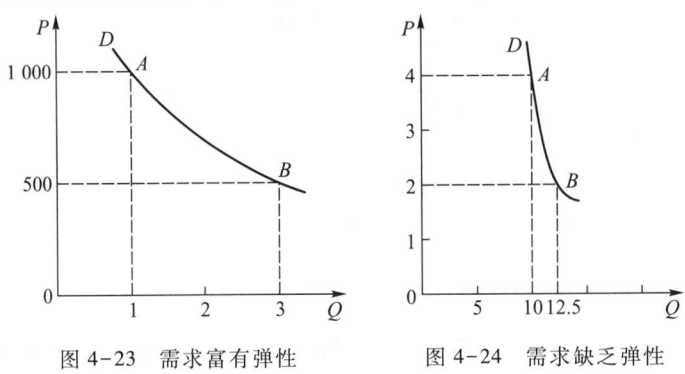

图4-23 需求富有弹性　　图4-24 需求缺乏弹性

3. 单位需求弹性。它是指需求量变动的幅度与价格变动的幅度相一致。如价格变动(减少)50%,需求量变动(增加)也是50%。见图4-25。

4. 需求完全有弹性。它是指需求量具有无穷大的弹性。这意味着价格的微小变化会引起需求量无穷大的变动,如图4-26的水平需求曲线所示。需求完全有弹性的需求曲线是需求曲线的特例,消费者对商品价格的变动极其敏感。例如,出租车服务价格,每公里2元,如果某个出租车服务提供者涨价,则人们对他的需求量为零;反之,低于2元,人们会排队抢着上他的车甚至提前预订。黄金、外汇、股票等的需求曲线也会近于一条直线。

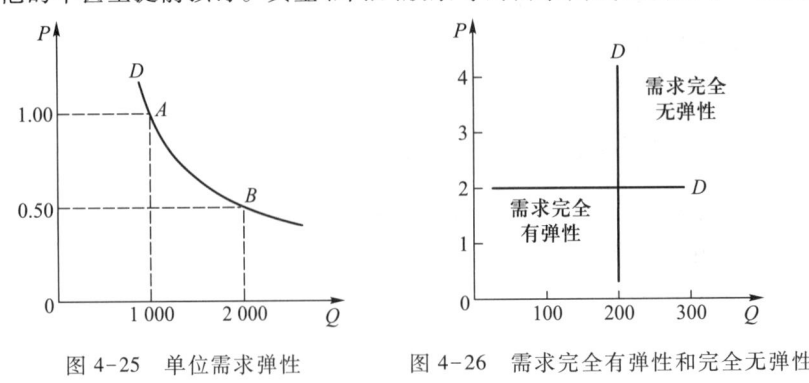

图4-25 单位需求弹性　　图4-26 需求完全有弹性和完全无弹性

5. 需求完全无弹性。它是指无论价格如何变化需求量都不会作出反应,如图4-26中与竖轴平行曲线所示。需求完全无弹性的需求曲线是需求曲线的特例,消费者对商品价格的变动无动于衷。例如,人们对生老病死服务的需求。

【快问快答】不同需求弹性商品,价格变化对厂商总收益有何影响?

答:(1)富有弹性的商品,可以降价销售、"薄利多销",厂商总收益上升,如家电、手机、手表、金银首饰奢侈品。(2)缺乏弹性的商品,可以提价销售,厂商总收益上升,如医药、水电气。(3)完全无弹性的商品,无论价格如何变化,需求数量不变,如殡葬服务等。(4)完全弹性商品,价格的任何变化都会对需求量以及厂商收益产生无穷大的影响,如黄金、股票、债券、住房投机。(5)单位弹性商品,价格变化引起需求量相同比例的变化,厂商总收益不变,如国内旅游、教育服务、居住等。

(三)决定需求价格弹性程度的因素

商品的需求价格弹性存在着差异,是什么原因造成不同商品需求价格弹性的区别呢?

需求价格弹性的大小取决于以下因素:

第一,收入比重,即商品销售价格在消费者预算中所占的比重。

第二,替代性,即该商品是否存在替代产品,存在多少替代产品。

第三,依赖程度,即消费者对商品的依赖性或该商品的必需程度。

第四,时间长短,即消费者是否有时间对价格变化作出反应,时间越长,消费者越有条件对价格变化作出反应,反之只能被动接受。

商品需求弹性的大小直接影响厂商在价格决策中的总收益大小。例如,家电、化妆品、旅行、航空等需求富有弹性的商品,它的价格与总收益呈反方向变动,价格上升,总收益减少;价格下降,总收益增加,这正是"薄利能多销";而像食品、药品等需求缺乏弹性的商品,它们的价格与总收益呈同方向变动,价格上升,总收益增加;价格下降,总收益减少,正所谓"谷贱伤农""增产不增收"。

【快问快答】影响需求价格弹性大小的因素有哪些?

答:收入比重,替代性,依赖程度,时间长短。

【案例分析】假如你是一位职业经理。

假如你是一位企业的职业经理,除了承担相应的社会责任外,你主要的目标应该是利润最大化。利润是总收益与总成本之差。假定你要推出一种新产品,如太阳能变速运动鞋,你一定会对自己提出一系列问题进行思考,然后分步解决。

第一步,你会考虑投产所必需的条件:(1)市场需求——它将决定你销售的产品价格和收益的高低;(2)每双鞋的成本;(3)每双鞋的收益与成本比较,盈利多少;(4)产量和规模大小。你在考虑这些因素时,已经是一个踏进经济学门槛的人了。

如何使利润最大化?不用翻阅高深的经济学著作,你会想到:(1)降低成本而质量不变;(2)提高价格但市场销量不变;(3)降低价格但必须扩大销量(薄利多销)。以上说明市场需求、成本、价格和产量是经济分析的基本要素。

第二步,接下来你应该作出决策了:提价?降价?还是价格不变、降低成本?实际上,你凭经验就能作出选择:(1)太阳能鞋并非生活必需品,价格太高没人买;(2)太阳能鞋替代性强,涨价会降低需求,会把顾客推到销售皮鞋、布鞋、旅游鞋和汽车的商场;(3)涨价与否还要考虑人们的收入水平、其他相关商品价格等,你在作出选择时,要考虑需求价格弹性大小。需求价格弹性是指需求量变动率与价格变动率的比率。需求有弹性的商品(奢侈品、耐用消费品、旅游和旅游纪念品等)适合降价多销,使总收益和总利润增加;需求缺乏弹性的商品(生活必需品、替代性弱的商品)适合提价销售,这时,价格变化引起的需求量变化不大,总收益和总利润会增加;需求无弹性的商品(药品、各种管理收费等)更适合涨价销售,但会受到政府的干预和管制。

第三步,你在确定了价格高低之后,接下来应对产量多少作出选择。确定产量时,你会把成本分为固定成本和变动成本,并且很快会明白,只有变动成本才与产量有关,你每增加一单位产量,成本和收益也会增加(边际成本和边际收益),当每增加一单位产量的收益大于成本($MR>MC$,边际收益大于边际成本)时,你会继续增加产量,反之则会减少产量,直到每增加一单位产量的收益等于成本($MR=MC$,边际收益等于边际成本是利润最大原则)时,这时的产量水平所获得的总利润最多。你会奇怪,最后一双鞋成本与收益相等,那生产这双鞋有意义吗?你回头翻翻书会明白:首先,它确定了生产规模(产量)的大小;其次,这时的产量水平所获得的总利润最多;最后,最后一个单位产品的成本与收益相等,不等于你没有得到利润。西方经济学称成本与收益相等时的利润为正常利润,它包含在成本之中:最后一双鞋的卖价200元(收益)等于200元成本(成本=180元(实际支出的生产成本)+20元(未支出的机会成本))。

二、供给价格弹性系数

(一)供给价格弹性

供给量随着价格的变化而变化,但不同的商品在不同的价格水平上,供给量对价格变化的反应程度是不一样的。价格上升10%,供给量可能上升20%,也可能仅上升5%。经济学用不同商品的不同的供给价格弹性来表示这种区别。

供给价格弹性是指供给量对市场价格变动所作出的反应程度,供给量变化的百分比除以价格变化的百分比的比值是供给价格弹性系数,其一般公式为:

供给价格弹性系数=供给量变化的百分比/价格变动的百分比

$$E_s = \Delta Q/Q \div \Delta P/P = P/Q \times \Delta Q/\Delta P$$

公式中 Q 是供给量,ΔQ 是供给量增量,P 是价格,ΔP 是价格增量,E_s 是供给价格弹性系数,它还可以用微分方式表示:

$$E_s = \frac{dQ}{dP} \cdot \frac{P}{Q}$$

很容易看出,供给的价格弹性的定义与需求的价格弹性的定义是相同的。唯一的差别在于:对于供给而言,数量对价格的反应是正的,而对于需求而言,反应则是负的。

(二)供给价格弹性商品的五种类型

根据不同商品供给价格弹性的大小,一般把商品分为五类:供给富有弹性($E_s>1$,如劳动密集型产品)、供给缺乏弹性($0<E_s<1$,如资金技术密集型)、供给单位弹性($E_s=1$)、供给弹性无限大($E_s\to\infty$)、供给无弹性($E_s=0$)。

图4-27描绘了供给弹性的三种重要情况。

垂直的供给曲线表示供给完全无弹性,无论价格怎样变化,生产者提供的商品都是一样的、既定不变的,供给完全无弹性的需求曲线是供给曲线的特例,生产者对商品价格的变动不作出反应。比如,一个城市的土地供给曲线。

水平的供给曲线表示供给完全有弹性,在一个既定价格下,厂商愿意提供任意数量或者无限的商品,供给完全有弹性的供给曲线是供给曲线的特例,生产者对商品价格的变动反应极其强烈。例如,自来水公司的供给曲线。

中间经过原点的曲线表示单位供给弹性。

图 4-28 中,供给曲线上各点的弹性均大于 1。例如在 A 点,因为 $BC>OB$,所以 $E_s>1$。

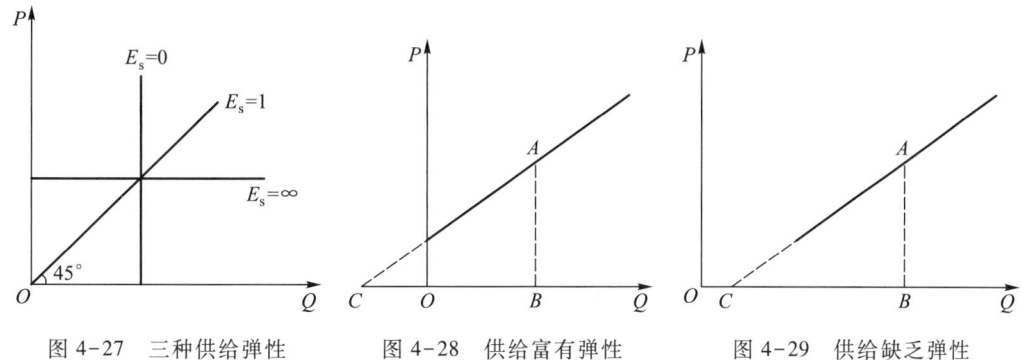

图 4-27　三种供给弹性　　图 4-28　供给富有弹性　　图 4-29　供给缺乏弹性

在图 4-29 中,供给曲线上各点的弹性均小于 1。例如在 A 点,因为 $BC<OB$,所以 $0<E_s<1$,它表示供给缺乏弹性。

(三)影响和决定供给价格弹性的因素

1. 供给增加的难易程度。如果在现行市场价格下很容易购买投入品,就像纺织行业的情况那样,那么,微小的价格上升,就会引起数量大幅度增加。这意味着供给弹性相对较大。假定生产能力受到严重限制,就像南非金矿开采那样,那么,即使黄金价格急剧上升,南非的黄金产品也只是作出微小反应。

2. 时间长短。当商品的价格发生变化时,厂商对数量的调整需要一定的时间。在很短的时间内,厂商若要根据商品的涨价及时地增加数量,或者若要根据商品的降价及时地缩减数量,都存在不同程度的困难,相应地,供给弹性是比较小的。但是,在长期内,生产规模的扩大与缩小,甚至转产,都是可以实现的,供给量可以对价格变动作出较充分的反应,供给弹性也就比较大。

3. 生产成本变化的情况。就生产成本而言,如果数量增加只引起边际成本轻微上升,则意味着厂商的供给曲线比较平坦,供给弹性可以是比较大的。相反,如果数量增加引起边际成本较大上升,则意味着厂商供给曲线比较陡峭,供给弹性可以是比较小的。

4. 产品生产周期的长短。在一定时期内,对于生产周期较短的产品,厂商可以根据市场价格变化较及时地调整数量,供给弹性相应较大。相反,生产周期长的产品供给弹性往往较小。

【快问快答】影响供给价格弹性大小的因素有哪些?

答:生产难易程度,成本大小,生产周期和时间的长短。

【快问快答】如何用供求弹性理论说明汽油价格变化对交通出行的影响?

答:供求弹性表示一定时期内,一种商品的供给量或需求量变化对该商品价格变化的反应程度。

短期中,由于成本、时间、周期、技术、依赖程度、替代品数量和替代程度等因素的影响,供求弹性(E_s 和 E_d)小,汽油价格变化后,人们对汽油以及汽车需求和供给变化不大。

长期中,供求弹性(E_s 和 E_d)变大,汽油价格变化后,人们会更换小排量汽车、新能源汽车、更换工作和居住地点等等,交通出行的供给也多样化,最终会减少对汽油以及汽车需求量。

三、弹性理论的运用

(一) 税收分担

向消费者征税。向消费者征税与消费税不是一个概念。消费税是以销售的应税消费品为征税对象进行征税,征税方式包括从价税、从量税以及复合税。向消费者征税是向消费者征的税,很多国家会选择由销售方代扣代缴。从西方经济学理论角度考虑,向消费者征税应视同消费者自己缴税,影响的是需求曲线。

【例题】如何用几何图形表示税收总是由买卖双方负担?

答:不管是向卖方征税还是向买方征税,税收总是由买卖双方负担。

(1) 向买方征税的税负分担的几何表示

在图 4-30 中,向消费者征税,征税行为不会使供给曲线受影响,因为在任何一种既定的价格水平下,卖者向市场提供产品的激励是相同的。买者购买时需要向政府交税,因此需求曲线向左移动。移动距离等于每单位物品的征税量,即 P_1P_2,均衡价格从 P_E 降至 P_2,消费者购买每单位的物品,除了给销售商 OP_2 的价格外,还必须缴纳 P_1P_2 的消费税,就是说,消费者每单位物品支付的总价款是 OP_1。所以当向一种物品征税时,会抑制市场活动,减少销售量,税收由买卖双方负担。

(2) 向卖方征税的税负分担的几何表示

政府向卖者征税,税收最初影响供给。供给曲线向左上方移动,移动距离等于每单位物品的征税量。向卖者征收一定量税时,供给曲线向上移动相应的征税量,这时均衡价格上升,移动距离等于征税量 P_1P_2。征税后,卖者得到的价格每单位虽然是 OP_1,但必须要拿出其中一部分(P_1P_2)交税。卖者实际所得从 P_E 下降到 P_2。图 4-31 中可以看出,虽然是对卖者征税,但税收实际上是由买卖者双方分摊的,买者承担 P_1P_E,卖者承担 P_EP_2。

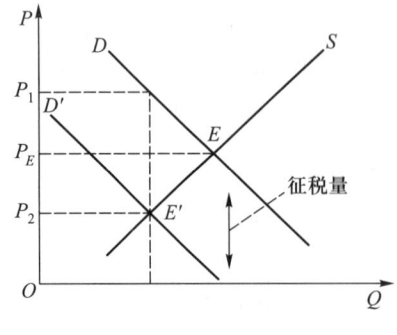

图 4-30 向买者征税

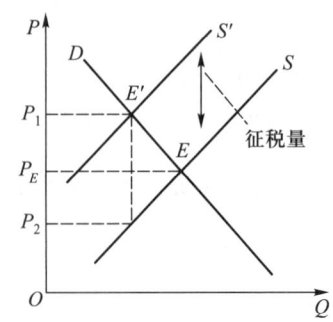

图 4-31 向卖者征税

【快问快答】买卖双方税负分担的比例完全一样吗?

答:不一样。

例如,已知某保健品的市场供求函数为:$D=70-2P, S=-35+3P$。政府对卖方每盒商品征税 1 元,即从量税,每单位征收,问:请计算买卖双方税负分担的比例?

征税前,均衡价格为 21 元/盒;征税后,新的均衡价格为 21.6 元/盒。与征税前比较,买者多支付了 0.6 元(承担 60%),卖者纳税后收益减少 0.4 元,即 21-(21.6-1)=0.4 元/盒,承担 40%。

以上分析表明,不管是向买者征税,还是向卖者征税,它们都使买者实际付出上升,卖者得到收益下降,无论如何收税,买卖双方都要分摊税收。

到底是买者负担多还是卖者,取决于供给和需求的相对弹性。

【快问快答】如何简单判断供求弹性的大小?

答:虽然弹性不等于斜率,但是,初学者还是可以根据斜率简单判断函数点弹性的大小。

例如,已知某保健品的市场供求函数为:$D=70-2P, S=-35+3P$。供求函数的斜率的绝对值分别为 3 和 2。经过代入弹性公式,在均衡点(21,28),供求弹性分别为 2.25、1.5。

【快问快答】弹性大的一方承担的税收多吗?

答:不对。弹性小的一方,负担的税收比例大。

【快问快答】举例说明弹性大小与税负分担比例。

例如,已知某保健品的市场供求函数为:$D=70-2P, S=-35+3P$。
请问在均衡点,需求价格弹性和供给价格弹性是多少?
令 $D=S$,所以,均衡价格为 21 元/盒,均衡数量为 28;
将均衡点数据代入弹性公式:
$E_d = -dQ/dP * P/Q = -(-2) \times 21/28 = 1.5$;
$E_s = dQ/dP * P/Q = 3 \times 21/28 = 2.25$。
因为,$E_d < E_s$,前面我们计算了,征税按 60% 和 40% 分担。
所以,税负更多地由弹性小的买方承担。

【快问快答】用几何图形说明弹性大小与税负分担比例。

图 4-32,供给曲线富有弹性,需求曲线缺乏弹性。在征税量 AB 中,买者承担较大部分。

图 4-33,相对于供给曲线,需求曲线富有弹性。在征税量 AB 中,卖者承担较大部分。

以上两幅图说明:税收负担更多地落在缺乏弹性的一方。这是因为,弹性小,意味着或者买者对该种物品没有适当的替代品,或者卖者的退出成本较高,没有新的适合生产的替代品,退出困难。当对该物品征税时,市场中其他适合选择机会少的一方不能较易地离开市场,从而必须承担更多的税收负担。

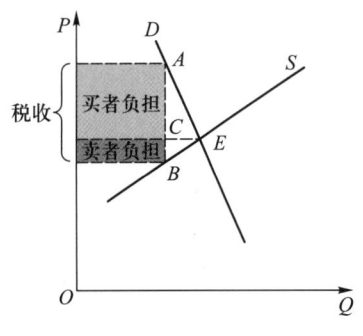

图 4-32 供给弹性大于需求弹性
（$E_s > E_d$）

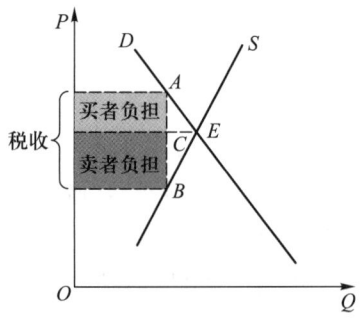

图 4-33 供给弹性小于需求弹性
（$E_s < E_d$）

【自学练习】补贴效应。

已知粮食市场的供求函数为：$D = 26 - 4P$；$S = -4 + 6P$；消费者每购买一单位粮食政府补贴 1 美元后，均衡价格从 3 美元上升为 3.4 美元；均衡数量由 14 个单位提高为 16.4 个单位（提示 $D' = 26 - 4(P-1)$、$S = -4 + 6P$，令 $D' = S$，$P = 3.4$ 美元，$D' = S = 16.4$］。谁从补贴中获益更大？

不管是税收政策还是补贴政策，都是对弹性系数（绝对值）小的一方影响更大，即弹性系数小的一方承担较大税负比例，或者获得补贴的较大比例。例如，在上面的供求函数中，需求弹性小的从补贴中获益更大。在新的均衡点（3.4，16.4），$E_d = 0.83$，$E_s = 1.24$，$E_d < E_s$。需求价格弹性小于供给价格弹性，弹性小的需求方将从补贴中获益更大。（相对于补贴前，受补贴政策影响，需求方原来每单位支付 3 美元，现在每单位向卖方支付了 3.4 美元后，再从政府那里得到 1 美元补贴，实际支付 2.4 美元（3.4－1），实际获得的补贴是 0.6 美元，占补贴额的 60%；受补贴政策影响，供给方单位收益增加 = 3.4－3 = 0.4 美元，占补贴额的 40%）

20 世纪七八十年代，美国对蔬菜和水果的补贴很少，对玉米、大豆、高粱、大麦、燕麦、棉花、大米等 20 多种包括转基因在内的农产品实行大量补贴。得到补贴的几个食品集团大做食品和汉堡广告，使得人们对蔬菜、水果的需求减少，产生了很多身体超重的胖子。

（二）需求价格弹性、价格变化与总收益

需求价格弹性与总收益有着密切关系。它可从下列公式得到说明：

$$TR = P \cdot Q$$

TR 代表总收益，Q 代表与需求量相一致的销售量。P 代表价格。

从公式可见，总收益取决于价格和需求量。所以，需求价格弹性发生变化，必然会引起总收益发生变动。

由于不同商品的需求价格弹性不一样，对总收益的影响势必会不同。这里，以需求价格弹性的两种情况为例来考察它们对总收益的影响。

1. 需求富有弹性的商品

假定，电视机的需求富有弹性。如 $E_d = 2$，每台电视机的价格为 500 元，销售量为 100 台，这时，总收益是：

$$500 \text{ 元} \times 100 = 50\,000 \text{ 元}$$

如果，每台电视机的价格从 500 元下降到 450 元，价格下降幅度为 10%。由于 $E_d = 2$，销售量便会增加 20%，销售数量达到 120 台。这时，总收益是：

$$450 \text{ 元} \times 120 \text{ 台} = 54\,000 \text{ 元}$$

两相比较,后者每台电视机的价格虽然下降了,但总收益却增加了 4 000 元。反过来看,如果电视机的价格提高 10%,那么,销售量会减少 20%。这时,总收益是:

$$550 \text{ 元} \times 80 = 44\,000 \text{ 元}$$

两相比较,虽然后者每台电视机的价格提高了,但总收益却减少了 6 000 元。

通过上述分析,可得出这样一个结论:**需求富有弹性的商品,它的价格与总收益成反方向变动**。价格上升,总收益减少;价格下降,总收益增加。

2. 需求缺乏弹性的商品

应该指出的是,并不是任何降价都会增加销售,从而增加总收益。

以面粉为例。假定,需求弹性系数为 $E_d = 0.5$,每公斤面粉的价格为 2.00 元,销售量为 100 公斤。这时,总收益是:

$$2.00 \text{ 元} \times 100 = 200 \text{ 元}$$

如果,面粉的价格下降 10%,由于 $E_d = 0.5$,销售量则上升 5%。这时,总收益是:

$$1.80 \text{ 元} \times 105 = 189 \text{ 元}$$

两相比较,虽然后者每公斤面粉的价格下降了,但总收益并未增加,反而减少了 11.00 元。

反过来看,若每公斤面粉的价格上升 10%,情况则是:销售量下降 5%。这时,总收益是:

$$2.20 \text{ 元} \times 95 = 209 \text{ 元}$$

两相比较,虽然后者每公斤面粉的价格上升了,但总收益并未减少,反而增加了 9.00 元。

通过上述分析,可得出这样一个结论:**需求缺乏弹性的商品,它的价格与总收益呈同方向变动**。价格上升,总收益增加;价格下降,总收益减少。

(三) 谷贱伤农

"谷贱伤农"是中国流传已久的一句成语,它描述了在丰收年份,农民收入反而减少。这一现象可用弹性理论加以说明。

随着科学技术的进步,农业生产中的技术含量越来越高。如通过运用拖拉机、联合收割机和摘棉机来实现机械化;肥料和灌溉、精心育种和新型杂交种子等方面的发展。这些方面的不断创新,一方面大幅度地降低了对农业劳动力的需求(今天只有 3% 的美国人生活和工作在农场);另一方面极大地提高了农业生产率。生产率的快速增长,大幅度地增加了供给。见图 4-34,供给曲线从 S 移动到 S'。恩格尔定律表明:随着收入增长,食物需求的增长相对较慢,对农产品需求相对缓慢,需求曲线有限右移 $D-D'$。

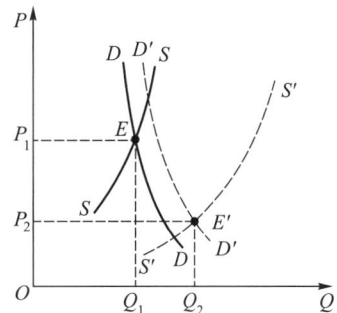

图 4-34 供给增加和需求缺乏弹性导致谷贱伤农

供给的快速增长超过了需求的有限增加,从而导致农产品价格下降。见图 4-34,决定价格的均衡点 E 移动到均衡点 E'。由于需求价格缺乏弹性,新均衡点 E' 很低很低,农业收入大幅度减少。

【快问快答】丰收之后为什么"谷贱伤农"？为什么存在"增产不增收"？

答：丰收之年，农产品供给曲线右移动，均衡点（均衡价格）下移。由于，农产品需求价格弹性弱，需求曲线陡，导致供给线右移时均衡点迅速下降，即价格下降幅度大大超过产量增加幅度，农民产量增加不足以弥补单位收益减少带来的总收益下降，于是出现"谷贱伤农"。

同样道理，由于农产品需求价格弹性小，价格下降幅度大大超过产量增加幅度，例如，产量增加10%，价格下降50%，农民产量增加不足以弥补单位收益减少带来的总收益下降，于是出现"增产不增收"。

本章小结

1. 关于供求。经济学用一元供求函数、供求表、供求曲线、供求价格弹性等概念和工具说明需求定理或供给定理（价格引起需求量反方向变动，价格引起供给量同方向变动，即"点移动"）。用需求或供给函数的变动、表变化、曲线移动来说明影响需求或供给的非价格因素（收入、分配、偏好、人口、政策、预期，相关商品价格、目标、成本、技术、政策、自然和社会条件等）变动引起需求或供给函数（曲线）不同方向和不同程度的移动（线移动）。

2. 关于供求均衡分析的运用。市场供求均衡分析的运用包括两个内容：一是均衡稳定分析（静态分析），干预价格导致供不应求或供过于求。二是均衡移动分析（比较静态分析），如果价格不变，任何影响供求的因素的变动，都会引起供求曲线、均衡点、均衡价格和均衡数量的变动。

3. 借助剪刀均衡图，进行供求均衡移动分析的基本步骤是：(1) 确定某事件影响的是供给曲线移动还是需求曲线移动，或是两种曲线都移动；确定曲线是向左移动，还是向右移动；(2) 用供求图考察这种移动对均衡价格和均衡数量的影响；供求分析具有广泛的应用领域，如征税、关税、颁发营业许可证、补贴、出口退税等的政策效应。

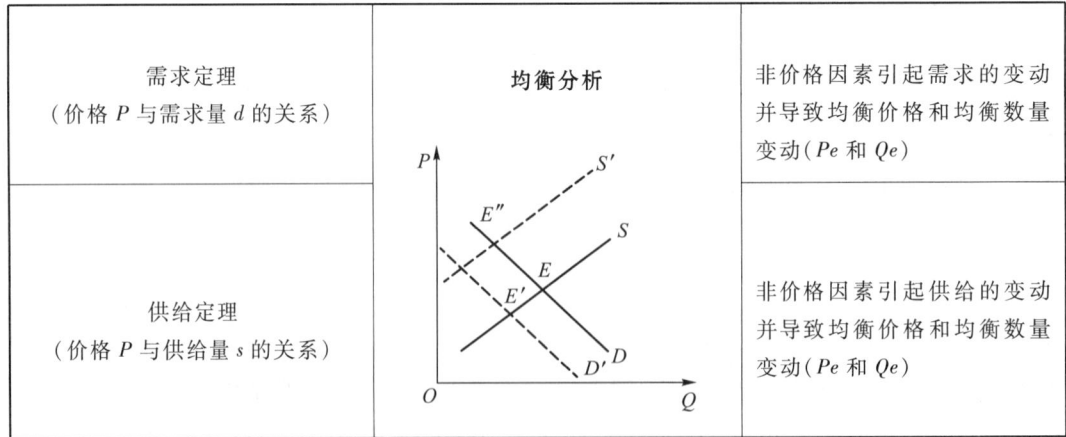

需求定理 （价格 P 与需求量 d 的关系）	均衡分析	非价格因素引起需求的变动并导致均衡价格和均衡数量变动（Pe 和 Qe）
供给定理 （价格 P 与供给量 s 的关系）		非价格因素引起供给的变动并导致均衡价格和均衡数量变动（Pe 和 Qe）

思 考 题

1. 在计划经济和市场经济中,供给不足的问题分别是通过什么方式解决的。可用石油价格变化的例子加以说明。(提示:市场经济通过市场竞争、价格变化、资源流动等使得供求重新达到均衡。计划经济通过计划指令、定量配给、统购统销、限制需求、凭票供应等手段解决问题)

2. 西方学者说:"价格告诉人们干什么,人们自觉对价格变化作出反应;价格波动自动地实现稀缺资源的供求平衡、安排资源和收入分配;价格还提供了生产、需求、产业结构和资源流动的信息。"你能说明不利用价格,经济如何运转的吗?(提示:查阅资料说明计划经济的不足。计划经济的体制成本高昂,需要维持庞大的官僚机构运行成本;没有"价格"作为核算依据,很难衡量投入的有效性,例如,天然气、煤炭和石油都很稀缺,而它们的相对稀缺性不能反映在价格上,到底是选择天然气、石油还是煤炭?总之,没有价格,人们很难决定"生产什么""如何生产""如何分配",经济无法有效运转)

3. 某报有这样一段论述:"乍一看来,向物品征税会提高消费者支付的价格。但是,价格的上升会降低需求。需求下降又会使价格下降。因此,无论如何,可以认为,向物品征税不会提高商品价格。"这段话对吗?为什么?画出图形并说明。(提示:向物品征税导致供给曲线左移动(向卖方征税)并且使得价格上升、需求量下降,所以,征税不会降低需求(线),只是征税引起的价格上升导致需求量下降。需求量下降是"果",价格上升是"因",这里,不存在"需求下降"。参考图4-17,图4-34区分点移动和线移动以及因变量和自变量)

4. 某报记者在其文章中写道:"大规模的广告活动使健身器材价格狂涨。在高兴的同时,健身器材经销商担心价格上升会抑制需求,需求下降拉动价格下降"。这种担心对吗?用供求图分析。(提示:广告使对健身器材的需求曲线右移动并且使得需求增加、价格和供给量上升,参考图4-18。区分点移动和线移动以及因变量和自变量)

5. 用供求图分析劝导性的"吸烟有害健康"广告与征收高额烟草税对香烟市场的不同影响。(提示:"吸烟有害健康"广告影响需求,使得需求曲线向左移动,从而降低烟草生产者的总收益,参考图2-33。征收高额烟草商影响供给,使得供给曲线向左移动,从而增加烟草生产者的总收益(烟草需求缺乏弹性),不利于抑制烟草行业和提高全民健康水平,参考图4-37)。

6. 说明影响汽车需求和供给的因素,解释汽车广告在影响汽车需求和汽车需求价格弹性方面的作用。(提示:影响汽车供求的因素包括要素成本、汽车销售价格、居民收入、相关服务价格(如公交地铁飞机能源价格等)、政府环保要求和排放政策、技术、交通状况等。汽车广告会提高汽车需求,使得需求曲线向右移动。并且,降低汽车需求价格弹性,增加交通出行中对汽车的依赖程度)。

练 习 题

一、单项选择题

1. 消费者预期某商品价格要上升,将导致该商品即期(   )。

A. 需求增加　　　　B. 需求减少　　　　C. 需求量增加　　　　D. 需求量减少

2.当羽毛球拍的价格下降时,对羽毛球的需求量将(　　)。

A. 减少　　　　　　　　　　　　B. 不变

C. 增加　　　　　　　　　　　　D. 视具体情况而定

3.其他条件不变,牛奶价格下降将导致牛奶的(　　)。

A. 需求下降　　B. 需求增加　　C. 需求量下降　　D. 需求量增加

4.当出租车租金上涨后,对公共汽车服务的(　　)。

A. 需求下降　　B. 需求增加　　C. 需求量下降　　D. 需求量增加

5.若某商品的消费量随着消费者收入的增加而减少,则该商品是(　　)。

A. 替代品　　　B. 互补品　　　C. 正常品　　　D. 低档品

6.若某商品价格上升2%,其需求量下降10%,则该商品的需求价格弹性是(　　)。

A. 缺乏弹性的　　B. 富有弹性的　　C. 有单位弹性的　　D. 无法确定

7.假设某商品的需求曲线 $D=3-9P$,市场上该商品的均衡价格为4,那么,需求曲线变为 $D=5-9P$ 后,均衡的价格将(　　)。

A. 大于或等于4　　B. 小于4　　C. 等于4　　D. 小于或等于4

8.我们通常讲的薄利多销,主要是针对(　　)商品。

A. 单位弹性　　B. 缺乏弹性　　C. 富有弹性　　D. 无穷弹性

9.整个需求曲线向右上方移动,表明(　　)。

A. 需求增加　　B. 需求减少　　C. 价格提高　　D. 价格下降

10. 按照需求定理,需求曲线是一条(　　)。

A. 垂直直线　　　　　　　　　　B. 水平直线

C. 向右上方倾斜的曲线　　　　　D. 向右下方倾斜的曲线

11. 在同一条曲线上,价格与需求量的组合从 A 点移动到 B 点是(　　)。

A. 需求的变动　　　　　　　　　B. 收入的变动

C. 需求量的变动　　　　　　　　D. 供给的变动

12. 均衡价格是(　　)。

A. 供求相互作用、供求曲线交点所对应的价格

B. 固定不变的价格

C. 支持价格

D. 限制价格

13. 均衡价格一定随着(　　)。

A. 需求与供给的增加而上升　　　B. 需求的增加和供给的减少而上升

C. 需求的减少和供给的增加而上升　D. 需求和供给减少而上升

14. 已知某种商品的需求是富有弹性的,在其他条件不变的情况下,卖者要想获得更多的收益,应该(　　)。

A. 降价　　　　B. 提价　　　　C. 价格不变　　　D. 不断提价

15. 需求增加,供给减少,均衡价格会(　　)。

A. 上升　　　　B. 下降　　　　C. 不变　　　　D. 不确定

16. 需求减少,供给减少,均衡价格会(　　)。

A. 上升　　　　　B. 下降　　　　　C. 不变　　　　　D. 不确定

17. 供给曲线为通过原点的 45°线,则供给价格弹性为(　　)。
    A. 等于其斜率　　B. 等于 1　　　　C. 等于零　　　　D. 不确定

二、多项选择题

1. 在其他条件不变的情况下,某种商品的需求量(　　)。
   A. 随着本身商品价格的提高而减少　　B. 随着替代商品价格的提高而减少
   C. 随着替代商品价格的提高而增加　　D. 随着偏好的增加而减少
   E. 随着偏好的增加而增加

2. 对西红柿需求的变化,可能是由于(　　)。
   A. 消费者认为西红柿价格太高了　　B. 消费者得知西红柿有益健康
   C. 消费者预期西红柿将降价　　　　D. 种植西红柿的技术有了改进
   E. 以上都对

3. 在其他条件不变的情况下,某一厂商的供给量(　　)。
   A. 随着商品本身价格的提高而增加　　B. 随着生产要素价格的提高而增加
   C. 随着生产要素价格的提高而减少　　D. 随着厂商对未来价格预期增加而增加
   E. 随着厂商对未来价格预期增加而减少

4. 某种商品的供给曲线的移动是由于(　　)。
   A. 商品价格的变化　　　　　B. 互补品价格的变化
   C. 生产技术条件的变化　　　D. 生产这种商品的成本的变化
   E. 产量的变化

5. 需求的变化引起(　　)。
   A. 均衡价格同方向变动　　　B. 均衡价格反方向变动
   C. 均衡数量同方向变动　　　D. 均衡数量反方向变动
   E. 供给同方向变动

6. 供给的变动引起(　　)。
   A. 均衡价格同方向变动　　　B. 均衡价格反方向变动
   C. 均衡数量同方向变动　　　D. 均衡数量反方向变动
   E. 需求同方向变动

7. 需求的变动与需求量的变动(　　)。
   A. 概念相同
   B. 概念不同,原因不同
   C. "需求的变动"的原因是非价格因素变动
   D. "需求量的变动"的原因是价格因素变动
   E. B、C 和 D

8. 政府实现最高价格政策(即限制价格),其后果是(　　)。
   A. 商品短缺　　　　　　　　B. 排队
   C. 黑市交易　　　　　　　　D. 激励厂商增加生产
   E. 产能和库存增加

9. 劳动和农产品支持价格政策,可能的后果是(　　)。

A. 劳动力过剩　　　　　　　　　　　B. 政府面临收购庞大过剩农产品压力
C. 增加政府财政负担　　　　　　　　D. 激励厂商增加生产
E. 短期、排队、配给和黑市交易

10. 税赋的分担取决于供求的相对价格弹性，其含义是（　　　）。

A. 弹性越大，分担越少
B. 弹性越小，分担越多
C. 若需求完全有弹性，税收全部由消费者负担
D. 若需求完全有弹性，税收全部由生产者负担
E. 若需求完全无弹性，税收全部由消费者负担

（参考答案：单选 ACDDD　BACAD　CABAA　DB
多选 ACE　BCD　ACD　BCD　AC　BC　BCDE　ABC　ABCD　ABDE）

三、计算题

1. 香烟的需求价格弹性是 0.4，如果现在每盒香烟为 12 元，政府想减少 20% 的吸烟量，价格应该提高多少？（提示：$E_d = 0.4 = 20\%/\Delta P$，$\Delta P = 50\%$，即价格应该提高 50%）

2. 已知某商品的需求方程和供给方程分别为

$$Q_D = 14 - 4P$$
$$Q_S = 2 + 6P$$

试求该商品的均衡价格，以及均衡时的需求价格弹性和供给价格弹性。（提示：令 $D = S$，求出均衡价格和均衡数量为 1.2、9.2，已知需求函数和供给函数的斜率分别 -4 和 $+6$，代入下面的公式：

$$E_D = -\frac{dQ}{dP} \cdot \frac{P}{Q} \qquad E_S = \frac{dQ}{dP} \cdot \frac{P}{Q}$$

得，需求价格弹性 $= -(-4) \times 1.2/9.2 = 0.52$，供给价格弹性 $= 6 \times 1.2/9.2 = 0.78$）

3. 已知某厂商生产销售的香烟的需求函数、供给函数为：

$$D = 26 - 4P$$
$$S = -4 + 6P$$

求：（1）政府对消费者购买每盒香烟征税 1 元后，新的价格和产量？（2）买卖者之间赋税的分担情况？（3）为什么分担比例不一样？

（提示：（1）新的需求函数为 $D' = 26 - 4(P+1) = 22 - 4P$；令 $D' = S$，则 $P = 2.6$，$Q = 11.6$；（2）买者实际支付 3.6 元（2.6+1），比过去多了 0.6 元，承担了税负的 60%；卖者每盒香烟少收入 0.4 元（3-2.6），即承担了 40%；（3）谁负担得多，取决于供给和需求的相对弹性。当 $P = 2.6$，$Q = 11.6$ 时，根据弹性公式，得 $E_d = 0.90$；$E_s = 1.34$。$E_d < E_s$，弹性小的需求方负担较大比例的税收）。

4. 已知某商品的需求函数为 $2D + 5P = 11$，求 $P = 1$ 时的需求价格弹性。（提示：先求出 D，需求函数变形后 $D = 5.5 - 2.5P$，函数斜率为 -2.5，代入公式，需求价格弹性 $= -(-2.5)1/3 = 0.83$）

5. 假设某一特定劳动服务的市场是完全竞争的，劳动的供给函数为 $L_S = 800W$，这里 L_S 为劳动供给的小时数。劳动的需求函数为 $L_D = 24\,000 - 1\,600W$。试计算：当劳动的供求达到均衡时，均衡的工资（W）和均衡数量（劳动小时）各是多少？（提示：令 $L_S = L_D$，$800W =$

24 000-1 600W,则均衡工资 $W=10$ 元/每小时;均衡劳动数量 $Q=L_s=L_D=8000$ 小时)

6.举例说明不同征税方法的市场影响。

已知某保健品的市场供求函数为:$D=70-2P,S=-35+3P,P=21$ 元/盒。

(提示:(1)如果对买方征收"从量税",每单位 10 元,则新的需求函数 $D'=70-2(P+10)=50-2P$,斜率不变,新的均衡价格为 17 元/盒,买者还要价外纳税,买者每单位共支付 27 元(17+10=27 元/盒)。

(2)如果对买方征收从价税,即按照商品价格计征 50%,则新的需求函数 $D'=70-2(P+50\%*P)=70-3P$,斜率改变,新的均衡价格为 17.5 元,加上纳税,买者单位共支付 26.25 元($17.5\times(1+0.5)=26.5$ 元/盒)。

分析:第一,从量税改变截距,从价税改变斜率。第二,不管是从量税还是从价税,买者负担都增加了(27 元和 26.25 元)。第三,不管是从量税还是从价税,卖者单位收益都减少了(17 元和 17.5 元))

第五章　市场结构及市场失灵

学习目标

知识要求：**了解**四种企业类型及其特点；**理解**四种类型的厂商都根据利润最大化的均衡条件（$MR=MC$）来确定产量。但是，在短期和长期中，厂商的成本、价格、时间、收益以及盈亏存在着差异；**掌握**解决市场失灵的办法，熟悉科斯定理及产权的重要性。

技能要求：**知道**经济运行中存在的"市场失灵"的原因及对策；**了解**政府的税收和补贴政策起作用的前提是存在市场和竞争性市场主体；**会用** $MR=MC$ 边际分析方法、长期和短期分析方法进行产量决策。

【**开章案例**】"钻石恒久远，一颗永流传"

德比尔斯公司控制了全世界钻石矿的80%以上（其他不足20%，分散在斯里兰卡和俄罗斯，形不成规模），凭借这种资源优势，该公司成为世界市场的垄断者。一般来说，市场垄断者不需要下大力气通过广告来介绍和创造自己的产品特色。但德比尔斯公司每年都要花费巨资在各国做广告，它的广告词"钻石恒久远，一颗永流传"已经家喻户晓。作为垄断者的德比尔斯公司为什么还要做广告呢？

形成垄断的条件，一是进入限制，二是没有相近替代品。钻石的替代品是宝石，作为装饰品，钻石与宝石有相当大的替代性。如果宝石可以替代钻石，德比尔斯的垄断地位就被打破了。那么，宝石能否代替钻石呢？这就取决于消费者的偏好了。如果消费者认为，钻石和宝石作为装饰品的作用是相同的，钻石和宝石就可以互相代替，这时，德比尔斯公司的垄断地位就不存在了。如果消费者认为，钻石和宝石不能互相替代，德比尔斯公司就可以继续保持其垄断地位，无保障的垄断就能成为有保障的垄断。

影响消费者偏好的重要因素正是广告。消费者容易受广告的影响从而形成自己的偏好。无论广告说的是对还是不对，狂轰滥炸、持之以恒的广告还是能左右消费者的偏好的。德比尔斯公司做广告的目的正是让消费者认识到，宝石不能代替钻石——因为只有钻石才有"永恒"的含义，人们都追求婚姻的完满，始终只有送钻戒才能表示"吉祥""美满"的意义。如果消费者接受了这种宣传，宝石不能代替钻石，德比尔斯公司的垄断就有保障了。

德比尔斯公司的这个广告保证了它的产品需求价格缺乏弹性以及需求曲线右移。

讨论题

比较微观经济政策与宏观经济政策目标的差异。

第一节　市场类型和企业竞争策略

厂商(生产者)追求利润最大化,目标能否实现不仅取决于企业内部成本、技术、管理等,更多的情况下要受制于市场环境(结构或类型),处于不同市场环境,厂商和市场绩效大不相同。研究不同厂商为实现最大利润而确定自己的产量与价格的理论,叫市场理论,又叫厂商均衡理论。

一、四种市场和企业的特点

根据市场竞争程度,微观经济学将市场划分为完全竞争市场、垄断竞争市场、寡头市场和垄断市场四种类型。四类市场里的企业分别称为完全竞争企业、垄断竞争企业、寡头企业和垄断企业。

1. 完全竞争企业

完全竞争企业数量众多(如农业),它们能做的就是控制产量,但完全影响不了市场价格。它们只是价格的被动接受者。因为,产品无差别,替代品众多,进出无障碍。长期中,完全竞争厂商无法获得经济利润。

2. 垄断企业

完全垄断企业是指市场上只此一家,以水电气等公共事业为代表。它能通过控制产量来控制和干预市场价格。它是产量和价格的控制者。因为,产品无接近的替代品,行业进出存在障碍。长期中,完全垄断厂商可以获得经济利润或垄断利润。

3. 垄断竞争企业

垄断竞争企业是指能够提供有差异商品、具备一定定价权的企业。垄断竞争企业(如零售业)虽然短期可以保持或接近垄断,但长期中比较困难。为了突出产品特色(往往是幻想的差别),它们会不断创新并展开全面的广告竞争和产品质量竞争。

4. 寡头企业

寡头企业以钢铁、化学、汽车、计算机企业为代表,它们联合或合作时便形成垄断;相互竞争时,便会在广告、价格、产品质量和产品功能上展开激烈的竞争。

以上四种类型的市场中,完全竞争市场对应完全竞争企业,其市场竞争最为充分,而垄断竞争市场和寡头市场对应的垄断竞争企业和寡头企业,属于不完全竞争市场结构。垄断市场则不存在竞争。经济学家认为,市场竞争越充分,资源运用越合理、有效、充分,资源配置效率越高,消费者得到的福利就越大。市场绩效与竞争成正比,与垄断成反比。

【快问快答】完全竞争市场有什么特点?

答:厂商不能控制、影响市场价格,都是价格的既定接受者;任何厂商可以自由进出该行业;产品无差别;供求双方具有完全信息。

二、不同市场和企业类型形成的原因

1. 成本条件

分工和专业化基础上的规模经济,使垄断和寡头等大企业能够快速地、有效率地、低成本地生产并保持垄断,对其他企业形成进入障碍。

2. 法律限制和竞争障碍

政府的法律限制包括专利、经营许可牌照、进入特许和外贸关税与配额。

政府常常授予企业提供某种服务(主要是自来水、电力、天然气、邮政、电话通讯、广播电视)的排他性权利,作为回报,该企业同意限制它自身的利润。法律限制的典型例子就是进口限制,"关税乃垄断之母",如果世界上的许多政府都要对外国生产者实行高关税或配额限制,那么单独实行自由贸易的国家将只有国内市场。在市场经济中,减少和排除竞争障碍的需要是公共政策的主要目标之一。

3. 产品差别与垄断

英国的汽车方向盘在右边,很难吸引美国的驾驶者;同样地,庞大的美国汽车在街道狭窄、停车场很小的国家销售量很小。产品差别的另一些来源则在很大程度上是人为造成的。在20世纪末21世纪初,轿车开始进入中国家庭,三厢小轿车受人青睐,而广告宣传又使人们把马力大小与男子汉气概联系起来,从而加剧了这种偏好。

产品差别与市场细分。例如汽车、软饮料或香烟的总需求被分割成许多有差别的产品的较小的市场。在这种市场上,每一种有差别的产品的需求是如此之小,不能容纳众多企业,产品差别和关税一样导致了更高的集中程度和更加不完全的竞争。

【快问快答】垄断形成的原因是什么?

答:规模经济、专利技术、产品差异、产品品牌、法律保护等会成为垄断的原因,产生进入障碍。

三、不同企业的竞争策略

1. 完全竞争企业

在完全竞争市场上,有成千上万的买者和卖者,每一位厂商无法决定和影响价格,只是市场价格的被动接受者。假如你是一个市场销售经理,你必须看清市场、把握市场。你经营水果产品时,减价大卖,会发现别的厂商没有反映,仍然各行其是,就好像在人数众多的广场或全校大会上,你扮了一个鬼脸,根本没有引起大家的注意。完全竞争的基本状态是:统一市场价、众多厂商、产品同质、自由进出、没有门槛、没有歧视、信息通畅。

竞争策略。为了在市场上立住脚,你必须不断地调整销售量,把握进货时机,低进高出。而长期来看,你必须告诉企业生产经理:突出产品特色。基于产品的差别性,由市场价格的接受者变为价格的创造者才是取胜之道。

【快问快答】完全竞争企业为什么不做广告?

答:(1)完全竞争企业的市场份额微不足道,它能按市场决定的价格卖出他愿意卖出的任何数量的产品;(2)任何广告都不能形成品牌声誉,因为每个厂商的产品与别人的一模一样,没有差异;(3)长期中,完全竞争厂商没有经济利润,利润为零,做广告付出成本意味着亏损。

你左右不了价格,只能不断地努力降低成本。但是,别人也会这么做。价格上涨会吸引新厂商进来,价格下降会有厂商退出。从长期看,厂商为了盈利,都会尽量调整自己的产量和生产规模来按照最低平均成本进行生产。大家都这么做的时候,整个行业的成本降低,经济效率提高,单位产品价格(平均收益)与长期平均成本、长期边际成本趋于一致,即 $P = AR = LAC = LMC$。就是说,完全竞争企业长期中就会不盈不亏,经济利润为零。

注意,完全竞争企业得到的所谓利润是正常利润,是企业创业的报酬,等同于个人劳动的报酬。个人不管是自己创业还是为别人工作,都应该得到平均的劳动报酬,企业也是如此。

【快问快答】完全竞争市场的优点和局限性?

答:**优点**:竞争充分、效率高、产品无差异、不用做广告、价格低产量大,长期中,销售价格处于长期平均成本的最低点(均衡条件 $P = MR = LAC = MC$)。**局限性**:厂商不能控制、影响市场价格,在长期中无经济利润,无研发,产品单调无特点无变化。

2. 垄断竞争企业

垄断竞争企业是能够提供有差异商品、具备一定定价权的企业。在垄断竞争市场上,因为部分地存在产品差别,竞争手段和策略常常是让人眼花缭乱的广告大战,而注重特色、树立形象、推出品牌,最终也能达到控制产量、提高价格的目的。在垄断竞争市场上,每一个公司的产品都有自己的特点,由于其替代品的存在,在掌握价格竞争策略时,了解市场对本产品的需求及需求价格弹性极其重要。一般而言,短期中,在垄断竞争市场领域的公司有控制产量和价格的能力,但从长期来看,由于竞争,新公司可以加入,利润会被摊薄,直至消失。

3. 寡头企业

什么是寡头?"寡"就是少的意思。多少算"寡"呢?一个行业中的厂商数量达到使它们相互之间"相互注视""相互影响""相互依存",就是寡头行业。在寡头市场上,几家厂商垄断了该行业产品的生产和销售,它们的竞争策略是密切注意对手的一举一动,开发和拥有一种独具特色的产品。在广告宣传上,它们互不相让、攻势如潮,最后产生的效益相互抵消,结果几败俱伤;再往后,它们会在价格、市场份额上达成协议,协调议定价格和涨价幅度。一般而言,寡头之间会尽力避免价格竞争、防止为了人为创造需求控制价格而进行的广告大战。美国历史上的香烟广告大战,汉堡包大战,眼花缭乱的麦片粥大战,各领风骚的汽车争斗,刀光剑影的航空业价格战,都曾留下惨烈的故事。

4. 垄断企业

在垄断市场上,垄断者没有了竞争对手、没有了替代品,控制了供销渠道,拥有了产品定价权。它唯一不能做到的就是控制需求,它必须在高价少卖和低价多卖之间权衡。

垄断企业最有效的竞争手段是维持垄断地位、阻止其他公司加入,垄断产品原料、生产技术和发明,维持较大生产规模,最终控制产量和价格。

结论:大公司之间的竞争很少在价格上展开,那样的话,只会相互损害,伤其元气;而常见的是在广告、产品差别、服务质量上明争暗斗。

四、完全竞争企业的价格、最优产量和利润

1. 对于单个企业而言,它只能被动接受既有的市场价格,它按照不变的价格销售产品,每一个单位的产量的售价都相同。这样,单价等于边际收益,即 $P = MR$。

2. 完全竞争企业的最优产量要满足"$MR = MC$"利润最大化原则,完全竞争企业一般会

通过调整自己的产量实现总利润最大化。由于 $P=MR=MC$，利润最大化条件可以写成 $P=MC$。

3. 完全竞争市场上，没有行业准入门槛、进出无障碍。价格上涨会吸引新厂商进来，价格下降会有厂商退出，当价格等于平均成本时，既没有进入，也没有退出，长期中完全竞争企业就会不盈不亏，经济利润为零。从长期看，厂商为了盈利，都会尽量调整自己的产量和生产规模来按照最低平均成本进行生产。大家都这么做的时候，整个行业的成本降低，经济效率提高，单位产品价格与长期平均成本、长期边际成本趋于一致，即 $P=LAC=LMC$。

为什么完全竞争企业的长期均衡条件或状态是 $P=AR=LAC=MR=LMC$？

（1） $MR=MC$ 是利润最大化原则，分别代表边际收益和边际成本。厂商不能根据总收益和总成本决定产量的多少，他必须通过对比 MR 与 MC、看总利润的变化来决定最优（均衡）产量。完全竞争企业在长期中必须盈利，必然使自己的产量满足 $MR=MC$，用 L 代表长期，即长期中 $MR=LMC$。

（2）完全竞争企业不能影响市场价格（P），他只是市场价格的被动接受者。对他而言，市场价格是不变的。例如，水果 4 元/公斤，他卖 200 公斤，总收益 $=4\times200=800$ 元，平均收益 $AR=$ 总收益/总产量 $=TR/Q=800$ 元/200 公斤 $=4$ 元。$P=AR=4$ 元。

（3）单位价格不变，他每增加、额外或最后销售的一个单位的水果的收益（MR）同单价是一样的。例如，第 200 公斤水果（最后一公斤水果）的收益（即边际收益）$MR=1\times4$ 元 $=4$ 元。所以，$P=AR=MR=4$ 元。

根据（1）、（2）、（3）我们得到 $P=AR=MR=LMC=4$ 元。

（4）假定水果经营的单位平均成本 $AC=4$ 元。长期中，价格上涨有超额利润（$P>4$），会吸引新厂商进来或者原有厂商扩大规模，结果价格下降；价格下降（$P<4$），亏损，会有厂商退出或者原有厂商缩小规模，结果价格上升。长期中，厂商的进入和退出会使得市场价格趋近并最终等于平均成本，用 L 代表长期，即 $P=LAC$。

结论：由于长期中，单位价格会靠近长期平均成本，所以，$P=LAC$；又，$P=AR=MR=LMC=4$，所以 $P=AR=MR=LAC=LMC=4$ 元。

$P=AR=MR=LAC=LMC$ 的经济学含义是：完全竞争企业销售的商品的价格不仅等于其平均成本，而且等于其边际成本。举例来说，假如你花 100 元从旅游鞋厂商手里买到的旅游鞋是 2008 年度该厂商卖的最后一双鞋。那么，注意啦，这 100 元不仅等于公司该型号旅游鞋的平均成本，而且，厂商卖给你的这双鞋的成本（MC）正好也是 100 元。$P=LAC=LMC=100$ 元，长期中，厂商不能从消费者那里赚到经济利润。

【案例与实践】完全竞争企业如何确定其最优产量？

例如，假定某完全竞争市场里的水果销售商，销售量为 204 时，总收益为 816 元，总成本为 612 元。请问，这时，他应该增加产量还是减少产量？

解：销售量和总收益不能帮助我们确定产量。调整产量水平要根据边际量的比较，即根据"利润最大化原则"，比较 MR 与 MC，把产量调整到 $MR=MC$，就实现了利润最大化。

【快问快答】完全竞争企业没有利润会退出该行业吗？

答：不会。完全竞争企业根据 $MR=MC$ 原则确定产量，由于 $P=MR=MC=LAC$，即长中市场价格等于平均成本,经济利润为零。但是,完全竞争企业不会退出该行业,因为,虽然没有经济利润,但扣除机会成本后,仍然存在会计利润(当会计利润为负时,才会考虑转产、停业、退出、重组)。

第二节 垄断企业的产量、价格和利润

一、垄断厂商的价格、收益和产量

由于市场中只有一个厂商而且产品没有替代品,厂商完全可以控制产量和价格。假定商品市场的销售量等于市场的需求量,于是,垄断厂商所面临的向右下方倾斜的需求曲线表示垄断厂商可以通过改变销售量来控制市场价格,即以销售量的减少来抬高市场价格,以销售量的增加来压低市场价格,垄断厂商的销售量和市场价格成反方向的变动。

垄断厂商的价格 P、平均收益 AR、边际收益 MR、总收益 TR,见表 5-1。

表 5-1 垄断厂商的收益

(1) 数量 Q	(2) 价格 $P=AR=TR/Q$	(3) 总收益 $TR=P\times Q$	(4) 边际收益 MR
0		0	
1	180	180	180
2	160	320	140
3	140	420	100
4	120	480	60
5	100	500	20
6	80	480	−20
7	60	420	−60
8	40	320	−100
9	20	180	−140

我们可以根据表 5-1 画出垄断厂商的价格(平均收益)、边际收益曲线。根据表 5-1 画图时注意以下要点:(1) 横轴代表产品数量,纵轴表示收益;(2) 价格与平均收益重合;(3) 在每一个销售量上,边际收益都小于平均收益,即 $MR<AR$。它表示在每一销售量上厂商的 $MR<AR$,或 $MR<P$。当需求富有弹性时,MR 为正数;需求缺乏弹性时,MR 为负数。垄断厂商的平均收益 $AR(AR=P)$ 也是不断下降的。见图 5-1。

二、垄断厂商产量的决定

(一) 垄断厂商的短期均衡

在短期内,垄断厂商无法改变固定投入量,他是通过可变投入的变化来对产量和价格进行调整。他不能仅仅根据边际收益来决定产量,而是要依据边际收益与边际成本的比较来确定产量,即根据利润最大化原则($MR=MC$ 规律)来确定产量。

表 5-2　垄断厂商的短期均衡

(1) 产量 Q	(2) 价格 P	(3) 总收益 TR	(4) 总成本 TC	(4) 总利润 TP	(6) 边际收益 MR	(7) 边际成本 MC	MR 与 MC 的比较
0		0	145	−145		−	
1	180	180	175	5	180	30	MR>MC
2	160	320	200	120	140	25	
3	140	420	220	200	100	20	
4	110	440	240	200	20	20	MR＝MC
5	90	450	300	150	10	60	
6	80	480	370	110	30	70	MR<MC
7	60	420	460	−40	−60	90	
8	40	320	570	−250	−100	100	

在表 5-2 中，总利润 TP 最大值为 200 元。与此相对应的产量是 3 或 4 个单位，单位价格为 140 或 110 元，总收益减去总成本，利润最大。根据 MR＝MC 原则，MR>MC，企业应增加产量；若 MR<MC，企业则应减少产量。显然，最佳利润点发生在边际收益等于边际成本（MR＝MC）这一点上，企业的产量应为 4，因此，垄断厂商的短期均衡的条件是：

$$MR = MC$$

垄断厂商的短期均衡也可用图 5-1 加以说明。

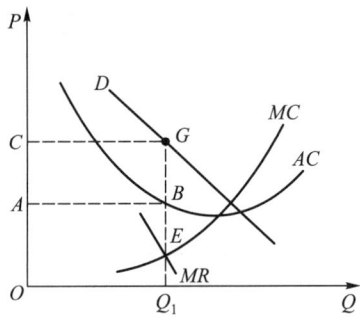

图 5-1　垄断厂商的短期均衡（盈利）

（1）产量。垄断厂商根据 MR＝MC 确定产量，即两条曲线交点 E 向下作垂直线，与横轴相交于 Q_1，这时，产量为 4 个单位。

（2）价格。从 MR＝MC 的交点 E 点向上作垂直线，与需求 D 曲线相交于 G 点。此时的价格为 110 元。

（3）盈利和亏损。G 点的平均收益（AR＝P）高于 B 点的平均成本（AC），保证了 E 点可获得利润。利润的实际数量由图中 ABGC 部分表示。

垄断厂商在短期内并不是总能获得利润。如果平均成本 AC 过高，在 E 点以上，即亏损。造成垄断厂商短期亏损的原因，可能是既定的生产规模的成本过高（表现为 SAC 曲线的位置过高），也可能是垄断厂商所面临的市场需求过小（表现为相应的 D 曲线的位置过低）。

（二）垄断厂商的长期均衡

垄断厂商在长期内排除了其他厂商加入，而且可以调整全部生产要素的投入量即生产规模，从而实现最大的利润。垄断厂商在长期内对生产的调整一般可以有三种可能的结果：

1. 垄断厂商在短期内是亏损的，长期中继续亏损，于是，该厂商退出该行业。
2. 垄断厂商在短期内是亏损的，在长期内，他通过对最优生产规模或产量的选择，摆脱了亏损的状况。
3. 垄断厂商在短期内利用既定的生产规模获得了利润，在长期中，他通过对生产规模的调整，使自己获得更大的利润。

由此可见，垄断厂商之所以能在长期内获得更大的利润，其原因在于长期内企业的生产规模是可变的和市场对新加入厂商是完全关闭的。

垄断厂商的长期均衡的条件是：$MR = LMC = MC$

在垄断市场上，$P > LAC > LMC$，消费者为每单位商品支付的价格不仅高于长期边际成本而且高于长期平均成本，因而，厂商有经济利润。

垄断厂商也是遵循利润最大化原则来确定最优产量的。

例如，已知某垄断厂商总成本函数为：

$TC = 4Q^2 + 20Q + 10$

产品的需求函数为：

$Q = 140 - P$

试求该厂商利润最大化的产量、价格及利润。

（解：由 $Q = 140 - P$，即 $P = 140 - Q$ 得到 $TR = P \times Q = (140 - Q)Q$，对总收益函数 TR 求导得 $MR = 140 - 2Q$，对总成本函数 TC 求导得 $MC = 8Q + 20$。

由 $MR = MC$，得 $140 - 2Q = 8Q + 20$，故 $Q = 12$。）

【快问快答】完全竞争与完全垄断的区别是什么？

答：价格上，完全竞争企业是价格的被动接受者，垄断企业可以在低产高价与高产低价之间做选择；利润上，长期中，完全竞争企业经济利润为零，而垄断企业可能存在经济利润；均衡条件上，长期中，完全竞争企业面对的单位销售价格不变，使得 $P = AR = MR$，进退自由使得 $P = LAC$。最后，市场价格等于平均收益、等于边际收益、等于平均成本、等于边际成本，即 $P = AR = MR = LAC = MC$，而垄断企业产量和价格保持均衡的条件为 $MR = MC$。

第三节 垄断竞争企业的产量、价格和利润

垄断与竞争的并存。短期中，产品具有差别性，很难找到相似的替代品。一般说来，产品差别越大，厂商的垄断程度就越高。长期中，有许多买者和卖者、自由进入或退出某一行业、每一企业都将其他企业的价格作为既定的。在这些相似之处作用下，有差别产品之间又是很相似的替代品，使每一种产品都会遇到大量的其他相似品的竞争，因此，市场中又具有竞争因素。垄断竞争市场是以竞争为主要特征的市场结构。

一、垄断竞争厂商的短期均衡

1. 产量。垄断竞争厂商根据 $MR=MC$ 选择产量。
2. 价格或收益。给定产量,垄断竞争厂商的产品价格由需求曲线的位置决定。按照利润最大化规律,最优产量是在边际收益曲线与边际成本曲线相交点上,该产量垂直向上与需求曲线相交得到单位价格。
3. 利润。如果 $P=AR>AC$,盈利;如果 $P=AR<AC$,亏损;如果 $P=AR=AC$,经济利润为零,获正常利润。垄断竞争厂商的短期均衡图形与垄断厂商短期均衡图形一致,如图 5-1,盈亏取决于 AC 的高低位置。垄断竞争厂商短期均衡的条件是:

$$MR=MC$$

二、垄断竞争厂商的长期均衡

垄断竞争厂商可能在短期获得相当可观的利润。但这不能长久下去。因为,利润会吸引新的生产者进入该行业。同样,亏损的情况短期存在,但长期中会有企业退出。

假设所有现存的和新加入的企业都有完全相同的成本,即相同的成本曲线。随着新企业的加入,新的有差别的相似产品会瓜分该行业市场。垄断竞争者的产品需求曲线会向左方移动。最终的经济结果是,随着企业的不断进入,直到利润为零时停止。亏损退出会使留驻该行业的企业的需求曲线向右移动,这样亏损减少直到消失。进入和退出的过程会持续到经济利润为零。

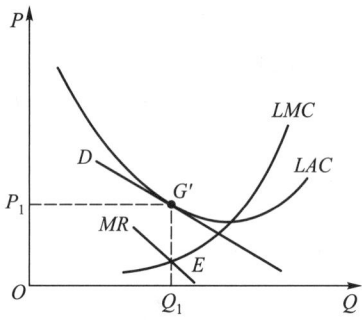

图 5-2 垄断竞争厂商的长期均衡

图 5-2 说明了典型的垄断竞争厂商的长期均衡。需求曲线随进入者增加向左方移动,直到与该企业的长期平均成本 LAC 曲线相切。G' 点是长期均衡点,这时,没有人企图进入或被迫退出该行业。垄断竞争厂商长期均衡的条件是:

$$MR=LMC, AR=LAC$$

其中,$AR=P>MR$。由于垄断竞争厂商面临的需求曲线是向右下方倾斜,所以,在长期均衡时的需求曲线只能与长期平均成本 LAC 相切于最低点的左边。这意味着,垄断竞争所提供的产量小于完全竞争的产量但高于完全垄断。

在垄断竞争市场上,$P=LAC$,$P>LMC$,消费者为每单位商品支付的价格高于长期边际成本但等于长期平均成本,因而,厂商没有经济利润,与完全竞争相比价格高些而产量低些。

第四节 寡头企业的合作与竞争

一、寡头企业的三个特点

在寡头市场上,每家厂商在该行业的总产量中都占有相当大的份额,任何一家厂商的产量或价格的变动,都会对市场的价格和供给量产生重大影响。寡头垄断行业包括汽车、钢铁、石化、计算机、银行、家电等。寡头在进行产量、价格和投资决策时必须考虑竞争对手的反应。

寡头垄断一般具有三个特点:

1. 相互影响。在寡头垄断市场上,每个厂商的收益和利润不仅取决于自己的产量或定价、广告、新产品研发,而且要受到其他厂商(利益相关者)选择的影响(博弈论专门研究厂商之间的博弈并取得了伟大的成果,有五位经济学家因此获得诺贝尔经济学奖)。因此,每个厂商总是首先推测其他厂商的产量,然后再根据最大利润原则来决定自己的产量,每个厂商既不是价格和产量的创造者,也非价格和产量的被动接受者,而是价格和产量的寻求者。面对其他厂商,寡头的选择是:密切注视对手,合作或者竞争。

2. 进出障碍。由于规模、资金、信誉、市场、专利、法律等原因使其他厂商很难进入,由于投入巨大,寡头退出困难,损失巨大。

3. 操纵价格。与完全竞争和完全垄断不同,在寡头垄断条件下,价格不是由市场供求或一家厂商所决定,而是由少数寡头通过有形无形的勾结、形式不同的协议或默契等方式决定的。这种价格被称为操纵价格或价格领导。寡头价格一般低于完全垄断价格。寡头价格一经确立,不易改变。如果生产条件没有发生较大变化,寡头厂商一般不会随着需求的变动而调整价格,而只是调整产量来应付需求的变化。在经济衰退或商品滞销时,寡头厂商通常会采取减少产量的办法;而在经济好转时,则通过扩大产量来增加收益。

为了最大利润,有时寡头勾结在一起共同行动,有时寡头也会采取独立的行动。我们首先分析勾结或串谋的寡头。

【快问快答】寡头市场的特点是什么?寡头市场的优点是什么?

答:寡头市场的特点有三个:相互依存,进出障碍,操纵价格。寡头市场的优点是:相对于垄断和完全竞争,寡头企业更有积极性搞研发,产品差异上的有限竞争给消费者带来更多、更大的选择。

二、合作的寡头模型

影响市场结构的一种重要因素就是企业之间的合作程度。当企业采取完全合作的方式行动时,它们就相互勾结起来。勾结或串谋这一术语表示这样一种情况:两个或更多的企业共同确定它们的价格、产量、广告,避免竞争性减价或过度的广告投入,或者共同制定其他生产决策。

1. 公开的串谋:卡特尔。当企业认识到它们的利润取决于它们的共同行动时,它们就试图相互勾结起来。为了避免灾难性的竞争,企业公开相互勾结以提高它们的价格。在美国资本主义的早期阶段,寡头往往合并或形成一个托拉斯或卡特尔。卡特尔是生产相似产品的独立企业联合起来以提高价格和限制产量的一种组织,借助于午餐或宴会的形式相聚。1910年前后美国钢铁公司的加里先生经常组织这种聚会,从事公开的勾结。

合作的寡头均衡。所有寡头一致行动,卡特尔就像一个垄断厂商。例如,设想一个行业,该行业有四个企业,它们具有完全相同的成本曲线,每一个企业都出售完全相同的产品,如石油或工业用化学药品。每一个企业——把它们称为 A、B、C 和 D——现在都拥有 $1/4$ 的市场份额。

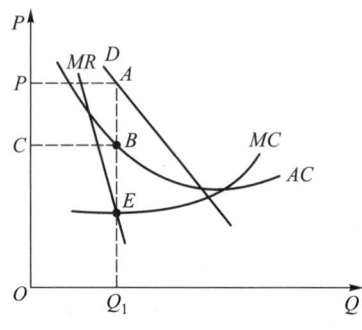

图 5-3 勾结的寡头的均衡

在图 5-3 中,A 的需求曲线 D,是通过假设所有其他企业都会跟随 A 企业的价格上升或下降来描绘的。这样,企业的需求曲线与行业的需求曲线具有完全相同的弹性。只要所有其他企业都索取相同的价格,A 企业就会得到 $1/4$ 的市场份额。在这种情况下,企业可能相互勾结,以寻求勾结的寡头的均衡,从而使它们的共同利润达到最大。这种情况常称为联合利润最大化。

对于勾结的寡头来说,最大利润的均衡就是图 5-3 中所示的 E 点,即企业的 MC 曲线与 MR 曲线的相交点。这里,需求曲线为 D。它考虑到了其他企业也会索取与 A 企业相同的价格。勾结的寡头的最优价格显示在 D 曲线的 A 点。它在 E 点的正上方。

当寡头相互勾结,使它们的共同利润达到最大时,考虑到它们之间的相互依赖性,其价格和产量类似于单个垄断者的价格和产量。

2. 默契合谋。今天,在大多数市场经济国家,公司相互勾结起来共同确定价格或瓜分市场是非法的。然而,如果在某一行业里只有少数几个大企业,那么,它们就可能进行暗中勾结,在没有明确或公开协商的条件下,寡头们会心照不宣地与行业中最大的厂商保持一致。通过这种无形的协议或默契把价格确定在较高水平,抑制竞争、瓜分市场。

【快问快答】什么是寡头企业公开的串谋和隐蔽的串谋?

答:卡特尔就是公开的串谋。卡特尔是生产相似产品的独立企业联合起来以提高价格和限制产量的一种组织,借助于午餐或宴会的形式相聚。1910年前后美国钢铁公司的加里先生经常组织这种聚会,从事公开的勾结。

价格领导就是隐蔽的串谋。某一行业少数几个大企业,它们暗中勾结,心照不宣地与行业中最大的厂商保持一致。通过这种无形的协议或默契把价格确定在较高水平,抑制竞争、瓜分市场。

三、竞争的寡头模型

（一）折射需求曲线（斯威齐模型）

折射需求曲线由美国经济学家斯威齐于1939年提出，被称为斯威齐模型。这一模型分析的是独立行动的寡头之间竞争的情形，用于说明价格刚性的现象。在这里，"价格刚性"是指寡头厂商变动价格的后果具有不确定性，他们都尽可能减少价格变动。

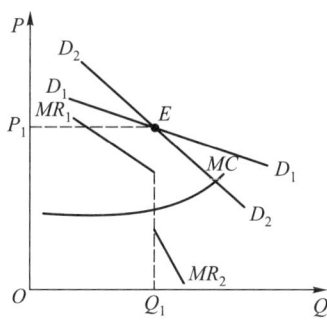

图 5-4 寡头厂商折形需求曲线

折射需求曲线经济学含义：

1. 如果一个厂商提价，其他厂商不会跟进，并乘机占领市场，提价者销售量大幅度下降。图 5-4，现有价格水平为 P_1，假定企业 A 提高它的价格，但其他企业并不跟着加价。这意味着，现行价格水平已很高，他们反对任何加价。

2. 如果企业 A 单方面减价，从 D_1 可见其在销售上大得好处，而其他企业损失很大。所以，其他企业不会善罢甘休，也会采取减价步骤。于是，企业 A 的需求曲线不再沿着 D_1 继续向右运动，而是顺着 D_2 向下运动。这是因为受到其他企业一齐减价的影响。

3. 企业 A 的实际需求曲线先是沿着 D_1 到达 E 点，尔后沿着 D_2 向下，即 D_1ED_2 曲线。该曲线在现行价格水平上有一个"拐点"。需求曲线上的"拐点"意味着边际收益曲线 MR 上也会出现一个断裂。其间断部分为垂直虚线所示。断裂的边际收益曲线，可以解释寡头市场上的价格刚性现象。只要边际成本 MC 曲线的位置变动不超出边际收益曲线的垂直间断的范围，寡头厂商的均衡价格和均衡数量都不会发生变化。

虽然折射需求曲线模型为寡头市场较为普遍的价格刚性现象提供了一种解释，但是该模型并没有说明具有刚性的价格本身，如图 5-4 中的价格水平 P_1 是如何形成的。这是该模型的一个缺陷。

（二）博弈矩阵模型

20 世纪上半叶，边际分析方法或微分学方法在经济学的运用引发了经济学中的"边际革命"。20 世纪下半叶，信息经济学面对信息不完全和不确定性，用博弈方法分析大企业的相互关系，引起经济学的又一次新的革命——"博弈论革命"。

在寡头市场上，厂商既相互勾结又相互欺瞒，他们经常考虑的是采取什么策略打败对手。经济学用博弈论来分析在价格、产量、广告、研发等方面竞争寡头的对局策略。1994 年三位经济学家因在非合作寡头的博弈分析中出了开创性贡献，同时获得诺贝尔经济学奖；

1996年两位经济学家因在博弈论应用方面同时获得诺贝尔经济学奖。同一领域五位学者获奖,这可是史无前例,注重相互关系分析的博弈论把对局策略思维引入经济学,博弈论正在重构经济学的基础并将成为经济学的主流。保罗·萨缪尔森在谈到博弈论时说,要想在现代社会做一个有文化的人,你必须对博弈论有一个大致了解。博弈分析的原始模型是"囚徒困境"。

用同一个矩阵表示两个参与者得失的表达方法,来自博弈理论的先驱者托马斯·谢林,他发明的矩阵使博弈论走进数学大师以外的更广泛的领域。

1. 囚徒困境——串谋的困难

囚徒困境是指虽然合作对双方都有利,但理性和不相信对方使他们选择打击对手而使自己利益最大化的最优策略。例如有两个犯罪嫌疑人 A 和 B,因非法藏匿枪支(证据确凿)被抓并且被怀疑犯有杀人罪(证据不足)。被抓之前他们建立了攻守同盟,从矩阵模型(见表5-3)看,都保持沉默是最有利的,但经济理性导致没有人遵守协定。因为,$A(B)$ 选择坦白,他的结果(支付)为-8或0;$A(B)$ 选择抵赖,他的结果(支付)为-10或-1。所以,对于 $A(B)$ 而言,无论对方作出何种选择,他的最优选择都是坦白,坦白符合个人理性需求,结果,都坦白构成均衡解(-8,-8)。这种无论对手选择何种战略,自己都选择唯一的以不变应万变的最优策略被称为**占优策略**。

表 5-3 囚 徒 困 境

A 囚犯	B 囚犯	
	坦白	抵赖
坦白	A -8,B -8	A 0,B -10
抵赖	A -10,B 0	A -1,B -1

"囚徒困境模型"要点:(1)利益相关者。对局的参与者是利益相关者,即任何一方的利益都受对方决策的影响;(2)信息不对称。参与者知道有几种选择并且知道选择的结果,但不知道对手的选择;(3)占优战略。一定规则下的博弈就像游戏需要规则一样,各方都希望作出对自己有利的决策;(4)纳什均衡。虽然合作对双方都有利,但规则下的博弈结果却是不合作、对双方都不利。寡头之间的竞争对厂商并非最优,个人理性选择不一定是集体理性选择;(5)有效惩罚。有效惩罚、重复博弈是化解囚徒困境的钥匙,"不合作的损失更大"才能实现合作;(6)运用广泛。"囚徒困境模型"用在寡头之间在产量、广告、价格等方面的竞争关系。

"囚徒困境模型"可以用来解释企业之间在产量、价格、市场等方面的竞争关系。

【例题】寡头厂商产量博弈

考虑两个寡头厂商,每一厂商都在"高"产量和"低"产量之间进行选择。根据每一厂商的不同选择,它们相应的获利情况为(见表5-4):

表 5-4　寡头厂商产量博弈

厂商B \ 厂商A	高产量	低产量
高产量	A 获利 200 万元 B 获利 200 万元	A 获利 100 万元 B 获利 500 万元
低产量	A 获利 500 万元 B 获利 100 万元	A 获利 400 万元 B 获利 400 万元

不论厂商 A 作出什么样的选择,厂商 B 都会认为选择高产量是合理的:高产量 B 获利为 200 或 500 万元,而低产量 B 获利为 100 或 400 万元。同样,不论厂商 B 作出什么样的选择,厂商 A 都认为选择高产量是合理的。每个厂商都认为高产量策略是最优的,这种状况被称为"纳什均衡"(A 200,B 200)。

2. 斗鸡博弈

两人过独木桥,双方都进则两败俱伤,双方都退则一无所获(见表 5-5)。

表 5-5　寡头厂商斗鸡博弈

厂商A \ 厂商B	进	退
进	A −3,B −3	A 2,B 0
退	A 0,B 2	A 0,B 0

两个寡头厂商都会避免两败俱伤(−3,−3)或一无所获(0,0),过独木桥的两个寡头厂商会有两个纳什均衡(2,0)(0,2),敌进我退,敌退我进。究竟哪个纳什均衡会发生,取决于谁先采取行动(先动优势)。

"斗鸡博弈模型"的要点:(1)避免冲突。对局各方不会选择两败俱伤,杀敌一千,自伤八百乃不理性选择;(2)威慑战略。博弈首先表现为威慑对方、千方百计让对方相信自己传递的信息、使对方不采取行动、争取有利结果。威慑是无代价、无成本的,所以威慑往往是"不可置信的";(3)先占优势。首先采取行动的一方具有优势;(4)化解冲突。对局双方会充分估计自己的实力,看是否能打败对手。更多的情况是通过谈判、沟通、协调化解针锋相对的冲突;(5)妥协和让步。虽然会形成对先动方有利的格局。但谈判中劣势方往往有优势(冲突发生损失更小)。所以,强势方要学会谈判,聪明地学会作出更多妥协、让步,补偿弱势方对强势方也有好处;(6)第三方协调。化解冲突的谈判需要强有力的、有权威的和实力的第三方来仲裁和强制执行。

3. 智猪博弈

猪圈有一大一小两头猪,食槽和开关分别在两边,按一下会有 10 个单位的猪食,不管是谁按,成本为 2,即−2,同时去按,成本为−4=−2−2。如表 5-6,下面是以下 4 种情况:

(1)大猪、小猪同时选择按,大猪、小猪净收益为 5(7−2),1(3−2)。
(2)大猪选择按,小猪等待,大猪、小猪净收益为 4(6−2),4。
(3)小猪选择按,大猪等待,大猪、小猪净收益为 9,−1(1−2)。

（4）大猪、小猪同时都等待，大猪、小猪净收益为0,0。

表5-6 寡头厂商智猪博弈

厂商A(大猪) \ 厂商B(小猪)	按	等待
按	(1) A 5, B 1	(2) A 4, B 4
等待	(3) A 9, B -1	(4) A 0, B 0

小猪会按吗？"按"的净收益为1或-1，"等待"的收益为4或0。不管大猪选择"按"还是"等待"，聪明的小猪的最优选择都是"等待"。

大猪如何选择？"按"的净收益为5或4，"等待"的收益为9或0，他面临收益性和安全性之间的两难选择："按"的收益为5或4，较安全，但收益不太高；"等待"的收益为9或0，收益高（9），但风险大（0）。开始时，由于信息不充分，不知道小猪的选择，大猪会犹豫。如果小猪按，大猪会等待，如果小猪不按，大猪会按，大猪**没有占优策略**。但是，一旦大猪知道小猪选择等待，排除掉小猪按控制钮后，他会无奈地、责无旁贷地选择按（简化后的或者剔除小猪按以后的**占优策略**解）。所以，智猪博弈的均衡是大猪按、小猪等待(4,4)。

"智猪博弈"的要点：(1)主动行动。任何情况下"大的寡头"的最优决策都是主动行动，"小的寡头"的最优决策都是等待；(2)产业领袖。一个行业需要负责任的企业领袖，有产业领袖，才有利于技术进步、产品创新。负责任的行业领袖的出现是一个行业成熟的标志；(3)市场竞争。行业领袖不是行政指定或者上级捏合而成的，是在激烈的市场竞争成长起来的。

经济学应用：对于小厂商而言，经常存在多劳不多得的情况，选择被动等待不失为聪明的策略。大股东监督经理，小股东搭便车；大企业搞研发、做广告，小企业模仿；有钱人出资修路建桥，老百姓方便；大国与小国……。

厂商之间的博弈对整个社会和消费者而言，是一件好事。

【案例分析】寡头企业的定价策略、产品竞争和广告竞争

1. 定价策略

歧视性定价。歧视性定价实质上是一种价格差异，通常指商品或服务的提供者在向不同的接受者提供相同等级、相同质量的商品或服务时，在接受者之间实行不同的销售价格或收费标准。歧视定价不仅垄断企业用，在寡头行业（如美国民航业是寡头行业）也广泛采用歧视性定价的方法。民航服务实行实名凭证件乘坐飞机，机票不可转让，这就符合歧视性定价的一个条件。但是就民航而言这个条件并不重要。民航乘客对民航的需求弹性不同。公务乘客根据工作需要决定是否乘坐飞机，费用由公司承担，因此，很少考虑价格因素，或者说，需求缺乏弹性。私人乘客根据价格及其他因素，在民航、铁路、公路或自己驾车之间作出选择，而且自己承担费用，这样，需求富有弹性。民航乘客的需求弹性不同，使民航实行歧视性定价有了可能。

但关键是要找出一种办法客观地把不同需求弹性的乘客分开。民航公司采用了不同方法。第一种方法是对两个城市之间的往返乘客，周六在对方城市过夜的实行折扣价，周六不

在对方城市过夜的实行全价。因为他们发现,一般来说,公务乘客周六不愿意在对方城市过夜,即使价格高他们也要在周末回去与家人团聚。但私人乘客在有折扣时愿意选择周六在对方城市过夜。第二,根据订票时间票价不同。一般来说,私人乘客出行有一个计划,可以提前订票,而公务乘客临时决定外出的购票者多。这样就可以根据订票时间不同而实行价格歧视了。如提前2周订票打7折或更多,临时登机前购票者是全价。第三,对不同收入者的歧视定价。机票价格在高收入者的支出中占的比例很低,需求就缺乏弹性,而对低收入者来说,机票价格占支出的比例可能就高,需求富有弹性。因此,根据不同的服务对象确定不同的票价。例如,高价的票无任何限制,随时可以乘机,高收入者不在意多花钱,方便得很。低价的票有种种限制(周末不能乘机,提前2周订票,航班由航空公司指定等等),低收入者也愿意接受。这些办法都有效地区分了不同需求弹性的乘客,可以有效地实行歧视性定价。

歧视性定价原理告诉我们,价格竞争不只是提价或降价,还可以灵活地运用多种价格形式。歧视性定价就是一种重要的定价方式。

2. 产品竞争

有时只有微小的或者甚至象征性的产品变化;但是,也有真正的重大的变化。一个显著的实例,就是汽车生产中的"马力比赛"。整个20世纪50年代和60年代,美国汽车在更长些、更宽些、更重些上发展。马力在不断增加,每公里耗油指标在下降,不断出现了新的特点,如增加了自动变速、中央控制锁、驾驶方向盘助力,等等。20世纪70年代,石油危机后,美国人开始购买由欧洲进口的小型和经济型的汽车。进口增长很快,当进口达到几十万辆时,美国的汽车制造者便敲起警钟,走起回头路来,搞他们自己的"紧凑的"车型。最终,与其说是国内的竞争,不如说是国外的竞争,把车体不断加大和价格不断提高的趋势限制住了。

美国的紧凑车型,同外国汽车比,还是更大,购买和使用都更费钱。从1974年原油和汽油价格大涨之后,购买者不得不认真考虑使用费用。外国汽车以油耗低继续增加在美国市场上的销售量,美国汽车制造者相应地又展开了"再小巧"、"再再小巧"工作,并以减轻车重、改变引擎设计来改进每公里耗油指标。

3. 广告竞争

寡头厂商的产品广告不是信息广告,而是引导需求的广告,商业电视最为典型,其目的是,让产品与美妇人、美男子、时尚、荣华富贵的生活联系在一起,使购买他们的产品成为一种生活方式。

根据有关人士对美国的研究,在41个产业中,仅就其中8个来看,广告费占总销售额的比重分别是:化妆品15%、食品10%、药品10%、肥皂9%、啤酒类饮料7%、果汁饮料6%、香烟5%、酒类5%。不过,汽车工业广告费用的绝对值名列前茅,只是销售额大,比率低。

"防御性的广告"。广告常被作为一种投资。年复一年的广告投放可建立某种市场地位,享有一种"商誉"。短期中,如果公司停止投放广告,这个牌子的商品还可能继续有好销路。但是,长期中,积累起来的"商誉"会有某种程度的衰颓。所以,某种程度的"防御性的广告"是必要的,以便维持其市场份额。

"进攻性的广告"。广告创造需求。雪佛莱的汽车广告投放目的是提高消费者对雪佛莱牌汽车的需求,降低对福特牌汽车的需求。确实有可能由于汽车广告对公众的强烈影响,而使公众提高了对汽车总的需求。但是,需求从何而来呢?因为消费者收入依旧,它可能全是来自对其他产品消费的减少,与其说是影响需求的增加,不如说是影响需求的变动。广告创造需求,只有在消费者总的收入提高和储蓄部分减少,从而公众总的来说更渴望购买物品的情况下才有可能。

一个寡头垄断者从事竞争性广告,试图向右移动他的需求曲线。他可能成功,也可能不成功,因为他的对手方也在作这个努力。如果一个公司的广告部,想出一个特别聪明的口号,可能会暂时获得好的销路。但是,一段时间之后,广告的竞争运动会使它们互相抵消,结果使每个公司的需求曲线一如既往。不过,每家的费用却因广告费而更高了。

看来,竞争性广告很可能会搞到失去理性的地步。在这种情况下,寡头垄断者想到最好的办法是协商一致,以减少广告预算,节省开支。广告也有某种"军备竞赛"的味道。每个公司密切注视其他公司。如果福特公司多拨出一些钱搞广告,大众公司和通用汽车公司就感到也非如此做不可。在各竞争者和大企业经理之间,还有互相较量的平行现象,犹如全面裁军当然赞成,但并不意味着将会实现。

"广告竞赛"是新生产者的进入障碍,进入障碍越高,已确立的生产者就能把价格提得越高些,所得利润也就越多些。这可能是集团广告开支水平显著高于一般生产者水平的根据。

第五节 市场失灵与微观经济政策

市场失灵是指由于经济生活中存在垄断、外部性、公共物品、不完全信息等,使市场机制在许多场合不能导致资源的有效配置。

【即问即答】市场失灵的原因是什么?

答:市场失灵是指某些情况下市场机制不能导致资源的有效配置。市场失灵的原因有:垄断、外部性、公共物品、不完全信息等。

一、垄断导致经济效率低下

(一) 经济效率比较

经济效率是指利用经济资源的有效性。不同市场类型的经济效率(包括产品价格、产量成本、收益、盈亏、生产资源利用程度和有效性、消费者得到多少福利等)是不一样的。

不同市场类型价格、成本、产量的比较。西方经济学认为,某个行业在长期均衡时是否实现了"价格等于长期边际成本"即 $P=LMC$,也是判断该行业是否实现了有效的资源配置的一个条件。商品的市场价格 P 通常被看成是商品的边际社会价值,商品的长期边际成本 LMC 通常被看成是商品的边际社会成本。当 $P=LMC$ 时,商品的边际社会价值等于商品的边际社会成本,它表示资源在该行业得到了最有效的配置。倘若不是这样,当 $P>LMC$ 时,商品的边际社会价值大于商品的边际社会成本,它表示相对于该商品的需求而言,该商品的供给是不足的,应该有更多的资源投入到该商品的生产中来,以使这种商品的供给增加,价格下降,最后使该商品的边际社会价值等于商品的边际社会成本,这样,社会的境况就会变得更好一些。

在完全竞争市场,在厂商的长期均衡点上有 $P=LAC=LMC$,说明资源在该行业得到了有效的配置,还表明了产品均衡价格最低和产品的均衡产量最高,且生产的平均成本最低。

在垄断市场,在厂商的长期均衡点上有 $P>LAC>LMC$,说明资源在行业生产中的配置严重不足,还表明了产品的均衡价格最高和产品的均衡数量最低,且生产的平均成本最高。

垄断竞争市场和寡头市场则介于完全竞争与市场垄断市场之间。

西方经济学通过对不同市场条件下的厂商长期均衡的分析得出结论:完全竞争市场的经济效率最高,垄断竞争市场经济效率较高,寡头市场经济效率较低,垄断市场的经济效率最低。结论:市场竞争的程度越高,则经济效率越高;市场垄断程度越高,则经济效率越低。

(二)垄断的弊端

1. 垄断市场产品价格高、产量低,消费者不能像完全竞争市场那样获得最大的福利。2. 不公平。由于垄断厂商通过进入障碍使得其他厂商无法进入,可以长期保持超额利润并抬高商品价格、损害消费者利益。3. 过于庞大的广告支出会造成资源的浪费和抬高销售价格,过于夸张的广告内容误导消费者。4. 破坏价格机制的资源配置功能、降低资源配置效率等等。

(三)垄断的优点

1. 规模经济。对不少行业的生产来说,只有大规模的生产,才能收到规模经济的好处,而这往往只有在寡头市场和垄断市场条件下才能做到。2. 产品的差别。在完全竞争市场条件下,所有厂商的产品是完全相同的,它无法满足消费者的各种偏好。在垄断竞争市场条件下,众多厂商之间的产品是有差别的,多样化的产品使消费者有更多的选择自由,可满足不同的需要。但是,产品的一些虚假的非真实性的差别,也会给消费者带来损失。真正的产品差别来源于独创性或垄断性。3. 广告信息。垄断竞争市场和产品差别寡头市场的大量广告,有些是有用的,它为消费者提供了信息。

【快问快答】垄断的优缺点是什么?

答:垄断(包括垄断竞争、寡头垄断和完全垄断)的优点包含但不限于:规模经济、产品差异、广告信息等。垄断的缺点是阻碍竞争形成进入障碍,产品价高量低损害消费者利益,价格扭曲、资源配置效率不能达到最优,政府许可形成的垄断产生腐败。

二、外部性问题

(一)外部成本和外部收益

外部性是指生产或消费行为给他人带来非自愿的成本或收益,却不用支付由此带来的成本或不能从这些收益中得到补偿。外部性不能通过市场价格反映出来,施加这种成本或利益的人也没有为此付出代价或得到收益。外部性也称外部影响、外部关系、外在性、溢出效应和毗邻影响。

按照外部性的性质,可将其分为正的外部性和负的外部性。前者是有益的,后者则是有害的。有害的带来**外部成本**,有益的带来**外部收益**。

外部成本。例如,两个相邻企业,一个生产眼镜,另一个生产焦炭,生产焦炭的企业处于上风位置,生产眼镜的企业处于下风位置。由于空气的污染程度会影响眼镜生产设备精密磨轮的运行,而污染程度决定于焦炭的产量,因此,眼镜的生产水平不仅决定于眼镜生产企业的投入要素多少,还受焦炭生产水平的影响,增加焦炭产量会使高质量的眼镜产量减少,焦炭生产带来的污染或外部成本无须焦炭生产者承担而是被转嫁给了眼镜生产企业。外部成本也会发生在消费者身上。例如一个人吸烟有害于另一个人的健康,但吸烟者却不必为其他受害者提供任何补偿。在这种情况下,消费者个人为其本人的消费所支付的成本只是这种消费活动的全部社会成本的一部分,从而产生外部成本。

外部利益。外部利益的著名事例是养蜂人与苹果生产者。蜜蜂需要通过吸取苹果花粉生产蜂蜜,苹果产量增加可以增加蜂蜜的产量,即苹果生产者给养蜂人带来外部性;反之,蜜蜂在采蜜的同时可以为苹果传授花粉,增加苹果产量,因此养蜂人给苹果生产者也带来了外部性。带来外部收益的主体并不能获得这一收益。

【快问快答】什么是外部性?举例说明

答:经济行为对其他人带来成本或者收益,叫外部性,包括外部成本和外部收益。例如,某企业排放污染周围环境而不承担成本;养蜂人给果园带来丰收而不能获得收益。

(二) 外部性对资源配置的影响

由于存在未在市场中反映出来的外部性,外部性的存在会造成私人的成本和利益与社会成本和利益之间的差别,从而影响到市场配置资源的效率。

如果一个人的某种活动可以增进社会福利但自己却得不到报酬,他的这种活动必然低于社会最适量的水平,企业也是如此。因而,如果某种产品的生产可以产生外部利益,则其产量将可能少于社会最适产量水平。经济学家说:"举办一所学校可以少盖一所监狱",但投资者的私人收益少于社会收益,市场均衡量低于社会最适量(产出量)。

如果一个人的某种行为会增加社会成本,但这种成本却不必由其本人承担,他的这种活动在量上将会超过社会所希望达到的水平,企业也是如此。如果某种产品的生产会产生外部成本,则其产量将可能超过社会最优的产量。换言之,当存在外部性时,市场不能保证追求个人利益的行为使社会福利趋于最大化。

【原理运用】污染控制的最佳水平

污染使鱼死亡,划船和游泳被禁止,废物和臭气会减少娱乐休息区的吸引力。污染造成社会成本,减少污染将获得社会利益。

见图5-5。假定,水在出口全部被污染,其质量为零。那么水质需要清洁到什么水平为好呢?

在图5-5中,水平坐标轴表示清洁度的增加,用纯净水百分数表示。垂直坐标轴上表示成本和收益。图中,改进清洁度百分之一的边际收益(MR)随清洁度的增加而下降。

减轻污染需要付出劳动和资本。清洁度每增加一个单位的单位成本(MC),随着清洁度的日益提高而上涨。水质改善的边际成本曲线形状,如图5-5中的MC。

水净化程度增加1%,就会提高边际成本和降低边际收益。$MR=MC$,当边际成本等于边际利益时,决定了污染控制最佳水平,即图5-5中P点所示。它表示控制污染的边际成本与其获得的社会边际收益一致时,污染控制达到最佳水平(回忆利润最大化原则$MR=MC$)。

结论:将任何程度的污染都看作绝对的坏,而把完全净化看作绝对的好,却不管其费用如何,这是没有道理的。水的清洁度,不是100%越高越好。水清洁到什么程度合算呢?通

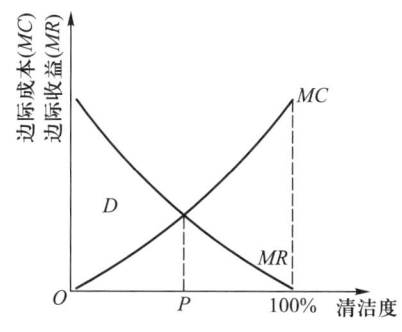

图 5-5 最佳污染控制水平

常经济的回答是看边际情形,只要进一步改进水质的边际收益超过改进水质的边际成本,水质的水平就应提高。

【快问快答】什么是私人成本？什么是社会成本？

答:人们为获得商品和服务由他们自己支付的代价,如某人购买汽车支付的购车款、保险、购置税、使用汽车的汽油,等等,这些成本是由他们自己承担的,所以,叫**私人成本**。**社会成本**是人们为获得商品和服务由社会付出的全部代价,如某人使用汽车的社会成本包括私人成本和外部成本,即使用汽车的成本不仅包括私人成本,还包括使用汽车外部影响带来的成本(汽车噪音、尾气排放和交通拥堵)。

所以,社会成本=私人成本+**外部成本**,社会成本>私人成本。

三、公共物品

(一) 四类物品

1. 私人物品。私人物品即市场上的普通商品和劳务。它有两个特点:第一,竞争性。如果某人已经消费了某种商品,则其他人就不能再消费这种商品了。第二,排他性。对商品或劳务支付价格的人才能消费,其他人则不能如此做。

2. 公共物品是指由集体消费并且在消费和使用上不具有竞争性和(或)排他性特征的物品。例如,国防、道路、广播、电视、交通、秩序和公正(法律)、航空控制、气象预报、灯塔、环境保护、警察、蚊蝇控制和预防传染病的工作等。

公共物品具有非排他性和(或)非竞争性特点:

第一,非竞争性。非竞争性是指某人对物品的消费或享用并不影响其他人的消费或享用,也不会对生产成本产生影响,即产品的边际成本为零。无论增加多少消费者,都不会减少其他人的消费。消费者和消费数量的增加不会引起商品生产成本的增加。公共物品的边际成本为零,如果由私人来生产公共物品,那么依照于效率的条件,厂商的定价原则应该是价格等于边际成本。公共物品的价格应该等于零,所以私人不可能供给这些产品。新生人口享受国防提供的安全服务,并不能降低原有人口对国防的"消费"水平;海上的灯塔,十艘船利用与二十艘船利用都一样,得到的便利也相同。正由于这个特点,公共物品的消费不必通过交易,即不用花钱去购买,所以私人提供公共产品就无利可图,只能由政府提供公共产品。

第二，非排他性。非排他性是指某个消费者在购买并得到一种商品的消费权之后，并不能把其他的消费者排斥在获得该商品的利益之外，或者说任何人都可以无偿享用，消费者可以不支付成本就获得消费的权利而生产者不能把那些不付费的人排除在外。公共物品的非排他性使得通过市场交换获得公共物品的消费权利的机制出现失灵。由于公共物品的非排他性，公共物品一旦被生产出来，每一个消费者可以不支付就获得消费权利。生产公共物品的厂商很有可能得不到抵补生产成本的收益，长期来看，这些厂商不会继续提供这种物品。

一般物品，一个人能否享用通常取决于他是否为此支付了费用。支付费用者可以享用，不支付费用者不得享用。而公共物品则是一个例外。比如，在海上建立一座灯塔，很难不让不交费的人利用灯塔，因为在海上要对每一艘利用这座灯塔的船收费在技术上难以办到，即使能办到，在经济上也不合算，因为，收取费用的成本很高。这样公共物品就无法避免"搭便车"，"搭便车"又称"免费搭车"，是指不支付费用而参与消费，不交费而利用灯塔、不纳税而享受国防安全就属于这种情况。

【即问即答】什么是公共产品的非竞争性和非排他性？举例说明。

答：非竞争性是指一个人对公共物品的享用并不能影响其他人，例如，烟花、空气和广场音乐；非排他性是指对公共物品的享用无需付费，例如，秩序、国防安全、义务教育等。

3. 自然垄断物品。具有非竞争性和排他性的物品是自然垄断物品，例如，从桥上通过，可能不具有竞争性，满足非竞争性条件，但却可以通过收取过桥费实现排他性使用。收费的道路、有线电视广播、付费桥梁、计费游泳池、政府提供的养老金、收费的不拥挤的公园和公路等，只要他们不具有竞争性，都属于自然垄断物品。自然垄断物品生产上的特点是产品在其规模不断扩大的过程中平均成本始终一贯的下降。

4. 共有物品。具有非排他性和竞争性的物品是共有物品。例如，可能无法通过收费的方式禁止某些渔船出海捕鱼，这样做的成本过于高昂，但捕鱼船的增加却会使鱼类资源趋于枯竭（竞争性）从而增加社会成本。例如，公共草坪、清洁的空气、失业补助、野生动物、公共厕所、公共过道、不收费的拥挤的公园和公路等。

【即问即答】为什么公路、有线电视不是纯粹公共物品？

答：纯粹公共物品具有"非竞争性"和"非排他性"（双非）。公路有的收费（高速），有排他性，不满足"非排他性条件"；有的公路拥挤，不满足"非竞争性"条件；有线电视要收费，不交费会被排除，也不满足"非排他性"条件。

政府提供的物品不全是公共物品（政府也提供与私人企业生产的相同的物品），但公共物品通常由政府提供。因此，有的西方经济学教科书，把公共物品定义为私人不愿意生产或无法生产而由政府提供给群体享用的产品或劳务，包括国防、空间技术、公务人员劳务、法官、邮政、气象预报、社会公正、公共教育、卫生保健、社会保障、城市建设等，政府被定义为公共物品的生产者，公共物品有时也被定义为政府所生产的物品。

要使消费者的欲望得到满足，公共物品是必不可少的，但市场本身缺乏提供充足的公共物品的机制。政府提供公共物品也需要各种生产要素，也需要成本支出。政府为提供或生产公共物品而进行筹资的渠道是多种多样的：(1)强制税收；(2)发行政府债券；(3)资本市场筹资，组建股份制公司。

【例题】高速公路是什么产品?

拥挤的收费的高速公路;拥挤的不收费的高速公路;不拥挤的收费的高速公路;不拥挤的不收费的高速公路。

高速公路的以上四种状态使得高速公路成为不同的产品,请说明为什么?

答:(1)"拥挤的收费的高速公路"是私人物品具有竞争性和排他性。随着收费水平的不断变化,价格机制会调节汽车流量,最终解决拥挤问题。

(2)"拥挤的不收费的高速公路"是共有物品,因为拥挤意味着竞争性、相互影响并产生外部性;而不收费会激励人们竞争拥挤的、稀缺的东西。大家都去竞争稀缺的、免费的、没有产权所有者的"无主资产",最后会产生"共有悲剧",表现为资源浪费、资源消耗、共有产品短缺。

(3)"不拥挤的收费的高速公路"是自然垄断物品,具有非竞争性和排他性。

(4)"不拥挤的不收费的高速公路"是公共物品,是具有非竞争性和非排他性特征的物品。蔚蓝的天空、明媚的阳光、寂静的黑夜、维系生命的空气、孕育人类青山绿水和山川河流等,这些极其珍贵而我们还能免费享用的东西,既具有非竞争性(丰富、充裕)还具有非排他性(免费获取),是最接近全民共同所有和使用的物品。

【快问快答】为什么公路和有线电视不是纯粹公共产品?

答:因为,它们不能同时满足非竞争性和非排他性条件("双非")。例如,高速公路收费,具有排他性;拥挤的公路具有竞争性;有线电视收费,具有排他性。

(二)市场为什么不能有效率地提供公共物品

1. 非排他性导致的市场失灵

任何购买公共物品的人都不可能因付费购买而独占该物品所带来的全部效用或收益。例如,美国某公司曾生产一种对汽车尾气进行过滤的装置,这种东西对净化城市空气大有益处,但却增加了汽车销售成本而遭到汽车制造商的拒绝,消费者同样拒绝购买这种对每个人都能带来好处的东西。因为,清新空气不能阻止其他人享用,即使没有付费购买和使用该产品的人,也能获得该物品所提供的效用和收益。但是,每一个购买者仅仅考虑自己购买的成本收益,而不将其他人可能得到的好处作为一种收益考虑,尽管他们在增进他人福利时,不必增加自己付出的成本。所以,市场机制既不能促使私人厂商去生产这种物品,也不能让潜在的购买者作出支付或购买决策。只有当购买者能独占收益时,他才愿意负担公共物品生产中投入的成本。

【知识点解答】非排他性效应

外部性、共有物品、公共产品都有一个共同点:非排他性的后果。请问物品"非排他性",有什么的后果?

答:在一个稀缺的世界里,非排他性使得行为人不承担行为的后果,不用支付行为代价。正外部性行为得不到张扬,负外部性不能被有效遏止,共有品越来越枯竭,公共物品受到污染,生命多样性面临威胁,交通拥挤,生态恶化,等等,都是"免费使用"惹的祸。

2. 非竞争性导致的市场失灵

有些物品是非竞争性的,如不拥挤的桥梁和公路、宽敞的游泳池、卡介疫苗、甲肝预防针、有线电视等,这些物品的使用和消费必须付费,以便收回生产成本。但是,如果不支付费用就不允许消费或使用,就意味着这些产品的浪费、闲置,使得资源配置效率降低,即市场机制不能促进资源的最优配置。例如,对不交费的家庭禁止观看有线电视节目,这种作法会损害效率;不太拥挤的桥禁止未付费者通过,也减少了社会总福利和社会满足感。

(三) 公共物品的供给与需求

1. 公共物品的供给由投票决定

西方学者认为,公共物品不能完全由市场提供,需要政府参与公共物品市场。公共物品的需求者或消费者是选民、纳税人,公共物品的供给者或生产者是政治家、官员。供求双方相互作用完成公共物品的生产和交易。

政府官员的行为动机至少有两个目标:机构扩张和职位的稳固、升迁。为取得尽可能多的选票,政府官员和政治领袖一般倾向于在决策中使用多数原则。这样,生产什么、生产多少公共产品,就要通过投票来表决。

投票是按一定规则进行的,不同的决策规则对选择的结果和个人偏好的满足程度会产生不同的影响。"投票经济学"中的一致同意规则和多数规则引人注目。

一致同意规则。凡是按一致同意规则通过的方案都是最优的。这一方案的通过不会使任何一个人的福利受到损失,也就不会使社会福利受到损失。一致同意规则可以满足全体投票者的偏好,不存在任何把一些人的偏好强加于另一些人的因素。但是,一致同意规则也有明显的缺点。缺点之一是决策成本太高。一项提案要一致同意,必然要耗费大量时间和人力。另一个缺点是招致威胁恫吓。一些人为了通过方案,不惜威胁恫吓反对者,迫使他们投赞成票。

多数规则可以分为简单多数规则和比例多数规则。按照简单多数规则,只要赞成票过半数,提案就可以通过。例如,美国国会、州和地方的立法经常采用这种简单多数规则,比例多数规则规定赞成票必须占应投票的一个相当大的比例,比如说,必须占 2/3,才算有效。美国弹劾和罢免总统、修改宪法等一般采用这一规则。西方经济学家认为,多数规则能增进多数派的福利,但会使少数派的福利受到损失。在一定的限制条件下,例如在受益者补偿受损者的条件下,多数规则也可能达到帕累托最优状态。多数规则可以满足多数人偏好,但未必能满足全体成员的偏好,因而存在把一些人的偏好强加于另一些人的因素。西方学者认为,在多数规则下作出的决策是投赞成票的多数给投反对票的少数加上的一笔负担。即使所有投票人都能从一项法案的实施中获得利益,并为法案的实施付出代价,即纳税,也会由于收益超过代价(赞成者),因而增加赞成者的净福利,而反对者获得的利益小于付出的代价,因而减少了反对者的净福利。

投票规则如此重要是因为,公共物品的生产不仅取决于个人偏好,也取决于所采用的投票规则。由于公共物品必须集体购买、集体消费,中间投票集团的偏好对公共物品的生产会起决定作用。

如图 5-6,当两党的候选人对倾向自由和倾向保守的选民采取中间立场时,获得的选票最多。因为,不同观点的投票人的分布呈正态分布,如果采取偏向保守或自由的立场,获得的选票就会大大下降。任何政党的候选人要想当选,都必须代表位于中间的多数选民的利益,这样,一小部分人的利益就会受损。当少数人对公共产品的决策不满时,除了忍受之外,

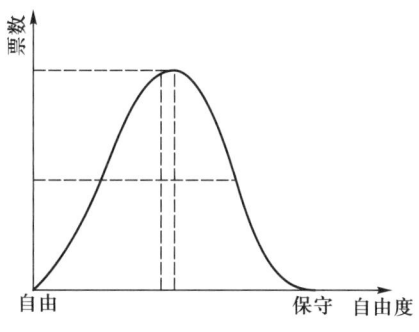

图 5-6 两党制与中间集团

还有两种方法:第一,离开国境,其成本是迁移成本和机会成本;第二,从持不同的政见到反叛,这时付出的成本可能无限大(进监狱甚至丢了性命)。

2. 政府失灵及其对策

公共选择理论认为,政府并不能完全解决公共物品的有效供给问题。政府失灵的原因如下:第一,垄断性。政府各部门提供公共产品,没有竞争者,无法判断其成本的高低和产出的多寡;第二,规模最大化目标。政府官员不能把利润占为己有,不会追求利润最大化,但大规模化可以强化其预算支出、改善工作条件、减轻工作负担,提高其劳务成本,提升机会,增大其掌握的权力和地位,办公条件也得以改善;第三,为获得更多选票和中间集团的资助实施不利于大多数人的预算方案。这些导致公共物品生产中的低效率。

3. 竞争机制的导入

解决政府低效率问题,公共选择理论认为,可以采取以下措施:第一,公共部门权力的分散化。一个国家可以有两个以上的电信部门,一个城市应有几个给水排水公司。公共权力集中带来垄断和规模不经济,而公共部门权力的分散有利于降低垄断程度,增加竞争成分,提高效率;第二,私人公司参与。例如,美国的高速公路由政府投资,但由私人建筑公司生产。在处理城市垃圾、消防、清扫街道、医疗、教育、体格检查等公共劳务的生产都可以实行私人公司参与的方式提高效率;第三,地方政府之间的竞争。如果资源及要素,尤其是劳动力可以自由流动,则会促进地方政府间的竞争、防止职权被滥用并提高效率。因为,某地税收太高或者垄断程度高,投资环境差,政府提供的公共服务差、价格高,居民会迁出从而会减少当地政府的税收。

四、市场失灵与微观经济政策

"市场失灵"是由于经济生活中存在垄断及进入障碍、外部性、公共物品、不公平,使市场机制在许多场合不能导致资源的有效配置,"市场失灵"的克服需要执行微观经济政策,对这些缺陷加以矫正。

(一)反托拉斯政策

西方许多国家都不同程度地制定了反垄断法或反托拉斯法,其中最为突出的是美国。
19世纪末20世纪初,美国出现了第一次大兼并,形成了一大批经济实力雄厚的大企业。这些大企业被叫做托拉斯。从1890年到1950年,美国国会通过一系列法案和修正案,反对垄断。其中包括《谢尔曼法》(1890年)、《克莱顿法》(1914年)、《联邦贸易委员会法》

(1914年)、《罗宾逊—帕特曼法》(1936年)、《惠勒—李法》(1938年)和《塞勒—凯弗维尔法》(1950年)。统称反托拉斯法。在其他西方国家中也先后出现了类似的法律规定。

美国的这些反托拉斯法规定,限制贸易的协议或共谋、垄断或企图垄断市场、兼并、排他性规定、价格歧视、不正当的竞争或欺诈行为等,都是非法的。例如,《谢尔曼法》规定:任何以托拉斯或其他形式进行的兼并或共谋,任何限制州际或国际的贸易或商业活动的合同,均属非法;任何人垄断或企图垄断,或同其他个人或多人联合或共谋垄断州际或国际的一部分商业和贸易的,均应认为犯罪。违法者要受到罚款和(或)判刑。《克莱顿法》修正和加强了《谢尔曼法》,禁止不公平竞争,宣布导致削弱竞争或造成垄断的不正当做法为非法。这些不正当的做法包括价格歧视、排他性或限制性契约、公司相互持有股票和董事会成员相互兼任。《联邦贸易委员会法》规定:建立联邦贸易委员会作为独立的管理机构,受权防止不公平竞争以及商业欺骗行为,包括禁止伪假广告和商标等。《罗宾逊—帕特曼法》宣布卖主为消除竞争而实行的各种形式的不公平的价格歧视为非法,以保护独立的零售商和批发商。《惠特—李法》修正和补充了《联邦贸易委员会法》,宣布损害消费者利益的不公平交易为非法,以保护消费者。《塞勒—凯弗维尔法》补充了克莱顿法,宣布任何公司购买竞争者的股票或资产从而实质上减少竞争或企图造成垄断的做法为非法。《塞勒—凯弗维尔法》禁止一切形式的兼并,包括横向兼并、纵向兼并和混合兼并。这类兼并指大公司之间的兼并和大公司对小公司的兼并,而不包括小公司之间的兼并。

美国反托拉斯法的执行机构是联邦贸易委员会和司法部反托拉斯局。前者主要反对不正当的贸易行为,后者主要反对垄断活动。对犯法者可以由法院提出警告、罚款、赔偿损失、改组公司直至判刑。(参见高鸿业、吴易风《现代西方经济学》(下册),第248-249页。经济科学出版社,1990年7月第1版。)

2008年8月1日,《中华人民共和国反垄断法》正式实施。《反垄断法》是我国社会主义市场经济法制建设的重大进步。中国《反垄断法》有以下几个特点:(1)它平等地适用于所有的市场主体,不分国有企业和民营企业、外资企业和内资企业。(2)它对滥用行政权力排除、限制竞争作出了规定,列举了强制交易、地区封锁、强制经营者从事垄断行为等行为。(3)它有着明显的中国特色,这与我国现实的国情相适应。比如该法第5条关于经营者依法进行竞争、联合和集中的保护,以及第7条"国有经济占控制地位的关系国民经济命脉和国家安全的行业以及依法实行专营专卖的行业,国家对其经营者的合法经营活动予以保护,并对经营者的经营行为及其商品和服务的价格依法实施监管和调控,维护消费者利益,促进技术进步。"(4)我国《反垄断法》对外国先进经验的借鉴。例如第2条域外效力的适用,如果一个外国发生的卡特尔或并购活动对国内市场产生严重不利影响,我国《反垄断法》对之有管辖权。鉴于卡特尔的隐蔽性和严重性,我国借鉴美国反托拉斯法的宽恕政策,规定能向执法机关主动报告垄断协议有关情况并提供有关证据的,可以酌情减轻或免除处罚。

(二) 解决经济外部性问题的政策

经济活动的外部性分为外部收益(新发明、接种疫苗、教育投资、国防建设等)和外部成本(生态失衡、环境污染、噪音释放、公共场合吸烟、汽车排放废气等)。解决经济外部性可以采取以下政策:

第一,税收和津贴。对于外部成本问题,政府可以制定法律、法规,对其或罚款、或征税,其数额应等于该外部行为所造成的损害,使私人成本和社会成本相等。对外部收益,政府应给予奖励、实施专利保护法,政府也提供公共工程、公共设施和公共产品。

这种方法遇到的最大问题是如何准确地以货币的形式衡量外部影响的成本或利益。在实践中,政府或有关部门往往是近似地估计这些成本。

【问题解答】征税会转移给消费者?

答:对污染者征税,最终会被部分地转移到购买者身上。

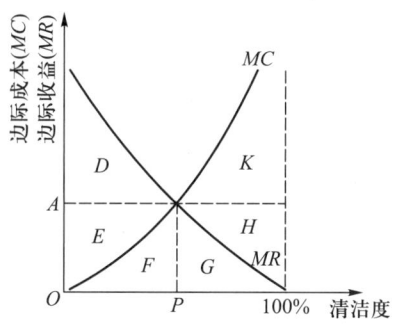

图 5-7 控制污染收浓度费

在图 5-7 中,征税费用定为每单位为 OA,等于污染减轻到最佳程度 P 时的边际费用。污染者:

(1) 企业通过治污,清洁度提高到 P,成本为 F。污染者(公司)治污(F)比交税($E+F$)**合算**;

(2) 超过 P 点的污染,污染者付给等于 $G+H$ 的税。这比治污付出 $G+H+K$ 的费用**合算**;

(3) 政府得到的税收是 $G+H$,补偿受害者损失 G 后。还留下有等于 H 的**收益**,这可用作其他目的或者减低税率。从私人工厂收集的污染浓度费,有助于解决公共废物处理设施的费用。

(4) 污染者(公司)负担的整个费用共为 $F+G+H$。将有相当大部分转到产品消费者身上。

【问题解答】通过征税方式来控制污染,有什么优点?

答:通过征税方式来控制污染,有很多优点。

其一,具有自我督促作用。征税形成了控制污染的一种经济机制。污染者行动起来控制污染,与其说是害怕进法院,倒不如说是出于自身利益。

其二,征税可不断鼓励发现新的和低成本的减低污染的办法。一个产业,常常能够用改变它的生产方法来大大改变它的污染物的产生。例如,造纸业将亚硫酸法改为硫酸法,每吨产品的废物减少 90%。钢材酸洗,由硫酸改变盐酸,可以使废物减少到几乎等于零。废物有时能回收用作原料,或用于主要产品,或用于生产新的副产品。那些不能再用的,在排放出去之前,可以减低它的毒性。如果对污染一点也不征税,这些可能性就被忽视。当征税时,它们就被积极发掘。

其三,征税这种制度不大需要政府机关了解污染控制的一切技术可能性,不大需要了解每一种可能性的费用如何,以及把浓度费定在某一水平上。例如,在生产者过一段时间作出反应后,你发现你的收费标准仍在 P 点左边,这说明收费太低。把它提高 10%,再看情况如何。或者相反,如果需要,把它降低些。

第二,产权重新界定和谈判。关于外部成本问题,只要政府明确界定产权(厂商是否具有排污、噪音释放的权利,居民的阳光享用权、洁净空气呼吸权),当不考虑交易费用时,市场机制可能导致均衡产生并使其达到高效率,即通过当事人之间理智的讨价还价的谈判,使资源配置优化。例如,在产生污染与受污染之害的两个企业之间,无论使用空气的产权归哪一方所有,从资源配置的角度说,其最终结果都一样,双方对于产量达到实现资源最优配置水平的兴趣是相同的。

西方产权理论把科斯定理作为解决外部经济影响的思路。

科斯定理(第一定理)是指在交易费用为零的情况下,不管权利如何进行初始配置,当事人之间的谈判都会导致资源配置达到帕累托最优状态。涉及外部性问题,科斯定理表明,无论最初的财产权属于谁,只要交易成本很小,市场总会有效地配置资源并解决外部性问题。(在交易费用不为零的情况下,不同的权利配置界定会带来不同的资源配置——科斯第二定理)。

关于科斯定理,比较流行的说法是:只要财产权是明确的,并且交易成本为零或者很小,那么,无论在开始时将财产权赋予谁,市场均衡的最终结果都是资源配置的帕累托最优状态。在现实世界中,科斯定理所要求的前提往往是不存在的,交易成本也不可能为零。但是,科斯定理毕竟提供了一种通过市场机制解决外部性问题的一种市场化思路和方法。科斯定理在解决外部经济影响问题上的政策含义是,政府无须对外部经济影响进行直接的调节,只要明确施加和接受外部成本或利益的当事人双方的产权,就可以通过市场谈判加以解决。

【问题解答】治污还是赔偿?

假定被污染者有获得损失赔偿的权利,这等于创立了一种环境财产权,如同其他财产权那样予以保护。"被污染者"的受损利益,等于 MR 曲线所示的消除污染的好处,即 MB 曲线下该点右边的面积(D、E、F),"被污染者"有权得到赔偿。见图 5-8。

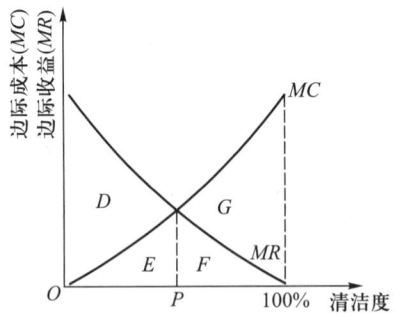

图 5-8　污染损失赔偿

(1)赔偿。如果污染者不治理,他将赔偿 D+E+F。这从他的立场看,不是最好的办法。
(2)治污。如果全部治污,他将付出 E+F+G。这从他的立场看,也不是最好的办法。
(3)治污+赔偿。把污染减低到 P 点最合算。因为,在均衡点,治污成本是 E,赔偿成本是

F,他的总费用是 $E+F$,都小于前面两种办法需要投入的费用。

科斯第一定理的结论是非常诱人的,但是其隐含的条件却限制了科斯定理在实践中的应用。首先,谈判必须是公开的无成本的,这在大多数外部经济影响的情况下是很难做到的。其次,与外部经济影响有关的当事人只能是少数几个人。在涉及多个当事人的条件下,不仅谈判成本增加,而且"免费乘车问题"又会出现。因此,科斯定理并不能完全解决外部经济影响问题。

【知识点解答】什么是交易成本?

交易成本又称交易费用,是由诺贝尔经济学奖得主科斯所提出。交易费用是指在完成一笔交易时,交易双方在买卖前后所产生的各种与此交易相关的成本。交易成本是为克服交易障碍的成本支出。包括克服限制交易的法律、规章和政策的成本支出;谈判、协商、签约、合约执行的监督等活动所花费的成本。

第三,企业合并——外部效应内部化。将施加和接受外部成本或利益的经济单位合并,通过合并,厂商能获取有益的外部效应,或者可以消除有害的外部效应。如果外部经济影响是小范围的,那么就可以采取这种方法。例如,上游造纸厂与下游养鱼场的合并,合并的企业会把纸产量推进到使上游造纸厂的边际收益等于下游养鱼场的边际损失时为止。一个占地面积较大的度假村,兼并周围的服务企业后,服务企业可因此得到较多的顾客,而度假村则因服务企业的加盟而改善其整个经营环境,这是有益外部效应的内部化。大城市辖区范围的扩大也可以使某些外部效应内部化:一个大城市所产生的空气污染并不局限于该市市区之内,对邻近县区也有影响;大城市作为商业、文化中心,也会给邻近地区带来好处——大城市辐射,如果建立辖区较大的跨区域性的政府,该城市可以对其辐射区征税以用于支持市区的发展,这就可将大城市的溢出效应内部化。

【即问即答】政府微观经济干预政策措施包括哪些?

答:当市场协商和谈判非常困难时,政府在解决外部问题中的作用就变得举足轻重了。

政府微观经济干预政策措施包括:(1) 价格控制;(2) 税收;(3) 补贴;(4) 配给;(5) 法律法规;(6) 国有化。

(三) 保护消费者的政策

政府制定和实施的消费政策本质上是政府提供的公共产品或公共服务,这也是私人或厂商无法提供的。政府的消费政策包括:第一,商品质量标准以及对商品进行检验;第二,消费宣传的有关规定以及对某些产品广告宣传的限制(如烟和烈性酒等);第三,消费禁止(如枪支、毒品、刺激性药物、不利于儿童健康的玩具和书刊等);第四,特殊服务的资格认定(如医生、律师、会计师、教师、评估师等);第五,限制价格政策(如生活必需品、公用事业服务、房租等商品价格限制政策等);第六,消费外部化干预政策(如禁止或限制人们对珍稀动物的消费,最低限价来抑制人们对水资源的浪费,小轿车增容购置费限制人们对小汽车的需求,减缓城市环境污染、交通拥挤等)。

另外,公共产品和公共服务也不一定完全由政府提供。例如,建立"消费者协会""行业协会"等非官方的组织,也可以接受消费者对产品与劳务质量、价格等方面的申诉,为消费者索赔,保护消费者利益。

【知识库】不完全信息导致的市场失灵

二手车是指用过的旧车。二手车差别很大，有的还相当好，有的却早该报废了。从外表上很难判断二手车的内在质量。卖主对车况了如指掌，这是他拥有的私人信息。买者仅从表面并不能看出二手车的内在质量。这就是二手车市场上的信息不对称。

在这种情况下，卖者总希望把自己已经快报废的二手车油漆一新，当作好的二手车卖出。这就是拥有私人信息一方的道德危险。

买者并不知道某一辆车的具体内在质量如何，但知道卖者都会利用他们的私人信息，力图把最坏的车卖给他们。这样，买者就把市场上的所有二手车都看成是最差的车，只愿意支付最低价格。这时，好的二手车的车主就不愿意把自己的车拿到旧车市场上出售，结果市场上的二手车都是最旧的。这就是逆向选择。这时，谁也不愿买最旧的车，而市场上只有最旧的车，交易就无法进行了。

解决这一问题的机制是找到一种低成本地获取卖主旧车私人信息的办法。确定旧车的内在质量是专业性很强的技术，如果买主仅仅为了买一辆车而去学习鉴定旧车的技术，成本就太高了。这时市场上就在卖者与买者之间出现了中间商，他们对旧车进行检验，并给不同质量的车做上记号，这时卖者与买者之间信息对称，旧车按质论价，交易就可以正常进行了。

中间商不是鉴定一辆车，而是以此为职业，鉴定许多辆车，他们学习鉴定旧车的专业知识，就能实现规模经济，获得每一辆车私人信息的成本很低。同时，他们作为中间商要在市场上生存下去，必须取信于买卖双方，所提供的信息必须真实可靠。市场竞争迫使他们为自己的信誉而一定要提供真实信息，当旧车市场上出现中间商时，买卖双方信息对称，交易就可以正常进行了。这说明，市场本身能够自发地产生克服信息不对称的方法，使市场在信息不对称的情况下也能正常运行。

本章小结

1. 不同市场类型的经济效率是不一样的。完全竞争市场的经济效率最高，垄断竞争市场的经济效率较高，寡头市场的经济效率较低，垄断市场的经济效率最低；市场竞争的程度越高，则经济效率越高；市场垄断程度越高，则经济效率越低。

2. 微观经济政策主要是针对市场失灵（垄断、不公平、外部性、公共物品）而采取的政策，包括反垄断政策、解决经济外部性问题的政策、保护消费者的政策。

3. 市场失灵在一定程度上可以通过政府来解决，但并不总是能够通过政府来解决，因为存在政府失灵的情况，虽然垄断、不公平、外部性、公共物品要政府出面解决，但同时又要引入市场竞争机制。

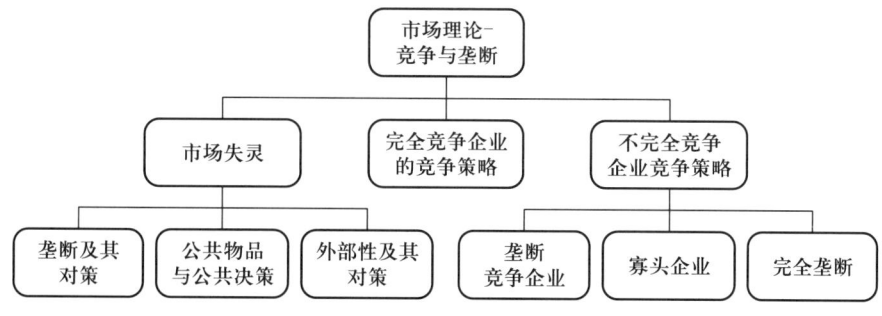

思 考 题

1. 不同市场类型的经济效率的差异（提示：完全竞争市场的长期均衡，价格等于平均成本和边际成本，即 $P = AR = MR = LAC = LMC$。所以，完全竞争经济效率最高，然后依次是垄断竞争、寡头垄断、完全垄断，它们的产量由高到低而价格由低到高）

2. 举例说明生产的外部性，如何判定外部收益或外部成本？（提示：果园果树不仅给生产者自己也给养蜂者带来好处。判定外部收益或外部成本的标准是其经济行为是否通过市场价格反映出来，如果不能，就存在外部性；或者说，施加外部影响者不能获得外部收益或支付外部成本，就存在外部性。）

3. 如何确定污染控制的最佳水平？（提示：$MR = MC$ 原则）

4. 市场能解决外部性问题吗？假设你与另一位吸烟者同住，并且你们有充足的时间协商，根据科斯定理，不吸烟的你与你的室友如何解决吸烟的外部性问题？（提示：由于交易成本巨大，市场或许不能解决外部性问题；根据科斯定理，如果你们有充分的时间协商（交易成本小），只要能**确定**你有"不吸二手烟"的权利（你的室友补偿或者贿赂你），或者你没有"不吸二手烟"的权利（你补偿或贿赂你的室友），你们是能够有效地解决吸烟外部性问题的。）

5. 焰火、灭火器、易拉罐、烟酒在消费中存在外部性问题吗？如果存在，会给社会带来外部收益还是外部成本？（提示：（1）存在；（2）灭火器存在外部收益；烟花存在外部收益和外部成本；烟酒存在外部成本；易拉罐存在外部成本。）

6. 污染控制的目标是消除污染吗？如何达到污染控制的最佳水平？（提示：$MR = MC$ 原则）

7. 为什么寡头垄断厂商会避免价格战？（提示：因为，寡头垄断厂商的产品存在价格刚性。提价无人跟进，会导致提价者市场销售份额大幅度下降、总收益下降；降价会引发价格大战，增加的市场份额有限。所以，寡头垄断厂商会避免价格战。）

练 习 题

一、单项选择题

1. 垄断厂商短期均衡时，垄断厂商可能（　　）：
A. 亏损　　　　B. 利润为零　　　　C. 获得利润　　　　D. 上述情况都可能存在

2. 下列哪个行业最接近完全竞争行业（　　）：
   A. 自行车行业　　　B. 玉米行业　　　C. 糖果行业　　　D. 服装行业
3. 在 $MR=MC$ 的均衡产量上，企业（　　）：
   A. 必然得到最大的利润
   B. 不可能亏损
   C. 必然得到最小的亏损
   D. 若获利润，则利润最大；若亏损，则亏损最小
4. 当一个完全竞争行业实现长期均衡时，每一个企业（　　）：
   A. 都实现了正常利润　　　　　　B. 经济利润都为零
   C. 行业中没有任何厂商再进出　　D. 以上说法都对
5. 经常打广告的企业，通常处在（　　）：
   A. 完全竞争市场　　　　　　B. 垄断竞争市场
   C. 寡头垄断市场　　　　　　D. 完全垄断市场
6. 经济活动存在外部成本是指该活动（　　）：
   A. 私人成本大于社会成本　　B. 私人成本小于社会成本
   C. 私人成本等于社会成本　　D. 私人成本等于社会收益
7. 社会成本（收益）等于（　　）：
   A. 私人成本（收益）+外部成本（收益）
   B. 私人成本（收益）×社会成本（收益）
   C. 私人成本（收益）/社会成本（收益）
   D. 私人成本（收益）-社会成本（收益）
8. 垄断竞争厂商实现利润最大化的途径有（　　）：
   A. 调整产量和价格　　　　　　B. 广告策略
   C. 产品质量和产品系列提升　　D. 以上都可能
9. 在完全竞争市场上，价格不变时（　　）：
   A. $P=AR<MR$　　B. $P=MR>AR$　　C. $P=MR=AR$　　D. $P<MR=AR$
10. 在完全垄断市场上，企业的（　　）：
    A. $P=AR<MR$　　B. $P=MR>AR$　　C. $P=AR>MR$　　D. $P=MR>AR$
11. 厂商关系最密切的市场是（　　）：
    A. 完全竞争市场　　　　　　B. 垄断竞争市场
    C. 寡头市场　　　　　　　　D. 完全垄断市场
12. 完全竞争市场的特点是（　　）：
    A. 厂商是价格的被动接受者　　B. 进出自由
    C. 产品同质　　　　　　　　　D. 以上都对
13. 寡头市场的特点是（　　）：
    A. 相互依存　　B. 价格刚性　　C. 进出障碍　　D. 以上都对
14. 市场失灵，因为（　　）：
    A. 垄断　　　　　　　　B. 外部性
    C. 公共产品和服务　　　D. 以上都对

15. 完全竞争厂商的需求曲线是（　　）：
A. 一条水平线且具有完全弹性　　　B. 与边际收益线重合
C. 与平均收益线重合　　　　　　　D. 以上都对

16. 下面不正确的描述是（　　）：
A. 企业和政府都可以提供公共产品
B. 运输服务、路桥、医疗、教育等不是纯粹公共产品
C. 秩序、国防、阳光等是纯粹公共物品
D. 有线电视具有非竞争性，所以应该免费

17. 下面不属于微观经济政策的是（　　）：
A. 反垄断政策　　　　　　　　　　B. 环境保护政策
C. 收入和保护消费者政策　　　　　D. 财政货币政策

18. 完全竞争市场上，厂商长期均衡条件是（　　）：
A. AR<MR　　　　　　　　　　　B. LMR = LAC
C. LMR = LMC　　　　　　　　　D. P = AR = MR = LMC = LAC

19. 以下错误的描述是（　　）：
A. 外部性会导致市场失灵
B. 市场方式解决外部性面临交易成本问题
C. 交易成本极小且产权明确时，外部问题最终能解决
D. 污染和拥挤永远无法彻底解决

20. 高峰期，交通拥挤，是因为（　　）：
A. 城市道路不是纯粹公共物品
B. 高峰时道路稀缺（具有竞争性）
C. 高峰时拥挤路段道路免费（非排他性）
D. 以上都对

（提示：DBDDC　BADCC　CDDDD DDDDD）

二、回答下列问题

1. 分析并回答：

（1）为什么每个卡特尔成员会有违背协议的动机？（提示：理性人假设，追求利益最大化，囚徒模型中的占优策略。）

（2）考虑两个寡头厂商，每一厂商都在"高"产量和"低"产量之间进行选择。根据每一厂商的不同选择，它们相应的获利情况为：

厂商B ＼ 厂商A	高产量	低产量
高产量	A 获利 200 万元 B 获利 200 万元	A 获利 100 万元 B 获利 500 万元
低产量	A 获利 500 万元 B 获利 100 万元	A 获利 400 万元 B 获利 400 万元

解释为什么不论厂商 A 作出什么样的选择,厂商 B 都会认为选择高产量是合理的。同样,解释为什么不论厂商 B 作出什么样的选择,厂商 A 都认为选择高产量是合理的。在这种情况下,怎样可以促使两个厂商勾结?

(3) 解释设置进入障碍、排他性经营、搭售和维持零售价格如何可以使寡头垄断者获得更高的利润。(提示:这些措施使其市场类型更接近完全垄断。)

(4) 为什么完全竞争厂商的需求曲线、平均收益曲线和边际收益曲线是重叠的?(提示:单个完全竞争厂商的行为不能影响供求和价格,只是被动的接受者。所以,价格不变时,单个厂商的需求曲线呈水平线状,其单价等于平均收益和边际收益,需求曲线、平均收益曲线和边际收益曲线重叠。)

(5) 为什么完全竞争厂商的短期供给曲线是 SMC 曲线上等于和高于 AVC 曲线最低点的部分?(提示:短期中厂商可以亏损但平均收益或价格不能低于平均变动成本 AVC。)

2. 已知某完全竞争厂商的短期成本函数为:

$$C = Q^3 - 2Q^2 + 14Q + 10$$

试求:(1) 当市场价格 $P=440$ 时,厂商的均衡产量和利润(提示:确定均衡产量的条件是 $MR=MC$,且 $P=MR=MC$,MC 由短期成本函数求导得到。)

(2) 当市场价格降到多少时,厂商停止生产(提示:$P=AVC$。)

3. 垄断厂商的总收益函数为 $TR=100Q-Q^2$,总成本函数为 $TC=10+6Q$,求:厂商利润最大化的产量和价格?(提示:对总成本函数和总收益函数求导得到 MR 和 MC,根据 $MR=MC$ 求出产量,价格由 $TR/Q=AR=P$ 求出。)

4. 某计算机公司的固定成本为 10 万元,单位产品中劳动、燃料、原料成本分别为 600 元、300 元、100 元。当价格为 3 000 元时,消费者没有购买量,但价格每下降 10 元,该公司的计算机销量就会增加 1 000。求该公司的均衡产量和价格。(提示:$TC=100\,000+(600+300+100)\times Q$,求导得 $MC=1\,000$;根据已知条件需求函数 $Q_D=300\,000-100P$,$TR=PQ$,对总收益 TR 求导得到 MR;$MR=MC$,求出产量,价格根据需求函数获得。注意产量、需求量和销售量在这里是一致的。)

5. 请根据物品的竞争性和排他性特点,对下列物品进行分类并把这些物品(最少选出八种)填入图表的空白处(A、B、C、D)。

(1) 食品及日用品,(2) 环境和洁净的空气,(3) 拥挤的不收费道路,(4) 汽车,(5) 消防,(6) 春节燃放的焰火,(7) 有线电视,(8) 国防,(9) 拥挤的收费道路,(10) 海洋的鱼,(11) 不拥挤的收费道路,(12) 政府提供的邮政服务和养老金,(13) 公共图书馆的座位和图书,(14) 基础研究,(15) 天然林木,(16) 未受保护的野生动物,(17) 公共牧场,(18) 矿藏资源。

排他性 \ 竞争性	是	否
是	A 私人物品:	B 自然垄断物品:
否	C 共有资源:	D 公共物品:

(提示:参考答案如下:

	竞争性	非竞争性
排他性	A:(1)食品及日用品;(4)汽车;(9)拥挤的收费公路	B:(7)有线电视;(11)不拥挤的收费公路
非排他性	C:(3)拥挤的不收费的公路;(10)海洋中的鱼;(12)政府提供的邮政服务和养老金;(15)天然林木;(16)未受保护的野生动物;(17)公共牧场;(18)矿藏资源	D:(2)环境与洁净的空气;(5)消防;(6)烟花;(8)国防;(13)公共图书馆的座位和图书;(14)基础研究;(19)防洪大坝;(20)灭蚊项目

准确答案取决于具体情况,比如,公共图书馆、政府提供的邮政服务和养老金、矿藏资源、消防、海洋中的鱼等,是否收费以及稀缺状况决定了其物品性质。所以,以上答案仅供参考。)

第六章　宏观经济的主要变量

学习目标

　　知识要求：了解国内生产总值、就业总量、价格水平、总消费、总储蓄、总投资、总需求、总供给等重要的宏观经济变量；**理解**总供求决定国内生产总值、就业、价格水平；**掌握**总供求模型并运用该模型来说明国内生产总值、价格总水平的决定。

　　技能要求：知道总支出包括：消费支出（C）、投资支出（I）、政府支出（G）、净出口（$X-M$）；总收入包括：工资、租金、利息、利润、税收、资本折旧，总收入最终分成消费（C），储蓄（S），税收（T）；**了解**均衡国民收入概念；**会用**总供求模型分析 GDP（国内生产总值）、失业和通货膨胀。

【开章案例】GDP——20 世纪最伟大的发明之一

　　GDP 核算已成为宏观经济管理部门了解经济运行状况的重要手段，以及制定经济发展战略、中长期规划、年度计划和各种宏观经济政策的重要依据。

　　GDP 的重要性是毋庸置疑的，美国经济学家萨缪尔森认为，GDP 是 20 世纪最伟大的发明之一。他将 GDP 比作描述天气的卫星云图，能够提供经济状况的完整图像，能够帮助领导者判断经济是在萎缩还是在膨胀，是需要刺激还是需要控制，是处于严重衰退还是处于通胀威胁之中。没有像 GDP 这样的总量指标，政策制定者就会陷入杂乱无章的数字海洋而不知所措。

　　判断宏观经济运行状况有三个主要指标：经济增长率、通货膨胀率和失业率。这些指标都与 GDP 有十分密切的联系。经济增长率就是 GDP 增长率，通货膨胀率一般是用国内生产总值平减指数或居民消费价格指数来衡量的。而著名的奥肯定律则告诉我们，失业率与经济增长率之间具有密切的联系，通过经济增长率可以对失业率进行大致的判断。

　　在国际社会中，一个国家的 GDP 与该国承担的国际义务、享受的优惠待遇等密切相关。比如说，联合国会费的确定是根据各国的 GDP 与人均 GDP 等数据计算而成的。

　　近年来，人们对 GDP 的局限性开始有越来越多的认识。经济学家举出了以下例子来加以说明：

　　一位先生请了一个保姆，洗衣做饭、打扫房间，先生付给她报酬。这报酬在统计上被记入 GDP。日久生情，先生娶保姆为妻。婚后妻子照样做那些家务活，先生却不用给她报酬，她的劳动成果也不被反映在 GDP 里。

　　一辆汽车在马路上正常地行驶，这时的汽车对 GDP 的增长没有什么贡献。突然，汽车撞上了路边的大树,司机受伤,汽车损坏。救护车来了,把司机送到医院,医院立即抢救;抢险车来了,把汽车拖到修理厂,修理厂修好了汽车。这一系列的服务统统被记入GDP,GDP因事故发生而增加。

这两个例子中,"保姆"的例子说的是GDP不包括家务劳动的价值,不能完全反映社会的劳动成果。"汽车"的例子说的是GDP只反映结果,而不管原因,本来是坏事在统计上却变成了好事。

除了这些局限,GDP也不能反映经济增长所付出的环境污染、资源消耗等代价,不能准确反映社会成员个人福利状况,人均GDP会掩盖收入差距的扩大。

近来人们反思最多的,是GDP不能反映经济发展对资源环境所造成的负面影响。例如,只要采伐树木,GDP就会增加,采伐后会造成森林资源的减少,GDP却不考虑相应的代价。再比如,某些产品的生产会向空气中或水中排放有害物质,GDP却无法表现这些损害。尽管我们的GDP增长很快,但代价也不小,单位GDP增长所消耗的资源水平大大高于国外。如果当前的经济发展过度地消耗了自然资源,就会对未来的经济发展造成不利影响,这样的发展是不可持续的。

正是看到了GDP指标的缺陷,一些经济学家提出了一些新的指标,如净经济福利指标和绿色GDP指标,但是,这些指标目前还缺乏可操作性,许多国家及国际组织都在对国民收入核算指标体系的完善进行积极探索和研究。

讨论题

实际GDP和就业是由什么决定的?

第一节 宏观经济变量

宏观经济学关注三大经济问题或三大经济变量:失业、通货膨胀、经济增长。这三大问题都跟国内生产总值(GDP)这一宏观经济变量有关。

【宏观经济分析】总量分析法

总量分析法是指对整体经济变量的决定、变动及关系的分析。总量包括两个方面:一是总和量,如GDP、工业增加值、失业总量、国际收支、外汇储备等;二是平均量,如平均价格水平、人均GDP、失业率等。2017年,中国GDP总量为12万亿美元,总排名世界第二,是美国的65.0%,是日本的305.1%,是德国的365.5%,英国的414.5%,印度的532.2%,但人均GDP为9 481.881美元,世界排名第70名(数据来源:中商产业研究院)。

一、国内生产总值(GDP)

1. 国内生产总值(GDP)

国内生产总值(GDP)是指一个国家在一定时期内,在其领土范围内,本国居民和外国居民生产的全部最终物品和劳务的市场价值总额。衡量一国的生产总水平或总产出的经济变量有多个,如国内生产总值(GDP)、国内生产净值(NNP)、国民收入(NI),其中GDP最常用。经济学常用GDP来表示一国总产出或一国财富量,并且把GDP与国民收入(Y)混用。

理解GDP需要注意四点:(1)它包含了外国公民在本国生产的商品和劳务价值;

(2) 它度量的是最终产品和劳务的市场价值。中间产品价值和非市场活动不计入 GDP；
(3) 它是一定时期内发生的流量；(4) 它是一个价值概念，用货币来衡量不同的商品和劳务。

【重要提示】*GDP* 的缺陷

GDP 被广泛使用，但是，它并非完美，其缺点主要有以下几个方面：

第一，GDP 衡量的某些内容并不能增加人们的福利，譬如政府用于购买炸弹、导弹等武器的开支，付给监狱看守的工资，犯罪的增加导致的报警系统销售额的增加值，所有这些全都计入了 GDP，但它们却并不能增加社会的福利水平。

第二，产出并不完全等同于消费。投资增加而导致的 GDP 的增长，却未必反映人们当前生活水平的提高，它只是刺激了将来的消费。

第三，诸如闲暇、工作条件、地下经济等重要内容并没有计入 GDP。

第四，GDP 忽略了外部影响。现代工业所生产的污染等外部经济影响没有通过市场交易反映出来，但却给人们带来了福利的损失。然而，GDP 中并没有这些项目。

第五，GDP 无法说明收入如何分配。由于 GDP 是总量指标，因而并未包含收入分配方面的信息，因而也就不能说明因收入分配不公平所带来的福利降低。

【问题解答】反映一国综合实力和富裕程度的指标是什么？

答：(1) 反映一国综合实力的指标是 GDP；(2) 反映一国生活水平、生活质量和富裕程度的指标是人均 GDP、人均预期寿命、受教育程度和人均可支配收入。

2. 潜在的 GDP

潜在的国内生产总值是指当资源得到充分利用时一国经济能够生产的总产值，它反映了长期内劳动、资本、土地等生产资源的最大生产潜力。潜在的国内生产总值又叫充分就业国内生产总值。现实国内生产总值可能大于、小于、等于潜在国内生产总值。

3. GDP 的三种核算方法

我们利用前面介绍过的市场运行模型(收入循环图)来说明 GDP 的计算。见图 6-1。

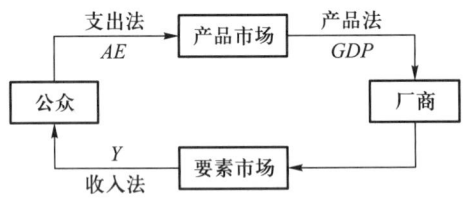

图 6-1 GDP 的计算方法

支出法。支出法是根据购买最终产品的支出来计算国内生产总值的方法。一国总支出(AE)包括：消费支出(C)、投资支出(I)、政府的购买支出(G)和净出口($X-M$)。总支出是指在一定时期内一国经济在购买最终产品上的支出总额。一定时期内生产的最终产品或被当期售出，或未被售出，未被售出的最终产品总额作为存货计入投资支出，所以，总支出等于国内生产总值，即 $AE = GDP = C+I+G+(X-M)$。

综上所述，通过购买物品和劳务的支出法核算 GNP 的方法和内容，可表示如下(见表6-1)：

表 6-1　国内生产总值——支出法

国内生产总值(GDP)
　　消费支出(C)：
　　　　耐用品
　　　　非耐用品
　　　　劳务
　　投资支出(I)：
　　　　固定资本投资
　　　　居民住宅投资
　　　　企业存货投资
　　政府支出(G)：
　　　　中央政府
　　　　地方政府
　　净出口(X-M)：
　　　　出口-进口

收入法。收入法是根据居民或公众向要素市场提供要素并取得国民收入 Y 来计量国内生产总值的方法。一国收入包括：工资、租金、利息和利润以及间接税、资本折旧。总收入等于国内生产总值，即 $Y=GDP$。要素所有者纳税(T)后余下的收入用于消费(C)和储蓄(S)，即 $Y=GDP=C+S+T$。

产品法。它是根据生产过程各个阶段上产品的增值或企业向市场提供最终产品计算国内生产总值的方法，产品法包括增值法和最终产品法两种。企业产品增值之和 $=GDP$ 或最终产品之和 $P_iQ_i=GDP$。

国内生产总值不同的计算方法是从国民经济运行的不同角度加以观察和计量的结果。从生产角度，它是社会生产出来的最终产品的总产值（"总产出"或总增值）；从收入角度看，生产出来的最终产品的总产值等于销售出去的"总收入"，它是生产部门中劳动者收入、税金、利润、净利息、固定资产折旧、非公司企业收入等项价值之和（总收入）；从支出角度看，总产出或总收入等于购买时的"总支出"，总支出是最终使用于消费、投资、增加库存、净出口、政府购买的商品和服务的总和（总支出）。但是，不管采用哪种方法，经过误差调整后所计算出来的国内生产总值都应是相等的。所以，"总产出"="总收入"="总支出"。

【数据分析】GDP 结构分析

我国 2016 年 GDP（支出法）数据：

GDP 总量：74.631 49 万亿元，其中：

40.017 56 万亿元（最终消费支出，53.6%）；

32.972 73 万亿元（资本形成总额，44.18%）；

1.641 2 万亿元（货物和服务净出口，2.199%）。

4. 国内生产总值恒等关系

支出法、收入法、增值法所具有的一致性，可以说明国民经济中的一个基本平衡关系，即实现了的总收入恒等于实现了的总支出，即：

总支出≡总收入

式中"≡"代表恒等关系,总支出由消费支出(C)、总投资支出(I)、政府购买物品和劳务的支出(C)、净出口($X-M$)四部分组成。总收入是由用于消费(C)和余下的储蓄(S)以及税收(T)三部分组成。用公式表示:

$$C+I+G+(X-M) \equiv C+S+T$$

以上等式,左边总支出(AE)即总需求(AD),右边总收入即总供给(AS)或称总产出,实际的或实现的总需求与总供给都可以代表国内生产总值,就是说 $Y \equiv AE \equiv AD \equiv C+I+G+(X-M)$,$Y \equiv AS \equiv C+S+T$,$Y \equiv AD \equiv AS$,或 $C+I+G+(X-M) \equiv Y \equiv C+S+T$。

如果政府不参与市场,也不讨论进出口,采用一种简化的模型分析,这样,两部门经济(企业和居民)中,国内生产总值恒等式简化为:

$$C+I \equiv Y \equiv C+S$$

这个恒等式表明,在产品流量方面,一定时期内生产的全部最终产品,除了用于消费之外,剩余的都用于投资。在收入流量方面,国内生产总值中除了用于消费的部分,就是储蓄。在恒等式两边消去消费C,我们得到:

$$I \equiv S$$

这就是投资与储蓄恒等式。在任何时期内,实际发生的投资和储蓄必然相等,这种恒等关系不仅是由于国民收入核算的复式记账法,而且在定义上也是成立的。

如果我们关心的是未实现的(预期的)投资和储蓄,那么,二者就不一定恒等了。未实现的总供给与总需求有三种情况:大于、小于、等于。简化成投资和储蓄以后,可表示为:

如果 $S>I$,GDP 下降

如果 $S<I$,GDP 上升

如果 $S=I$,GDP 保持不变。

5. 什么是个人可支配收入

个人可支配收入是指一个国家一年内个人可以支配的全部收入,它是对国内生产总值作了一系列扣除之后,加上政府对个人的转移性支付而得到的。通过个人可支配收入,我们还可以了解其他反映国民经济运行的总量。

表6-2 收入核算中的四个基本总量

1. 国内生产总值 GDP
2. 国内生产净值 $NDP=GDP-$资本折旧
3. 国民收入 $NI=NDP-$间接税
4. 个人收入 $PI=NI-$企业所得税和社会保险税$-$企业未分配利润$+$转移支付
5. 个人可支配收入 $DPI=PI-$个人所得税

表6-2中所列的国内生产总值与可支配收入的关系,可以概括为:

从国内生产总值中减去实际上不付给家庭的部分,再减去家庭交纳的个人所得税,加上家庭得到的转移支付就是个人可支配收入。

也可以表述为:从国内生产总值中减去折旧和一切税收(直接和间接税),再减去企业的未分配利润,又加上转移支付就是个人可支配收入。

【例题】什么是 GDP、NDP、NI、PI、DPI？

（1）国内生产总值的英文缩写即 GDP，它是指一定时期内，一国国内生产的全部最终产品和服务的市场价值总和。

（2）国内生产净值 NDP＝GDP－资本折旧

（3）国民收入 NI＝NDP－间接税

（4）个人收入是个人实际得到的收入，PI＝NI－企业所得税和社会保险税－企业未分配利润＋转移支付

（5）个人可支配收入 DPI＝PI－个人所得税。个人可支配收入 DPI，即从国内生产总值中，减去企业总储蓄（包括折旧和企业未分配利润），再减去政府的净税收（等于总税收扣去转移支付）就是个人可支配收入。

【案例与实践】国民收入核算

住房需求是投资？在核算中，住房是一种投资。但是，在我们中国人的观念中购买住房是一种消费，与购买冰箱、彩电、汽车一样。在经济学家看来，购买住房实际上是一种投资行为，即投资于不动产。

为什么购买住房不是消费而是投资呢？我们先从这种购买行为的目的来看。消费是为了获得效用，例如，购买冰箱、彩电、汽车等都是为了使满足程度更大。但投资是为了获得利润，或称投资收益。在发达的市场经济中，人们购买房子不是为了住或得到享受（如果仅仅为了住可以租房子），而是作为一种投资得到收益。住房的收益有两个来源。一是租金收入（自己住时所少交的房租也是自己的租金收入），二是房产本身的增值。土地总是有限的，因此，从总趋势来看，房产是升值的。正因为这样，许多人把购买住房作为一种收益大而风险小的不动产投资。

把住房作为消费还是投资在经济学家看来是十分重要的。因为决定消费与投资的因素不同。在各种决定消费的因素中最重要的是收入，但在决定投资的各种因素中最重要的是利率，因为利率影响净收益率。只有利率下降，收益率提高，人们才会投资，而且只要净收益率高，就愿意借钱投资。因此，要刺激投资就要降低利率。如果经济政策的目标是刺激人们购买住房，关键不是增加收入，而是降低利率。

已知下列资料：（单位亿元）

① 个人消费支出 500；② 总投资 175；③ 净出口＝出口－进口＝45－30＝15；④ 政府购买 200；⑤ 储蓄 160；⑥ 资本折旧 50；⑦ 公司未分配利润 100；⑧ 企业间接税 75；⑨ 社会保险金 150；⑩ 政府转移支付 100，公司所得税 50，个人所得税 80。

请计算：GDP，NDP，NI，PI 和 PDI。

（答：由支出法得：GDP＝①＋②＋③＋④＝500＋175＋15＋200＝890 亿元；国内生产净值 NDP＝GDP－⑥折旧＝890－50＝840 亿元；国民收入 NI＝NDP－⑧公司间接税＝840－75＝765 亿元；个人收入 PI＝NI－公司所得税和保险税－公司未分配利润＋政府转移支付和政府支付的利息净额＝765－（50＋150）－100＋100＝565 亿元；个人可支配收入 PDI＝PI－个人收入所得税－其他非税收入＝565－80－0＝485 亿元。）

二、失业

1. 劳动力。就业者与失业者之数量总和为劳动力。劳动力不包括未成年人、全日制在校学生、退休和丧失劳动能力的成年人。

2. 失业。失业是指符合就业条件的人没有找到工作的状况。处于这种状况的劳动力被称为失业者。失业者应具备四个条件：(1) 达到法定年龄，即在法定成年到退休区间(如16-65周岁)；(2) 有劳动能力，不包括丧失劳动能力的成年人；(3) 是没有工作但愿意工作、正在积极寻找工作的人；(4) 是接受现行工作条件和通行的实际工资水平的人。在失业者中，有的是第一次加入劳动力队伍的新失业者；有的是为寻找新工作，离开旧职但没找到新工作，已登记注册的失业者；也有的是被辞退而无法返回岗位的失业者。由于某种原因不愿工作的人、不积极去寻找工作的人、未领取失业救济的未登记注册的人，没有被计入统计数字。

【知识库】奥肯定律

奥肯定律是美国经济学家阿瑟·奥肯对国内生产总值变化与失业率变化关系的描述。根据奥肯定律，相对于潜在国内生产总值，现实国内生产总值每增加2%，将引起失业率降低1%。这一关系表明，增加就业和增加国内生产总值实际是一回事。要解决失业问题，只要增加国内生产总值或国民产出就行了。公式如下：

失业率变动 = $-0.5 \times$ (实际 GDP 变动百分比 -3%)

根据公式，实际 GDP 平均增长率为3%时，失业率不变；实际 GDP 平均增长率大于3%时，失业率下降幅度等于"实际 GDP 变动百分比 -3%"的二分之一；实际 GDP 平均增长率小于3%时，失业率就要上升。例如，失业率变动 = $-0.5 \times (3\% - 3\%) = 0$，失业率不变；失业率变动 = $-0.5 \times (5\% - 3\%) = -1\%$，失业率下降1%；失业率变动 = $-0.5 \times (2\% - 3\%) = 0.5\%$，失业率上升0.5%；失业率变动 = $-0.5 \times (1\% - 3\%) = 1\%$，即相对于潜在 GDP 下降2%，则失业率上升1%。

三、价格水平

1. 价格水平

价格水平是指在经济中各种商品价格的平均数。衡量价格水平的价格指数主要有：消费者价格指数 CPI、生产者价格指数 PPI、国内生产总值价格（GDP 指数）。

2. 通货膨胀

通货膨胀即物价普遍而持续的上涨，它是指某种价格指数从一个时期到另一个时期增长的百分比。通常大部分商品价格持续两个季度以上的上涨就称为通货膨胀。当通货膨胀率为负时，就是通货紧缩。

【问题解答】名义 GDP 与实际 GDP 有什么不同？

(1) 实际 GDP 是用从前某一年为基期的价格计算的全部最终产品的市场价值。

(2) 名义 GDP 是用当年价格计算的全部最终产品的市场价值。

(3) 如果知道了 GDP 折算指数，就可以将名义 GDP 折算为实际 GDP，其公式为：

实际 GDP = 名义 GDP/折算指数

【即问即答】如何计算实际工资？

物价指数 = 名义工资/实际工资。

例如，2000 年为基年，这一年的消费物价指数为 1（100%），2017 年物价指数为 1.65（165%），则 2017 年名义年薪 25 万元，其实际工资 = 25/1.65 = 15.15 万元（即相当于 2000 年的 15.15 万元）。

第二节　总需求与总供给

前面我们简要地讨论了宏观经济的三个基本变量：国内生产总值、就业、价格水平。这三个宏观经济变量是如何决定的呢？现在，我们通过总供给与总需求来回答这个问题。

一、总需求及总需求曲线

1. 总需求

总需求是指：给定价格、收入和其他经济变量，消费者、企业和政府想要支出的总额。因此，总需求反映的是经济中不同经济实体的总支出，包括消费者购买食品，政府购买坦克，企业购买汽车，等等。影响总需求的因素有价格水平，居民的收入，对未来预期，以及税收、政府支出、货币供给等政策变量。

总需求按照需求主体划分，可分解为居民的需求、企业（单位）的需求、政府的需求、国外部门的需求等。总需求可以被看作是这些方面的需求总和。

总需求按照需求对象划分，可分解为对投资品的需求和对消费品的需求，或者对最终产品的需求和对中间产品的需求，因此，总需求又可以被看作是对这些商品的需求总和。

2. 总需求曲线

总需求曲线表示总需求 Y 和价格水平之间的关系。在图形上，总需求曲线是一条斜率为负值、向右下方倾斜的曲线。总需求曲线是总需求函数的几何形式，总需求函数反映人们对所有产品的需求量 Y（$Y \equiv$ 总支出量 $\equiv$ 总需求量，即以总收入水平 Y 表示的总需求水平）和总价格水平之间的反方向变动关系。总需求曲线的这种形状表明，在其他因素不变的条件下，价格水平越高，总需求就越小，反之，价格水平越低，总需求就越大。见图 6-2，总需求曲线 AD。

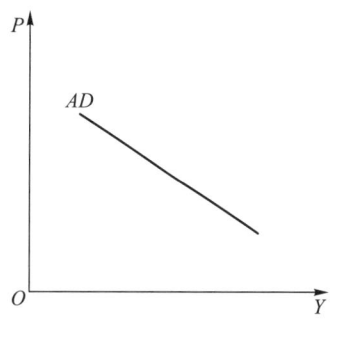

图 6-2　总需求曲线

【知识库】总需求曲线

总需求曲线向右下方倾斜的原因是什么？答：物价水平的变化改变了货币的实际价值和利率水平，从而引起总需求量相反方向的变动。比如，价格水平上升，降低了同一货币单位的购买力，导致总需求量下降，使得国民收入下降。

二、总供给及总供给曲线

1. 总供给

总供给是指:给定现行价格、生产能力和成本,所有企业想要生产并出售的总产品量。当不考虑自给性产品时,总产出等于总供给,总产出恒等于总收入。保罗·萨缪尔森在其以前的《经济学》各版本中,均使用"总产出"这一概念,而在第12版中,改用了"总供给"这一概念分析同一问题,并认为"宏观经济学中所有重大问题,现在都用这些新的工具加以分析"。

企业一般打算在潜在产出水平上进行生产。但是,如果价格低,需求不足,企业可能在低于潜在产出的水平上进行生产;而在价格高,需求旺盛的条件下,企业可能偶尔在高于潜在产出的水平上进行生产。

显然,按照这个定义,总供给与潜在产出水平有密切联系。影响总供给的因素有生产资源(主要是劳动力、资本、技术)的数量。劳动力的增加、资本的积累和技术进步将推动潜在产出水平的提高。

2. 总供给与潜在总供给

在宏观经济运行分析中通常使用的总供给概念,是指实际总供给,它是国民经济各部门已经生产和进口的、并已经向市场提供的商品总量。与总供给(实际总供给)相对而言的另一个概念是潜在总供给。

潜在总供给是指在现有的经济资源得到充分有效利用(不能仅仅理解为充分就业)的情况下,国民经济各部门可能向社会提供的商品总量。

在这里,经济资源得到充分有效利用,包含两层意思:

一是指现有的全部经济资源在可能的条件下均被动员起来投入经济过程之中,不存在能够被运用而未被运用的闲置经济资源。

二是指在现有的技术水平可能达到的程度上,被动员起来并已投入经济过程中的经济资源处于合理的配置和最佳的组合状态,单位经济资源的利用效率达到最大限度。

潜在总供给是实际总供给规模可能达到的极限。在通常的情况下,由于各种因素的影响,实际总供给与潜在总供给之间或多或少总会存在一定差距。二者之间的差距越大,表明现存的经济系统效率越低,反之,则表明现有的经济系统效率越高。因此,如何缩小实际总供给与潜在总供给之间的差距,使实际总供给最大限度地趋近潜在的总供给,是宏观经济运行分析所要解决的主要问题之一。

分析潜在总供给的意义,在于它表明了国民经济可能的产出能力,它为实际总供给状况的判断,提供了一个客观的参照系,同时也为实际总供给的短期扩张,提供了范围限定。

3. 总供给曲线

总供给曲线是总供给函数的几何形式,它表示所有企业想要生产的总供给量,即以总收入水平 Y 表示的总供给水平和对应的价格水平 P 之间的关系。总供给水平 Y 是价格水平 P 的函数:当价格水平 P 上升(下降)时,人们的实际工资水平 W 下降(上升),引起劳动的供给下降而需求 L_d 上升,实际就业量 N 可能增加(减少),总供给量 Y 就增加(减少),即 $P\nearrow$,$W\searrow$,$L_d\nearrow$,$N\nearrow$,$AS=Y\nearrow$。总之,实际就业量和总供给量 Y 随着价格水平的上升而增加,随着价格水平的下降而减少。

【知识库】总供给曲线

总供给曲线向右上方倾斜的原因什么？答：根据工资黏性理论，物价水平上升时，工资黏性（长期合约导致工资不能及时调整）导致名义工资不变而实际工资下降。随着企业产品价格上升、盈利增加，激励企业增加生产、扩大规模，总供给上升。

长期总供给曲线（b 点以上的垂直线）。长期总供给曲线是一条垂直线，不论价格水平如何，总产出水平即总供给水平总是等于潜在总供给水平。因为，在长期，所有投入品和产出品的价格都是可变动的。投入品的价格（如工资率等）随产出品价格的上升而上升，成本增长率等于价格增长率。这种价格的变动对企业没有影响。所以，总供给不受价格水平变动的影响，它决定于技术、生产资源的供给和生产资源的正常利用率，这样，长期总供给曲线就是在潜在总供给水平上的一条垂直线（图 6-3）。图 6-3 中，长期总供给曲线是 b 点以上的垂直线。它的经济含义是：这时的总供给已经趋近于潜在的总供给，继续动员社会闲置资源和提高社会平均的单位资源利用效率的余地已经没有，因此，无论这时社会的总需求如何增加，物价总水平怎样上涨，都难以使总供给的规模继续扩大。资源充分利用，经济中实现了充分就业，总供给无法增加，这种情况在长期中存在，故垂直的总供给曲线被称为"长期总供给曲线"。

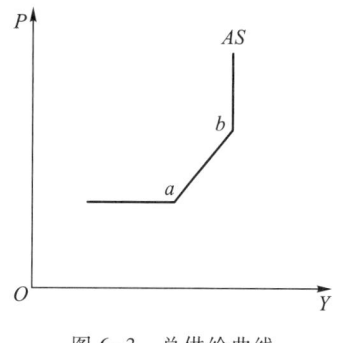

图 6-3　总供给曲线

凯恩斯总供给曲线（a 点以左的水平线）。总供给曲线在 a 点以左时，大体上是一条水平线。它的经济含义是：这时社会上存在着一部分闲置资源，企业可以在要素价格不变的条件下得到更多劳动、土地、资本，企业愿意在现有价格水平下提供产量。总供给数量会随总需求的增加而增加，即可以在不提高价格水平的情况下，增加总供给。这一情况，是由**凯恩斯**提出来的，所以，呈水平状的总供给曲线又称为"凯恩斯总供给曲线"。

短期总供给曲线（ab 点之间的线）。总供给曲线在 ab 之间，呈向右上方延伸之势。它的经济含义是：这时社会上已不存在便宜的闲置资源，总供给的增加伴随产品边际成本的上升，物价总水平的变动与总供给规模的变动之间，呈明显的正相关关系。这种情况在短期中存在，所以，右上方倾斜的总供给曲线被称为"短期总供给曲线"。

【背景资料】战争与经济

"大炮一响，黄金万两。"震惊世界的"9.11"事件之后，美英两国对阿富汗发动了军事打击。战争对经济产生了一些积极影响：不少人希望美国军火商能得到大量的坦克和飞机订单，通过军事支出的增加，引起总需求的增加，就业情况也会因许多人应征上前线而得到缓解，美国股市乃至经济借此一扫晦气。

专家分析认为，此次战争对美国经济的影响与越战、海湾战争不同。20 世纪 60 年代末期，联邦政府的巨额国防开支和非国防开支，使本来已很强劲的私营部门总需求进一步增强，并积聚了很大的通货膨胀压力，这种压力在整个 70 年代也未能得到充分缓解。此后一直到 80 年代末期，大部分经济决策的主要任务就是抑制通货膨胀。相反，海湾战争却引发了一次经济衰退，这是"沙漠盾牌行动"初期消费者信心急剧下降所导致的结果。但由于当时军队所需的大部分物资并不是依靠投资在未来实现的,所以并没有产生通货膨胀。

但阿富汗战争同以往迥异。首先,美国政府不可能像海湾战争那样动用大规模地面部队。更重要的是,这场对抗隐蔽敌人的战争将主要通过非常规手段进行,与此相关的国防资源大多是军备库存中所没有的,需要新的开支计划,这对经济中的总需求会产生积极的影响。

第三节 总供求均衡与国内生产总值的决定与变动

一国经济中的实际国内生产总值、就业水平和价格水平是由总需求与总供给的相互关系或相互作用决定的。经济中的均衡状态取决于总需求与总供给之间的关系,无论总需求曲线移动还是总供给曲线移动都会改变均衡点,因而改变经济中的实际国民收入和价格水平。下面我们介绍总供求、国内生产总值、就业、价格水平的相互关系。

一、总需求—总供给模型(AD-AS 模型)

把总需求曲线与总供给曲线结合在一起。我们会看到,总需求曲线与总供给曲线在 E 点相交(E 为均衡点),总供求均衡所决定的国内生产总值或国民收入(Y)为 Y_0,从而也决定了相对应的总就业量,此时的价格水平在 P_0 点。我们把由总供给和总需求相互作用(均衡)决定的国民收入和价格水平称之为均衡国民收入和均衡价格水平。见图 6-4。

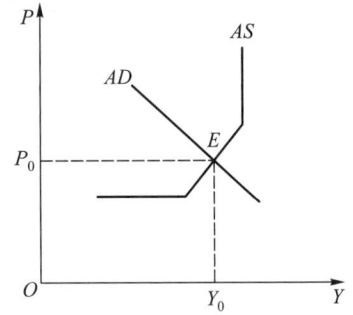

图 6-4 总供求均衡与国民收入决定

在均衡点的上方,总供给大于总需求,过多的供给会迫使价格水平下降;在均衡点以下,总供给小于总需求,过多的需求迫使价格水平上升。所以,只有总供求均衡时,国民收入和价格水平才相对不变或稳定。一定时期内,实际的国民收入始终是总供给与总需求相等时的均衡的国民收入,即:

$$总供给 = 总需求 = Y_0$$

二、总需求变动对国民收入与价格水平的影响

总供给曲线的形状不同(凯恩斯总供给曲线、短期总供给曲线、长期总供给曲线),总需求变动对国民收入与价格水平的影响是不一样的。总供给的三种情况产生三种类型。

1. 凯恩斯总供求模型

凯恩斯总供求模型。图 6-5 说明了总需求曲线移动在未实现充分就业前,价格与国民收入变动的情况,即总需求变动只引起国民收入的增减,而不会引起价格变化。由于存在资源闲置,总需求增加不会引起工资、租金、利息上升,产量和就业量增加不会导致边际成本明显增加,所以,价格水平不会有变化。

2. 短期总供求模型

短期总供求模型。图 6-6 说明了总需求曲线移动在资源利用接近充分就业状况时,价格水平与国民收入变动的情况,即总需求变动引起国民收入和价格水平同方向变动。

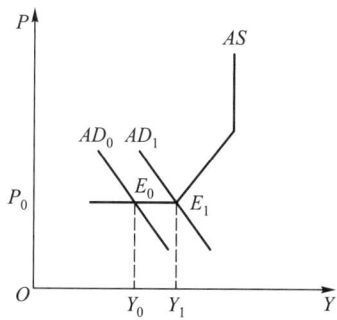

图 6-5 总需求曲线变动与凯恩斯总供给曲线

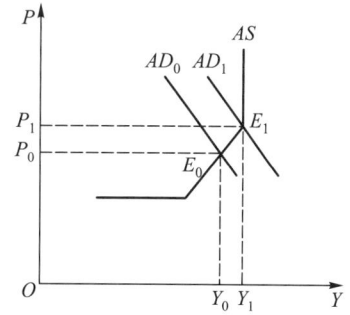

图 6-6 总需求曲线变动与短期总供给曲线

3. 长期总供求模型

长期总供求模型。图 6-7 说明了总需求曲线变动在资源充分利用、达到充分就业状况以后,价格水平与国民收入变动的情况,即总需求增减引起价格水平上升或下降,但国民收入水平不变,因为,资源运用达到极限后,不可能再增加。凯恩斯认为,达到充分就业后,总需求再增加,此时总需求为过度需求,过度需求只引起通货膨胀,而总供给不变。

充分就业时的总需求(AD_f)是指全社会资源达到充分利用、没有失业时的总需求,又叫潜在总需求。充分就业时的国民收入是指充分就业时的总需求(AD_f)与潜在总供给曲线(长期总供给曲线)均衡时决定的国民收入水平(Y_f)。

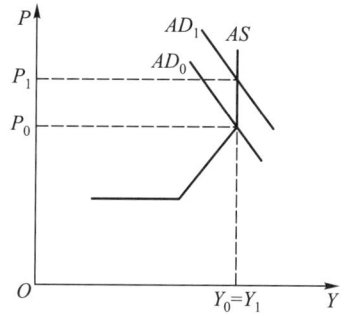

图6-7 总需求曲线移动与长期总供给曲线

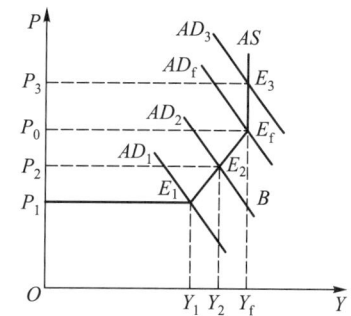

图 6-8 充分就业时的总需求和国民收入

图 6-8 中,当实际总需求曲线为 AD_1 时,价格水平和国民收入处在较低水平(P_1,Y_1);当实际总需求曲线为 AD_2 时,价格水平和国民收入增加(P_2,Y_2);当实际总需求曲线为 AD_3 时,与 AD_f 相比,价格上升了(P_3),但国民收入没增加,仍为 Y_f。只有当实际总需求曲线等于充分就业或潜在的总需求曲线时,才实现了资源的充分利用,是既无通货膨胀又无失业的国民收入均衡:

当 $AD=AD_f$,$Y=Y_f$,充分就业

当 $AD=AD_1$,$Y=Y_1$,存在失业

当 $AD=AD_2$,$Y=Y_2$,价格水平、国民收入和就业逐渐上升

当 $AD=AD_3$,$Y=Y_f$,通货膨胀

充分就业的国民收入与均衡国民收入水平之差,即 Y_f-Y_1 或 Y_f-Y_2,是国内生产总值缺口,此时存在失业。国内生产总值缺口的存在是由于实际总需求曲线低于充分就业时的总需求曲线,即 $AD_2<AD_f$。AD_2 到 AD_f 即 BE_f 可称为通货紧缩缺口(紧缩缺口),

在这之上 AD_f 到 AD_3,即 E_fE_3 可称为通货膨胀缺口（膨胀缺口）。

三、总供给变动对国民收入与价格水平的影响

假定总需求曲线不变,总供给曲线有三种情况（水平线、斜线、垂直线）,见图 6-9,这里只讨论斜线即短期总供给曲线对价格水平和国民收入的影响。

短期总供求模型。短期总供给曲线的变动与实际国民收入同方向而与价格水平反方向变动。

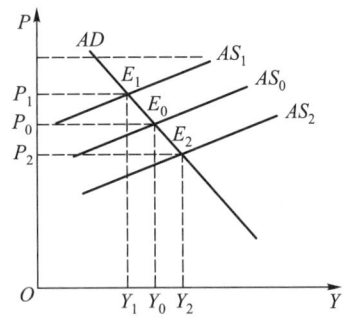

图 6-9　短期总供给曲线的移动对实际国民收入和价格水平的影响

【拓展与提高】石油供给的减少与石油价格的上升

原油是生产许多物品和劳务的关键投入,它已经成为一国经济发展中不可缺少的因素,所以石油价格的变化对许多国家的经济产生了很大的影响。在欧洲存在一个主要利用石油生产许多产品的国家,该国经济中一些大的波动就主要源于石油价格的变化。

20世纪70年代中期,为了阻止石油价格的不断降低,中东地区的主要产油国组成了一个卡特尔组织——欧佩克。欧佩克成功地提高了石油价格:从1973年到1975年,石油价格几乎翻了一番;从1978年到1981年,石油价格翻了一倍还多。石油输入国情况就不同了,由于石油供给的减少和石油价格的上升,这些国家生产汽油、轮胎和许多其他产品的企业成本迅速上升,而产品的价格不能同步迅速作出反应,所以这些企业都大量减少产量,或者干脆停业或破产。

通过我们对总供给的分析,你应该了解了石油价格上升对总供给的影响机制了。

四、总供求模型的运用

总供求模型是分析宏观经济问题的有用的工具。

1. 限制总供给政策效果（短期总供给曲线左移）

限制总供给政策效果——"滞胀"。限制总供给导致总供给曲线左移造成"滞胀"。"滞胀"是指国民收入和就业下降、失业上升与通货膨胀并存的经济状况。

图 6-9,短期总供给曲线从 AS_0 向左移到 AS_1 的位置,均衡点从 E_0 移到 E_1,实际国民收入从 Y_0 降至 Y_1,价格水平从 P_0 上升到 P_1。总供给曲线向上移动是西方国家经济发生滞胀的重要原因。20世纪70年代中期,美国经济的第一次滞胀,主要就是由于遭到强烈的"供给冲击"。当时谷物严重歉收,加之对苏联出口大量小麦,使粮食供给不足,粮价猛升。与此同时,石油输出国组织大幅度控制产量提高石油价格,不仅使能源价格上升,而且使石油制品价格上升,从而使许多产品成本增加。因此,总供给曲线向右移动,从而造成严重"滞胀",国民收入下降(生产停滞)和物价上涨(通货膨胀)两种病症同时并发。

2. 刺激总供给政策效果（短期总供给曲线右移）

刺激总供给政策效果——"繁荣"。应对通货膨胀,如果采取刺激总供给政策效果就会大不一样。如图 6-9,刺激总供给(财政税收优惠政策、财政补贴政策、放松管制政策、产业政策),总供给曲线从 AS_0 下移至 AS_2,价格降下来了($P_0 \to P_2$),国民收入增加了($Y_0 \to Y_2$)。

"滞胀"得以克服。这就是近年流行的"供给经济学"的主旨所在。供给经济学者建议采用减税、放松管制等措施来增加供给,以达到增加产出和降低物价的目的。这种理论引起了西方经济学界的争论。

3. 抑制总需求政策效果(总需求曲线左移)

抑制总需求政策效果——"衰退"。在短期总供给曲线斜线区域,抑制总需求导致总需求曲线左移造成"衰退"。采取压抑总需求方法(抑制投资需求和消费需求)虽然可以把通胀打压下去,但代价是均衡数量(成交量)下降。如图6-6,由 AD_1 到 AD_0,P_1 价格由降至 P_0。但是,采用这一政策时,虽然使价格降下来了,但是国民收入也从 Y_1 减少为 Y_0 了,使得国民经济走向衰退。

4. 刺激总需求政策效果(总需求曲线右移)

刺激总需求政策效果——"高涨"。在短期总供给曲线斜线区域,运用凯恩斯需求工具——赤字财政政策会刺激总需求曲线右移,国民收入、就业、价格增加。如图6-6,赤字财政政策使总需求曲线右移,总需求曲线由 AD_0 到 AD_1,国民收入和就业增加了($Y_0 \to Y_1$),价格也从 P_0 上升到 P_1。

5. 总需求增加减少失业(总需求曲线在凯恩斯区域右移)

刺激总需求政策效果——"凯恩斯效应"。在总供给曲线水平线区域,凯恩斯认为,如果国民收入均衡处于未实现充分就业前,由于生产能力过剩、需求不足,采取刺激需求、赤字政策、破窗挖坑政策不会引起通货膨胀,总需求变动只引起国民收入和就业的增减,扩张性财政和货币政策有利于国民收入和就业的增加。

图6-5说明了刺激需求政策使总需求曲线向右移动的效果。即总需求变动只引起国民收入的增加,而不会引起价格上升。总需求曲线由 AD_0 到 AD_1,国民收入和就业增加了($Y_0 \to Y_1$),价格仍然是 P_0。

6. 过度需求引发通货膨胀(总需求曲线在总供给曲线垂直区域右移)

长期总供求模型。在长期总供给曲线垂直线区域,图6-7说明了总需求曲线变动在资源充分利用以后,总需求增加引起过度需求,过度需求只引起通货膨胀,而总供给、国民收入水平和就业不变。

7. 长期总供给曲线右移与生产能力的提高(垂直线总供给曲线右移)

提升生产能力的长期发展战略——潜在总供给曲线右移。充分就业时的总供给曲线或潜在总供给曲线(AS线的垂直部分)的突破,社会生产能力的提高,可以依靠组织创新、结构调整、技术发明、科技运用以及新材料、新能源的使用实现。

图6-10,假设原来的充分就业时的国民收入为 Y_{f1},价格水平为 P_0。如果由于生产能力上升,总供给曲线发生位移,即从 AS_{f1} 到 AS_{f2},这样充分就业时的国民收入增加到 Y_{f2},价格水平下降到 P_1。所以,从动态考察,一国经济竞争力和国力的增加、社会生产能力的提高,实际上就是潜在总供给的增加和充分就业时的总供给曲线的右移。

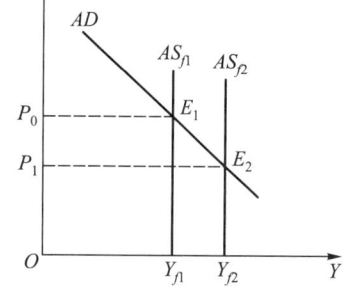

图6-10 生产能力提高与潜在国民收入

【案例与实践】总供求模型的运用

运用总供求模型,一方面可以分析总供给曲线或者总需求曲线变动引起的均衡、价格、国民收入、就业变动及相应的政策后果("滞胀""繁荣""衰退""高涨");另一方面,反过来运用总供求模型,可以通过"价量变动方向组合"(P 与 Y 变动方向的不同组合)判断价格变化、经济波动以及"繁荣""滞胀""衰退""高涨"的原因。

请问:如何根据"价量变动方向组合"判断房价变动的大致原因?

答:房价涨跌归纳起来有两方面的原因:

(1) 供给方面:"价跌量升"($P\searrow,Q\nearrow$),"繁荣"乃减税、放松管制、科技进步、结构调整、组织创新等"总供给管理政策"(曲线右移)所致;"价升量跌"($P\nearrow,Q\searrow$),"滞胀"乃征税、管制、企业成本上升等"总供给冲击"(曲线左移)所致;

(2) 需求方面:"价量齐跌"($P\searrow,Q\searrow$),"衰退"乃紧缩性"总需求抑制政策"(曲线左移)的结果;"价量齐升"($P\nearrow,Q\nearrow$),"高涨"乃扩张性"总需求刺激政策"(曲线右移)的结果。

【背景资料】宏观经济学的产生

宏观经济学是微观经济学的对称。它以整个国民经济为考察对象,研究经济中的收入、就业、价格等有关总量的决定因素及其变动,因其解释经济中的失业、通货膨胀、经济波动与经济增长以及国际收支和汇率等经济现象,故又称总量经济学。

在 20 世纪 30 年代以前,传统的西方经济理论主要研究市场中个体经济单位的行为。正如本书前面微观经济学部分所论证的那样,新古典的西方经济学认为完全竞争的市场经济可以实现帕累托最优有效的资源配置,即使出现市场失灵,也可以借助于政府的微观调节,最终使得经济达到有效状态。

1929—1933 年持续的经济萧条,促使经济学家进行了新的理论思考。J.M.凯恩斯在总结西方国家干预政策实践的基础上于 1936 年出版了具有划时代意义的《就业、利息和货币通论》(简称为《通论》),从理论上阐明了经济处于低于充分就业均衡的原因及其可能的对策,从而奠定了宏观经济学的基础。

随后,特别是在第二次世界大战以后,西方各国政府加强了对经济生活的全面干预。适应于这种需要,西方经济学家以凯恩斯的《通论》为基础,对凯恩斯建立的宏观经济学加以发展,其中主要是美国的新古典综合派经济学家,如汉森、萨缪尔森、莫迪尼亚尼、托宾、索洛等人。

但是,21 世纪 60 年代末期以后,西方国家"滞胀"的出现使凯恩斯主义宏观经济学的地位大不如前。一些新的非凯恩斯主义的宏观经济学相继出现,形成了对凯恩斯理论的夹攻,其中尤以货币主义和新古典宏观经济学最为突出。20 世纪 90 年代以后,凯恩斯主义在吸收各派观点的基础上,逐渐形成新凯恩斯主义宏观经济学,试图以新的综合重新回到主流。

本 章 小 结

1. 从支出角度计算 GDP,它包括:消费支出、投资支出、政府支出、净出口(C+I+G+X-M),即总支出;从收入角度计算 GDP,它包括:工资、租金、利息、利润、税收、资本折旧,总收入,总收入最终分成消费,储蓄,税收(C+S+T)。

2. 总供求决定 GDP。GDP 的变化将引起失业率和价格水平的变化。所以,GDP、失业率、通货膨胀率是三个最重要的宏观经济变量,而 GDP、失业率、通货膨胀率是由总需求与总供给决定的。潜在的 GDP 反映了长期内既定资源和技术条件下的最大生产潜力。现实的 GDP 可能大于、小于、等于潜在的 GDP。

3. 总供求模型是指用总供给曲线与总需求曲线模型来说明国内生产总值、价格总水平乃至整个经济的波动。

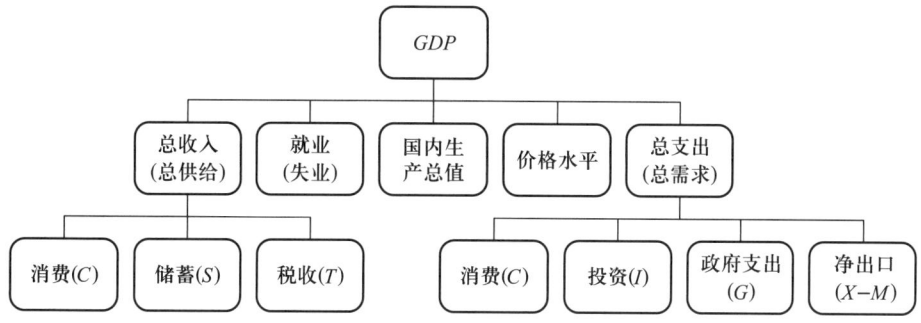

思 考 题

1. 短期总供给曲线为什么向右上方倾斜?(提示:资源接近充分利用,国民收入和资源价格随着总需求上升而增加。)

2. 什么因素会引起总需求曲线向右移动?用总供求模型说明这种移动对价格水平和国内生产总值及就业量的影响。(提示:财政和货币政策、消费、投资、出口、预期等都会影响总需求;要分清(1)资源未充分利用;(2)短期;(3)长期,三种不同情况下的不同影响。)

3. 在任何时期内,实际发生的消费和储蓄(C+S)一定等于消费和投资(C+I)。但是,实际的经济运动,即计划的、预期的消费和储蓄就不一定等于计划的、预期的消费和投资。出现这种不均衡时,国内生产总值的变化情况会怎样?(提示:如果 S>I,GDP 减少;如果 S<I,GDP 增加;如果 S=I,GDP 不变)

4. 说明下列事件对总需求或总供给的影响:(1)石油输出国组织联合限制石油产量和石油出口;(2)军备竞赛导致国防开支和军火采购大量增加;(3)一场罕见的自然灾害导致农副产品大幅度减少。(提示:(1)总供给曲线向左移动,引起均衡价格上升和均衡产量下降;(2)总需求曲线向右移动,引起均衡价格上升和均衡产量增加;(3)总供给曲线向左移动,引起均衡价格上升和均衡产量下降。)

5. 用总供求模型图说明思考题4中各事件对国内生产总值和价格总水平的影响。(提示:参考本章第三节的相关图形。)

6. 用 AD—AS 曲线说明:短期内,增加支出和需求将导致高国民收入和高就业,同时带来高价格。但在长期内,不可能使收入水平保持在高于潜在产出的水平,改变的只是价格总水平。(提示:AD—AS 曲线图即总供求模型图,参见本章第三节"总需求曲线变动与凯恩斯总供给曲线"和"总需求曲线变动与长期总供给曲线"图形。)

7. 用 AD—AS 曲线图说明:总需求较大幅度减少引起价格水平下降和经济衰退。(提示:用短期总供求模型图说明。参见本章第三节"总需求曲线变动与短期总供给曲线"图。)

8. 下列事件是否影响长期总供给:(1) 体制创新使高科技全面进入实际运用;(2) 严重的暴风雨危及沿海地区的制造商;(3) 一次集体行动增加数百万人的工资;(4) 经历了未曾预料到移民浪潮之后。(提示:(1) 是的,影响长期总供给,曲线向右移动,参考本章第三节最后"长期总供给曲线右移与生产能力的提高"及其图形;(2) 是的,影响长期总供给,曲线向左移动;(3) 不影响长期总供给。只影响工人名义工资;(4) 是的,影响长期总供给,曲线向右移动。)

练 习 题

一、单项选择题

1. 下面不属于总需求的是(　　):
   A. 政府购买　　　　B. 居民消费　　　　C. 净出口和投资　　D. 税收
2. 下列正确的国民收入恒等式是(　　):
   A. 投资=储蓄　　　B. 消费=投资　　　C. 消费=储蓄　　　D. 储蓄=税收
3. 下列正确的国民收入恒等式是(　　):
   A. 消费+投资+净出口=消费+储蓄+税收
   B. 消费+投资+出口=消费+储蓄+税收
   C. 消费+投资+出口+进口=消费+储蓄+税收
   D. 消费+投资+进口=消费+储蓄+税收
4. 下列用支出法计算 GDP,正确的是(　　):
   A. GDP=消费+投资+政府购买支出+出口
   B. GDP=消费+投资+政府购买支出+净出口
   C. GDP=消费+投资+出口+税收
   D. GDP=消费+投资+储蓄
5. 影响总需求的因素,不包括(　　):
   A. 价格水平　　　　B. 收入和预期　　　C. 税收　　　　　　D. 货币供给
6. 与 GDP 相关,正确的描述有(　　):
   A. GDP 是一个存量　　　　　　　　　　B. GDP 包括地下交易和黑市交易
   C. 核算的是最终产品的市场价值　　　D. 也包括本国居民境外经济活动
7. 用收入法核算 GDP,不包括(　　):
   A. 工资及其他补助　B. 利润和租金　　　C. 折旧和间接税　　D. 出口

8. 用支出法核算 GDP，不包括（　　）：
A. 政府购买支出和净出口　　　　　　B. 个人消费支出
C. 私人国内总投资　　　　　　　　　D. 以上都是
9. 用支出法核算 GDP，不包括（　　）：
A. 投资　　　　B. 净出口　　　　C. 消费　　　　D. 进口
10. "滞胀"是指（　　）：
A. 增长停滞　　B. 增长缓慢　　　C. 通货膨胀　　D. 失业与通胀并存
（提示：DAABD CDDDD）

二、问答题

1. 解释下列每个事件对短期总供给曲线、总需求曲线是否有影响，如果有影响请作图说明这种影响对经济的影响：(1) 企业未来预期极为乐观并大量投资于新设备；(2) 悲观情绪笼罩着每一个家庭，家庭决定比以前持有更多的货币余额；(3) 东部果园受寒流影响产量大幅度下降；(4) 紧缩性财政和货币政策将继续作为下一年的政策取向。（提示：(1) 引起短期总需求曲线右移，价格水平上升、国民收入和就业增加；(2) 引起短期总需求曲线左移，价格水平下降、国民收入和就业减少；(3) 引起短期总供给曲线左移，价格水平、国民收入、就业下降；(4) 引起短期总需求曲线左移，价格水平下降、国民收入和就业减少。）

2. 世界能源供应变化对世界经济的影响。

供给冲击。1973—1975 年，石油输出国组织——欧佩克，通过减少各自的产量，提高每桶原油的价格，提价后，原油价格几乎翻了一番。世界各石油进口国都因此经历了一场严重的经济衰退和通货膨胀，在美国，通货膨胀率超过 10%，失业率从 1973 年的 4.9% 上升到 1975 年 8.5%。1978—1981 年，欧佩克组织再次限制石油供给，石油价格翻了一番还多。结果又是滞胀，美国的通货膨胀率超过 10%，失业率从 1978—1979 年的 6% 左右上升到 10% 左右。

寡头博弈。1986 年欧佩克成员国之间爆发争执，成员国违背限制石油生产的协议，世界原油价格出现崩溃性的下跌，价格下降了一半左右。

页岩气革命。2000—2014 年美国页岩气产量占天然气总量比例从 1.7% 提高到 44%，世界能源供给构成发生巨大变化，全球经济对石油需求迅速下降，2014 年国际石油价格再次出现雪崩式下跌，每桶原油从 100 多美元跌至今天的 40~50 美元。

请用供求图说明以上事件的经济影响。（提示：(1) **供给冲击**。AS-AD 曲线图，当长期总需求价格弹性缺乏弹性且供给曲线左移动时，就会出现严重通货膨胀；(2) **寡头博弈**。一方面，长期中，需求价格弹性增加，因为，石油被煤炭、风能、潮汐能、核能、页岩气、页岩油和天然气所替代，石油需求曲线左移，对原油需求下降。另一方面，每一个寡头都有违约冲动，大家都违约增加产量，总供给曲线向右移动，协议价格崩溃；(3) **页岩气革命**。页岩气油对石油的替代，大幅度降低了对石油的总需求，需求曲线向左移动，原油价格很难再回到过去的每桶 100-140 美元的价格了。）

3. 已知某一经济社会的如下数据：

工资 100 亿元	利息 10 亿元	租金 30 亿元
消费支出 90 亿元	利润 30 亿元	投资支出 60 亿元
出口额 60 亿元	进口额 70 亿元	政府用于商品的支出 30 亿元

要求：

(1) 按收入法计算 GDP；

(2) 按支出法计算 GDP；

(3) 计算净出口。

(提示：(1) 按收入法 GDP = 100+10+30+30 = 170 亿元；(2) 按支出法计算 GDP = 90+60+30+(60-70) = 170 亿元；(3) 净出口 = $X-M$ = 60-70 = -10。)

第七章　国民收入决定理论

学习目标

　　知识要求：了解总需求的构成；**理解**引起国民收入变动的因素，即消费函数、储蓄函数、投资函数、乘数理论；**简单掌握**凯恩斯国民收入决定模型：$Y=C+I$。

　　技能要求：知道消费与储蓄对国民收入的不同影响；**了解**乘数原理及其作用；**会用**凯恩斯模型说明国民收入的决定。

【引导案例】破窗经济和乘数效应

　　某商店的一块玻璃被打破了，店主花 1 000 元买了一块玻璃换上。玻璃店老板得到这 1 000 元收入，假设他支出其中的 80%，即 800 元用于买衣服，衣服店老板得到 800 元收入。再假设衣服店老板用这笔收入的 80%，即 640 元用于买食物，食品店老板得到 640 元收入。他又把这 640 元中的 80% 用于支出……如此一直循环下去，你会发现，最初是商店老板支出 1 000 元，但经过不同行业老板的收入与支出行为之后，总收入增加了 5 000 元。其原因何在呢？乘数原理回答了这一问题。

　　投资乘数是指最初投资增加所引起的国民收入增加的倍数。在该例子中，最初的投资就是玻璃店老板购买玻璃的 1 000 元。这种投资的增加引起的衣服店、食品店等部门收入增加之和为 5 000 元。所以乘数就是 5(5 000 元除以 1 000 元)。一笔投资增加所引起的国民收入成倍增加就是宏观经济学中的乘数效应。

　　经济中为什么会有乘数效应呢？国民经济中各部门之间是相互关联的，一个部门的支出就是另一个部门的收入。循环下去，一个部门支出的增加就会引起国民经济各部门收入与支出的增加，使最终收入的增加量是最初支出增加的数倍。

　　在上面讲到的"破窗"经济中，乘数是 5。为什么乘数是 5 而不是其他数呢？乘数效应的大小取决于边际支出倾向(边际消费倾向)的大小。在该例子中，当边际支出倾向为 0.8 时，乘数是 5，如果你把边际支出倾向改为 0.5，乘数就变为 2。可以看出，边际支出倾向越大，乘数越大。

　　"破窗"经济只是个例子，把这个例子换为财政支出增加你就可以看出乘数效应多么重要了。假定政府支出 100 亿元用于基础设施建设。支出会带动建筑、水泥等各部门收入与支出的增加。近年来，我国政府加大基础设施投资支出，带动整个经济走向好转，正是乘数在发挥作用。

讨论题

一方面消费和投资可以引起国民收入和就业增加（按乘数增加），另一方面消费和投资增加又可能导致总需求和物价上升，在什么情况下总需求增加导致通货膨胀？

第一节 总需求的构成

前面分析了总需求与总供给以及由这二者相互作用决定的均衡国民收入。但是，凯恩斯认为，在短期（如一年），决定国民收入的基本力量是总需求，导致失业、萧条的根本原因是总需求不足。所以，国民收入决定理论把重点放在对总需求的分析上，分析总需求的构成、变动及对国民收入的影响。

一、一则古老的寓言

20世纪30年代初的世界经济大萧条使3 000多万人失业，1/3的工厂停产，金融秩序一片混乱，整个经济倒退到第一次世界大战前的水平。经济大危机中，产品积压，工人失业，生活困难，绝大多数人感到前途悲观，有工人说："我唯一感到安慰的是，再也没有什么可失去的了，情况再也不会比这更糟了"。

持续的经济衰退和普遍的失业，使传统的经济学遇到了严峻挑战。一直关注美国罗斯福新政的英国经济学家凯恩斯勋爵从一则古老的寓言中得了启示。这则寓言是这样说的：

从前有一群蜜蜂过着挥霍、奢华的生活，整个蜂群兴旺发达，百业昌盛。后来，它们改变了原有的生活习惯，崇尚节俭朴素，结果社会凋敝，经济衰落，终于被敌手打败而逃散。

凯恩斯从这则寓言中悟出了需求的重要性，建立了以需求为中心的国民收入决定理论，并在此基础上引发了经济学上著名的"凯恩斯革命"。这场革命的结果就是建立了现代宏观经济学。

凯恩斯在进行需求分析时，有三点重要的假设：

第一，总供给不变。假定各种资源没有得到充分利用，总供给曲线处于水平线区域，总需求的增加可以引起均衡国民收入上升，即总供给随着总需求的增加而增加，总供给不发生线移动，也就是不考虑总供给对国民收入决定的影响。

第二，潜在国民收入，即充分就业时的国民收入水平不变。

第三，价格水平既定。

二、总需求的四个部分

我们知道，总需求表示在一定的收入水平、价格水平等条件下，消费者、企业、政府和外国想要购买的本国生产的物品和劳务的总量。所以，它由消费需求、投资需求、政府部门需求和净出口四部分构成。总需求也是一定时期内整个经济中的计划总支出。计划支出与实际支出有时并不一致。例如，某时期某企业计划不增加存货投资，但由于对其产品的需求意外下降，销量减少，存货增加，存货投资实际大于计划。

1. 消费。消费是指居民对产品与劳务的需求或支出，包括：耐用消费品支出、非耐用消费品支出、住房租金，以及对其他劳务的支出。根据西方经济学家对长期消费统计资料分析，在总需求中消费的需求是相当稳定的。

2. 投资。是指厂商对投资品的需求或支出,包括:企业固定投资(用于厂房、设备等固定资产的投资)、存货投资(用于原材料、半成品及未销售的成品的投资)以及居民住房投资。投资在经济中波动相当大。

3. 政府支出。政府支出这里是指政府对各种产品与劳务的需求,或者说是政府购买产品与劳务的支出。随着国家对经济生活干预的加强,总需求中政府支出的比例也一直在提高。

4. 净出口。"出口"在分析国民收入的决定时是指净出口,即出口与进口之差。

三、消费函数

在论述消费函数理论时,通常假设消费者的所有可支配收入用于消费和储蓄。消费,是居民在购买物品和劳务上的支出。储蓄则定义为没有用于消费的那部分收入。

在简单的国民收入决定理论中,我们假定总需求中的其他部分不变,仅仅考虑总需求中消费的变动对总需求的影响。这样就先要了解消费函数,以及相关的储蓄函数。

1. 消费函数与储蓄函数

消费函数与储蓄函数要说明是什么因素决定消费和储蓄。

消费函数是消费与收入之间的依存关系。在其他条件不变的情况下,消费支出随收入的变动而同方向变动,即收入增加,消费增加;收入减少,消费减少。如果以 C 代表消费,Y 代表收入,则消费函数就是:

$$C = f(Y)$$

消费与收入之间的关系,可以用平均消费倾向和边际消费倾向来说明。平均消费倾向是指消费在收入中所占的比例。如果以 APC 代表平均消费倾向,则是:

$$APC = \frac{C}{Y}$$

边际消费倾向是指增加的消费在增加的收入中所占的比例。如果以 MPC 代表边际消费倾向,ΔC 代表增加的消费,以 ΔY 代表增加的收入,则是:

$$MPC = \frac{\Delta C}{\Delta Y}$$

储蓄函数是储蓄与收入之间依存关系。在其他条件不变的情况下,储蓄随收入的变动而同方向变动,即收入增加,储蓄增加;收入减少,储蓄减少。如果以 S 代表储蓄,则储蓄函数就是:

$$S = f(Y)$$

储蓄与收入之间的关系,可以用平均储蓄倾向和边际储蓄倾向来说明。平均储蓄倾向是指储蓄在收入中所占的比例。如果以 APS 代表平均储蓄倾向,则是:

$$APS = \frac{S}{Y}$$

边际储蓄倾向是指增加的储蓄在增加的收入中所占的比例。如果以 MPS 代表边际储蓄倾向,以 ΔS 代表增加的储蓄,则是:

$$MPS = \frac{\Delta S}{\Delta Y}$$

全部的收入分为消费与储蓄,所以:
$$APC+APS=1$$
同样,全部增加的收入分为增加的消费与增加的储蓄,所以:
$$MPC+MPS=1$$

【背景资料】边际消费倾向比较

据估算,发达国家的边际消费倾向约为70%,中国的边际消费倾向约为50%。为什么有这种差别呢?

(1) 收入差别。发达国家经济成熟、稳定,经济的稳定决定了收入的稳定性。当收入稳定时,人们就敢于消费,甚至敢于借贷消费了。中国是一个转型中的国家,尽管经济增长速度快,但收入不稳定。这样,人们就不得不节制消费,以预防可能出现的失业风险。

(2) 社会保障制度的差别。人们敢不敢花钱,还取决于社会保障制度的完善性。发达国家社会保障体系较为完善,覆盖面广而且水平较高。失业有失业津贴,老年人有养老金,低于贫困线有帮助,上大学又可以得到贷款。这样完善的社会保障体系使人无后顾之忧,敢于消费。但中国过去计划经济下的社会保障体系被打破了,新的市场经济条件下的社会保障体系还没有完全建立起来,而且受财政实力的限制也难以在短期内有根本性的改变,从而人们要为未来生病、养老、孩子上学等必需的支出进行储蓄,消费自然少了。

(3) 经济结构差异。中国城乡差别大,二元体制特征明显,收入分配平等程度低,因而社会的边际消费倾向越低。

2. 消费与收入的关系

在任何时期内决定消费的主要因素是什么呢?人们的直观印象是商品的价格和居民的收入水平。然而,西方宏观经济学家把收入作为决定消费的最主要因素,并不考虑价格变动的影响。他们认为,在一定的收入水平下,消费者在一种商品上支出的增加必然伴随着在别种商品上支出的减少,消费支出总额不受商品之间相对价格变动的影响。当商品的价格普遍上涨或下降时,如果居民的名义收入随价格水平同比例变动,则实际收入不变,居民的实际收入就其总额来说是独立于价格水平的。因此,西方宏观经济学中对消费的研究集中在消费和可支配收入的关系上。

任何两个家庭的消费支出的内容都不可能完全一样,即使他们的收入相同。然而,大量的统计数据表明,居民家庭的消费构成具有一定的规律性。平均来说,低收入水平的家庭必须把他们的大部分收入用在购买食品、住房等生活必需品上。随着收入的增加,人们将吃得多一些和好一些。但在食品上增加的支出是有限度的。对于高收入水平的家庭,用于购买高级衣着、娱乐、汽车等奢侈品的开支在其消费中占有较大比例。

【知识点问答】消费函数

请解释消费函数:$C=a+bY$,其中,C表示消费,a是一个常数,Y是收入,b是决定收入中用于消费的系数。

答:(1) 消费函数表示消费是收入的函数,消费由收入决定;(2) 自主消费不受收入约束,是一个确定的数量,即使收入为零,也要消费,即消费a;(3) 收入中用于消费的比例由b决定,Y决定消费的绝对量,b的大小决定消费的相对量;(4) b被称之为"边际消费倾向",

凯恩斯认为"边际消费倾向"存在递减的趋势,即随着收入的增加,在增加的收入中,用于消费的部分越来越少。例如,已知,$a=400$,b 由 0.8 变为 0.5,则消费函数就由 $C=400+0.8Y$ 变为 $C=400+0.5Y$,其经济学涵义是:增加任何单位的收入,消费的增量占收入增量比重从 80% 降低到 50%。

在西方经济学中,描述消费这种构成变化的一个著名定律叫做"恩格尔定律",它是由 19 世纪德国统计学家厄恩斯特·恩格尔提出来的。这个定律的要点是:(1) 一个国家中,家庭的平均收入越少,平均用在购买食物上的费用在消费中占的比例则越大;随着收入的上升,用于食物的开支所占的比例下降。(2) 随着收入的上升,用于住房的开支所占的比例基本上保持不变。(3) 随着收入的上升,用于奢侈品的开支所占的比例上升。

当然,家庭收入并不都用在消费上,未用于消费的部分则是储蓄,它可以增加未来时期的消费。处在不同收入水平上的家庭,消费水平不同,储蓄水平也不同。一般来说,无论在绝对数量上还是在相对数量上,高收入家庭的储蓄要多于低收入家庭的储蓄。对于收入很低的家庭,如果本期的消费大于收入,就必须靠借债或动用过去的储蓄来弥补差额,这时储蓄为负值。

家庭的储蓄是由它的消费和收入之间的关系决定的。消费在收入中占的比例增大,储蓄在收入中占的比例就缩小。然而,消费与收入之间的确切关系如何,在西方经济学家中却众说不一。

【知识库】消费与收入的关系——三种有影响的理论。

(1) 凯恩斯的收入理论

凯恩斯在《就业、利息和货币通论》一书中提出,如果其他情况保持不变,随着家庭收入的提高,平均消费倾向趋于下降,家庭的收入水平越高,平均来看,其消费所占的比例则可能越小,$C/Y \searrow$。而平均储蓄倾向则趋于上升 $S/Y \nearrow$。推论是:低收入的家庭可能把其收入的绝大部分用于消费;高收入家庭的消费可能仅占其收入的较小比例。

(2) 弗里德曼的持久收入理论

美国经济学家米尔顿·弗里德曼于 1957 年提出的持久收入理论,把研究的重点放在一个家庭着眼于未来若干年内的持久收入上,而不是它的现期收入上。弗里德曼认为,家庭的消费主要取决于它的持久收入,而不是它的现期收入,多数家庭希望在长期内保持消费水平的相对稳定。

持久收入理论的特点,是把任何时期内家庭的收入分成持久收入和暂时收入,把家庭的消费分成持久消费和暂时消费。持久收入定义为长期的平均预期收入。弗里德曼认为,持久收入表现为一个长时期内的平均收入,它包含着家庭对未来收入的预期。因此,弗里德曼在构造他的理论时,用本年收入和过去几年收入的平均数表示持久收入,并指出这种平均收入有助于家庭预测其未来的收入。暂时收入指暂时性的、偶然变动的收入,它可能是正值,如意外获得的奖金;也可能是负值,如偶然失窃造成的损失。任何时期内,家庭的收入等于持久收入加上暂时收入。

持久消费指家庭在长期计划中确定的正常消费。暂时消费指不在计划中的暂时性消费,它可能是正值,也可能是负值,取决于家庭在正常消费基础上增加了消费还是减少了消费。任何时期内,家庭的消费等于持久消费加上暂时消费。

持久收入理论强调的正是持久收入和持久消费之间的这种固定比例,并借此来说明经济中的总收入与消费或储蓄之间的比例关系。

(3) 杜森贝的相对收入理论

相对收入理论是由美国经济学家 J.S.杜森贝于 1947 年提出来的。这种理论的基本观点体现在两个相对收入假设中。

第一个假设认为,一个家庭在决定其消费时,主要参考的是其他具有同等收入水平的家庭的消费,即家庭的消费在收入中所占的比例取决于它在收入分配中的相对地位。如果一个家庭收入的增加与在同一收入水平上其他家庭收入的增加保持相同速率,这个家庭与其他家庭之间在收入方面的相对地位没有改变,因而在它的收入中消费和储蓄所占的比例将保持不变。如果一个家庭的收入增长慢于其他家庭的收入增长,这个家庭对于其他家庭的收入地位下降了,可是它仍将维持其他家庭的平均消费标准,因而消费在其收入中所占的比例将上升。相反,如果一个家庭的收入增长快于其他家庭的收入增长,这个家庭相对于其他家庭的收入地位上升了,它仿效其他家庭的消费行为将使消费在其收入中所占的比例下降。这种模仿或攀比别人的消费行为,杜森贝认为是"示范作用"的结果。由于在家庭消费中存在示范作用,所以当收入提高时,平均消费倾向并不一定下降。

第二个假设认为,家庭在本期的消费不仅受本期收入的绝对水平和相对地位的影响,还受它在以前时期已经达到的消费水平的影响。杜森贝认为,对于一个家庭来说,降低它曾达到的消费水平要比缩小储蓄在收入中所占的比例更为困难。因此,当收入发生变动时,家庭宁可改变储蓄来维持消费的稳定。

相对收入理论从短期消费行为和长期消费行为两个方面考察消费在家庭收入中所占比例的变化。从短期看,消费在收入中所占比例与收入呈反方向变化,即收入减少时,平均消费倾向上升;收入增加时,平均消费倾向下降。从长期看,消费在收入中所占的比例保持不变。

四、投资函数

1. 投资对象

在国民收入核算中,投资包括:生产性固定资产投资(包括厂房的建筑和机器设备的购置与安装)、住宅投资和存货投资。在美国历年的投资总额中,平均来说,厂房和设备上的固定资产投资约占 70%,住宅投资约占 25%,存货投资略高于 5%。不同投资对投资波动具有不同影响。

2. 投资分类

重置投资,又叫更新投资,是指用来补偿损耗掉的资本设备的投资,在价值上以提取折旧的方式进行,重置投资取决于原有的资本存量。净投资是指扩大资本存量进行的固定资本和存货投资。净投资是为了弥补实际资本存量与理想的资本存量之间的缺口而进行的投资,它可以为正值、负值和零。总投资=净投资+重置投资。

3. 投资函数

(1) 投资函数,$I=I(i,r)$

投资首先取决于市场利息率,并且随着利息率的降低而逐渐增加,即投资是利息率的减函数。以 I 表示经济中的投资,r 表示利息率,则投资函数可以一般地表示为:$I=I(r)$。受利息率影响的投资被称为引致投资。

其次，投资还取决于预期投资收益率(i)，当利息率不变时，预期投资收益率与投资同方向变动。受预期投资收益率影响的投资不随利息率的变动而变动，因而称它为自主投资。

投资函数以线性的形式表示出来为：$I=I_0-dr$，其中，d是一个常数。I_0不随利息率的变动而变动，称为自主投资；$-dr$则是由利息率变动引发的投资，称为引致投资。

投资需求取决于预期投资收益率(i)和市场利息率(r)，用函数公式表示：$I=I(i,r)$。

（2）资本边际效率

凯恩斯用资本边际效率来说明投资需求的决定。

资本边际效率是使资本资产在未来各年预期收益的现值之和等于资本资产的购买价格的贴现率。

设$R_1,R_2,R_3,\cdots,R_n$为年预期投资净收益流量；R_0为本年资本资产的购买价格，即当年费用$-R_0$；i为将来收益流量折成现值的贴现率。

这样，未来n年收入流量的现值之和是：

$$\frac{R_1}{1+i}+\frac{R_2}{(1+i)^2}+\frac{R_3}{(1+i)^3}+\cdots+\frac{R_n}{(1+i)^n}$$

而投资项目的净现值是：

$$净现值=-R_0+\frac{R_1}{1+i}+\frac{R_2}{(1+i)^2}+\frac{R_3}{(1+i)^3}+\cdots+\frac{R_n}{(1+i)^n}$$

如果净现值等于0，则投资项目既不赢利也不亏本，那么由公式：

$$R_0=\frac{R_1}{1+i}+\frac{R_2}{(1+i)^2}+\frac{R_3}{(1+i)^3}+\cdots+\frac{R_n}{(1+i)^n}$$

解出的i值就是资本边际效率。因此，资本边际效率实际上是使资本资产的购买价格等于它的预期收入流量的现值时的预期收益率。当资本边际效率高于利率时，投资才有利可图，所以，投资取决于资本边际效率与利率之差。

投资与利率的关系是：利率提高会导致投资需求减少，反之，利率降低使投资需求增加。利率决定着投资成本。利率上升使得投资成本提高。投资与利率之间存在着负相关关系。当企业投资使用的是自有资金时，投资也受利率影响，因为企业要考虑不同用途的机会成本，如果投资的收益率低于利率时，企业会选择其他途径为资金找出路，如购买政府债券、基金等。

投资需求曲线。根据投资需求与利率的关系，我们可画出一条曲线。图7-1表示投资需求与利率之间的关系，当利率发生变动时，投资需求沿着这条曲线移动。当利率(r)以外的因素（企业所得税、对未来经济的预期、投资收益、通货膨胀等等）发生变化时，将引起投资曲线向左或向右移动。

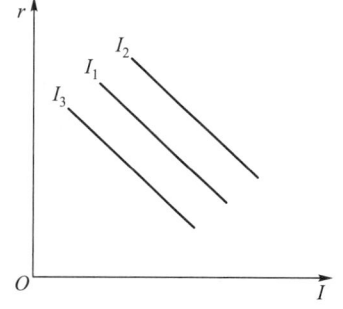

图7-1　投资需求曲线

第二节 总需求与国民收入的决定

总需求由消费支出和投资支出构成(暂不考虑政府和进出口)。现在假定价格不变,即在图 7-2 中,纵轴是总需求或总支出,$AD=AE$;横轴是总供给、国民收入或收入,$AS=GDP=Y$;45°线上的任何一点表示总收入(总供给)与总支出(总需求)相等,即收支线。

图 7-2,曲线 C 是实际的消费曲线,它表示在不同的收入水平上居民想要或计划用于消费的支出。如果消费函数是线性的,则 $C=a+bY$,其中,a 是自主消费,$a>0$,b 是边际消费倾向,$0<b<1$。

在各个产出水平上,投资支出保持不变(自发投资),总支出曲线 $C+I$ 平行于消费曲线 C,它等于消费曲线 C 和投资曲线 I 垂直相加之和,即 $Y=C+I=a+bY+I$。

这样,凯恩斯国民收入决定模型可以表示为:
$$Y=C+I \text{ 或者 } Y=(a+I)/(1-b)$$

图 7-3,实际总需求曲线(AD_0)与 45°线相交于 E,在 E 点以右,居民计划的消费和厂商计划的投资小于总供给,这会促使企业缩小生产规模,企业存货下降,总供给下降,直至均衡点;在 E 点左边,居民计划的消费和厂商计划的投资大于总供给,此时,居民计划的消费和厂商计划的投资大于总供给,这使企业扩大生产规模,供给趋于上升,直到等于均衡水平 E 及 Y_0。在 E 点,居民计划消费加上企业投资恰好等于总供给,即总供给等于总需求,均衡状态的国民收入是 Y_0。

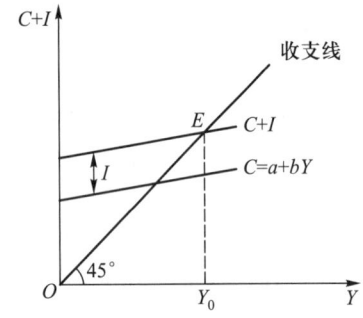

图 7-2 消费和投资如何决定国民收入

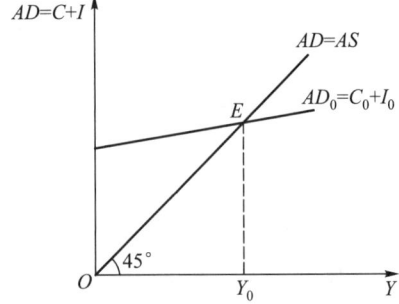

图 7-3 总需求与国民收入的决定

所以,总需求小于或大于总供给,都会促成总供给的调整,当总需求等于总供给时,国民收入(总产出量)既不增加,也不下降,处于均衡状态,由此决定了均衡的国民收入 Y_0,即 $Y_0=C_0+I_0$,国民收入是均衡时的国民收入(总需求曲线 AD_0 与 45°线相交,E 点决定的国民收入)。

【知识点问答】简单凯恩斯模型

什么是简单凯恩斯模型?怎样用简单的方程表示简单凯恩斯模型?简单凯恩斯模型的简单涵义?

答:(1) 简单凯恩斯模型是当仅仅考虑厂商和家庭而不考虑外贸和政府两个部门时,国民收入决定的简单模型;(2) 当总需求等于总供给时,均衡状态下总收入等于总支出,表示为 $Y=C+I$,其中 Y 为总收入或者国民收入,$C+I$ 为总支出,由消费支出和投资支出构成;

(3)在 $Y=C+I$ 中,消费由收入决定,当 $C=a+bY$,则国民收入均衡条件或者简单凯恩斯模型表示为:$Y=(a+I)/(1-b)$;(4)$Y=(a+I)/(1-b)$ 的经济学含义是:国民收入与自主消费 a、自主投资 I、边际消费倾向 b 成正比。

第三节 总需求与国民收入的变动

既然国民收入是均衡的国民收入,那么,总需求变动,均衡点移动,由此决定的均衡国民收入也会发生变化。导致总需求发生变化的原因是投资、消费、政府支出、净出口的变动。如果只考虑消费和投资,那么,影响消费和投资的收入、边际消费倾向、利率、预期、资本边际效率等等因素的变动,都会引起总需求的变动。

总需求的变动有两种情况:第一,总需求曲线的斜率发生变化;第二,总需求曲线平行上移或下移。

边际消费倾向直接影响消费支出,进而影响总需求曲线的斜率。

当边际消费倾向增大时,总支出曲线的斜率增大,从而使总支出曲线向上转移。如图 7-4 所示,总支出曲线从 C_0+I_0 向上转移到 C_1+I_0。新的总支出曲线 C_1+I_0 与 45°线的交点 E_1 表示新的均衡点,国民产出的均衡水平从 Y_0 增加到 Y_1。

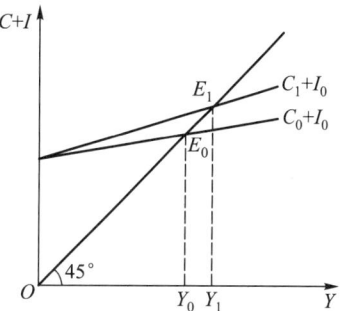

图 7-4 边际消费倾向的变化对国民收入的影响

而当边际消费倾向减少时,总支出曲线向下转移,总需求减少,国民产出的均衡水平降低。

总需求曲线的平行移动是由于消费曲线和投资曲线的平行移动。消费曲线的平行移动是由人们的平均消费倾向的变动,投资曲线的平行移动是由于私人投资的增减。在图 7-5 中总需求曲线向上方移动,即从 AD_0 移动到 AD_1,表示总需求增加;总需求曲线向下方移动,即从 AD_0 移动到 AD_2,表示总需求减少。当总需求为 AD_0 时,决定了国民收入为 Y_0。当总需求为 AD_1 时,决定了国民收入为 Y_1。$Y_1>Y_0$,这就说明由于总需求水平由 AD_0 增加到 AD_1,而使均衡的国民收入水平由 Y_0 增加到 Y_1。当总需求为 AD_2 时,决定了国民收入为 Y_2。$Y_2<Y_0$,这就说明由于总需求水平由 AD_0 减少到 AD_2,而使均衡的国民收入水平由 Y_0 减少到 Y_2(见图 7-5)。

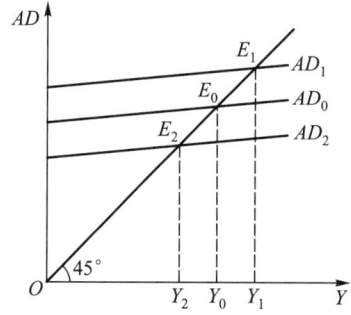

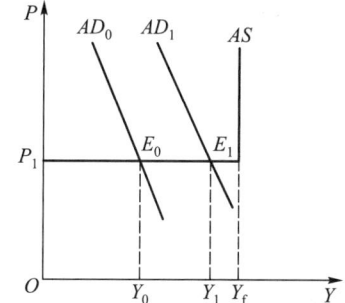

图 7-5 消费与投资的平行移动对国民收入的影响

图 7-6 用总供求模型来说明总需求的变动

总需求的变动对国民收入的影响也可用总供给——总需求模型来直观地表示。如图 7-6 所示,总需求变动在凯恩斯总供给曲线区域内,即总需求的变动只引起国民收入的增减,而不会引起价格水平的波动。

第四节 国民收入的注入与漏出

投资和消费的增减引起总需求变化,进而影响国民收入的增减变化,也就是说,投资和消费可以看成国民收入的注入。同理,政府支出、净出口也都是对国民收入的注入,公式 $Y=C+I+G+(X-M)$ 右边每个变量的改变都会引起国民收入同方向的变动。

国民收入从收入法角度,它由全体居民的收入组成,所有的工资、利润、利息、地租形成的总收入或总供给最终会用于消费或储蓄。总收入或国民收入既定时,消费与储蓄是呈反方向变动的,即当国民收入 $=Y$,总供给为 $C+S$,即消费与储蓄之和,则:

$$C+S=Y_0=C+I$$

当国民收入 Y_0 不变时,C 与 S 之间此消彼长,即消费增加,储蓄减少;消费减少,则储蓄增长。当储蓄增加时,消费减少,消费减少,则总需求下降,进而国民收入下降;反之,储蓄减少时,消费增加,总需求上升,进而国民收入增加。所以,储蓄的变动作为漏出引起国民收入反方向变动。如果考虑政府,那么,收入要分解为消费、储蓄、税收三部分。因而,税收与储蓄一样是国民收入的漏出。我们用图7-7来说明,因为 $C+I=C+S$ 可以简化为 $I=S$,假定 I 不变,则储蓄变动对国民收入变动的影响,很明显地表现出反向运动。储蓄增加,S 上移至 S',引起国民收入下降,$Y_1 \to Y_2$。反之,引起国民收入上升。

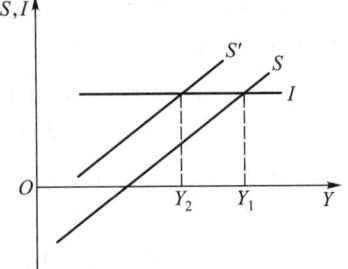

图7-7 储蓄的变动与国民收入的决定

根据消费是一种注入,储蓄是一种漏出的思想,凯恩斯得出这样一个与传统的道德观相矛盾的推论:按照传统的道德观,增加储蓄是善的,减少储蓄是恶的。但按上述储蓄变动引起国民收入反方向变动的理论,增加储蓄虽会增加个人积蓄,对个人来说可能是好事,但却会减少国民收入,使经济衰退,是恶的;而减少储蓄会增加国民收入,使经济繁荣,是善的。这种矛盾被称为"节约的悖论"。"蜜蜂的寓言"讲的就是这个道理。

应该指出的是,增加储蓄会使国民收入减少,减少储蓄会使国民收入增加的结论仅仅适用于各种资源没有得到充分利用,未实现充分就业状况,总供给曲线呈水平状,从而总供给可以无限增加的情况。如果各种资源得到了充分利用,从而要考虑到总供给的限制时,这一结论就不适用了。

第五节 乘数原理

一、定义及例证

虽然上述分析说明了总支出的变动会引起国民收入的变动及其变动的方向,但是却没有说明这些变动的数量关系。当投资增加100万元,国民收入增加多少呢?回答这个问题需要借助于乘数概念。

乘数是指自发总需求的增加所引起的国民收入增加的倍数,或者说是国民收入增加量与引起这种增加量的自主总需求增加量之间的比率。

在西方宏观经济学中,乘数定义为支出的自发变化所引起的国民收入变化的倍数。由于通常用国内生产总值衡量国民收入,乘数可以用公式表示为

$$投资乘数 = \frac{国民生产总值的变化}{支出的变化} = K$$

乘数的值大于1。也就是说,因支出的自发变化而引起的国内生产总值的变化要几倍于支出的变化。因此乘数是一个数字,用它去乘支出的变化会得到支出的变化所导致的国民产出变化的数字。

现在举例说明凯恩斯的乘数理论。假设某一经济社会增加100万美元的投资,并假设边际消费倾向为4/5,当这100万美元被用来购置投资品时,它实际上是被用来购置制造投资品所需要的生产要素,因此,这100万美元以工资、利息、利润和租金的形式流入生产要素的所有者的手中,即流入该社会的居民手中,从而,居民的收入增加了100万美元。这笔增加的收入代表增加100万美元的投资所造成的该社会收入的第一次增加。

由于该社会的边际消费倾向被假设为4/5,所以当它的收入增加了100万美元时,它会把其中的80万美元($100 \times \frac{4}{5} = 80$)用于消费品。当它购买消费品时,它实际上是购买制造这些消费品的生产要素。因此,80万美元会以工资、利息、利润和租金的形式流入生产要素所有者的手中。从而,该社会居民的收入增加了80万美元,这笔增加了的收入代表该社会收入的第二次增加。

同样地,由于该社会的边际的消费倾向被假设为4/5。所以当它的收入增加了80万美元时,它会把其中的64万美元,($100 \times \frac{4}{5} \times \frac{4}{5} = 64$)用于消费,从而这笔消费代表该社会的收入的第三次增加。

根据同样的说法,可以得到第四增加的数值为51.2万美元($100 \times \frac{4}{5} \times \frac{4}{5} \times \frac{4}{5} = 51.2$)。如果类推,如表7-1所示。

根据表7-1中第(2)栏,国民收入增加的总量为:

$$\Delta Y = 100 + \frac{4}{5} \times 100 + \left(\frac{4}{5}\right)^2 \times 100 + \left(\frac{4}{5}\right)^3 \times 100 + \cdots$$

$$= 100 \times \left[1 + \frac{4}{5} + \left(\frac{4}{5}\right)^2 + \left(\frac{4}{5}\right)^3 + \cdots\right]$$

$$= 100 \times \left[\frac{1}{1-4/5}\right] = 100 \times 5 = 500$$

表 7-1 乘数作用的过程

(1)	(2)	(3)
第一次	100	ΔI
第二次	$\frac{4}{5} \times 100 = 80$	$b\Delta I$
第三次	$\left(\frac{4}{5}\right)^2 \times 100 = 64$	$b^2 \Delta I$
第四次	$\left(\frac{4}{5}\right)^3 \times 100 = 51.2$	$b^3 \Delta I$
⋮	$100 + \left(\frac{4}{5}\right)100 + \left(\frac{4}{5}\right)^2 100 + \left(\frac{4}{5}\right)^3 100 + \cdots$	$\Delta i + b\Delta I + b^2 \Delta I + b^3 \Delta I + \cdots$

第(3)栏,ΔI 代表投资增量,b 代表边际消费倾向,则:

$$\Delta Y = \Delta I + b \cdot \Delta I + b^2 \cdot \Delta I + b^3 \cdot \Delta I + \cdots$$

$$= \Delta I (1 + b + b^2 + b^3 + \cdots)$$

$$= \Delta I \cdot \frac{1}{1-b}$$

$$乘数 = \frac{\Delta Y}{\Delta I} = \frac{1}{1-b} = K$$

在我们的例子中,乘数 $= \frac{500}{100} = \frac{1}{1-4/5} = 5$。它表示每增加 1 元投资而导致收入增加 5 倍。

【快问快答】什么是乘数原理？我国经济高速增长的原因是什么？

答：投资增量增加会引起收入多倍的增加，这个倍数就是乘数。例如，投资增量为 40 000 亿元人民币，它所引起的 GDP 增量为 200 000 亿人民币，则投资乘数为 5。投资乘数的公式为 $K=1/(1-b)$，b 为边际消费倾向。1980—2017 年,我国经济增长率为 6%-12%,1986 年中国 GDP 与美国 GDP 比率仅为 6.5%,2017 年这一数据变为 61%。中国经济高速增长的原因是投资具有乘数效应，由于投资、政府采购、净出口等因素能够引起社会需求的成倍增加，从而导致 GDP 的成倍增长。

二、乘数公式

如果以 ΔY 代表增加的收入量,以 ΔI 代表增加的投资量,以 K 代表乘数,则有:

$$K = \frac{\Delta Y}{\Delta I}$$

在上例中,ΔI 为 100 万元,ΔY 为 500 万元,所以:

$$K = \frac{500\ 万元}{100\ 万元} = 5$$

如果以 ΔC 代表消费的增加量,则:

$$\Delta Y = \Delta I + \Delta C$$
$$\Delta I = \Delta Y - \Delta C$$

由此,可以得出:

$$K = \frac{\Delta Y}{\Delta I} = \frac{\Delta Y}{\Delta Y - \Delta C} = \frac{\dfrac{\Delta Y}{\Delta Y}}{\dfrac{\Delta Y}{\Delta Y} - \dfrac{\Delta C}{\Delta Y}} = \frac{1}{1 - \dfrac{\Delta C}{\Delta Y}}$$

又因为, $1 - \dfrac{\Delta C}{\Delta Y} = \dfrac{\Delta S}{\Delta Y}$,所以

$$K = \frac{1}{1 - \dfrac{\Delta C}{\Delta Y}} = \frac{1}{\dfrac{\Delta S}{\Delta Y}}$$

$b = \dfrac{\Delta C}{\Delta Y}$ 是边际消费倾向,所以乘数是 1 减边际消费倾向的倒数,或者说是边际储蓄倾向的倒数。乘数与边际消费倾向成正比,与边际储蓄倾向成反比。

在西方宏观经济学中,投资乘数、政府购买乘数、对外贸易乘数计算公式都一样,假定以 ΔI 代表投资支出增量、政府购买支出增量、对外贸易净出口支出增量,即乘数公式为:

投资乘数、政府购买乘数、对外贸易乘数计算公式:乘数 $= \dfrac{\Delta Y}{\Delta I} = \dfrac{1}{1-b} = K$

政府转移支付乘数计算公式:乘数 $= \dfrac{\Delta Y}{\Delta T} = \dfrac{b}{1-b} = K$

税收乘数计算公式:乘数 $= \dfrac{\Delta Y}{\Delta T} = -\dfrac{b}{1-b} = K$

平衡预算乘数公式:

$$Kb = \frac{1}{1-b} + \frac{-b}{1-b} = 1$$

相关内容请见第十章。

不同乘数反映了政策手段效果的差异,乘数的作用主要表现在解释国民产出的波动和用于制定宏观经济政策方面。例如,在经济萧条时期,政府可能采取扩张性宏观经济政策,如增加政府支出或通过增加货币供给和降低利率提高投资水平,从而达到刺激总需求,提高国民收入水平,减少失业的目的。但是,支出应该增加多少才能使经济恰好达到充分就业水平呢?如果支出增加太少,对国民收入水平的提高影响不大,不足以解决经济中存在的失业问题。如果支出增加太多,对经济刺激过大,国民收入水平会超过充分就业水平,这时虽然失业问题解决了,却又会产生通货膨胀问题。因此,运用适当而有效的宏观经济政策,需要对支出变化和由它引起的国民收入变化之间的乘数关系作出准确地估计,从而确定为使经济达到充分就业水平需要增加(或减少)的支出总额。

【知识点问答】简单凯恩斯模型

如何理解简单凯恩斯模型经济学意义？

答：(1) 简单凯恩斯模型 $Y=(a+I)/(1-b)$，国民收入 Y 与自主消费 a、自主投资 I、边际消费倾向 b 成正比。自主消费 a、自主投资 I、边际消费倾向 b 的增加都能增加国民收入和就业；(2) 乘数 $=\dfrac{\Delta Y}{\Delta I}=\dfrac{1}{1-b}=K$，表明投资增加会引起国民收入倍增，而乘数 $K=1/(1-b)$，即 b 与 K 成正比，b 增加引起 K 增加，所以，b 增加引起投资乘数和国民收入的倍增。

第六节　凯恩斯国民收入决定理论

一、"古典"国民收入决定理论

在古典理论中，研究的重点并不是宏观经济问题，而是微观经济的最优资源配置问题，一国经济被假定可以自发地达到充分就业水平。因此，宏观经济理论在古典理论中没有得到过系统地阐述。在现代西方宏观经济学中，用来与凯恩斯理论进行对比的所谓古典宏观经济理论，是从古典经济学家的论著中提取出来的。

"古典"宏观经济理论强调在竞争市场中价格调节的作用，并认为通过提高或降低要素市场或产品市场的价格可以消除供不应求或供过于求，达到供求平衡。在西方经济思想史的大部分时期，这种古典经济理论占有支配地位。该理论有三大要点：① 它的前提是萨伊定律；② 在完全竞争条件下，有一个供给量，就会产生一个相应的需求量，因此，经济社会的生产活动能够创造出足够的需求来吸收所供给的商品和劳务；③ 由此可以推论：任何商品和劳务的产量的增加，都会使收入和支出按照同等的数量增加。生产要素所有者都愿意将自己拥有的要素（土地、劳动、资本、企业家才能等）出售给厂商使用，厂商也都愿意购买并使用一切尚未得到利用的要素，直到所有的劳动、土地和其他资源都达到充分就业为止。因此，经济社会存在着走向充分就业均衡的必然趋势。假如说，存在商品过剩的话，那也只是局部的；若存在失业，那也只是摩擦失业和自愿失业。

二、凯恩斯国民收入决定理论

在 1936 年出版的凯恩斯的《就业、利息和货币通论》一书不但选择了最好的时机，而且提供了一种以全新观点系统地阐述宏观经济运行的理论，由此产生了所谓的"凯恩斯革命"。

凯恩斯理论认为，在短期内，价格和工资并不像古典理论所说的那样是灵活易变的，实际上现代经济中的价格和工资往往是呆滞的、没有弹性的、刚性的，或者说是具有黏性的。产生黏性价格和工资的原因有多种。首先，工人根据长期合同工作，合同一般要持续 3 年。在合同生效期间，工人的货币工资就是合同中规定的工资。所以，这种合同使得工资率在短期内不易变动。其次，许多产品的价格是由政府控制的。例如，在 20 世纪 70 年代中期，美国的电话服务、天然气、石油、电、铁路、航空和海运的价格是固定的。价格调整，通常要拖延几个月甚至一年。最后，由大公司规定价格也在很大程度上增加了价格粘性。例如，通用汽车公司必须召集大型会议才能决定较重要的价格变动。

在凯恩斯理论中,价格和工资粘性是理解宏观经济运行的关键,这一点,我们在绪论部分曾提到。我们可以用图 7-8 说明。图中 Y 表示实际国民产出,P 表示价格水平。

图 7-8 表示的是用于描述萧条时期国民产出决定的凯恩斯经济模型。为什么总供给曲线 AS 是一条水平直线?因为假设在短期内价格和工资固定不变,而且在低于充分就业水平上存在着未利用的生产资源。

在凯恩斯理论中,短期内的国民产出水平是由总需求决定的。如图 7-8 所示,总需求曲线 AD_0 与总供给曲线 AS 相交于 E_0 点,决定了国民收入 Y_0 和相应的就业量。总需求增加($AD_0 \rightarrow AD_1$)国民收入也增加($Y_0 \rightarrow Y_1$),但价格水平不变(P_0)。由于充分就业的国民收入水平和就业水平是 Y_f,所以,有效总需求的不足导致非自愿失业。关于这个问题,下一章将详细讨论。

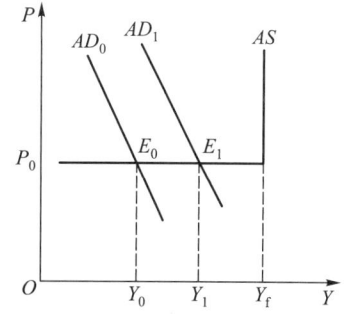

图 7-8　凯恩斯国民收入决定理论

三、不同的政策主张

"古典"理论认为既然市场调节能达到总供求均衡、市场的自发作用能实现充分就业,那么,政府干预对国民收入水平和就业水平就不会产生影响,干预的结果只会引起价格波动。政府的财政政策由于"挤出效应",政府支出取代或挤了私人投资,总供求的均衡实际上不是由于干预造成的,而是"看不见的手"作用的结果。

凯恩斯理论则强调政府干预的作用。在凯恩斯理论中,虽然市场供求力量的自发性调节可以使经济趋向均衡,但是这种均衡不一定是充分就业均衡,经济中的失业或通货膨胀长期持续下去。因此,凯恩斯主义者相信,政府可以采取适当的经济政策,对经济实行有效的宏观控制,把国民经济推向充分就业水平。

【拓展与提高】凯恩斯理论的缺陷与新古典综合

根据古典经济学派的观点,经济中存在自我矫正的力量,可以自动实现总供给与总需求的均衡。工资和价格由竞争性市场决定,可以灵活地自由伸缩以消除超额的需求和供给,价格和工资的灵活性能够保证实际支出水平足以维持充分就业。同时,储蓄与投资伴随着利息率的变动以适应于充分就业的产出决定。

但是凯恩斯认为,古典经济学派的宏观经济理论出现了循环论证的错误。原因是,经济中储蓄主要不取决于利息率,而是因为储蓄是收入减去消费之后的余额而取决于收入。为了决定国民收入就必须分析投资,但是按照古典经济学的分析,投资取决于利息率,利息率取决于投资与储蓄的均衡,而又因为储蓄取决于收入,因而在没有决定收入之前,不可能决定储蓄,也就不能决定均衡的利息率,从而不能决定投资量,也就不能说明均衡收入量的决定。因此,凯恩斯断言,古典经济学理论是一种循环论证。

在《通论》中凯恩斯提出了一种与古典经济学派不同的宏观经济理论。他提出,总收入决定于与总供给相等的有效需求,而有效需求决定于消费支出和投资支出。在凯恩斯看来,在短期内居民的消费倾向相对稳定,因而有效需求主要决定于投资。经济中投资量取决于资本边际效率和利率的比较。若资本边际效率一定,则投资决定于利息率,而且与利息率呈反方向变动。进一步,凯恩斯认为利息率是由货币市场所决定的。因此,通过货币需求即流动偏好和货币供给的分析可以得到均衡的利息率,并进而说明了影响投资从而最终影响均衡收入决定的货币市场上的因素。

凯恩斯的逻辑是,投资是决定均衡国民收入的关键,首先在简单的产品市场上分析投资对收入的影响,进而再扩展到货币市场,分析利息率。但是,我们也不难发现,在凯恩斯理论中,均衡的收入取决于利息率,而利息率又决定于货币需求,但在货币需求中,交易需求取决于收入水平。结果,如果收入没有决定下来,均衡利率又无法确定,没有利息率也就不知道投资量,从而也就不能最终决定均衡的收入。这就是说,凯恩斯的理论也存在着循环论证问题。

凯恩斯的后继者发现了这一循环推论的错误,并把商品市场和货币市场结合起来,建立了一个商品市场和货币市场的一般均衡模型,即 IS—LM 模型,以解决循环推论的问题。这一模型的核心思想是认为产品市场的国民收入决定和货币市场的利息率决定都是局部均衡,只有把两个市场联系起来,建立一般均衡模型才能同时决定收入和利息率。IS—LM 模型被认为是新古典综合派的杰作,它最早由英国经济学家希克斯提出,后由美国经济学家汉森、莫迪利亚尼、克莱因、萨缪尔森等人发展。长期以来,这一模型被认为是概述凯恩斯主义的需求决定论最便利的方式。

本 章 小 结

1. 凯恩斯国民收入决定理论:研究国民收入决定时,凯恩斯采取的是短期数量分析。由于总供给短期不变,所以国民收入就取决于总需求或有效需求。

2. 在两部门经济中,总需求包括消费需求和投资需求,简单凯恩斯国民收入决定模型:$Y=C+I$。消费取决于收入和消费倾向,消费倾向分为平均消费倾向和边际消费倾向。投资决定于利息率和资本的边际效率(投资的预期利润率),利息率决定于流动偏好和货币数量,资本边际效率决定于预期利润收益和资本品的供给价格或重置成本。

3. 总需求变动,会引起国民收入的增加或减少。总需求的变动有两种情况,一是边际消费倾向的变化,二是自发总需求的变动。总需求的变动会引起国民收入倍增。乘数原理是凯恩斯用来说明投资效应的一个理论工具。投资乘数具有正反两方面的作用,一方面,投资增加会引起收入和就业量成倍增加;另一方面,投资减少也会导致收入和就业量成倍减少。

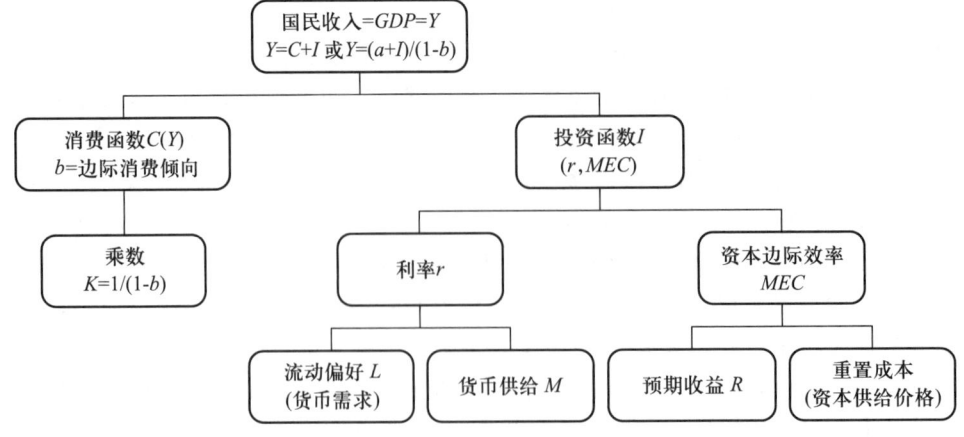

思 考 题

1. 试分析简单凯恩斯模型中决定总需求的消费需求。(提示:(1) 国民收入恒等式:$Y=C+I$,它表示国民收入(Y)取决于消费(C)和投资(I);(2) $Y=C+I$ 中,消费取决于自主消费和收入及边际消费倾向:$C=a+bY$,a 为自发消费,b 为边际消费倾向,消费 C 是收入 Y 的函数,消费由收入决定。这样,形成一个闭循环,$Y \to C \to Y$;(2) 将消费函数代入 $Y=C+I$,得到简单凯恩斯模型:$Y=(a+I)/(1-b)$,它表示国民收入由自主消费、自发投资和边际消费倾向决定并与它们(a、I 和 b)同方向变化。)

2. 试分析简单凯恩斯模型中决定总需求的投资需求。(提示:(1) 国民收入恒等式:$Y=C+I$,它表示国民收入(Y)取决于消费(C)和投资(I);(2) 投资需求取决于市场利率、资本边际效率等,$I(r,R)$。)

3. 凯恩斯的国民收入决定理论中,总需求如何决定国民收入,总需求的变动怎样导致国民收入的变动?并用图形表示。(提示:总需求与国民收入同方向变动,总需求(支出)增加引起国民收入按乘数(倍数)增加。消费支出和投资支出是国民收入水平的注入。)

4. 按照凯恩斯主义的观点,增加储蓄对均衡的国民收入会有什么影响?减少储蓄对均衡的国民收入会有什么影响?(提示:总储蓄与国民收入反方向变动,总储蓄增加引起国民收入加速减少。经济萧条时,储蓄是国民收入水平的漏出。)

5. 说明"节俭的反论"。(提示:微观而言,储蓄是美德;经济高涨时,储蓄有利于抑制通胀;经济萧条时期,储蓄是国民收入水平的漏出,不利于增加收入、减少失业。)

6. 乘数原理发挥作用的前提条件是什么?(提示:因为,国民经济各部门密切联系、生产能力过剩、资源未充分利用。所以,总支出(投资、政府购买、消费和净出口)增加会引起国民收入按一定乘数增加。)

7. 概述凯恩斯国民收入决定理论体系的内容(提示:GDP 取决于消费和投资支出的大小。消费和储蓄是收入的函数、投资是预期收益率和利息率的函数;国民收入变化程度受边际消费倾向和乘数大小影响;简单凯恩斯模型是关于国民收入决定的简单模型。)

练 习 题

一、单项选择题

1. 企业改变原计划,增加设备采购,GDP 可能(　　):
A. 增加　　　B. 减少　　　C. 不变　　　D. 上述情况都可能存在

2. 人们用原来消费的钱买了国债,则这部分钱是(　　):
A. 投资　　　B. 储蓄　　　C. 税收　　　D. 消费、储蓄和投资

3. 投资=储蓄的是指(　　):
A. 事前的投资=储蓄　　　B. 计划的投资=储蓄
C. 实际发生的投资=储蓄　　　D. 预期的投资=储蓄

4. 在凯恩斯模型中,投资和消费的增加,GDP 将会(　　):
A. 不变　　　B. 下降　　　C. 先增加后下降　　　D. 增加

5. 消费函数 $C=a+bY$ 中，a 为自发消费，b 为边际消费倾向，决定消费的主要是（　　）：
   A. 参数 a 和 b
   B. 参数 a
   C. 变量 Y 及其参数 b
   D. 参数 Y

6. 凯恩斯的乘数理论是关于（　　）：
   A. 投资与利率关系的理论
   B. 进口与出口关系的理论
   C. 预期与消费关系的理论
   D. 支出（消费、投资、政府采购、净出口）与收入关系的理论

7. 边际消费倾向与边际储蓄倾向之和等于（　　）：
   A. 1　　　　　B. 2　　　　　C. 3　　　　　D. 4

8. 总需求变动在凯恩斯总供给曲线区域内，（　　）：
   A. 引起 Y 增减，不影响 P 水平的波动
   B. 引起 Y 或产量增减，不影响 P 水平的波动
   C. 引起产量和价格波动，不影响 Y 增减
   D. A 和 B

9. 投资与预期收益率和利率的关系是（　　）：
   A. 投资与预期收益率成正比，与利率成反比
   B. 投资与预期收益率和利率成正比
   C. 投资与预期收益率成反比，与利率成正比
   D. 投资与预期收益率和利率成反比

10. 储蓄是收入的函数，意思是（　　）：
    A. 收入增加引起储蓄增加，收入决定储蓄
    B. 预期收入减少引起储蓄增加
    C. 利率下降引起储蓄增加
    D. 价格增加引起储蓄增加

11. 一国边际储蓄倾向为 0.2，投资增加 40 000 亿元，则该国最终增加的国民收入为（　　）：
    A. 20 万亿　　　B. 50 万亿　　　C. 40 万亿　　　D. 30 万亿

12. 二部门、三部门和四部门的国民收入均衡恒等式是（　　）：
    A. $I=S, G+X=T+M, (X-M)=If$
    B. $C+I=C+S, C+I+G=C+S+T, C+I+G+(X-M)=C+S+T$
    C. $I=S, C+I+G=C+S+T, C+I+G+(X-M)=C+S+T$
    D. B 和 C

13. 不属于政府采购行为的是（　　）：
    A. 政府出资设立公检法机构
    B. 政府出资建立军事基地
    C. 政府设立科研院所
    D. 政府拨款给残联

14. 企业缺乏投资激励，可能的原因是（　　）：
    A. 预期收益率高于利息率
    B. 预期收益率低于利息率

C. 通胀率高于预期收益率与利息率的差额
D. B 和 C

15. 凯恩斯认为决定总需求的,主要是(　　):
A. 边际消费倾向的变化　　　　B. 自发总需求的变动
C. 投资乘数作用　　　　　　　D. 以上都是

(提示:ABCDC DADAA ADDDD)

二、计算题

1. 已知投资增加 80 亿元,边际储蓄倾向为 0.2,试求乘数、收入增量、消费增量。(提示:由边际储蓄倾向 s 可得到边际消费倾向 b 并求出乘数,即 $b=1-s=0.8$,乘数 $k=1/(1-b)=5$;由乘数公式计算收入增量,乘数 $k=\Delta Y/\Delta I=1/(1-b)=5$,收入增量 $\Delta Y=80\times5=400$ 亿,$\Delta Y=\Delta C+\Delta I$,消费增量 $\Delta C=\Delta Y-\Delta I=400-80=320$ 亿。)

2. 假设 $I_0=1\,800$ 亿元,$C=400+0.8Y$ 亿元,求投资乘数、均衡国民收入和消费量。(提示:由给出的消费函数可以得到边际消费倾向 b 为 80%,均衡国民收入 $Y=C+I$ 或 $Y=(a+I)/(1-b)$,即 $k=1/(1-b)=5$,$Y=(a+I)/(1-b)=400+1\,800/(1-0.8)=11\,000$ 亿元;或者 $Y=C+I=400+0.8Y+1\,800$,$Y=11\,000$ 亿元)。

3. 已知:$C=50+0.75Y$,$I=I_0=150$,单位:10 亿元。
试求:
(1) 均衡时的国民收入、消费、储蓄和投资各为多少?
(2) 如果投资增加 250 亿元,在新的均衡下,国民收入、消费和储蓄各为多少?
(3) 如果消费函数的斜率增大或减少,乘数将有何变化?
(提示:(1) $Y=C+I=50+0.75Y+150$,$Y=800$ 亿;$C=50+0.75Y=650$ 亿;根据 $Y=C+S$,$S=Y-C=800-650=150$ 亿;根据 $Y=C+I$,$I=Y-C=800-650=150$ 亿。(2) 新的国民收入、消费和储蓄各为 $1\,200$、950、250 亿元。(3) 消费函数的斜率(边际消费倾向)与乘数同方向变化),例如,b 为 0.75,$K=1/(1-b)=4$;b 为 0.80,$K=1/(1-b)=5$。)

4. 已知消费函数为 $C=120+0.75Y$,试回答:
(1) 消费水平达到 $1\,120$ 时,国民收入应为多少?
(2) 边际消费倾向及边际储蓄倾向各为多少?
(3) 国民收入为 $3\,000$ 时,消费水平为多少?
(提示:(1) 根据 $C=120+0.75Y=1\,120$,$Y=1\,333.33$ 亿元;(2) 边际消费倾向为 0.75,边际储蓄倾向为 0.25,二者之和为 1;(3) 根据 $C=120+0.75Y=3\,000$,$Y=3\,840$ 亿元)。

5. 设有如下简单经济模型:
$Y=C+I+G$
$C=80+0.75Y_d$
$Y_d=Y-T$
$T=-20+0.2Y$
$I=50+0.1Y$
$G=200$

式中,Y 为国民收入(简称收入);C 为消费;Y_d 为可支配收入;T 为税收;I 为投资;G 为政府支出。

试求：收入、消费、投资与税收的均衡值。（提示：(1) **收入** $Y=C+I+G = 80+0.75(Y-T)+50+0.1Y+200=330+0.75(Y-(-20+0.2Y))+0.1Y=330+0.75Y+15-0.15Y+0.1Y=345+0.7Y$，得 $Y=1\,150$ 亿元；(2) **消费** $C=80+0.75(Y-T)=80+0.75(1150-(-20+0.2\times1\,150))=785$ 亿元；(3) $I=50+0.1Y=165$ 亿元；(4) **税收** $T=-20+0.2Y=210$ 亿元。）

第八章　失业与通货膨胀

学习目标

　　知识要求：了解失业、通货膨胀的基本概念；**理解**失业、通货膨胀的类型及原因；**掌握**短期中通货膨胀和失业的交替关系。

　　技能要求：知道哪些失业可以消除，哪些不可以消除；**了解**国民收入、失业、通货膨胀关系及失业、通货膨胀的后果；**会用**理论解释需求不足的失业和自然失业（摩擦性的、结构性的、临时性和季节性。

【开章案例】节俭悖论

　　节俭是美德，还是祸根？这一问题是颇有争议的。按照传统的经济学理论，节俭导致储蓄，而后者又是促进积累形成资本存量的关键因素，这将导致一国的经济增长。然而，按照凯恩斯《通论》的观点，节俭意味着消费的减少，因而使得国民收入和就业量降低。如果把就业量考虑在内，节俭是否是美德就值得商榷了。在充分就业的状态下，节俭当然是美德，但是在存在失业的状态下，节俭却未必是美德，有时甚至是祸根。用凯恩斯的话来说，"如果你储蓄5先令，那将使一个人失业一天。"在这里，节俭被看成是危险的自我毁灭过程，因为它减少了用于购买最终商品的支出，并且使得生产者的利润降低，同时也形成了进一步增加最终产量的资本资源。这种矛盾的过程必然进一步加重经济萧条。这种观点在20世纪30年代的经济萧条时期得到发展。与把节俭视为社会美德的观点相对立，认为节俭成为经济萧条祸根的观点逐渐占据上风。

　　早在1714年，伯纳德·曼德维尔就在他在英国出版的而在当时又马上被英国政府列为禁书《蜜蜂的寓言》一书中提出了节俭悖论。曼德维尔以勤劳的蜜蜂作为例子说明，尽管储蓄这种节俭的行为是增加私人财富的方法，但对一个国家而言，如果普遍地使用这种方法则不能得到相同的结果。后来，凯恩斯主义者为这种观点提供了总需求决定的理论基础。现代西方经济学家倾向于认为，在经济存在失业的状态下，储蓄并不是改善经济状况的良好行为。

　　讨论题

　　对个人和家庭而言，节俭和储蓄是美德，但对国家而言并非如此，为什么？

第一节　失业及其原因

　　经济学家认为失业分为自然失业和需求不足的失业。

一、自然失业

经济中一些难以克服的原因引起的失业被称为自然失业。自然失业包括以下4种:

1. 摩擦性失业

摩擦性失业是指经济中正常的劳动力流动产生的失业。例如,新入行业的失业者、转换工作或搬到新城市暂时未找到工作的失业者等。无论是年轻人开始进入或妇女重新进入劳动力市场,还是原来有工作的人变换工作,都需要花费一定时间,在任何情况下,总会存在一定的摩擦性失业。即使在劳动力供求在职业、技能、地区分布等结构上完全均衡,仍会存在摩擦性失业。

摩擦性失业量的大小取决于劳动力流动性的大小和寻找工作所需要的时间。劳动力流动量越大、越频繁,寻找工作所需要的时间越长,则摩擦性失业量越大。劳动力流动性的大小在很大程度上是由制度性因素、社会文化因素和劳动力的构成决定的。寻找工作的过程是付出时间、精力甚至货币及机会成本的过程。

2. 结构性失业

由于经济结构的迅速变化,使劳动力的供给结构不适应劳动力需求结构的变动,从而产生结构性失业。这种情况下,往往"失业与空位"并存,劳动者很难找到与自己的技能、职业、居住地区相符合的工作。例如,在有些现代西方国家,随着经济和科学技术的发展,世界贸易格局的变化,汽车工业开始走向衰落,对汽车工人的需求减少,从而引起了汽车工人的失业。与此同时,某些新兴工业所需要的具有特殊技能的劳动力却供不应求,产生了许多职位空缺。同样,在某些走向衰落的工业区存在大量失业者的同时,某些新兴工业区却可能出现劳动力供不应求、许多职位空缺无人应聘的情况。

3. 临时性和季节性失业

临时性和季节性失业是指某些行业生产因临时性和季节性变动、中断生产引起的失业。例如建筑业或码头装卸,遇到坏天气,这使得建筑施工不得不停顿下来;或者舱盖打不开,运输装卸也常常雇用临时工。季节性对农业、旅游、餐馆的影响明显,如海滨胜地的家庭妇女在假日季节里去餐馆当帮手;农忙时,城里做工的民工会返回农村。他们的工作是有季节性的。

4. 工资刚性失业(非均衡失业)

工资刚性失业又叫古典失业,它是指市场上由于劳动力供过于求而工资无法下降(工资刚性)而引起的失业。

【快问快答】 简要回答什么是自然失业?

答:自然失业是指不可避免的失业,包括摩擦失业、结构失业、临时失业、季节失业、非均衡失业。只有周期性失业(需求不足的失业)才是宏观调控的主要目标。

二、需求不足的失业

1. 需求不足的失业

需求不足的失业是指在经济萧条时期,对劳动力的需求不足引起的失业。经济繁荣时期失业率低,经济萧条时期失业率高,需求不足的失业又叫周期性失业(均衡失业)。见图

8-1,图 8-2。

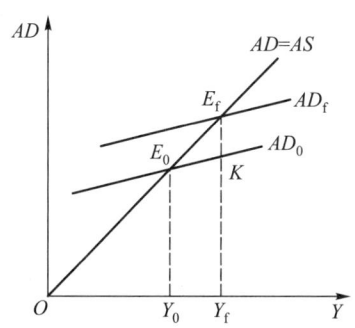

图 8-1　周期性失业或需求不足的失业（一）

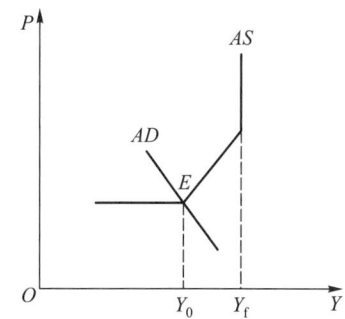

图 8-2　周期性失业或需求不足的失业（二）

2. 充分就业

充分就业是指在现有工作条件和工资水平下，所有愿意工作的人都参加了工作的就业量，或者说，消灭了"需求不足引起的失业"就达到了充分就业。在几何意义上，充分就业是这样一种状况：总需求与总供给相等时的均衡国民收入正好是潜在国民收入水平，与总需求相适应的对劳动力的需求能全部吸纳所有愿意工作并正在寻找工作的劳动者（见图 8-3、图 8-4）。如果均衡的国民收入水平低于潜在的或充分就业时的国民收入水平，此时就存在失业，即"需求不足引起失业"，也就是凯恩斯讲的"周期性失业"或称"均衡失业"（图 8-1，图 8-2）。消灭了"需求不足引起失业"或"周期性失业"就达到了充分就业图 8-3、图 8-4。请特别注意，充分就业情况下，仍然存在自然失业。

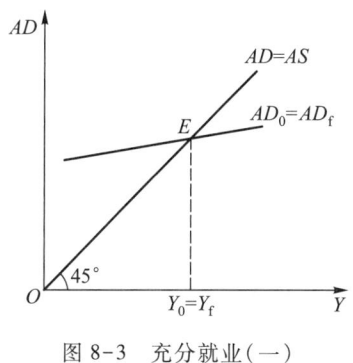

图 8-3　充分就业（一）

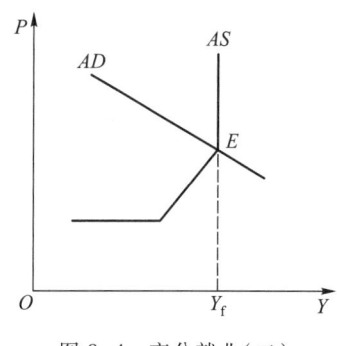

图 8-4　充分就业（二）

【即问即答】失业分几种？什么是充分就业？

答：失业分两类，即自然失业和周期性失业。其中，自然失业是经济中一些难以克服的原因引起的失业，自然失业是不可避免的，它包括摩擦性失业、结构性失业、临时性和季节性失业、工资刚性失业（非均衡失业）。消灭了"需求不足引起的周期性失业"就达到了充分就业。

三、需求不足失业的原因

（一）三大心理规律

凯恩斯认为失业的原因是需求不足，即有效需求不足，总需求与总供给均衡时决定的均衡国民收入小于充分就业时均衡的国民收入。而造成需求不足的原因则是三大心理规律的作用：边际消费倾向递减规律导致消费不足；资本边际效率递减规律造成投资需求不足；流动偏好规律使利息率的下降有一个最低限度，无法拉开利润率与利息率的差距以便刺激投资。其结果是总需求不足，出现紧缩缺口（图8-3中的E_fK）。

【知识库】造成需求不足的三大心理规律

（1）心理上的消费倾向即所谓的边际消费倾向递减规律。这就是说，随着收入的增加，消费也增加，但在增加的收入量中，用来消费的部分所占比例越来越少。用凯恩斯的话来说：无论从先验的人性看，或从经验中之具体事实看，有一个基本心理法则，我们可以确信不疑。一般而论，当所得增加时，人们将增加其消费，但"其消费之增加，不若其所得增加之甚"。

（2）资本边际效率递减规律是指一定资本增量预期的收益与其供给价格（重置成本）之间的比率递减趋势。由于竞争的缘故，资本品增加，产品增加，价格下降，厂商预期的收益下降；同时，竞争会使该资本品的需求增加，导致供给价格或重置成本上升，这样，预期收益的减少和重置成本的增加使得资本边际效率下降。

投资是为了获得最大纯利润，而这一利润取决于投资预期的利润率（即资本边际效率）与为了投资而贷款时所支付的利息率。如果预期的利润率越大于利息率，则纯利润越大，投资越多；反之，预期的利润率越小于利息率，则纯利润越小，投资越少。资本边际效率下降使得利润率与利率的差距缩小，引起投资不足。

（3）流动偏好规律又称灵活偏好规律，它是指人们不愿以股票、债券等资本形式而喜欢以货币形式持有财富和收入的愿望或动机。相对于其他财富形式，货币具有流动性，更灵活，所以，人们具有偏好货币的心理趋向。利息是对人们在一特定时期内放弃这种流动偏好的报酬。流动偏好动机决定货币需求，中央银行决定货币供给，货币供求决定利息率。

（二）"流动偏好陷阱"

流动偏好陷阱是指尽管中央银行可以通过扩大货币供应量来降低利息率，但这种降低总是有一定限度的。当利息率降低到一定限度时，人们就卖出股票和债券、不再储蓄而保留现钱、产生对货币无穷大的需求。在图形中，这种不能再低的利息率之右，被称为流动偏好陷阱、流动性陷阱或凯恩斯陷阱。简单地说，流动偏好陷阱是指无论货币数量如何增加，利息率再不会下降。

【知识库】货币需求和供给

1. 货币需求由流动偏好动机决定。关于流动偏好的起因，凯恩斯认为是来自三种动机：交易动机、谨慎动机和投机动机。

产生货币需求的第一种动机是交易动机。交易动机是指为了应付日常交易而持有现金的愿望。交易动机又分为收入动机和营业动机。交易动机主要决定于收入。收入越高，交易数量越大，为应付日常支出所需要的货币数量就越多。因此，出于交易动机所需的货币量是收入的函数。在这种场合，货币执行交易媒介的职能。

产生货币需求的第二种动机是谨慎动机。谨慎动机是指为了预防意外的支出而持有一部分货币的动机。例如，消费者和企业为了应付事故、失业、疾病等意外事件都要事先就持有一定数量的货币。个人出于谨慎动机所需的货币主要决定于个人对意外事件看法,但从整个社会来说,这个货币量同收入密切相关。因此,出于谨慎动机所需的货币量大致也是收入的函数。在这种场合,货币执行价值贮藏的职能。

现在用符号 L_1 表示交易动机和谨慎动机所引起的全部货币需求量,用 Y 表示收入,这种货币需求量和收入的函数关系可以表示为:

$$L_1 = L_1(Y)$$

L_1 是收入的函数,同利率无关。Y 是以货币计算的收入,它等于价格水平 P 同实际收入 y 的乘积。Y 与货币需求量 L_1 呈同方向变动。交易动机和谨慎动机所引起的货币需求量取决于人们的收入水平且正相关。

产生货币需求的第三种动机是投机动机。投机动机是指人们为了抓住有利的获利机会,例如,为从债券等有价证券中获利而持有一部分货币的动机。债券等有价证券的价格一般都随利率的变化而变化,利率提高,有价证券的市场价格下降;利率降低,有价证券的市场价格上升。投机者会利用利率水平和有价证券价格的变化进行投机。凯恩斯认为,出于交易动机和谨慎动机的流动偏好所需要的货币数量,大致取决于经济体系的一般经济活动和货币收入水平,对利率变动的反映不是很灵敏。

用 L_2 表示投机动机引起的货币需求量,用 r 表示利率,则 L_2 与 r 的关系用函数公式表示为

$$L_2 = L_2(r)$$

利率与货币需求量 L_2 呈反方向变动。当利率极低时,如2%,投机动机所引起的货币需求量是无限的,人们会把有价证券抛出,换回货币。因为,当利率极低时,意味着证券持有者相信它不可能再低下去,将义无反顾地保留货币而放弃证券。因为,如果保留证券,利率上升时会蒙受资本损失。因此,人们这时不再购买证券,而是有多少货币就愿意持有多少货币。这种情况叫做"凯恩斯陷阱"或"流动偏好陷阱"。

把 L_1 与 L_2 加在一起,便得到全部货币需求量,即:

$$L = L_1 + L_2 = L_1(Y) + L_2(r)$$

上述公式表明,L_1 取决于 Y(收入),与利率 r 无关,而 L_2 的大小则与利率 r 保持相反的方向变化。我们根据公式 $L_1 = L_1(Y)$ 及 $L = L_1(Y) + L_2(r)$ 作图8-5,它表明由交易动机和谨慎动机引起的货币需求与利率无关,因而是一条垂直线,而投机需求引起的货币需求则与利率反方向变动,最后为水平线(凯恩斯陷阱),如图8-6所示;最后我们可以作出货币总需求曲线(图8-7)。

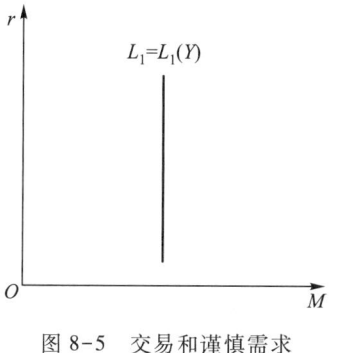

图 8-5 交易和谨慎需求

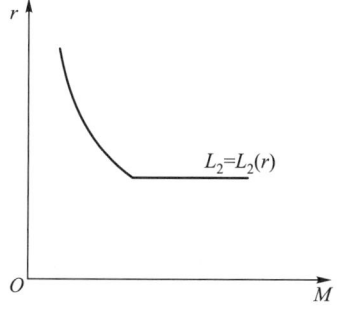

图 8-6 投机需求

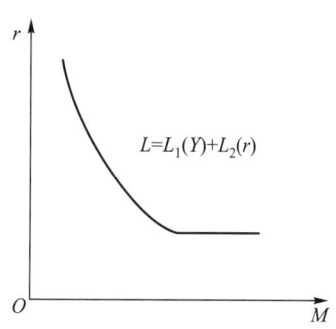

图 8-7 货币总需求

2. 货币供给由中央银行决定。货币供给量分两部分:一部分满足交易动机和谨慎动机的需要,一部分满足投机动机的需要。利息被认为是对人们在一特定时期内放弃流动偏好的报酬。利息率的高低取决于货币的供给和需求。

3. 利息率的高低取决于货币的供求,流动偏好代表了货币的需求,货币数量代表了货币的供给。货币数量的多少由中央银行的政策决定,货币数量的增加在一定程度上可以降低利率。但是,由于流动偏好的作用,利率的降低总有一个最低限度,低于这一点人们就不肯储蓄而宁可把货币保留在手中了。可以用图8-8来说明这一问题。

E_2以右为"凯恩斯陷阱"或者"流动偏好陷阱"。在图8-8中,横轴OM代表货币数量(即货币供给),纵轴r代表利率,L为流动偏好线(即货币需求曲线),M_1、M_2、M_3为三条不同的货币数量线。当货币数量为M_1时,M_1与L相交于E_1,决定了利率为r_1;当货币数量增加为M_2时,M_2与L相交于E_2,决定了利率为r。这时,由于货币数量从M_1增加到了M_2,利率由r_1下降至r_2,表明货币数量的增加可以使利率下降。但货币供给量增至M_3时,M_3与L相交于E_3,此时利率仍为r_2,这说明利率下降有一个最低限,无论货币供应量如何增加,都不能使利率继续下降,即前面讲的"凯恩斯陷阱"或者"流动偏好陷阱"。

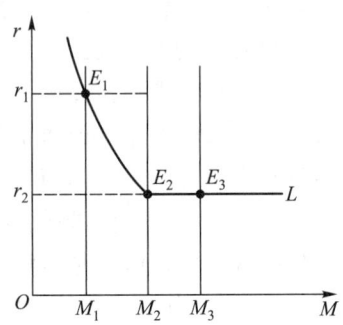

图8-8 货币供求与利率的决定

【快问快答】什么是流动偏好陷阱?如何理解流动偏好陷阱?

答:流动偏好陷阱是指尽管中央银行可以通过扩大货币供应量降低利息率,但这种降低总是有一定限度的。当利息率降低到一定限度时,人们就卖出股票和债券、不再储蓄而保留现钱、产生对货币无穷大的需求。

(1)根据公式:有价证券价格=年收益/利率,有价证券价格与利率成反比。利率与货币投机需求量成反比。(2)当利率**极低**时,如2%,根据公式,意味着证券价格(如股票)就**极高**。人们会把有价证券抛出,换回货币,人们这时不再购买证券,而是有多少货币就愿意持有多少货币,对货币产生"无穷大"的需求(需求完全弹性,图形上呈现为水平线)。(3)央行无论货币供应量如何增加,都不能使利率继续下降,这种货币政策失效情况,叫做"凯恩斯陷阱"或"流动偏好陷阱"。

四、失业的后果与影响

失业的微观影响,导致家庭经济拮据、家庭破裂、脱离社会、技能缺失、生活方式改变、自尊心伤害、犯罪和吸毒可能性增加。失业对个人而言,影响始终是消极的、负面的。它减少个人收入、降低个人和家庭的地位、声望和消费预期,因而,失业者的身心健康也会受到极大影响。

失业的宏观影响是双重的。一方面,失业是一种竞争压力,促使劳动者学习,不断掌握新的知识和技术,提高工作效率,以适应社会经济结构变化对劳动力更高的要求。失业还促进劳动力的流动和资源的有效配置。另一方面,失业影响社会安定,引发种种社会问题。失业会使失业津贴、社会保险等转移支付增加,引起政府财政支出大大增加,造成财政上的困难。另外,失业还造成社会人力资源闲置从而引起国内生产总值的损失。根据奥肯定律,失业率上升,国内生产总值增长率就会下降,失业长期存在,人们的收入水平、健康状态、人均寿命、生活质量、市场信心和衣食住行等等就会受到影响。

五、失业的对策

针对不同原因引起的失业,要采取不同的对策。对于摩擦性失业和结构性失业,要采取人力政策,即提供职业训练、提供就业信息、反对就业歧视。对于需求不足引起的周期性失业,一般采取扩张性财政政策和货币政策刺激总需求,即"逆经济风向调节"。经济萧条、失业出现时,增加财政支出并减少税收、扩大货币供应量降低利率以刺激消费和投资需求,这就不可避免地引起通货膨胀率上升和汇率下跌。后面会进一步介绍针对失业的宏观经济政策。

【知识库】2010 年诺贝尔经济学奖与结构性失业

2010 年诺贝尔经济学奖授予了三位对"经济政策如何影响失业率"作出了深入研究的经济学家,他们是美国麻省理工学院的戴蒙德、美国西北大学的莫滕森和伦敦政治经济学院的皮萨里季斯。为什么在很多人失业的同时,却有不少职位空在那里?宏观经济政策究竟会如何影响失业率、职位空置和工资?三位大师的理论和模型就与上述问题有关。失业和职位空缺并存,即存在结构性失业的情形表明,劳动力市场实际上并不总是有效的,在一个存在着搜寻成本的市场中,可能有不同的结果。三位经济学家的工作建立起了一个"搜寻理论"框架,来分析这个问题。他们的一大突破,就是不再单纯讨论失业本身,而是从招聘、解雇、辞职、职位空缺和寻找工作等各个环节,来理解失业所导致的宏观经济后果。

中国现在缺乏与失业有关的宏观经济指标,如只有城镇登记失业率,没有反映全社会就业状况的失业率,也没有反映包括结构性失业在内的自然失业率,因此,也就无法建立引入失业率、自然失业率的宏观经济分析框架。在成熟市场经济国家,通常有一组与失业有关的指标,除了年、季、月失业率外,还有每周向政府申请失业救济金的人数等。例如,在美国,就每周申请失业救济金的人数来说,20 万是一个临界值,大于 20 万则意味着存在周期性失业,劳动力供大于求,经济出现下滑或衰退;小于 20 万则意味着劳动力供不应求,经济出现景气过度。由此就可以为宏观经济分析、预测和政策制定提供有力的依据。又如,测算并发布自然失业率,就可以将实际失业率与之比较,进而得出经济增长处于何种状态,是大于潜在增长率,还是小于潜在增长率,以利于出台相关的宏观经济政策。(资料来源:陈宪.北京青年报,2010-10-23.内容有删减。)

六、凯恩斯需求不足失业原理

凯恩斯认为,国民收入均衡小于充分就业的国民收入均衡时,就出现失业,失业的原因是总需求不足,总需求不足是由于三大心理规律的作用,即边际消费倾向递减规律导致消费需求不足,资本边际效率递减规律和流动偏好规律导致投资需求不足。

凯恩斯的宏观经济理论,它包括以下各点:
① 国民收入决定于消费和投资。
② 消费决定于消费倾向和收入。消费倾向分为平均消费倾向和边际消费倾向。边际

消费倾向大于0而小于1。因此,收入增加时,消费也增加。但在增加的收入中,用来消费的部分所占比例越来越小,用来储蓄的部分所占比例越来越大。

③ 消费倾向比较稳定。因此,国民收入的波动主要是来自投资的变动。由于边际消费倾向大于0而小于1,投资乘数因而大于1。投资的增长和下降会引起收入的多倍增长和下降。

④ 投资决定于利率与资本边际效率。

⑤ 利率决定于流动偏好和货币数量,流动偏好是货币需求,货币数量是货币供给。流动偏好由 L_1 和 L_2 组成,其中 L_1 来自交易动机和谨慎动机,L_2 来自投机动机。货币数量由 M_1 和 M_2 组成,其中 M_1 满足交易动机和谨慎动机,M_2 满足投机动机。

⑥ 资本边际效率决定于预期利润或收益和资本资产的重置成本或供给价格。预期利润或收益很不稳定,造成经济周期波动。在长期中,预期利润或收益下降。

第二节 通货膨胀

通货膨胀问题是现代经济学的重大课题。通货膨胀是指一般价格水平普遍而持续的上升。

一、通货膨胀的类型和原因

(一) 通货膨胀的类型

按照价格总水平上涨幅度的不同,可分为:

"爬行的或温和的通货膨胀"(3%—10%,一位数以内)。温和的通货膨胀的最大特点是通货膨胀率低,对经济影响小。总体而言,国民经济能够持续稳定健康增长。

"加速的或奔腾的通货膨胀"(10%—100%,二位数)。奔腾的通货膨胀意味着在一段时间内,物价水平以较大幅度持续上升,给社会经济带来较大伤害。不加控制就会发展成为恶性的通货膨胀。

"超级的或恶性的通货膨胀"当通胀极高时(100%以上,三位数以上),恶性的通货膨胀意味着货币供应量和物价水平快速增长、信用加速膨胀、货币迅速贬值,政府无法控制价格,货币体系和人们的经济生活遭到严重破坏,社会、经济、政治面临崩溃。

按照通货膨胀的原因,分为五类:(1) 货币超量发行、流动性过剩、投资和消费过度增长会造成需求拉动的需求型通货膨胀;(2) 战争和饥荒、工资和利润以及进口成本的推动也会造成成本推动的供给型通货膨胀;(3) 供求混合相互作用引起的混合型通货膨胀;(4) 由经验或通货膨胀率预期决定的预期型通货膨胀;(5) 收入结构与经济结构的不适应和错位引起的结构型通货膨胀。

(二) 通货膨胀的原因

1. 需求拉动的需求型通货膨胀

(1) 货币主义者的通货膨胀理论

货币主义者认为,货币供应量增加,社会名义总需求量的增长,并不能自发带动就业量的增长,即国民收入、就业量、总供给量不会因此而有实际的变化。该理论以费雪方程式为基础,说明货币超量发行的后果。

$$MV = PT \text{ 或 } P = \frac{MV}{T}$$

上式中，M 为货币供应量，V 为货币流通速度，MV 即名义总需求，P 为价格水平，T 为产品总量或产出量，PT 为名义总供给量。根据 $MV=PT$ 的恒等关系，如果货币供应量增加，导致名义总需求的上升，由于它并不能自动导致就业量和产出量的相应增加，这样，当 MV 增加时，现有产出量 T 不能增加，结果 P（价格水平）就必定比例于货币供应量 M 的增加而上升。

货币政策无效。费雪方程说明，当存在人们对通货膨胀的预期时，货币当局或政府的货币政策对实际国民收入不会产生影响。货币当局增加货币供应量会直接提高物价水平，货币数量增长率对应的是通货膨胀率而不是实际国民收入和就业量。

当货币当局或政府为抑制通货膨胀而减少货币供应量时，公众都会用加速花钱的办法（挤兑、增大消费支出）来加快货币流通速度 V，这样，货币流通速度 V 加快抵消了货币供应量 M 的下降，价格水平保持不变；同样，出现失业和衰退时，政府向经济中投放更多货币，但公众会降低货币流通速度 V，多增加的货币供应量 M 被储蓄起来，达不到刺激实际总需求的目的。

【问题解答】货币主义对 $MV=PT$ 的解释是什么？

答：第一，货币流通速度 V 短期轻微波动，但长期稳定不变；第二，货币供应量 M 变动快于价格 P 的变动，短期中，M 不仅影响 P，还影响 T；第三，长期中 $MV=PT$，V 稳定，T 不变，V 和 T 都独立于 M。所以，M 变化只会直接影响价格总水平 P。结论，长期中，货币供应量增加，只会引起通胀，通胀是货币超发的唯一原因。

【快问快答】货币主义的理论和主张是什么？

答：货币主义的基本理论是新货币数量论和自然率假说。基本观点是货币供应量的增加，不能增加 GDP 和就业量，只会导致通货膨胀。通货膨胀是一种货币现象。基本主张是货币供应量按照固定比率增长——例如实际 GDP 增长率+通胀率（单一规则货币政策，反对政府干预）。

（2）凯恩斯主义者的通货膨胀理论

凯恩斯主义者关于通货膨胀的解释。当资源被充分利用或达到充分就业时，总需求继续上升，这时，过度需求必然会导致通货膨胀（如图 8-9，图 8-10）。

在图 8-9 中，总需求 AD 已经超过了充分就业时（或潜在国民收入水平）的总需求 AD_f，这时由于过度需求，国民收入并没有增加，仍为 Y_f，但价格水平却由 P_0 上升为 P_1。

在图 8-10 中，由于国民收入已经达到充分就业水平，总需求的增加无法再提高均衡的国民收入水平，形成膨胀性缺口 KE_f，结果出现通货膨胀。图 8-9 与图 8-10 表达了同一个意思：通货膨胀与失业不会同时存在，通货膨胀是在资源充分利用或充分就业之后产生的。

【快问快答】什么是凯恩斯模型中的"膨胀缺口"和"紧缩缺口"？

答：如图 8-10，充分就业以上的实际需求是过度需求，过度需求与实际需求的距离就是"膨胀缺口"（KE_f）。

如之前的图 8-1，充分就业以下的实际需求与充分需求的距离就是"紧缩缺口"(KE_f)。

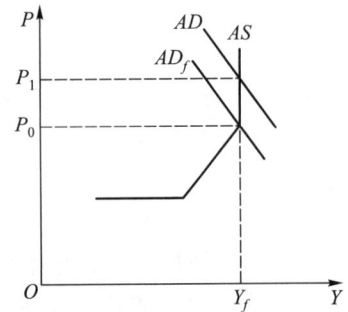

图 8-9 需求拉上的通货膨胀(一)

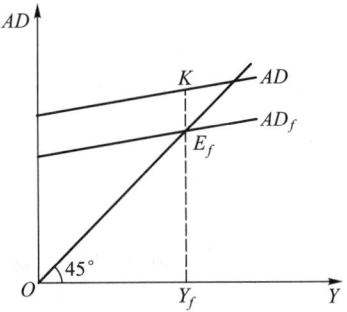

图 8-10 需求拉上的通货膨胀(二)

短期总供给曲线与总需求变动。短期中，总供给曲线与价格水平同方向变动，资源接近充分利用，这时产量增加会使生产要素的价格上升，从而带动成本增加，价格水平上升。这是由于总需求增加后，总供给的增加不能迅速满足总需求的增加，产生暂时的供给短缺，于是出现通货膨胀，显然，此时，失业与通货膨胀是并存的。

在图 8-11 中，由于货币供应量增加、政府支出增加等原因，总需求由 AD_0 增加到 AD_1，价格水平由 P_0 升到 P_1，而均衡国民收入也由 Y_0 增加到到 Y_1，但并未达到充分就业水平。

2. 成本推动型通货膨胀

成本包括工资、利润和用于购买原材料、能源的支出等项费用。成本的各个组成部分都可能提高，从而引起总成本的提高。有些西方经济学家认为，成本的上升主要是由工资的增加引起的。他们认为，在现代经济中，工人们可以施加压力，迫使企业提高工资，而具有一定垄断性的企业又会相应地提高产品价格，从而引起通货膨胀。这种由工资的提高引起的通货膨胀被称做"工资推进的通货膨胀"。还有一些西方经济学家指出，企业为增加利润，也可能先行提高产品价格，由此引起的通货膨胀则称做"利润推进的通货膨胀"。此外，进口原材料价格的上升(如 20 世纪 70 年代石油危机对西方石油输入国的冲击)及由资源枯竭、环境保护政策造成的原材料、能源等生产成本的提高，形成"进口商品价格的上升推进的通货膨胀"。

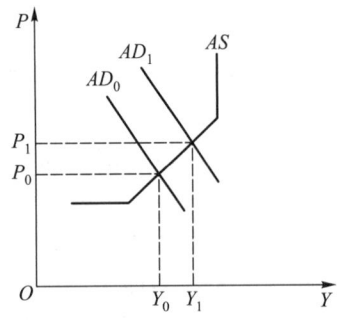

图 8-11 需求拉上的通货膨胀

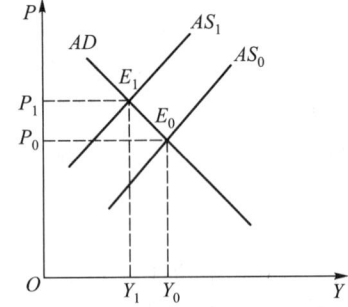

图 8-12 成本推动的通货膨胀

在图 8-12 中，原来的总供给曲线 AS_0 与总需求曲线 AD 决定了国民收入为 Y_0，价格水平为 P_0。成本增加，总供给曲线向左上方移动到 AS_1，这时总需求曲线没变，决定了国民收入为了 Y_1，价格水平为 P_1，价格水平由 P_0 上升到 P_1，是由于成本的增加所引起的。这就是成本推动的通货膨胀。

3. 需求拉动和成本推动混合型通货膨胀

供求混合相互作用引起通货膨胀。如果通货膨胀是由需求拉动开始的,即过度需求导致物价上涨,物价上升使工资水平上升,工资成本上升又引起成本推动的通货膨胀。如图 8-13 中的(a),由于需求 AD 由 AD_0 增加到 AD_1,虽然国民收入增加到 Y_1,但物价水平上升到 P_1;如图 8-13 中的(b),物价上涨导致成本推动($AS_0 \to AS_1$),物价进一步由 P_1 上升到 P_2。

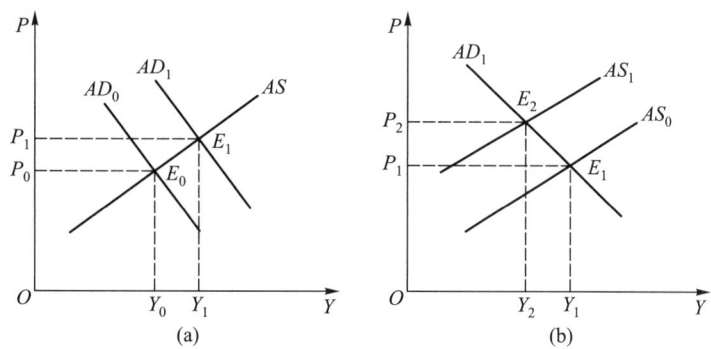

图 8-13 混合型通货膨胀(一)

如果通货膨胀是由成本推动开始的,即成本增加引起物价水平上升($AS_0 \to AS_1, P_0 \to P_1$)。物价上涨,产量下降,即 $Y_0 \to Y_1$。此时,由于国民收入下降,经济衰退,可能结束通胀。只有当成本推动导致的通货膨胀的同时,总需求由 AD_1 上升为 AD_2 时,才会使国民收入恢复到 Y_0,而此时,价格水平就由 P_1 进一步上升到 P_2,见图 8-14。

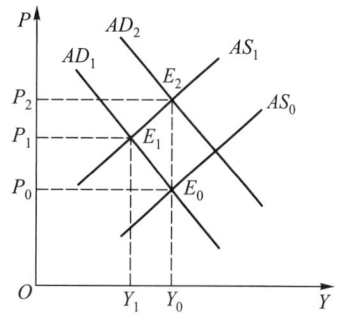

图 8-14 混合型通货膨胀(二)

4. 结构型通货膨胀

收入结构与经济结构的不适应和错位引起的通货膨胀。第一,高成长性部门和行业因种种限制,不能获得资源和人力,资源价格和工资水平上升,而夕阳产业和衰退行业尽管资源和人力过剩,收入不仅不会下降,因攀比效应反而上升,工资成本推动物价上涨;第二,劳动生产率高的部门,高速增长,带动工资上升,各部门向高增长部门看齐,使工资增长率超过劳动生产率引起通货膨胀;第三,劳动力市场的技术结构、地区结构、性别结构的互不适应,工资刚性(工资水平能上不能下),使"失业与空位"并存,最终导致通货膨胀;第四,大国示范效应,小国向大国、强国看齐,非开放部门工资水平向开放部门看齐,工资水平和通货膨胀的国际传递导致通货膨胀。

5. 预期型通货膨胀

通货膨胀一旦出现,人们会根据经验或根据过去的通货膨胀率来预期未来的通货膨胀率。例如,过去几年的通货膨胀率为 8%,人们会据此推断下一年的通货膨胀率仍会是 8%,并把这种预期作为自己经济行为的依据。政府、居民、厂商、工会会根据预期的通货膨胀率来调整自己的经济决策和经济活动,如工资协议、经济合同、投资机会成本、实际利率的计算等,都以 8% 的通货膨胀率作为行为依据,由此产生一种通货膨胀预期,使通胀不断持续下去。

货币主义者强调现在对未来的影响,即现在的通货膨胀对未来预期及经济行为的影响。人们根据过去的通货膨胀情况形成目前对未来的通货膨胀预期。

凯恩斯主义者则强调了过去对现在的影响,即过去的通货膨胀会形成一种惯性,对现在的经济活动和经济行为产生影响。

虽然通货膨胀的类型或原因是多种多样的,经济学家们可以从不同角度、不同方面作出解释,但许多学者相信,通货膨胀往往是由各种因素共同作用所引起的,只不过不同因素或原因在不同情况下起的作用是不同的。

【即问即答】通货膨胀有哪些类型

答:按照价格总水平上涨幅度的不同,可分为:温和的通货膨胀、奔腾的通货膨胀和恶性的通货膨胀。按照通货膨胀形成的原因分为五类:(1)需求拉动型通货膨胀;(2)成本推动型通货膨胀;(3)需求拉动和成本推动混合型通货膨胀;(4)结构型通货膨胀;(5)预期型通货膨胀。

【快问快答】现代凯恩斯主义的基本观点是什么?

答:现代凯恩斯主义包括后凯恩斯主流经济学派和新剑桥学派。后凯恩斯主流经济学派的基本观点是:需求过度则通胀,不足则失业。成本推进型通胀与结构性失业导致"滞胀",自然失业和结构性失业不能通过刺激总需求来解决。新剑桥学派的基本观点是:财政赤字政策导致"滞胀",增收节支,重建制度和企业信心,收入再分配,缩小社会贫富差距举足轻重。

二、通货膨胀的影响或后果

如果通货膨胀是不能预期的,是非均衡的,那么,它会产生一系列后果。

1. 造成实际收入和实际财富的再分配

通货膨胀的受损者。在通货膨胀过程中,那些其货币名义收入的增长率(10%)慢于通货膨胀率(28%)的人将成为通货膨胀的直接受损者。比如持有现金和存款者、工薪阶层、退休者、失业和贫困者、接受政府救济者、债权人(租金和利息收入者)、银行等社会阶层和集团,他们的货币收入不能随物价上涨及时调整,或虽有所调整但上调幅度小于物价上涨幅度的,其货币收入购买力将下降、实际收入减少。

通货膨胀的受益者。在通货膨胀过程中,那些其货币名义收入能够随物价上涨而及时向上调整,调整幅度大于物价上涨幅度的人,将成为通货膨胀的直接受益者。比如,拥有多种资产形式(证券和货物持有人)、高收入阶层、企业主、厂商、债务人、有较多负债的政府等社会阶层和集团,其实际收入不会受到影响甚至上升。假如通胀是由于政府借款造成中央银行向社会过量发行货币、增加货币供给,则政府可以因此而增加一笔额外的收入——"通货膨胀税"。

2. 资源的重新配置

在通货膨胀中,那些价格上涨超过成本上升的行业将得到扩张;而价格上升慢于成本上升的行业将收缩。当价格上涨是对经济结构、生产率提高的反映时,价格变动和资源配置将趋于合理;反之,当通货膨胀使价格信号扭曲、无法正常反映社会供求状况,使价格失去调节经济的作用时,通胀会破坏正常的经济秩序,使价格失去核算功能,降低经济运行效率。

3. 国民收入和就业水平的变化

需求拉动引起的通货膨胀在一定条件下,能促使厂商扩大生产规模、增加雇用工人,导致国民收入上升;通货膨胀使得银行的实际利率下降,这又会刺激消费和投资需求,促进资源的充分利用和总供给的增加。但是,当通胀率是可预料的时,就不会对国民收入水平和就业发生直接的影响。

供给下降引起的通货膨胀则只会引起国民收入水平和就业量的下降。

大致说来,温和的通货膨胀对经济的影响较小,不会给社会带来危害;而奔腾的通货膨胀对经济影响较大,给社会造成的危害也大,即弊大于利。

【问题解答】你能说出通货膨胀的成本吗?

答:一旦出现不能预期的、非均衡的通货膨胀,社会经济运行必将付出巨大成本,这些成本包括:菜单成本、交易成本、收入再分配成本、不确定成本、国际收支恶化成本、治理通胀成本。

【原理运用】幸福指数和痛苦指数

幸福指数最早是由美国经济学家萨缪尔森提出来的,他认为幸福等于效用与欲望之比,用公式表示,即:幸福=效用/欲望。从这个等式来看,当欲望既定时,效用越大越幸福;当效用既定时,欲望越小越幸福。幸福与效用同方向变化,与欲望反方向变化。如果欲望是无穷大,则幸福为零。我们经常会说人的欲望是无限的,那是指人们常常会表现为一个欲望满足之后又会产生新的欲望,而在一个欲望满足之前,我们可以把这个欲望当作是既定的,当欲望既定时,人的幸福就取决于效用了。因此我们可以简单地把追求幸福最大化等同于追求效用最大化。从上面的描述中可以看出,幸福指数衡量的是个人的主观愿望,每个人认为自己幸福与否和自己的欲望及效用有关。据报道,中国人力资源开发网在2004年全国范围内进行的"工作幸福指数调查"显示,只有9.79%的被调查者幸福地工作着,中国职场人士"工作幸福指数"仅为2.57(最高5分、最低0分)。这样一种状况,使得探讨工作中的幸福感来源成为了必要;同时,个人该如何更好地享受工作,企事业单位又该采取什么样的管理手段让员工更快乐地工作,无疑是探讨的"连带"内容。可以说,当主客观、内外部这两方面达到相辅相成的认知高度时,人们"工作并幸福着"才有可能。在事业的成败决定着大多数人的前途与命运的今天,我们如何应对工作中的不快乐?对很多人来说,解决了这个问题,也就是解决了人生的基本问题。

痛苦指数是用来衡量宏观经济状况的一个指数,它等于通货膨胀率加上失业率。例如,通货膨胀率等于5%,失业率等于6%,则痛苦指数等于11%。这个指数说明人们对宏观经济状况的感觉,指数越大人们就会感到越是遗憾或痛苦。在失业与通货膨胀中人们往往更注重失业状况。

政府不欢迎指数。根据美国耶鲁大学的学者调查,人们对失业的重视程度是通货膨胀的6倍,因此表示人们对政府不欢迎程序的指数就等于6乘上失业率加通货膨胀率。在前面的例子中,政府不受欢迎程度的指数为$6 \times 5\% + 6\% = 36\%$。这一指标越高,政府越不受欢迎,该届政府获得连任的机会就越少,所以各国政府都把降低失业率当作非常重要的工作目标。

第三节 失业与通货膨胀的交替及菲利浦斯曲线

一、凯恩斯的观点——失业与通胀不会同时并存

如图 8-15。按照凯恩斯主义的理论,失业与通胀是不会同时并存的:充分就业前,总需求增加只会引起国民收入增加而价格水平不会上升,$AD_2 \to AD$,$Y_2 \to Y_1$,P 不变;达到充分就业时,总需求增加只会引起通货膨胀而国民收入不会继续增加,$AD \to AD_1$,$P_1 \to P_2$,Y 不变。

二、菲利浦斯曲线及运用

菲利浦斯曲线则说明了失业与通货膨胀之间的交替关系。

在图 8-16 中,横轴 u 代表失业率(%),纵轴 $\triangle P/P$ 代表通货膨胀率,A、B、C 各点表示不同的通胀率与失业率的组合。由于曲线向右下方倾斜,斜率为负,当失业率高时,通胀率就低;反之,当失业率低时,通胀率就高。图中阴影部分表示"社会可接受"的"临界点",即 6% 的通胀率和 6% 的失业率。

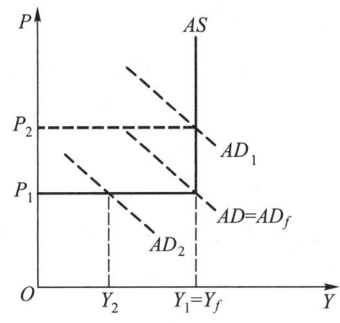
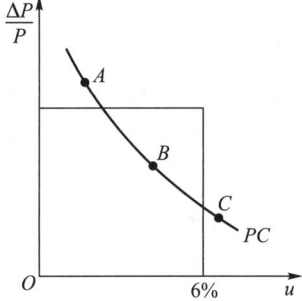

图 8-15 失业与通胀不会同时并存　　　图 8-16 菲利浦斯曲线

基于以上菲利浦斯曲线表明的失业率与通胀率的交替关系,政府可以根据具体情况及政治、经济目标,采取不同的调控措施,有意识地进行"相机抉择"。如图 8-17 所示,菲利浦斯曲线并不始终是稳定的,曲线的上移表明经济情况的变化。当"临界点"(失业率与通胀率的组合)位于阴影区(6%的失业率和 6%的通胀率)时,菲利浦斯曲线为 PC_1,处于"安全区域",政府不用干预;当菲利浦斯曲线上移后(PC_2),通胀率与失业率的组合远离"临界点"或"安全区域",政府必须进行需求管理和调控;当菲利浦斯曲线继续移动至 PC_3 时,政府就要加大调控力度。曲线的移动意味着社会将不得不忍受越来越高的失业率和通货膨胀率。

菲利浦斯曲线移动或恶化的原因是由通货膨胀预期造成的。

三、长期菲利浦斯曲线

虽然短期中,失业率与通胀率之间存在交替关系,政府的调控在短期中有效,但长期中,工人会根据实际发生的情况不断调整自己的预期,并且,预期的通货膨胀会不断接近于实际的通货膨胀,这样,工会及工人将要求增加名义工资,使实际工资不变,造成通货膨胀率只上升不下降,从而否定了早期菲利浦斯曲线失业率与通货膨胀率的交替关系。长期中,菲利浦

斯曲线是一条垂直线。在图 8-18 中，LPC 代表长期菲利浦斯曲线，它表明，无论通货膨胀率怎样变动，失业率总是固定在自然失业率的水平上（长期中经济能实现充分就业，失业率是自然失业率），采用扩张性财政政策和货币政策，并不能降低失业率，只会引起进一步的通货膨胀。

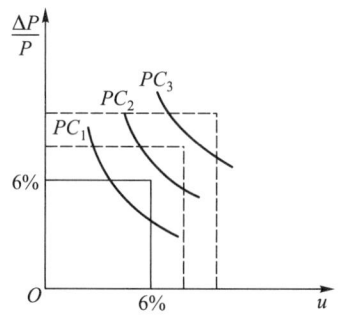

图 8-17　菲利浦斯曲线的恶化

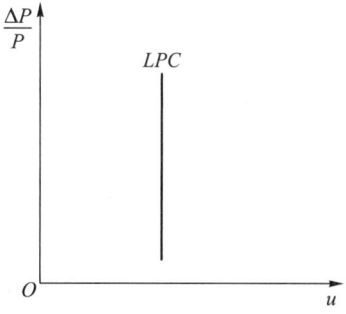

图 8-18　长期菲利浦斯曲线

【理论与实践】菲利浦斯曲线

英国经济学家菲利浦斯，根据英国 100 年的长期经济数据，发现失业率与货币增长率之间存在反方向变化的关系。

后来萨缪尔森等人用物价上涨了（通货膨胀率）代替货币工资上涨率，表明物价上涨率与失业率之间也有对应的反向关系。这就是菲利浦斯曲线。

20 世纪 70 年代，滞胀一直困扰着美国。1979 年夏，通货膨胀率高达 14%，失业率高达 6%，经济增长率不到 1.5%。在这种形势下，沃尔克被卡特总统任命为美联储主席。沃尔克上台后加息、减少货币供应量（贴现率提高到 12%，），终于在 1984 年使通货膨胀率降至 4%。

但经济学家推测，如果牺牲率为 5%，（通货膨胀每年降 1%，每年的国内生产总值减少 5%），沃尔克把 1980 年 10% 的通货膨胀率降低至 1984 年的 4%，每年减少的国内生产总值应为 30%。美国这一时期经历了自 20 世纪 30 年代以来最严重的衰退，失业率达到 10%。

反通货膨胀付出的代价证明了短期菲利浦斯曲线的存在，也说明低通胀率与低失业率不可兼得。沃尔克反通货膨胀的最终胜利是以高失业为代价的。

本章小结

1. 失业分为周期性失业和自然失业（摩擦性、结构性、临时性和季节性失业）。经济学较多地关注需求不足的失业，因为，它周期性地出现，不断地困扰着人类社会。

2. 通货膨胀的经济根源在于社会总需求超过了社会总供给。这一经济根源形成了需求拉动和成本推动两种力量，导致了通货膨胀的产生。

3. 英国经济学家菲利浦斯提出了一个被称之为"菲利浦斯曲线"的经济模型，以说明失业和通货膨胀之间的交替关系。市场经济条件下必须警惕菲利浦斯曲线的恶化，即"滞胀"局面的出现。

在市场经济实际中，失业和通货膨胀是不可避免的，也是市场经济负面的最集中的表现。有效的经济政策是如何把失业和通货膨胀控制在适度的范围内。

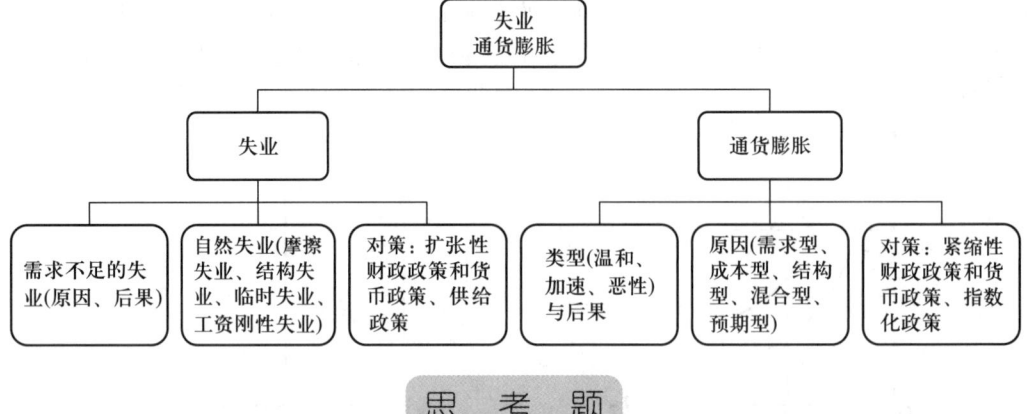

思 考 题

1. 市场经济中有没有可能"消灭"失业？为什么？（提示：不能，因为存在自然失业。）

2. 周期性失业和结构性失业的区别在哪里？（提示：前者是就总量而言，后者就结构而言。存在结构性失业的时候可能仍然会有职业空位。）

3. 如果通货膨胀和通货紧缩是宏观经济政策必选其一的状况，你认为哪一种政策倾向更好一点？（提示：这是一个规范性命题，每个人的回答都不同。一般而言，年轻人、债务人、政府、资产拥有者、高收入者、企业主偏好通胀多一些，而有较高银行存款者、现金持有者、工薪者、退休人员、接受救济者、债权人、失业和贫困者等，在通胀与通缩之间更偏好通缩。）

4. 当物价指数上升10%时，人们的收入也随之增长10%。在这种情况下，人们的利益是否受到损害？当物价指数上升80%时，人们的收入增长了100%在这种情况下，通货膨胀是否还会对经济造成危害？（提示：不相同。通货膨胀对收入的影响取决于收入增加的幅度是大于还是小于物价上涨的幅度。那些收入增加的幅度大于物价上涨幅度的阶层（例如，收入增长15%的阶层就不会在乎通胀增长10%）受通货膨胀的影响小，反之就大）。

练 习 题

单项选择题

1. 假设某国正处于严重萧条时期，劳动力为2 350万人，没有劳动能力者50万人，就业者为1 800万人，没有工作仍然在继续找工作的为300万人，没有工作也没有继续找工作的为200万人，则该国劳动参与率为（　　）。

A. 91%　　　　　　　　　　　　B. 89.4%
C. 21.7%　　　　　　　　　　　D. 76.6%

2. 假设某国正处于严重萧条时期，劳动力为2 400万人，就业者为1 800万人，没有工作仍然在继续找工作的为300万人，没有工作也没有继续找工作的为200万人，则该国周期性失业率为（　　）。

A. 14.3%　　　　　　　　　　　B. 20.8%

C. 21.7% D. 9.5%

3. 总需求不足、经济萧条导致的失业属于( )。
   A. 流动性失业 B. 摩擦性失业
   C. 结构性失业 D. 周期性失业

4. 某人由于工作转换而失去工作属于( )。
   A. 流动性失业 B. 摩擦性失业
   C. 结构性失业 D. 自然失业

5. 某人由于不愿意接受现行工资水平而失去工作属于( )。
   A. 流动性失业 B. 摩擦性失业
   C. 结构性失业 D. 自愿失业

6. 温和的通货膨胀指的是( )。
   A. 通货膨胀率在10%以上,并有加剧的趋势
   B. 通货膨胀率以每年25%的速度增长
   C. 数年之内,通货膨胀率一直保持在2%-3%的水平
   D. 通货膨胀率为0

7. 通货膨胀的原因是( )。
   A. 需求拉动 B. 成本推动
   C. 混合推动 D. 以上都是

8. 通货膨胀的再分配效应是指( )。
   A. 不利于固定收入的工薪者,有利于变动收入者
   B. 不利于储蓄者及债权人,有利于资产持有者和债务人
   C. 不利于公众,有利于政府
   D. 以上都是

9. 下面不正确的说法是( )。
   A. 自然失业率依据各国经济状况各有不同
   B. 自然失业率是一个常量
   C. 自然失业率是社会正常情况下的失业率
   D. 自然失业率包括摩擦性失业

10. 下面可能成为摩擦性失业的原因的是( )。
    A. 总需求不足 B. 产业结构调整
    C. 季节性需求萎缩 D. 劳资矛盾,员工辞职

11. 均衡国民收入可能( )。
    A. 高于充分就业时的国民收入 B. 低于充分就业时的国民收入
    C. 等于充分就业时的国民收入 D. 以上都是

12. 造成结构性通货膨胀的原因是( )。
    A. 货币超发 B. 工资成本推动
    C. 市场垄断 D. 部门发展不平衡

13. 凯恩斯认为需求拉动通货膨胀的原因是( )。
    A. 利息率上升 B. 工资成本推动

C. 总供给增加 D. 资源得到充分利用后,总需求继续增加

14. 应届大学毕业生,目前仍然没有找到工作,这种情况属于( )。
    A. 流动性失业 B. 摩擦性失业
    C. 结构性失业 D. 自愿失业

15. 凯恩斯认为,货币需求的交易动机、谨慎动机和投机动机对利率感度不同,对利率变动最敏感的是( )。
    A. 货币的交易动机 B. 货币的谨慎动机
    C. 货币的投机动机 D. 货币的交易动机和谨慎动机

16. 假如经济发生了严重的通货膨胀,受害者将是( )。
    A. 抚恤金领取者 B. 债务人
    C. 现金持有者 D. 以上都对

17. 当人们认为利率极低(不能再低)时,人们就会( )。
    A. 拼命抛售有价证券,回收货币
    B. 对货币需求无穷大(需求曲线呈水平状)
    C. 这时货币政策无效("凯恩斯陷阱")
    D. 以上都对

18. 周期性失业的原因是( )。
    A. 有效需求不足
    B. 行业对劳动力需求的季节性变动
    C. 地区不平衡、产业结构与就业结构不匹配
    D. 社会观念变化

19. 主张采取"单一货币规则"政策的是( )。
    A. 理性预期学派 B. 新古典综合学派
    C. 货币学派 D. 新剑桥学派

(提示:AADBD CDDBD DDDBC DDAC)

第九章 经济增长和国际经济

学习目标

知识要求：**了解**经济增长对一国居民意味着什么；**理解**哈罗德—多马经济增长模型；**掌握**国际收支均衡公式。

技能要求：**知道**哈罗德—多马经济增长模型的基础和前提；**了解**比较优势理论和国际收支平衡表；**会用**国际收支平衡表分析一国的经常项目、资本项目、官方储备项目以及一国收入的流进与流出。

【开章案例】中国的经济还会高速增长吗？

自20世纪改革开放以来，中国经济实现了高速增长。今后，中国经济还会继续保持高速增长吗？这是国内外学者、政府和投资者所研究和关注的问题。专家预测：未来十年中，中国经济还将会保持8%以上的增长速度。中国未来经济增长的潜力和前景反映在下几个方面：

第一，中国目前人均GDP的水平还很低，增长的人均基数还较小。从世界各国经济增长的经验来看，人均基数小的增长快，人均基数大的增长慢，这是一个较为普遍的现象。美国人均GDP达到35 000美元，年增长1%，绝对额增长350美元；中国人均GDP目前只有1 100美元，年增长10%，GDP才增加110美元。因此，中国未来在低基数基础上的高增长是国民经济成长的重要趋势。

第二，中国居民生活水平提高的主要内容还是物质消费的满足，因此，物质产品的大规模生产和建设，将强劲推动国民经济的持续增长。从城镇居民的需求来看，住房需求和汽车需求将是经济增长强劲的拉动力；从农村转向城市人口的需求来看，住房、日用消费品数量和质量的提高，以及其他耐用消费品消费的增加，也是经济增长强劲的拉动力。

第三，中国有着丰富的人力资源，工资成本目前为一些工业化国家的1/50~1/30，即使2020年实现较为富裕的小康社会，工资成本也还为这些工业化国家的1/20~1/15。而且随着教育的发展，适龄青年高等学校入学率在2020年将达到35%左右，中国将会成为人力资本规模最大的国家。劳动力便宜的成本比较优势和人力资本的增加，将成为国民经济的强有力推动因素。

第四，从农村社会和农业向城市社会和非农业的结构转型及其带来的人口迁移，形成的劳动力得以利用。中国到2020年如果城市化水平每年提升1%，累计将有2.1亿农业人口向城镇转移，由此带来的城市和交通建设、城市人口增加和消费增加等，也是一个强劲的经济增长推动因素。

第五,到 2020 年,中国人口规模将达 14.5 亿以上,其中城市人口将达到 9 亿左右,以不变价格计算,2020 年,消费总规模将达 23.5 万亿人民币,投资性购买规模达到 14.4 万亿元。中国因人口众多,随着人民收入水平的提高,几乎任何产业都有可观的市场需求规模,这对产业的投资和发展创造了规模化的市场条件,中国产业在世界市场波动时,国内有足够的需求回旋余地。

第六,成长着的巨大的中国市场,劳动力资源丰富和工资成本便宜的比较优势,稳定的国内政治和社会环境,将使中国成为世界上投资最安全和最有收益的地区,而外国资本大量进入也是中国未来经济增长的有力推动因素。从近几年的资本流入情况来看,2002 年实际利用外资 520 亿美元,2003 年 1—7 月,实际利用外资 324 亿美元,比去年同期增长 25%,成为推动中国经济增长的重要动力。

第七,从东亚一些国家和地区经济增长的经验来看,结构转型在城市化水平 35%-55%、人均 GDP 在 1 000—3 000 美元阶段,仍然是高速增长阶段。比如,韩国在 1953—1962 年间 GDP 增长速度平均为 3.84%,1962—1991 年间平均增长 8.48%,1991—2000 年间平均增长 5.76%,高速增长时间长达 38 年;新加坡 1960—1965 年间平均增长 5.74%,1965—1984 年间平均增长 9.86%,1984—2000 年间平均增长 7.18%,高速增长了 35 年;中国台湾地区 1951—1962 年间平均增长 7.92%,1962—1987 年间平均增长 9.48%,1987—2000 年间平均增长 6.59%,高速增长时间长达 49 年。而中国内地未来结构转型特征和人均 GDP 水平变动,正是处于这样一个经济高速增长的时期。因此,对中国内地未来经济的高速增长持否定和怀疑态度是没有道理的。

讨论题

有专家认为作为转型的发展中国家,保持一定的、较快的经济增长速度就像自行车保持速度而不倒一样重要,你同意吗?

第一节 经济增长模型

现代经济增长理论是在凯恩斯主义出现之后形成的。经济增长一般是指一国的商品和劳务总量的增加,即国内生产总值的增加。衡量经济增长的指标通常有二:一是实际国内生产总值,即以不变价格计算的国内生产总值。二是人均国内生产总值,即按人口增加的情况修正实际国内生产总值。

第二次世界大战以后,西方经济增长理论的发展可以概括地分为三个时期,每个时期都有其突出的主题。第一个时期是 20 世纪 60 年代以前,这一时期主要是建立各种经济增长模型;第二个时期从 20 世纪 60 年代初开始,研究的重心是对经济增长因素的分析;第三个时期从 20 世纪 70 年代开始,在这一时期,许多经济学家对经济增长本身提出了疑问,从而展开了关于经济增长的各种争论。

一、经济增长模型

英国经济学家哈罗德以凯恩斯经济理论为基础,于 1939 年发表了《论动态理论》一文,试图将凯恩斯经济理论长期化、动态化,以讨论长期经济增长问题。此后,他又于 1948 年发表了《动态经济学导论》一书,提出了他的经济增长模型。40年代中期,美国经济学家多马进行了类似的研究,提出了另一个经济增长模型。由于他们两人所提出的经济增长模型含义相同,因而一般将他们的模型合称为哈罗德—多马经济增长模型。

1. 哈罗德—多马经济增长模型基本假设

① 假定全社会所生产的产品只有一种。这种产品既可能用于个人消费,也可以作为投资所需的生产资料,继续投入生产。

② 假定只有两种生产要素,劳动是除资本以外唯一的另一种生产要素;并且两种生产要素之间不能相互替代,两种要素只有一种可行的配合比例。

③ 假定规模收益不变。即不管生产规模大小,单位产品所需成本不变,如果劳动和资本同时增加一倍,收入也相应地增加一倍。

④ 假定技术不变,即不存在技术进步。

⑤ 由于规模收益不变,技术不变,并且劳动和资本两种生产要素的配合比例不变,因此在任何时候,生产单位收入所需要的劳动力数量和资本数量是不变的。

⑥ 假定边际储蓄倾向不变。因而边际储蓄倾向等于平均储蓄倾向或储蓄占国民收入的比率,平均储蓄倾向或储蓄占国民收入的比率是不变的。

2. 哈罗德模型的基本公式

哈罗德从凯恩斯的"储蓄—投资分析模型"出发,将有关的经济因素抽象为三个变量:

① 储蓄率(s),即储蓄量占国民收入的比重。以 S 表示储蓄量,以 Y 表示国民收入,则

$$s = \frac{S}{Y} \quad 或 \quad S = s \cdot Y$$

② 资本—产量比(v),它代表生产一单位国民收入所需要的资本投入,以 K 表示为得到国民收入 Y 的资本投入,则

$$v = \frac{K}{Y}$$

例如,为得到1 000亿国民收入需要投入的资本为4 000亿,则 $v = K/Y = 4\,000/1\,000 = 4$。根据假定,技术不变,不存在资本折旧,使得资本—产量比(v)不变的,因此

$$\frac{K}{Y} = \frac{\Delta K}{\Delta Y}$$

上式中,ΔK 为资本增量,即净投资 I,所以有

$$v = \frac{K}{Y} = \frac{I}{\Delta Y} \quad 或 \quad I = v \cdot \Delta Y$$

③ 有保证的国民收入增长率 g_ω,即在 s 与 v 既定的条件下,能够使投资等于储蓄($I=S$)的经济增长率。

$$s \cdot Y = S = I = v \cdot \Delta Y$$

$$g_\omega = \frac{\Delta Y}{Y}$$

故

$$g_\omega = \frac{s}{v}$$

这就是哈罗德—多马经济增长模型的基本公式。它的经济含义是:

(1) 当经济处于均衡状态时 $S=I$($S\to I$,储蓄能全部转化为投资时),国民收入增长率与社会储蓄率(s)成正比。即社会储蓄率高,资本增加多,国民收入增长率就高。$S=I$ 是经济稳定和均衡增长的条件。

(2) 哈罗德—多马经济增长模型中,v 是一个常数。如果 v 不变,国民收入增长率 g_ω 就取决于社会储蓄率 s。当 $v=4$ 时,20%的储蓄率意味着 5%的国民收入增长率,28%的储蓄率意味着 7%的国民收入增长率,储蓄率 s 越高,国民收入增长率就越高。储蓄率是国民收入增长的保证;反过来,一定的国民收入增长率,又是储蓄为投资所吸收的保证。

(3) 如果储蓄率(s)不变,资本—产量比(v)与国民收入增长率(g_ω)相反方向变化,v 高,g_ω 就低,v 低,g_ω 就高。当 $s=20\%$,资本—产量比 $v=4$,就有 5%的增长率;$v=2$,就有 10%的增长率;$v=1$,意味着 20%的增长率。

【案例与实践】哈罗德—多马经济增长模型的经济含义

已知一国国民收入为 $Y=10\,000$ 亿,资本—产量比 $v=3$,社会储蓄率 $s=15\%$,请利用已知条件说明哈罗德—多马经济增长模型的经济含义。

解:(1) $S=I$。哈罗德—多马经济增长模型的前提是,只有实现了 $S=I$,才能实现经济的均衡增长。例题中 $S=I=10\,000\times15\%=1\,500$ 亿,1 500 亿储蓄都转化为投资了,才不会出现有效需求不足,才能保证国民收入均衡增长。

(2) g_ω 取决于 s。国民收入增长率取决于社会储蓄率,社会储蓄率高,国民收入增长率就高。当资本—产量比 $v=3$,一定的社会储蓄率是国民收入均衡增长率的保证。

$$g_\omega = s/v = 15\%/3 = 5\%$$

(3) g_ω 保证 $S=I$。一定的增长率是储蓄为投资所吸收的保证。在已知 $v=3$,并且不发生改变的情况下,要想使得 1 500 亿储蓄都转化为投资($S=I$),必须保证 5%的国民收入增长率。

(4) v 与 g_ω 反向变化。当 $s=15\%$ 且不变时,$v=I/\Delta Y=3$,$\Delta Y=1\,500/3=500$ 亿元。1 500 亿元的储蓄转化为投资后,新增加的国民收入是 $\Delta Y=1\,500/3=500$ 亿元。这样,增长率 $\Delta Y/Y=g_\omega=500/10\,000=5\%$。假如,$v=5$,$g_\omega=3\%$;假如,$v=10$,$g_\omega=1.5\%$,即 v 越高,储蓄转化为投资后,新形成的国民收入就越少,增长率也越低。

3. 有保证的增长率与实际增长率

在资本—产量比不变,储蓄率不变的假定条件下,按照哈罗德—多马经济增长模型,要实现经济稳定均衡增长,保证投资等于储蓄,就必须使实际增长率等于有保证的增长率。只要使实际增长率等于有保证的增长率,就能够实现经济稳定均衡的增长。哈罗德—多马经济增长模型的经济含义就在于此。

例如,假设储蓄率 $s=20\%$,资本—产量比是 $v=4$,并且在增长过程中,s 和 v 保持不变,则有保证的增长率:

$$g_\omega = \frac{s}{v} = 5\%$$

(1) 若实际增长率 $g=g_\omega=5\%$,则储蓄就能够全部转化为投资。投资一方面作用于需求,使总需求等于总供给;一方面作用于供给,使生产能力增加,使下期国民收入增加,进而使国民收入进一步增长。

(2)当储蓄量不能全部转化为投资量,投资率(i)不等于储蓄率(s)时,实际增长率就与有保证的增长率不一致了。

(a)当实际投资率大于储蓄率时($i>s$),则实际增长率大于有保证的增长率,如 $s=20\%, i=24\%$,实际的资本—产量比 $v=4$,,则

$$实际增长率 = \frac{0.24}{4} = 6\%$$

$$有保证的增长率 = \frac{0.2}{4} = 5\%$$

(b)如果实际投资率小于储蓄率 $i<s$ 时,那么实际增长率小于有保证的增长率。如 $s=20\%, i=16\%, v=4$ 则

$$实际增长率 = \frac{0.16}{4} = 4\%$$

$$有保证的增长率 = \frac{0.2}{4} = 5\%$$

实际增长率大于有保证的经济增长率,意味着实际投资大于储蓄,总需求大于总供给,过度投资在加速系数的作用下,会放大经济增长,导致经济高速扩张和通货膨胀;反之,会导致经济衰退和通货紧缩。

二、经济增长因素分析

在估计各种因素对经济增长贡献时,西方学者通常考虑技术、资本、劳动三大因素,即经济增长是技术、劳动、资本的函数,即

$$g = a\left(\frac{\Delta K}{K}\right) + b\left(\frac{\Delta L}{L}\right) + TC$$

上式 g 代表经济增长率,$\frac{\Delta K}{K}$,$\frac{\Delta L}{L}$ 分别代表资本、劳动的增长率;TC 为技术进步速度;a、b 分别代表资本和劳动的收入占国民收入的比重,根据统计资料,$a = \frac{1}{4}$,$b = \frac{3}{4}$,则

$$g = \frac{1}{4}\left(\frac{\Delta K}{K}\right) + \frac{3}{4}\left(\frac{\Delta L}{L}\right) + TC$$

由此可以得出资本增长和劳动增长对经济增长的贡献:

资本增长 1%,可使国民收入增长 $\frac{1}{4} \times 1\% = 0.25\%$;劳动增长 1%,可以使国民收入增长 $\frac{3}{4} \times 1\% = 0.75\%$

技术进步对经济增长的贡献则是无法直接计算的。但可以将它作为"剩余"来估算,即从经济增长率中减去资本和劳动增长的贡献,剩余的余值就是技术进步对经济增长的贡献。

$$TC = g - \frac{1}{4}\left(\frac{\Delta K}{K}\right) - \frac{3}{4}\left(\frac{\Delta L}{L}\right)$$

假设经济增长率为 3.2%,资本增长率为 3%,劳动投入的增长率为 1%,则

$$TC = 3.2\% - \frac{1}{4} \times 3\% - \frac{3}{4} \times 1\%$$
$$= 3.2\% - 0.75\% - 0.75\% = 1.7\%$$

即在3.2%的经济增长率中,资本增长的贡献是0.75个百分点,劳动投入增长的贡献是0.75个百分点,而技术进步的贡献是1.7个百分点。据此还可计算三个因素的贡献占全部经济增长率的百分比。在全部经济增长中,资本增长的贡献约占23.44%,劳动增长的贡献约占23.44%,技术进步的贡献约占53.12%。

【快问快答】经济增长的意义以及发展中国家面临的问题是什么?

答:经济增长(GDP增长)往往伴随着经济结构、社会结构、政治结构的变化,对发展中国家而言意味着贫困、失业、收入不平等问题的改善;发展中国家经济增长与发展面临以下问题:资本不足、人口数量多但受教育程度低、市场不完善、经济结构单一等等。

三、经济增长是非论

(一) 零增长理论的提出及基本观点

零增长理论是指20世纪60年代末出现的反经济增长理论,该理论的基本观点是,假定世界上的自然的、经济的和社会的关系没有重大变化,那么,由于世界粮食的短缺、资源的耗竭和污染的严重,世界人口和工业生产能力将会发生非常突然和无法控制的崩溃。为了避免这种灾难性前途,必须停止人口增长和工业投资增长,以达到零增长的全球性均衡。所以,经济增长是有极限的,即使可以增长,增长也是不可取的。

零增长理论起源于1968年意大利菲亚特公司董事长帕赛伊邀请30多名知名人士在罗马对人类未来的讨论。这次由科学家、经济学家、新闻记者、教育家和实业家参加的讨论活动被称为"罗马俱乐部"。罗马俱乐部委托麦多斯把讨论的情况整理成书,这就是麦多斯在1972年出版的《增长的极限》,它与福雷斯特尔在1971年出版的《世界动态学》一起,成为零增长理论的代表作。

麦多斯和福雷斯特尔的基本观点是:人口和经济增长必然加大对非再生资源和食物的需求,并增加污染,由于资源和能够提供食物的供给及环境吸收污染的容量是有限的,因此,经济增长必然在某一时间内达到极限。如果经济增长不受阻碍地继续增长下去,那么,到2100年之前,因为环境污染、粮食短缺、人口过多、资源耗尽,食物和医药缺乏将引起死亡率上升,最后人口增长停止,人类社会面临崩溃的危险,所以"麦多斯—福雷斯特尔模型"又被称为"世界末日模型"。他们认为,为了避免由于经济增长达到极限而导致人类社会的崩溃,应停止追求经济增长,尽力减少资源的消耗和污染。

(二) 经济增长价值怀疑论

如果经济增长是可能的,或者说经济增长不会导致人类社会毁灭,那么,经济增长是值得的吗?

美国经济学家米香对经济增长的价值提出了怀疑。第一,持续的经济增长使人们失去闲暇、新鲜的空气、秀丽的景色和安静的环境、平衡生态,使生存质量下降;第二,人类幸福不仅仅局限于物质享受,对幸福的理解取决于他在社会上的相对地位,虽然经济增长能增加个人的绝对收入,但不一定能提高他在社会上的相对地位。经济增长带来的结构变动、心理紧张使人类得到的幸福、福利大打折扣。米香认为,应停止经济增长,恢复过去那种田园式的生活。

(三) 对零增长理论的反驳

弗里德曼认为,麦多斯等人不过是"带着计算机的马尔萨斯"。既然古典经济学家马尔萨斯的悲观预测未能应验,现代的悲观预测将来也不会灵验。影响未来的因素是复杂的、无法预测的,而福雷斯特尔和麦多斯等人的分析却是简单的,是建立在一系列假定基础上的。

一些经济学家指出,即使经济零增长,也并不能减少污染和资源消耗。经济增长中出现的各种问题只有通过技术进步、经济发展来解决。如果经济增长和技术进步停止,人类只能自取灭亡。

还有的学者指出,如果真正实现经济零增长,将会使低收入者没有改变贫困状况的机会、将使发展中国家永远处于落后挨打的地位、将使政府管制无限扩大。零增长既然要使一切保持现状,它将使社会成为一个僵化的社会,现代西方社会中的不平等将恒久保持下去甚至进一步扩大。零增长战略的贯彻,要求采取严格的行政管制,政府要监督企业的投资率、生产规模、产量、雇佣人数、工作时数等,政府要建立庞大的官僚机构、承负庞大的财政支出,企业会想方设法逃避检查,这一切将给社会带来灾难。在世界范围内,发展中国家不会实施零增长政策,那会让他们永远落后;发达国家也不愿使自己的经济增长率慢下来,因为,其他国家会一如既往地污染大气、海洋、湖泊和森林,自己仍然会遭受损害。

大多数西方经济学家相信,技术进步的作用是无可估量的,完全可以突破资源的限制,使经济增长持续下去,办法总比困难多,而解决经济增长消极后果的办法就在经济增长中。

【快问快答】经济增长与经济发展的区别是什么?

答:经济增长是GDP和人均GDP的增加。经济发展是经济结构的变化(产业结构变迁与升级),消费结构的改善与提高,社会和环境的优化(人均寿命提高、贫富差距缩小、教育程度提升、医疗和福利增进等)。

第二节 国际经济

一、国民收入均衡公式

在简单的开放经济条件下,总需求=总支出=消费+投资+政府支出+出口=$C+I+G+X$,总供给=总收入=消费+储蓄+税收+进口=$C+S+T+M$

总供给=总需求,即 $C+S+T+M=C+I+G+X$

如果假定政府收支相等 $G=T$,且去掉消费项,那么,$S+M=I+X$,即有

$$S-I=X-M$$

$S-I$ 是储蓄投资差额,$X-M$ 是进出口差额。

这两个差额中,任何一个差额都可以通过调整另外一个差额来加以变化,或者增加出口,或者减少进口;或者减少储蓄,或者增加投资。通过调节,达到国民收入均衡。

利用 $S-I=X-M$ 可以说明本国储蓄、国内投资、资本输入(输出)的关系。

（一）净出口等于国外净投资 $X-M=I_f$

以 I_f 表示国外净投资（本国对国外投资与外国对本国投资之差），国外净投资应等于净出口，即 $I_f=X-M$。因为，当 $X-M>0$ 时，盈余以外汇、国外股票、国外债券、国外古董等资产形式存在，即国外净投资为正，$I_f>0$；当 $X-M<0$ 时，贸易逆差以外国投资者购入本国货币、本国股票、本国债券、本国企业资产的形式存在，即国外净投资为负，$I_f<0$。所以，$X-M=I_f$。

（二）储蓄投资差额等于国外净投资 $S-I=I_f$

$$S-I=X-M$$
$$S-I=I_f$$

公式 $S-I=I_f$ 的经济意义是：$S-I>0$，国外净投资 I_f 为正，盈余和官方储备增加，本国对国外投资增加；$S-I<0$，国外净投资 I_f 为负，盈余和官方储备减少，本国对国外投资减少而外国对本国投资增加。

（三）本国储蓄可用于国内投资和国外投资

$$S=I+I_f$$

公式 $S=I+I_f$ 的经济意义是：本国储蓄可用于国内投资（I）和国外投资（I_f）。

（四）资本输入国与资本输出国

当一国有贸易顺差时，$X-M>0$，$I_f>0$，该国就是资本输出国；当一国有贸易逆差时，$X-M<0$，$I_f<0$，该国就是资本输入国。

【快问快答】汇率如何影响资本流入（输出）？

答：汇率对长期资本影响不大；短期中，汇率升值并形成升值预期，资本流入；汇率贬值并形成预期，资本流出。

二、汇率

1. 汇率的变动

汇率是指一国货币单位同他国货币单位的兑换比率。汇率的决定与变动主要由国际收支状况、货币购买力水平、通货膨胀、利率、经济增长率、财政收支状况和外汇储备等因素影响。

【快问快答】什么是购买力平价理论？

答：购买力平价理论，是最有名的汇率决定理论之一。该理论认为，两种货币的汇率取决于它们各自的购买力，也就是说汇率是由两种货币之间的购买力之比决定的。例如，一个巨无霸汉堡，在中国北京卖19元人民币，在美国纽约卖5美元一个，则人民币汇率就是3.8（1美元兑换3.8元人民币）。

购买力平价法是指在基准国的以单位货币所能购买的对比国的等量货物和服务所需要的本币数量。2015年国际货币基金组织（IMF）发布数据称，按照购买力平价计算，2014年中国和美国的 GDP 分别为17.6万亿、17.4万亿美元，中国成为世界第一大经济体。中国官方媒体称，经济不能只看总量规模，质量和效益更重要。

【快问快答】什么是汇率法？

答：汇率法是将各国以不同货币单位计量的经济总量折算成统一的货币单位，并在此基础上进行国际比较。按照"国际汇率法",2014年中国和美国的 GDP 分别为 10.4 万亿、17.4 万亿美元,中国 GDP 只是美国 GDP 的 59.77%。到 2016 年,根据世界银行报告,中国和美国的 GDP 分别为 11 万亿、18.03 万亿美元,中国 GDP 也只是美国 GDP 的 61%,当然,中国与美国的差距今后会越来越小。

2. 固定汇率制和浮动汇率制

固定汇率制是指一国货币同他国货币的汇率基本固定,其波动仅限于一定的幅度之内。在这种制度下,中央银行固定了汇率,并按这一水平进行外汇的买卖。中央银行必须为任何国际收支盈余或赤字按官方汇率提供外汇。当有盈余时购入外汇,当有赤字时售出外汇,以维持固定的汇率。

实行固定汇率有利于一国经济的稳定,也有利于维护国际金融体系与国际经济交往的稳定,减少国际贸易与国际投资的风险。但是,实行固定汇率要求一国的中央银行有足够的外汇或黄金储备。如果不具备这一条件,必然出现外汇黑市,黑市的汇率要远远高于官方汇率,这样反而会不利于经济发展与外汇管理。

浮动汇率制是指一国中央银行不规定本国货币与他国货币的官方汇率,听任汇率由外汇市场自发地决定。

浮动汇率制又分为自由浮动与管理浮动,自由浮动又称"清洁浮动",指中央银行对外汇市场不采取任何干预措施,汇率完全由市场力量自发地决定。管理浮动又称"肮脏浮动",指实行浮动汇率制的国家,其中央银行为了控制或减缓市场汇率的波动,对外汇市场进行各种形式的干预活动,主要是根据外汇市场的情况售出或购入外汇,以通过对供求的影响来影响汇率。

盯住汇率制度是指把本国货币与本国主要贸易伙伴国的货币确定一个固定的比价,随着一种或几种货币进行浮动。

【问题解答】说明主要的汇率制度有哪些?

固定汇率制、浮动汇率制(浮动汇率制又分为自由浮动与管理浮动,自由浮动又称"清洁浮动")、盯住汇率制、有管理的浮动汇率制及目标区间管理制。

实行浮动汇率有利于通过汇率的波动来调节经济,也有利于促进国际贸易,尤其在中央银行的外汇与黄金储备不足以维持固定汇率的情况下,实行浮动汇率对经济较为有利,同时也能取缔非法的外汇黑市交易。但浮动汇率不利于国内经济和国际经济关系的稳定,会加剧经济波动。

为说明浮动汇率(均衡汇率),我们作图解释。如图 9-1,假定只有两个国家参与的外汇市场,图中本国为中国,外国为美国。横轴 Q 代表外汇(美元)的数量,纵轴 r 代表汇率。自由浮动汇率就是能使外汇市场上对美元的需求和对美元的供给相等的汇率。

中国对美元的需求产生于中国对美国产品和劳务及各种资产(包括股票、债券等)的需求。当兑换一美元需要支付较多的人民币时,以人民币单位衡量,美国的产品和劳务价格较高。因此,中国对美国的产品、劳务及各种资产的需

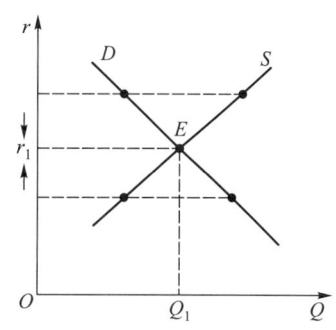

图 9-1 汇率由美元的供求决定

求量较低,从而中国对美元的需求量较小。反之,当兑换一美元需要支付的人民币较少时,中国对美国货和美元的需求量较大(根据这种关系,可得出对美元的需求曲线)。

美元供给产生于美国对中国产品、劳务及各种资产的需求。美元的供给与汇率的关系和对美元的需求与汇率的关系正好相反。当一单位美元可以兑换较多的人民币时,以美元单位衡量,中国产品、劳务及资产价格较低,美元供给较大(根据这一关系,可以划出美元供给曲线)。图 9-1 中,美元的供给曲线 S 与对美元的需求曲线 D 相交于 E 点,假设 E 点对应的均衡水平 7(均衡汇率),它表示 7 元人民币等于 1 美元。

以外国货币为基准,把一定整数单位的外币兑换成一定数额本币的标价方法叫**直接标价法**。这是目前国际上大多数国家采用的办法,也是我国采用的标价方法。

【问题解答】世界上有几种外汇管理制度?我国采取什么外汇管理制度?

世界上有几种外汇管理制度:全面外汇管理制度、部分外汇管理制度、基本不实行外汇管理制度。我国采取部分外汇管理制度,即对经常项目下的外汇收支基本没有管制,而对资本项目下的外汇收支仍然进行管理。

当实际汇率(如 12)高于均衡汇率 E 时,对美元的需求小于供给,汇率会下降;当实际汇率(如 6)低于均衡汇率 E 时,对美元的需求大于美元的供给,汇率会上升。在自由浮动汇率制度下,汇率会自动上升至均衡汇率水平。

当均衡变动时,例如均衡汇率下降到 6 时,就表示人民币升值,外币贬值;反之,人民币贬值,外币升值。

【例题】汇率与出口

某旅游鞋出口产品制造商,出口鞋的单价为 40 美元,一年卖 10 万双。问:当汇率为 7 元和 5 元时,该企业以人民币计算的销售收入?

解:美元兑换人民币汇率从 7 降低为 5 时,$7×40×10$ 到 $5×40×10$,该企业以人民币计算的销售收入从 2 800 万元减少为 2 000 万元。人民币升值使出口企业收入减少 800 万元人民币。

【例题】汇率与进口

某汽车产品进口经销商,进口汽车单价 4 万美元,一年进口 1 万辆。问:当汇率为 7 元和 5 元时,该企业以人民币计算的进口汽车成本?

解:美元兑换人民币汇率从 7 降低为 5 时,$7×4×1$ 到 $5×4×1$,该企业以人民币计算的进口汽车总成本从 28 亿元减少为 20 亿元。人民币升值使出口企业成本减少 8 亿元人民币。

3. 利率和汇率的传递作用

传递是指一个国家发生国民收入不均衡(失业、通货膨胀、滞胀)如何对其他国家发生影响,以至于影响其国民收入均衡。

"传递"过程也就是价格机制作用的过程:世界市场价格波动→国内价格波动→产量与就业变动。

国际资本流动中利息率的传递作用。例如,某国出现资本过剩,国内利息率大幅度下降,引起本国资本的流出,导致国际金融市场的利息率大幅度波动。这又进一步引起国际资本流动,并对其他国家的利息率发生影响;如果一国资本严重缺乏,国内利息率大幅度上升,并迫使它从国外抽回资金,停止向国外供给信贷,国际资本流入,从而引起其他国家的企业发生支付困难,导致其他国家金融市场的紧张与混乱情况。

汇率的"传递"作用。假如,美国国内投资债券收益率11%,其他国家则低于10%,许多国家的投资者会把其手中的本国货币换成美元,所有人都竞相争购美元,美元升值;在美国,进口货价格便宜,出口产品价格上升,出口小于进口,就业机会减少。由于进口货便宜,许多人会购买进口货,国内通货膨胀率下降,但国内生产会下降,就业机会减少。这时,美国为了避免国外资本流入过多,将会扩大信贷,增加货币流通量,使国内通货膨胀率上升,降低债券投资的实际收益率,直到资本不再流入,本国货币贬值,汇率下跌,其他各国持有美元者会纷纷抛售美元,结果,美国出口产品价格下降,进口产品价格上升,出口大于进口,这等于把失业传递到国外。

【快问快答】美联储加息缩表的影响?

答:美联储资产负债表的规模缩小,货币供应量减少,利率会上升,美元升值,出口下降而进口增加。全球资本回流美国本土,长期看,美国 GDP 和就业会增长。

三、比较优势理论与国际贸易的成因

比较优势理论说明,各国专门生产该国最擅长、最有效率的产品,然后换取它们无法生产或生产效率不高的产品,最终大家都有利可图。

1. 相对成本优势理论

这种理论认为,一国生产自己相对成本低的产品与别国进行交换,对双方都是有利的。例如,英国与葡萄牙生产呢绒与葡萄酒的成本情况如表9-1:

表 9-1　英国与葡萄牙生产呢绒与葡萄酒成本

	呢绒	葡萄酒
英国	100	120
葡萄牙	90	80

如表9-1所示,葡萄牙生产这两种产品都比英国有利。在这种情况下,双方贸易的基础就不是绝对成本而是相对成本。

从葡萄牙来看,生产呢绒的成本是英国的90%,生产葡萄酒的成本是英国的67%。这就说明,葡萄牙生产两种产品都绝对有利,但生产葡萄酒的相对优势更大。从英国来看,生产呢绒的成本是葡萄牙的1.1倍,生产葡萄酒是葡萄牙的1.5倍。这就说明,英国生产这两种产品都绝对不利,但生产呢绒相对有利一些。这样双方生产自己相对有利的产品,并进行交换就是有利的。英国生产呢绒,换取葡萄牙的葡萄酒;葡萄牙生产葡萄酒,换取英国的呢绒,双方都有利。这是因为,英国220单位的劳动可以生产出2.2单位的呢绒,葡萄牙170单位的劳动可以生产出2.125单位的葡萄酒。两国按1:1的比例交换,则同样的劳动成本时,能消费的产品都增加了。

比较优势理论在国际贸易理论中具有重要的地位,成为自由贸易政策的依据。以后的

各种国际贸易理论都是由此而发展来的。

2. 机会成本优势理论

现实中,要衡量生产某种商品的资源成本是相当困难的,为此,经济学家用机会成本差异来解释贸易可以带来的利益。

假定,在 A 国,一个资源单位可生产 10 千克小麦或 6 件衣物,这意味着,1 千克小麦的机会成本是 0.6 件衣物(即 $\frac{6}{10}$),而每件衣物的机会成本是 1.67 千克小麦(即 $\frac{10}{6}$)。

在 B 国,一个资源单位可生产出 10 千克小麦或 20 件衣物,也就是说,1 千克小麦的机会成本是 2.0 件衣物(即 $\frac{20}{10}$),而一件衣物的机会成本是 0.5 千克小麦(即 $\frac{10}{20}$)。见表 9-2:

表 9-2　A、B 两国小麦和衣物的机会成本

	小麦/千克	衣物/件
A 国	0.6 件衣物	1.67 千克小麦
B 国	2.0 件衣物	0.5 千克小麦

根据上表,A 国为增加一千克小麦而需要放弃的衣物小于 B 国(0.6<2.0);B 国为增加一件衣物而需要放弃的小麦小于 A 国(0.5<1.67)。如果由 A 国生产小麦而由 B 国生产衣物,其产量为 10 千克小麦、20 件衣物,其总产量组合优于分别由 A 国和 B 国生产两种商品的其他选择(如 A 国生产 10 千克小麦,B 国生产 10 千克小麦;A 国生产 6 件衣物,B 国生产 20 件衣物;A 国生产 6 件衣物,B 国生产 10 千克小麦)。

除此之外,还有许多其他的理论,如偏好差异理论、规模经济优势理论、要素禀赋理论、绝对优势理论、技术缺口和产品生命周期贸易理论等。

【问题解答】技术落后的发展中国家在国际贸易中没有任何优势吗?

答:不对。发展中国家在国际贸易中,与发达国家比较,虽然存在技术差距,没有绝对优势,但从相对成本或者机会成本角度看,仍然存在着比较优势。

【问题解答】贸易保护的措施有哪些?

答:关税和非关税壁垒。其中,非关税壁垒包括进口配额、进口许可、倾销与反倾销、技术性贸易壁垒、绿色贸易壁垒、进出口限制、出口补贴与反补贴、外汇管制、歧视性政府采购等。

四、国际收支

(一) 国际收支平衡表

国际收支是一国在一定时期内(通常是一年内)对外国的全部经济交往所引起的收支总额的对比。这是一国与其他各国之间经济交往的记录。国际收支集中反映在国际收支平衡表如(表 9-3)中,该表按复式记账原理编制。

表 9-3　某国国际收支平衡表　　　　　　　　　　（单位：亿美元）

项目 （a）	+贷方 （b）	-借方 （c）	净额 （d）
I. 经常项目			
1. 货物品贸易额	2 000	-2 610	-610
2. 劳务和其他			+190
3. 经常项目平衡差额			-420
II. 资本项目			
4. 资本流量	820	-490	
5. 资本项目平衡差额			+330
III. 统计误差			+80
6. 需要清偿的总额			-10
IV. 官方结算差额			
（美国官方储备资产变动净额）			+10
7. 形式上的总计净额			0

（二）国际收支平衡表分析

1. 编制国际收支平衡表的基本原则

（1）只有国内外经济单位间的经济交易才记入国际收支中，其中包括居民、企业与政府。区分国内与国外的概念十分重要，例如，一家企业在国内的部分是国内，而在外国的子公司被作为国外。

（2）要区分借方和贷方两类不同的交易。借方是国内单位付给国外单位的全部交易项目，是一国资产减少或负债增加；贷方是国外单位付给国内单位的全部交易项目，是一国资产增加或负债减少。在国际收支平衡表上，最后借方与贷方总是平衡的。

（3）国际收支平衡表是复式簿记。

2. 国际收支平衡表的内容

国际收支平衡表中的项目分为三类：

（1）经常项目：

经常项目又称商品和劳务项目，包括：第一，商品（进出口）；第二，劳务，如运输、保险、旅游、投资劳务（利息、股息、利润）、技术专利使用费，及其他劳动；第三，国际单方转移，如，宗教、慈善、教育事业赋予、侨汇、非战争赔款等。

（2）资本项目：

资本项目指一切对外资产和负债的交易活动，如各种投资、股票与债券交易等。

（3）官方储备项目

官方储备项目是国家货币当局对外交易净额，包括黄金、外汇储备等的变动。如果一国贷方大于借方，则这一项会增加，反之，如果一国借方大于贷方，则这一项会减少。

最后的误差项是在借方与贷方最后不平衡时，通过这一项调整使之平衡。

【快问快答】经常项目和资本项目包含的内容？

答：经常项目包括商品进出口、劳务、专利、单方转移（赠与赋予、侨汇、非战争赔款），等等。

资本项目包含各种投资、股票与债券交易等。

【快问快答】什么是官方储备？国际收支平衡总是平衡的吗？

答：国际收支平衡表有三个项目：经常项目、资本项目、官方储备。

官方储备是国家货币当局持有的黄金、外汇储备。从技术角度看，国际收支账户总是平衡的，如果一国贷方大于借方，则官方储备会增加，反之，则官方储备会减少。

3. 国际收支的均衡与不均衡

在不考虑官方储备项目的情况下，国际收支有平衡与不平衡两种情况，不平衡又分为国际收支顺差与逆差两种情况。

当经常项目与资本项目的借方与贷方相等，也就是在国际经济活动中一国的总支出与总收入相等时，就称为国际收支平衡。这里要注意的是，国际收支平衡指经常项目与资本项目的总和平衡。这就是说，如果经常项目的顺差（或逆差）与资本项目的逆差（或顺差）相等，则国际收支就还是平衡的。当国际收支平衡时官方储备项目不变。

【快问快答】什么是国际收支盈余？国际收支盈余会带来什么问题？

答：国际收支盈余＝官方储备增加＝经常项目＋净资本流入。官方储备增加，本国货币供应量增加，生产要素（土地劳动）紧张，商品和劳务短缺，引发国内通胀。

【问题解答】政府想通过汇率减少贸易赤字，政府应采取什么样的货币政策？

政府应采取扩张性货币政策。

因为，通过买进债券、降低准备率和贴现率等，可以增加货币供应量，使得利率下降。国内利率下降，资本流出增加，减少对本币的需求而增加对外币需求，从而使本币贬值。

结果，出口增加，进口减少，贸易赤字减少。

当经常项目与资本项目的借方与贷方不相等时，就是国际收支不平衡。如果是贷方大于借方，即总收入大于总支出，则国际收支顺差，或者说国际收支有盈余。如果是借方大于贷方，即总支出大于总收入，则国际收支逆差，或者说国际收支有赤字。就经常项目与资本项目来说，如果经常项目和资本项目都有盈余，则国际收支有盈余；如果经常项目和资本项目都为赤字，则国际收支为赤字。如果经常项目的盈余大于资本项目的赤字，则国际收支有盈余。如果经常项目的盈余小于资本项目的赤字，则国际收支有赤字。如果经常项目的赤字大于资本项目的盈余，则国际收支为赤字。如果经常项目的赤字小于资本项目的盈余，则国际收支有盈余。

当国际收支顺差，即有盈余时，会有黄金或外汇流入，即官方储备项增加；当国际收支逆差，即有赤字时，会有黄金或外汇流出。这也就是说，当国际收支中的经常项目与资本项目之和不相等，即国际收支不平衡时，要通过官方储备项目的调整来实现平衡。

【快问快答】国际收支逆差时，汇率应该升值还是贬值？

答：应该贬值。贬值会降低本国商品和服务价格，从而减少进口、增加出口，改善国际收支逆差状况。

【快问快答】宏观经济政策的四大目标是什么？

答：充分就业、价格稳定、经济增长和国际收支平衡。

本章小结

1. 经济学家发现一国经济通常在波动中增长并且具有周期性。在一个经济周期中，经济扩张通常表现为国民收入的增加，即经济增长，而经济衰退则表现为国民收入的减少。在一定时期内，实际国民收入为 Y，它的改变量为 ΔY，那么经济增长率就表示为：

$$g_\omega = \frac{\Delta Y}{Y}$$

在估计各种因素对经济增长贡献时，西方学者通常考虑技术、资本、劳动三大因素，即经济增长是技术、劳动、资本的函数理论主要研究经济长期变动趋势、如何才能实现稳定的增长、哪些因素影响经济增长，以及经济该不该增长等问题。

2. 从国民收入均衡公式，可以推导出开放经济中国民收入均衡条件，利用 $S-I=X-M$ 可以说明本国储蓄、国内投资、资本输入（输出）的关系。国家贸易产生的原因在于贸易利益。比较优势理论、机会成本优势理论说明各国参与贸易的好处。由于各国使用不同的币种，因此国家结算必然涉及汇率。国际收支平衡表是一种系统记录一定时期（通常为一年）一个国家国际收支项目及其金额的统计报表。它包括经常项目、资本项目、官方储备项目和净误差。国际收支平衡表反映一国综合经济实力和对外交往情况，调节国际收支可以实现国民经济均衡运行。

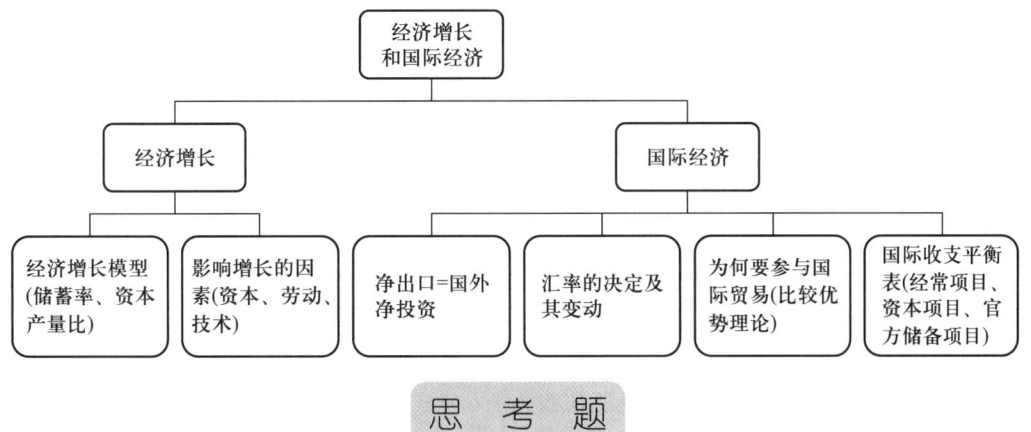

思考题

1. 经济增长的源泉有哪些？（提示：导致经济增长的因素就是经济增长的源泉。主要包括生产要素的增加和技术水平的进步：生产要素由劳动和资本存量两部分组成。其中劳动的增加不只是量的增加还包括质的提高（劳动者的素质、年龄等）。技术进步包括发明和应用新技术降低生产成本、增加产出。技术进步是通过使生产要素的使用更有效率而促进经济增长的。）

2. 解释哈罗德—多马经济增长模型。（提示：全世界 3/4 以上的人口生活在发展中国家，但他们只享有不到 1/5 的世界收入。所以，经济增长对发展中国家极其重要。参考教材

第 10 章第二节。哈罗德—多马经济增长模型的意义:当资本—产比不变时,社会储蓄率决定经济增长率的高低。)

3. 经常项目和资本项目各有哪些主要内容?(提示:1. 经常项目包括:(1)商品(海关进出口发生的外汇收支);(2)非贸易往来,即劳务收支(货运、港口供应及保险旅游收入,投资收支(利息、股息、利润),技术专利使用费,其他劳务报酬);(3)无偿的国际单方转移(宗教、慈善、教育事业赋予、侨汇、非战争赔款等)。2. 资本项目又叫资本账户,它是指资本输出与输入而产生的资产和负债的增减项目(各种直接投资、各类贷款、证券投资如股票和债券交易活动)。

4. 什么是国际收支均衡?国际收支均衡对一国的经济意义是什么?保持国际收支顺差对一国的经济发展会不会更有意义?(提示:国际收支顺差总是比国际收支逆差好,因为,顺差意味着收入高于支出,该国外净投资为正,或者该国官方储备增加,这都表明国家的实力上升。但长期的巨额顺差会引起本币供应增加,引发通胀。如果顺差源于出口过多,则会影响本国经济发展)。

5. 仔细思考下列观点:"尽管比较优势学说过于简单化,但却很深刻。忽视比较优势论的国家会在生活水平和经济增长方面付出沉重的代价";"西方经济学者在货物和技术贸易方面极力推销他们的比较优势、自由贸易学说,却闭口不谈发达国家在劳动力国际流动方面设置种种障碍和限制。试想,连人力这样重要的资源都不能自由流动,还谈何贸易自由?"(提示:比较优势理论深刻而重要,但自由贸易是有条件的。)

6. 体育明星姚明该不该自己洗衣服和粉刷房屋?为什么?(提示:比较优势理论,机会成本理论。相对于其他人,姚明在打篮球、洗衣服和粉刷房屋等方面可能存在绝对优势,但是,相对于打篮球,姚明在洗衣服和粉刷房屋却存在比较劣势,他应该专注于打篮球而不是自己洗衣服和粉刷房屋。)

7. 比较优势理论包括相对成本优势理论和机会成本差异优势理论。假定玛丽打字或打篮球,每年挣 8 万元或 5 万元,而 NBA 明星科比也是打字或打篮球,每年挣 10 万元或 1000 万元。请计算玛丽、科比的机会成本是多少?(提示:玛丽打字、打篮球的机会成本分别是 0.625 元、1.6 元,显然,她打篮球的机会成本高,她应该打字;科比打字、打篮球的机会成本分别是 100 元、0.01 元,显然,科比打篮球的机会成本低。)

8. 完全自由的国际贸易会使实际工资像两个相互连接的管道里的水一样趋于相同水平吗?为什么不会?(提示:劳动市场实际上是不完全竞争市场,由于个人自然天赋和非经济因素等不同程度地存在垄断。)

9. "高关税可以给政府带来较多财政收入,高关税还可以使国内免受竞争。"这样说对吗?(提示:在短期可能如此,但长期却并非如此;免受竞争的代价是国内企业越来越缺乏竞争力)。

10. 保护"幼稚行业"是为了在国内产业"年幼无知"的时期,即没能力与国外成熟的生产者相竞争的时期,保护国内行业免受国外竞争压力。请判断这种说法含有多少正确的成分。(提示:19 世纪德国经济学家李斯特的国民生产力理论,提出了保护"幼稚行业",因为它有利于一国长远利益,但真正需要保护而且应该保护的行业是极其有限的。)

11. 如果一国突然发现了新的油田并进入国际市场,该国的贸易收支会出现顺差还是逆差?该国自由浮动的货币会增值还是贬值?(提示:顺差,增值)

12. 如果一国发生国际收支逆差,如何通过市场机制(利率、价格、汇率)使得国际收支自动得到调整?(逆差时,外汇储备下降,信用收缩,银根紧张,利率上升,资本流入,缓解逆差状况;外储下降,利率上升,国内投资消费减少,国民收入下降,购买力萎缩,商品价格下降,增强出口产品竞争力,出口增加而进口减少,外汇储备增加,缓解逆差状况;外汇储备下降,利率上升,外汇供给增加,汇率下降,本币贬值,出口增加进口减少,缓解逆差状况。)

13. 哪些因素影响长期汇率变动?(提示:价格水平;关税和限额;进出口;生产率。)

练习题

单项选择题

1. 根据哈罗德—多马模型,当资本—产量比率为4,储蓄率为20%时,经济增长率为( )。
   A. 5%　　　　　　　　　　B. 80%
   C. 20%　　　　　　　　　D. 15%

2. 若要使经济增长率从5%提高到8%,在储蓄率为20%的条件下,根据哈罗德—多马模型,资本—产量比率应该为( )。
   A. 4　　　　　　　　　　　B. 2.5
   C. 6　　　　　　　　　　　D. 5

3. 若想把经济增长率从5%提高到7%,在资本—产量比等于4的前提下,根据哈罗德—多马模型,储蓄率应达到( )。
   A. 28%　　　　　　　　　B. 30%
   C. 32%　　　　　　　　　D. 45%

4. 属于国际收支平衡表中经常项目的是( )
   A. 国外政府在本国的存款　　B. 本国在外国发行股票的收入
   C. 外国居民在本国旅游的支出　D. 本国在外国发行债券的收入

5. 属于国际收支平衡表中资本项目的是( )
   A. 一国为别国提供保险的收入　B. 一国对别国劳务出口的收入
   C. 一国在别国发行债券的收入　D. 一国在别国技术专利的收入

6. 决定汇率变化的是( )
   A. 国际收支及官方储备　　　B. 利率及通胀
   C. 市场预期　　　　　　　　D. 以上都是

7. 国际收支逆差将导致( )
   A. 就业下降　　　　　　　　B. 官方储备减少
   C. 黄金流出　　　　　　　　D. 以上都是

8. 关于关税的错误认识是( )
   A. 不影响消费者　　　　　　B. 关税使得政府及部分厂商受益
   C. 关税是贸易保护的主要手段　D. 关税损害一国长期竞争力

9. 一国国际贸易逆差时( )
   A. 该国是资本净输入国　　　B. 经常项目是平衡的

C. 该国是资本净输出国　　　　　　D. 原因是资本项目不平衡

10. 如果本国货币贬值,则(　　)

A. 进口减少,出口增加　　　　　　B. 进口增加,出口减少

C. 进出口都增加　　　　　　　　　D. 进口影响大,出口影响甚微

11. 不属于关税壁垒的是(　　)

A. 进口限制　　　　　　　　　　　B. 自愿出口限制

C. 进口许可　　　　　　　　　　　D. 征从价税

12. 美元对人民币的比价由1美元兑换6人民币变成1美元兑换7人民币,则(　　)

A. 人民币升值了　　　　　　　　　B. 美元升值了

C. 人民币贬值了　　　　　　　　　D. B和C

13. 美元兑人民币汇率为6.3和6.9时,企业出口单价为2万美元的汽车,总计出口10 000辆车,得到的人民币收益分别是(　　)

A. 12.6亿;13.8亿　　　　　　　　B. 2.6亿;3.8亿

C. 12亿;13亿　　　　　　　　　　D. 12.6亿;12.6亿

14. 美元兑人民币汇率为6.0和7.0时,企业进口单价为2万美元的汽车,总计进口10 000辆车,需要支付的人民币成本分别是(　　)

A. 12.0亿;14.0亿　　　　　　　　B. 14.0亿;12.0亿

C. 12.0亿;12.0亿　　　　　　　　D. 14.0;14.0

(提示:ABACC　DDAAA　DDAA)

第十章 宏观经济政策

学习目标

知识要求：**了解**宏观经济政策四大目标（充分就业、物价稳定、经济持续稳定增长和国际收支平衡）；**理解**财政政策和货币政策基本原理；**掌握**政府运用财政政策和货币政策调控经济的基本原理。

技能要求：**知道**宏观经济政策的主要内容（财政政策、货币政策、供给政策、对外贸易政策等）；**了解**扩张性和紧缩性宏观政策措施；**会用**宏观经济学知识说明如何运用扩张性和紧缩性财政和货币政策工具解决失业和通胀问题。

【开章案例】里根经济学

"就目前的（经济）危机而言，政府不能解决我们的问题，政府本身就是问题。"这是美国总统里根在他的就职演说中的名句。他认为前任总统的经济政策出了问题。

20世纪70年代末期，美国经济出现了前所未有的滞胀（通胀率与失业率同时居高不下）。**凯恩斯主义的宏观经济政策**（需求管理政策）束手无策，因为按照凯恩斯主义的理论，尤其是当时盛行的菲利浦斯曲线版本，失业率和通胀率具有替代关系，此消彼长，不会同时出现。

里根采纳了两套全新的经济理论，其一是弗里德曼的**货币主义政策**，其二是曼德尔和拉弗等人的供应学派的**供给政策**。里根政策的理论依据及其政策主张被学界称为里根经济学。货币理论认为，解决通货膨胀的唯一办法是管住货币水龙头，货币发行实行单一规则，放松经济管制，促进竞争。前任总统尼克松和卡特，为了抑制通胀施行了很多经济管制。里根上任当天，就签署法令，立即解除了全国的汽油价格管制。加油站外排了10年的长队，一个礼拜就消失了。供应学派理论认为，政府要增加收入，边际税率并非越高越好。据说拉弗在一块餐巾上画出了著名的"**拉弗曲线**"：如果税率是零，政府的收入是零；但如果政府的税率是100%，人们不想从事任何工作，政府的收入也是零。只有适当调节税率，政府才能取得最大的收入。美国当时的边际税率高达70%，已经接近后一个极端。因此，里根主张减税，从而鼓励企业增加生产，把经济带出困境。为了给民主党人控制的国会施加压力，他在黄金时间发表电视演说，要求国民给他们选区的国会议员写信或打电话，表达减税的心愿。这一招果然奏效，国会通过了里根大刀阔斧的减税计划，边际税率两年后减至50%，而美国经济也开始复苏。

然而，最大的问题是，里根在减税的同时，完全没有触及庞大的政府开支。他竞选时承诺要致力于缩小政府规模和福利开支,但此后8年,他实际上没有减少一项政府开支,加上他推行的大规模军备计划,结果财政赤字激增。

里根上任时(1980年)的财政赤字是500亿美元,20世纪80年代中期是2000亿美元,到他离任时达到1.5万亿美元。人们指责里根任内的经济繁荣,是靠"先花钱后挣钱"带来的。继任的布什和克林顿,为了填补这个窟窿,不得不连番征税,累计超过了里根上任时的水平。

真正的供应学派,是在减税的同时减少政府项目,否则公共开支不可能平衡,而赤字迟早要靠税收来填补。相比之下,说服国会通过减税提议不难,但政府开支一旦上马,就几乎永远不可能削减。所以,人们称颂的"里根经济学",其实只进行过一半的尝试。

没有人怀疑里根让政府瘦身的雄心壮志,但无情的数字证明他在这方面一事无成。这位共和党领袖能做的,似乎只有"幽自己一默"。曾经有记者质问他:"你把问题推卸给过去,推卸给国会,难道自己就没有责任?"里根接过话茬回答:"有。我(年轻时)当过多年的民主党党员。"这说明宏观调控是一项非常复杂和困难的事情,财政政策和货币政策的实施难度不言而喻,需要高超的人类智慧。要是宏观经济政策仅仅是失业时采取扩张性政策、通胀时采取紧缩性政策,那么,经济学家就该因无事可做而失业了。

思考题

凯恩斯主义的宏观经济政策与货币主义政策和供给政策的区别?

第一节 财政政策

财政政策是指政府为达到既定经济目标(减少失业、降低通货膨胀、实现经济增长、解决国际收支恶化问题)而改变它的财政收支的决策,包括收入政策和支出政策。财政支出包括政府购买和转移支付两类。财政收入主要是税收和公债。公债是政府弥补财政赤字的经常性手段,也是借以调整经济活动的重要工具,包括中央政府债务(国债)和地方政府债务。

一、财政收入

财政收入主要是指税收,包括个人所得税、公司所得税和其他种类的税收。(1)所得税。所得税是以所得作为课税对象,向取得所得的自然人和法人(即公司)征收。个人所得税的课税范围包括工人和雇员的工资、薪金、退休金;经营利润;利息收入、股息收入、租金收入和特许使用费收入等各种收入。公司所得税的课税对象是本国公司来源于国内外的收入和外国公司来源于本国境内的收入。所得税是直接税,多采用累进税制。(2)其他种类的税收。销售税是指对生产、批发和零售商品进行的课税,其主要特征是税负转嫁,即间接税。销售税由营业税和消费税组成,营业税的课税对象是全部商品和劳务,消费税只对消费品课税。财产税是指对承担纳税义务者的财产的课税,其征税范围包括土地、房屋、资本、遗产和馈赠等。社会保险税是指对大多数职业的雇工和被雇人征收的所占薪金和工资额一定百分比的税,其用途包括失业救济、养老、医疗和伤害补助。

【知识库】直接税和间接税

所得税、财产税、工薪税都属于直接税,而销售税则属于间接税。直接税是直接对个人纳税者征收的,负担是个人的、规避不了的。西方有句众人皆知的话:"纳税同死亡一样不可避免"。直接税的优点是稳定性强、征收成本低、收入较高、公平。直接税是调节经济非常有效的手段,它的累进性可以消除收入和财富的严重不均,促进社会协调。直接税的缺点是对劳动的抑制,较高的直接税率会引起移民、阻碍个人加班或担负额外工作,甚至强化逃税倾向、降低生产率、投资降低等现象发生。

间接税不是对个人直接征收,而是对个人的活动征收,间接税可以通过不参加经济活动来规避,也可以通过各种途径转嫁给他人,即间接税存在一个赋税归宿问题。间接税除了前面提到的销售税,实际上还包括购买税、烟草税、汽油和燃油税、印花税、关税、货物税等。

间接税的归宿。间接税的归宿决定于商品或劳务的需求价格弹性。需求弹性大的商品或劳务,税负转嫁给生产者;需求弹性小的商品,税负转嫁给消费者。

在图 10-1 中,政府对制造商课税,供给曲线向左移动,原来供给曲线与新供给曲线的距离就是税额($E'F$ 或 P_1X),即间接税中的从量税。供给减少后,商品价格大幅度上升,以前是 P_0,现在上升到 P_1。每单位产品价格(OP_1)中,企业家实际获得 OX,而征税前是 OP_0。产业只少量收缩,大部分税款(P_0P_1)由消费者交纳。

图 10-1 中,制造商交纳的税额 P_1X 中,消费者分担的部分为 P_0P_1。

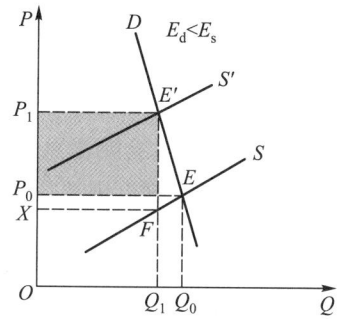
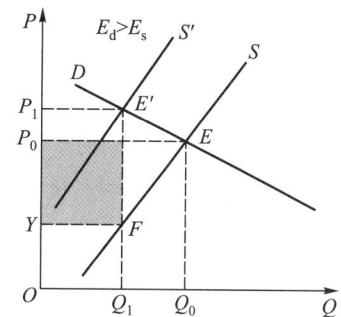

图 10-1　间接税主要转嫁给消费者　　图 10-2　间接税主要转嫁给生产者

在图 10-2 中,政府对制造商课税后,供给曲线向左移动,原供给曲线与新供给曲线的距离($E'F$ 或 P_1Y)就是税额。同理,税收使供给下降,价格上升,即由 Q_0 减少为 Q_1,P_0 上升到 P_1,单位产品价格(OP_1),企业家实际得到的收益为 OY,而征税前是 OP_0。在 P_1Y 的纳税额中,制造商分担 P_0Y,而消费者只分担较小部分(P_0P_1)。

二、财政支出

财政支出(政府支出)包括政府公共工程支出(政府购买)和转移支付。

政府支出,从支出主体角度看,分为中央政府支出和地方政府支出。中央政府支出主要用于航空航天、空间技术、外交和国防采购项目、中央政府给地方政府的拨款(科研、医疗、邮电、文化、广播电视、体育、卫生,投资兴建铁路、公路、桥梁、水利等公共基础工程设施建设等)和债务利息支出(政府公债到期利息支付)。转移支付是指把资金转移给政府以外的个人。转移支付包括退休、伤残、医疗、失业、困难补助、特殊救助、生活必需品补助等支出。

地方政府支出包括文化、教育、体育、卫生、公路、桥梁等公共产品和半公共产品购买、转移支付、净利息支付、补贴等。在地方政府支出中,购买占的比重最大。而购买支出中,最大项目是教育经费支出,占购买支出总额的40%。所以,国防开支是中央政府支出中的主要购买支出项目,教育经费是地方政府支出中的主要购买支出项目。

【快问快答】财政制度的自动稳定器有哪些?如何发挥作用?

答:财政制度的内在(自动)稳定器包括个人所得税、公司所得税,以及各种转移支付。当经济萧条时,由于收入减少,税收也会自动减少,转移支付会自动增加,从而抑制了消费与投资的减少,有助于减轻萧条的程度。当经济繁荣时,由于收入增加,税收也会自动增加,转移支付会自动减少,从而抑制了消费与投资的增加,有助于减轻由于需求过大而引起的通货膨胀。

三、财政政策的运用——财政收入与支出的变化

财政收支的变化会影响到总需求,进而对经济增长和国民收入水平产生影响。

在运用财政政策(政府支出与收入的变化)来调节经济时,首先要判断宏观经济状况的"冷热"——经济是处于萧条状态还是膨胀状态。当出现失业、萧条、需求不足时,应采用扩张性财政政策,反之,出现通货膨胀、需求过度时,应采用收缩性财政政策。

在经济萧条时期,总需求小于总供给,经济中存在失业,政府就要通过扩张性的财政政策来刺激总需求,以实现充分就业。扩张性的财政政策包括增加政府支出与减税。政府公共工程支出与购买的增加有利于刺激私人投资,转移支付的增加可以增加个人消费,这样就会刺激总需求。减少个人所得税(主要是降低税率)可以使个人可支配收入增加,从而消费增加;减少公司所得税可以使公司收入增加,从而投资增加,这样也会刺激总需求。

在经济繁荣时期,总需求大于总供给,经济中存在通货膨胀,政府则要通过紧缩性的财政政策来抑制总需求,以实现物价稳定。紧缩性的财政政策包括减少政府支出与增税。政府公共工程支出与购买的减少有利于抑制投资,转移支付的减少可以减少个人消费,这样就抑制了总需求。增加个人所得税(主要是提高税率)可以使个人可支配收入减少,从而消费减少;增加公司所得税可以使公司收入减少,从而投资减少,这样也会抑制总需求。

【理论与实践】政府是怎样进行宏观调控的?

凯恩斯之前的西方经济学信奉"萨伊定律",认为市场机制能自行调节经济。但古典经济学却无法解释20世纪30年代的经济大萧条。古典经济学认为,萧条、失业只是暂时现象,失业只是劳动力供给超过需求时的特殊情况。失业时,工资水平会下降,厂商会雇佣愿意接受低工资的失业工人,从而拉低在业工人的工资,这样失业会消失。

但是,凯恩斯认为,由于工会、传统、制度限制以及工资刚性,人们已经习惯于既有的工资水平,因而工资水平不可能降低,劳动市场上过剩长期存在,失业成为一种普遍现象。他认为国民收入由总需求(消费需求和投资需求)决定,由于边际消费倾向递减、资本边际效率递减、流动偏好三大心理规律作用,导致消费需求和投资需求不足,故而出现失业。所以,我们知道了凯恩斯所要解决的核心问题是失业问题,它也是宏观经济学的核心问题。

简化的凯恩斯宏观经济理论——浴缸理论。一国的总就业量取决于国民收入量,国民

收入量又取决于总支出量,政府可以通过财政政策(税收和政府支出)、货币政策(货币供应→利率→居民的消费支出和投资支出)调控国民收入并进一步决定就业量。其道理可用浴缸理论来说明。

图10-3的水代表国民收入或经济活动水平和就业水平(GDP)。当出现失业时,水位较低,这时可采取以下办法:(1)扩张性财政政策(增加政府支出减少税收),图10-3左上开大水龙头、左下关小排水口;(2)扩张性货币政策(增加货币供应量→降低利率→降低储蓄,增加居民的消费支出和投资支出),当利率降低时,储蓄口变小,投资增加。图10-3右上开大水龙头、右下关小排水口;(3)开大上面的水龙头或者关小下面的排水口,或者在开大水龙头的同时,关小排水口。

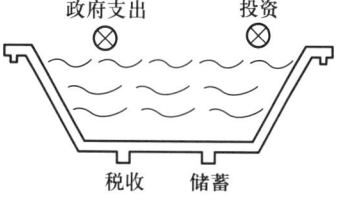

图10-3 经济浴缸

当出现通货膨胀时(充分就业时,总需求继续增加,水从浴缸中溢出),应该做与前述方向正好相反的政策调控。国民收入如果正好处于充分就业时的均衡,则应使流入等于流出(水位始终不变)。

凯恩斯主义盛行的年代,政府正是用以上办法来管理和调节经济的。以上可见,政府的财政政策即增支减税是直接起作用的;货币政策是间接发生作用的,即通过货币供应量变化、利率变化影响消费、投资来起作用。

【案例与实践】西方国家政府财政政策实践

在20世纪50年代,美国就是采取了这种"逆经济风向行事"的财政政策,其目的在于实现既无失业又无通货膨胀的经济稳定。20世纪60年代以后,为了实现充分就业与经济增长,财政政策则以扩张性的财政政策为基调,强调通过增加政府支出与减税来刺激经济。特别是在1962年肯尼迪政府时期,曾进行了全面的减税。个人所得税减少20%,最高税率从91%降至65%,公司所得税率从52%降到47%,还采取了加速折旧、投资减税优惠等变相的减税政策。这些举措对经济起到了有力的刺激作用,造成20世纪60年代美国经济的繁荣。20世纪70年代之后,财政政策的运用中又强调了微观化,即对不同的部门与地区实行不同的征税方法,制定不同的税率,个别地调整征税范围,以及调整政府对不同部门与地区的拨款、支出政策,以求得经济的平衡发展。20世纪80年代里根政府上台之后,制定了以供给学派理论为依据的经济政策,其中最主要的一项也是减税。但应该指出的是,供给学派的减税不同于凯恩斯主义的减税。凯恩斯主义的减税是为了刺激消费与投资,从而刺激总需求,而供给学派的减税是为了刺激储蓄与个人工作积极性,以刺激总供给。20世纪90年代克林顿总统上台后,又采用增加税收的政策,以便利用国家的力量刺激经济。

四、政府财政政策实施中的困难

政府在实施税收政策时,会遇到以下困难:① 减税容易,但增税会遭到选民的反对;② 萧条时期减税,达不到刺激需求的目的,人们会把少纳税的钱用于储蓄而不是消费或投资;③ 税收政策的滞后性,从方案设计、立法机关通过、税务机关执行,有一个较长时间的过程,到其发生作用时,情形已经改变。

【拓展与提高】课税准则

英国古典经济学家亚当·斯密提出了政府应遵循的四项课税准则：① 平等准则，即税额应与纳税人的收入成比例；② 确定准则，即不因收税人的好恶而变动；③ 方便准则，即课税安排、税率税种选择应方便征收；④ 经济准则，即征税收入应大于征收耗费。

关于平等原则，人头税最不公平，比例税次之，累进税是大多数国家采用的直接税征收方式。关于课税确定准则，不确定的税收制度会导致不稳定、混乱、任意偏袒、歧视。课税方便是指使纳税尽可能变得简单、减少逃税损失。英国历史上的所得税是6个月一次总收，使公民一次付出几周甚至更多的工资，许多人不交或拖欠。后来所得税预扣制解决了这一困难。关于课税经济原则，毫无疑问，课征费用高于课征税额显然是浪费人力、物力和财力。各国财政税收绝大多数来自五种税：所得税、印花税、酒税、烟草税、茶叶税，之所以如此，是因为这五种税较符合经济原则。

现代财政税收除了遵循亚当·斯密的四准则外，还增加了其他准则：课税公正无偏准则，即"纵向平等准则"（累进税）和"横向平等准则"（直接税）。但是，间接税却不能使相同收入的人交同样的税额，烟草酒税对绝大多数妇女而言毫无影响，美容化妆品税也收不到男士的货币，只要纳税人没有相同等级的物品偏好，间接税就不可能实现"横向平等"。

现代财政税收另外两项准则是"对努力劳动者和企业没有抑制作用准则""遵守税法的低代价准则"。累进税过高，抑制人们努力工作，降低工作责任感，甚至人们会"用脚投票"，离开这个国家，高税负有时会导致"人才外流"和"资金外逃"；守法纳税代价低人们会依法纳税，否则，人们会根据纳税税率和起征点，找到临界点，使他自己的纳税不超过一定数额。

政府在实施财政支出政策时，会遇到以下困难：① 减少政府购买（如减少军事订货、公共工程项目订货），会遭到大企业的反对；② 政府削减转移支付会遇到选民的反对；③ 政府增加转移支付也会导致人们储蓄增加而消费、投资不变；④ 政府兴办公共工程或基础设施，增加支出时，也会遭到大公司（私营公司）的指责和反对，这被认为是"与民争利"，干了不该由政府干的事情；⑤ 政府支出对经济的影响也有一个时滞或作用过程，从决定建设公共工程，到开工兴建，并使之在经济中起到调节总需求的作用，有一个时间较长的过程，短期内不能见效，而一旦过程完成时，情况已经发生了变化。

五、赤字财政政策和挤出效应

按照凯恩斯派经济学家的主张，为了克服萧条，消灭失业，政府必须减少税收、增加支出（双管齐下），或者只减少税收，或者只增加支出，其结果是出现财政赤字。

凯恩斯认为，财政政策应该为实现充分就业服务，因此，必须放弃财政收支平衡的旧信条，实行赤字财政政策。20世纪60年代，美国的凯恩斯主义经济学家强调了要把财政政策从害怕赤字的框框下解放出来，以充分就业为目标来制定财政预算，而不管是否有赤字。这样，赤字财政就成为财政政策的一项重要内容。

凯恩斯主义经济学家认为，赤字财政政策不仅是必要的，而且也是可能的。这是因为：第一，债务人是国家，债权人是公众。国家与公众的根本利益是一致的。政府的财政赤字是国家欠公众的债务，也就是自己欠自己的债务。第二，政府的政权是稳定的，这就保证了债务的偿还是有保证的，不会引起信用危机。第三，债务用于发展经济，使政府有能力偿还债务,弥补赤字。这就是一般听说的"公债哲学"。

政府实行赤字财政政策是通过发行公债来进行的。公债并不是直接卖给公众或厂商,因为这样可能会减少公众与厂商的消费和投资,使赤字财政政策起不到应有的刺激经济的作用。公债由政府财政部发行,卖给中央银行,中央银行向财政部支付货币,财政部就可以用这些货币来进行各项支出,刺激经济。中央银行购买的政府公债,可以作为发行货币的准备金,也可以在金融市场上卖出。

"挤出效应"是指增加某一数量的公共支出,就会减少相应数量的私人投资,从而总需求仍然不变。具体讲,政府财政支出增加,引起利率上升,而利率上升会引起私人投资与消费减少。可用图10-3来说明财政政策的挤出效应。

图 10-4 是 IS—LM 模型,当 IS 曲线为 IS_0 时,IS_0 与 LM 相交于 E_0,决定了国民收入为 Y_0,利率为 i_0。政府支出增加,即自发总需求增加,IS 曲线从 IS_0 向右上方平行移动为 IS_1,IS_1 与 LM 相交于 E_1,国民收入为 Y_1,利率为 i_1。在政府支出增加,从而国民收入增加的过程中,由于货币供给量没变(也就是 LM 曲线没有变动),而货币需求随国民收入的增加而增加,所以引起利率上升。这种利率上升减少了私人的投资与消费,即一部分政府支出的增加,实际上只是对私人支出的替代,并没有起到增加国民收入的作用。这就是财政政策的挤出效应。从中还可以看出,如果利率不上升仍为 i_0 不变,那么国民收入应该增加为 Y_2。Y_1—Y_2 就是由于挤出效应所减少的国民收入增加量。

财政政策挤出效应的大小取决于多种因素。在实现了充分就业的情况下,挤出效应最大,即挤出效应为1,也就是政府的支出增加等于私人支出的减少,扩张性财政政策对经济没有任何刺激作用。在没有实现充分就业的情况下,挤出效应一般大于0而小于1,其大小主要取决于政府支出增加所引起的利率上升的大小。利率上升高,则挤出效应大,反之,利率上升低,则挤出效应小。

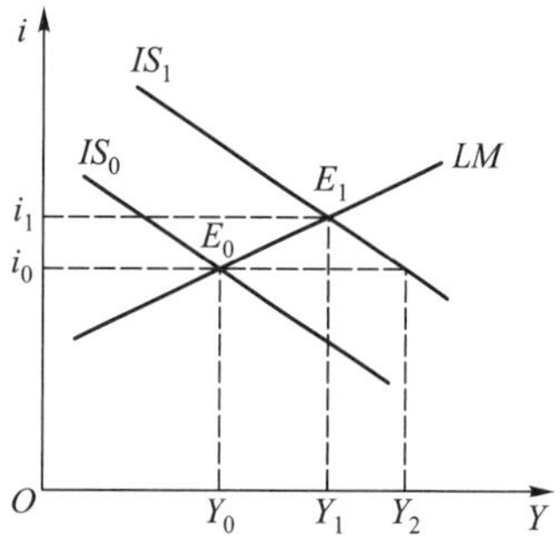

财政支出真的会产生挤出效应吗?

主张国家干预的凯恩斯主义者认为,财政支出的"挤出效应"必须具体分析:① 在萧条时,有效需求不足,私人宁愿把货币保留在手中而不愿支出,或者商业银行的钱根本贷不出去,这才需要政府支出去填补支出不足。只有在充分就业时,才存在挤出效应;② 影响私人投资的因素除了利率,还有预期利润率,如果财政支出增加能提高预期收益率,那么,私人投资不仅不会被挤出,反而会增加。萧条时期,私人投资者对利润前景缺乏信心,裹足不前,增加公共支出,既能增加政府对私人的订货,又能增加消费者的收入,从而扩大市场需求。这样私人投资者对市场前景也就增强了信心,投资需求将上升;③ 财政支出上升,对利息率的影响有两种情况,即当货币供应量能随支出的增加而增加时,则利率不会上升,私人投资也不会减少;当货币供应量不变或很少增加,则会出现利率上升情况,但是,如果利率上升相对于预期利润率的上升微不足道时(即私人投资因利率和预期利润率的同步变化不受影响),挤出效应就不会发生。

图 10-4 财政支出的挤出效应

六、财政政策乘数

财政收支对国民收入的影响具有乘数作用。由于经济中的连锁反应,因政府支出(G)

和税收（T）引起的国民收入变动的幅度往往几倍于政府支出 G 和税收 T 变动的幅度。这种政府财政政策变动而引起的国民收入变动的倍数即被称为财政政策乘数（政府支出乘数、税收乘数、平衡预算乘数）。

1. 政府支出乘数。它是指政府的支出引起的国民收入增加倍数。在这里，可以把政府的支出看成是政府投资，即：$G=I$，以 K_G 代表政府支出乘数，b 为边际消费倾向。

$$K_G = \frac{\Delta Y}{\Delta G} = \frac{1}{1-\frac{\Delta C}{\Delta Y}} = \frac{1}{1-b}$$

2. 税收乘数（赋税乘数）。它是指政府增加或减少税收所引起的国民收入变动的程度。由于税收增加，国民收入减少；税收减少，国民收入增加，所以，税收乘数是负值。以 K_t 表示税收乘数，ΔT 表示赋税变动额，则

$$K_t = \frac{\Delta Y}{\Delta T}$$

又因为投资乘数 $K = \frac{\Delta Y}{\Delta I} = \frac{\Delta Y}{\Delta C} = \frac{1}{1-b}$，即消费支出 C 可以看成投资。

根据消费增量与税收增量的关系，征税变动后的消费变动额之绝对值应为征税变动额乘以边际消费倾向，即：

$$\Delta C = -b \cdot \Delta T$$

$$\Delta T = -\frac{\Delta C}{b}$$

这样，

$$K_t = \frac{\Delta Y}{\Delta T} = \frac{\Delta C}{1-b} \cdot \frac{-b}{\Delta C} = -\frac{b}{1-b}$$

3. 平衡预算乘数。它是指政府支出和税收的等量变动而引起的国民收入变动的倍数，一般表示为政府支出乘数和税收乘数之和。由于等量的政府支出和税收的变动不影响财政预算的平衡关系，这种乘数可以说明在不改变政府的预算盈余或赤字的情况下，变动政府支出和税收对国民收入的影响。

因为政府支出乘数 $K_G = \frac{1}{1-b}$，税收乘数 $K_t = -b/(1-b)$，所以

平衡预算乘数 $K_B = K_G + K_t = \frac{1}{1-b} + \left(-\frac{b}{1-b}\right) = 1$

如果政府支出增加 400 亿元，同时税收也增加 400 亿元，均衡国民收入将增加 400 亿元，即如果政府支出和税收均按同等数额增加，由此引起的国民收入的增量等于政府支出（自发支出）的增量。平衡预算乘数说明，当经济萧条时，政府可以通过适当地增税来弥补等量的政府增支，这样既可以提高国民产出和就业水平，又可以避免财政赤字。经济萧条时，政府支出应扩大多少，税收应减少多少，要考虑政府支出乘数、税收乘数和平衡预算乘数。当经济膨胀，需要抑制通货膨胀时，政府支出减少和税收增加的程度也应根据 K_G、K_t、K_B 而定。

现实经济生活中，平衡预算乘数往往不等于 1。但理论上，假定纳税人的边际消费倾向

与政府支出接受人的边际消费倾向相等,则 $K_B=1$。

【例题】乘数与财政政策

已知,$b=0.8$,求(1)政府收支增加 4 万亿时的国民收入增量?(2)政府支出增加 4 万亿,税收增加 1 万亿时的国民收入增量以及财政状况。

解:(1)根据乘数公式,得到投资乘数和税收乘数分别为 5 和 -4,代入后,$\triangle Y=5*4+(-4)*4=4$ 万亿;(2)$\triangle Y=5*4+(-4)*1=16$ 万亿,财政收支状况 = 收入 - 支出 = $T-G=1-4=3$ 万亿,即财政赤字 3 万亿。

第二节 货币政策

一、货币供应量

凯恩斯的宏观货币政策是指:通过中央银行增加或减少货币供应量,影响利息率,通过利息率的升降来间接影响投资和消费,实现宏观政策目标。所以,货币政策的实施是通过货币供应量的变化来实现的。

货币供应量有狭义与广义之分。狭义货币包括硬币、纸币、银行活期储蓄存款(居民、企业活期储蓄存款)、机关团体存款和基本建设存款。其中银行活期存款比纸币和硬币更重要,因为大部分交易是用支票偿付的。广义货币是在狭义货币的基础上再加上定期储蓄存款(居民和企业定期储蓄存款)和财政存款。中央银行发行的货币量会引起实际货币供应量成倍数增长(货币乘数)。

(一)货币创造

西方国家的银行体系由中央银行与商业银行构成,从而产生了银行体系创造货币的机制。这一机制与法定准备金制度以及银行的贷款转化为客户的活期存款等制度相关。

法定准备率。商业银行资金的主要来源是存款。为了应付存款客户随时取款的需要,确保银行的信誉与整个银行体系的稳定,银行不能把全部存款放出,必须保留一部分准备金。法定准备率是中央银行以法律形式规定的商业银行在所吸收存款中必须保持的准备金的比例。商业银行在吸收存款后,必须按法定准备率保留准备金,其余的部分才可以作为贷款放出。例如,如果法定准备率为 20%,那么,商业银行在吸收了 100 万元存款后,就要留 20 万元准备金,其余 80 万元方可作为贷款放出。

【快问快答】中央银行的基本职能是什么?

答:(1)发行货币;(2)银行的银行。管理商业银行的"存、放、汇"业务;(3)国家的银行。为国家财政提供金融服务

因为活期存款就是货币,所以客户在得到商业银行的贷款以后,一般并不取出现金,而是把所得到的贷款作为活期存款存入同自己有业务往来的商业银行,以便随时开支票使用。所以,银行贷款的增加又意味着活期存款的增加,货币供给量的增加。这样,商业银行的存款与贷款活动就会创造货币,在中央银行货币发行量并未增加的情况下,使流通中的货币量增加。而商业银行所创造货币的多少,取决于法定准备率。

假设法定准备率为20%,最初某商业银行(A)所吸收的存款为100万元,该商业银行可放款80万元,得到80万元贷款的客户把这笔贷款存入另一商业银行(B),该商业银行又可放款64万元,得到这64万元贷款的客户把这笔贷款存入另一商业银行(C),该商业银行又可放款51.2万元,……,这样继续下去,整个商业银行体系可以增加500万元存款,即100万元的存款创造出了500万元的货币。

如果以 R 代表最初存款,D 代表存款总额即创造出的货币,r 代表法定准备率($0<r<1$),则商业银行体系所能创造出的货币量的公式是:

$$D = \frac{R}{r}$$

由这一公式可以看出,商业银行体系所能创造出来的货币量与法定准备率成反比,与最初存款成正比。例如,如果法定准备率为20%,最初存款为100万元,货币供应量为500万元;法定准备率为10%,最初存款为100万元,货币供应量为1000万元。

法定准备率的倒数就是银行体系内主要的货币创造乘数,存款总额(创造出的货币)等于货币乘数与最初存款的乘积。$K_m = 1/r$,$D = R \times K_m$。例如,当法定准备率为20%,初始存款为100万元,$K_m = 1/r = 1/20\% = 5$,则 $D = R \times K_m = 100 \times 5 = 500$ 万元。

(二) 货币乘数

银行创造货币的机制说明了中央银行发行1元钞票,但实际的货币增加量并不是1元,因为,在这1元钞票被存入商业银行的情况下,还会创造出新的货币量。货币乘数就是表明中央银行发行的货币量(基础货币或高能货币)所引起的实际货币供给量增加的倍数。中央银行发行的货币称为货币基础或高能货币,这种货币具有创造出更多货币量的能力,用 H 来代表。货币供给量,即增加1单位高能货币所增加的货币量,用 M 来代表,则货币乘数 K_m 的公式为:

$$K_m = \frac{M}{H}$$

假如中央银行发行了1单位高能货币 H,社会货币供给量增加了3单位,即货币乘数为3。同理,根据已知的中央银行发行的高能货币量与货币乘数也可以计算出货币供给量会增加多少。货币供应量=基础货币×货币乘数,即 $M = H \times K_m$。

二、凯恩斯主义的货币政策

凯恩斯主义的货币政策三大工具包括:公开市场业务、再贴现政策、准备率政策。

1. 公开市场业务。公开市场业务就是中央银行在金融市场上买进或卖出有价证券。其中主要有国库券、其他中央政府债券、中央政府机构债券和银行承兑汇票。买进或卖出有价证券是为了调节货币供给量。买进有价证券实际上就是发行货币,从而增加货币供给量;卖出有价证券实际上就是回笼货币,从而减少货币供给量。公开市场业务是一种灵活而有效地调节货币量,进而影响利息率的工具,因此,它成为最重要的货币政策工具。

2. 再贴现政策。贴现是商业银行向中央银行贷款的方式。当商业银行资金不足时,可以用客户借款时提供的票据到中央银行要求再贴现,或者以政府债券或中央银行同意接受的其他"合格的证券"作为担保来贷款。再贴现与抵押贷款都称为贴现,目前以后一种方式为主。贴现的期限一般较短,为一天到两周。商业银行向中央银行进行这种贴现时所付的利息率就称为贴现率。贴现政策包括变动贴现率与贴现条件,其中最主要的是变动贴现率。中央银行降低贴现率或放松贴现条件,使商业银行得到更多的资金,这样就可以增加它对客户的放款,放款的增加又可以通过银行创造货币的机制来增加流通中的货币供给量,降低利息率。相反,中央银行提高贴现率或严格贴现条件,使商业银行资金短缺,这样就不得不减少对客户的放款或收回贷款,贷款的减少也可以通过银行创造货币的机制减少流通中的货币供给量,提高利息率。此外,贴现率作为官方利息率,它的变动也会影响到一般利息率水平,使一般利息率与之同方向变动。

3. 准备率政策。准备率即法定存款准备金率,是商业银行吸收的存款中用作准备金的比率,准备金包括库存现金和在中央银行的存款。中央银行变动准备率则可以通过对准备金的影响来调节货币供给量。假定商业银行的准备率正好达到了法定要求,这时,中央银行降低准备率就会使商业银行产生超额准备金,这部分超额准备金可以作为贷款放出,从而又通过银行创造货币的机制增加货币供给量,降低利息率。相反,中央银行提高准备率就会使商业银行原有的准备金低于法定要求,于是商业银行不得不收回货款,从而又通过银行创造货币的机制减少货币供给量,提高利息率。

除了以上三大一般性货币政策工具外,还有道义劝告(中央银行对商业银行的业务指导)、垫头规定、利息率上限、控制分期付款与抵押贷款条件等选择性货币政策工具。

【快问快答】 经济萧条时期如何运用货币政策工具?它们是如何发挥作用的?

答:1. 公开市场业务。中央银行在金融市场上买进国库券、其他中央政府债券、中央政府机构债券和银行承兑汇票,从而增加货币供给量。

2. 再贴现政策。中央银行降低贴现率,放宽贴现条件,通过银行创造货币的机制增加流通中的货币供给量,降低利息率。

3. 准备率政策。中央银行降低准备率就会使商业银行产生超额准备金,这部分超额准备金可以作为贷款放出,从而又通过银行创造货币的机制增加货币供给量,降低利息率。

除了以上三大一般性货币政策工具外,还有道义劝告、垫头规定、利息率上限、控制分期付款与抵押贷款条件等选择性货币政策工具。

三、货币政策工具的运用

当货币供应量发生变化时,利息率也会发生相应的变化,这样就可以通过利率变动影响需求,进而调节经济。

货币政策发生作用的前提。通过货币供应量调节利息率,是以债券是货币的唯一替代物的假定为条件:如果货币供给量增加,人们就要以货币购买债券,债券的价格就会上升;反之,如果货币供给量减少,人们就要抛出债券以换取货币,债券的价格就会下降。其公式为:

$$债券价格 = \frac{债券收益}{利息率}$$

根据以上公式,债券价格与债券收益的大小成正比,与利息率的高低成反比。这样,货币量增加,债券价格上升,利息率就会下降;反之,货币量减少,债券价格下降,利息率就会上升。如果没有人们以债券和货币形式保持财富的假定,比如人们货币多了,倾向于购买房屋、珠宝、藏品、股票、保险、耐用品等等,那么,货币政策的效力将大打折扣。

货币政策工具的运用主要通过中央银行进行,针对不同经济状况,中央银行分别采取"松"或"紧"的货币政策。

扩张性的货币政策。在经济萧条时期,总需求小于总供给,为了刺激总需求,就要运用扩张性的货币政策。其中包括在公开市场上买进有价证券,降低贴现率并放松贴现条件,降低准备率,等等。这些政策可以增加货币供给量,降低利息率,刺激总需求。

紧缩性货币政策。在繁荣时期,总需求大于总供给,为了抑制总需求,就要运用紧缩性货币政策。其中包括在公开市场上卖出有价证券,提高贴现率并严格贴现条件,提高准备率,等等。这些政策可以减少货币供给量,提高利息率,抑制总需求。

【快问快答】什么是"逆向调节"?

答:就是在经济高涨和经济萧条时期,分别采取"紧"和"松"的财政及货币政策,熨平经济波动,实现经济的稳定增长。

【快问快答】紧缩性财政政策对国际收支有什么影响?

答:从进口看,财政支出减少,GDP减少,使得本国居民对进口产品的支出减少;从出口看,财政支出减少,国内产品价格下降,出口竞争力增加;从利率看,财政支出减少,货币信贷规模减小,货币供应量下降,利率上升,外国资本流入增加和本国资本流出减少。

凯恩斯主义者承认,货币政策实施中也会遇到困难,例如,经济萧条时期,商业银行要考虑放款风险,尽管贷款需求因利率变化出现回升,但商业银行仍会惜贷;而且经济萧条时期,因为企业预期利润率较低,企业也不愿意向银行贷款,尽管利率较低。在通货膨胀期间,尽管中央银行采取措施来提高利息率,但企业感到这时借款有利可图,仍继续借款,置较高的利息率于不顾。

【案例与实践】格林斯潘与美国货币政策

在美国,甚至全世界,前美联储主席格林斯潘的一言一行都备受关注。他被认为是美国仅次于总统的第二号人物,在经济方面,甚至比总统地位还高。他知道自己"一言可以兴邦,一言可以废邦",说话格外谨慎,习惯于用一种故意让人不明其意的"美联储语言",以至于用这种语言向女友求婚,女友没听懂,婚事拖了好几年。

格林斯潘为什么有如此大的影响呢?这来自两个方面,一是货币政策在美国经济中的重要性及美国经济在世界上的地位;二是美联储的独立性及决策权。

美国政府一直运用财政政策与货币政策调节经济。但总的趋势是货币政策的作用在不断加强,而财政政策的作用相对下降。这是因为,美国经济学家芒德尔证明了,在资本自由流动和浮动汇率的情况下,货币政策对国内宏观经济的影响要大于财政政策。在20世纪90年代,克林顿政府就是主要靠货币政策实现了经济繁荣与物价稳定。这种政策的主要制定者正是格林斯潘。在世界上,美国经济是世界经济的领头羊,"美国感冒,全世界打喷嚏"。这样,对美国经济影响至大的人,必定也是对世界经济影响重大的人。

格林斯潘的地位还与美联储的独立性相关。美联储的最高领导机构由总统任命,并得到议会批准的七名理事会成员组成,每位成员任职14年,每2年更换一位。理事会主席,即美联储主席由总统任命并得到议会批准,任期4年。决定货币政策的机构是联邦公开市场委员会,由美联储七位理事和12个地区联邦储备银行总裁组成(其中5位有投票权,除纽约联邦储备银行总裁外,其他4位轮流担任),这些地区联邦储备银行总裁并不是政府任命,而是选举产生的。格林斯潘也是联邦公开市场委员会的主席。货币政策由美联储的联邦公开市场委员会决定,不受议会和政府干预。从而美联储的这种独立性也加强了格林斯潘的地位。

格林斯潘自1987年以来先后由老布什、克林顿和小布什任命为美联储主席,可见他在美国货币政策的决定中起了至关重要的作用。

四、货币主义的政策主张

货币主义的代表人物是米尔顿·弗里德曼,他们反对凯恩斯主义的干预政策,主张把市场从政府干预中解脱出来。弗里德曼提出"自然失业率",认为适当的失业是可以忍受的,是市场经济的正常现象,政府没必要去想尽办法减少失业。政府干预只会导致极其有害的通货膨胀,政府在失业与通货膨胀左右为难的政策选择中,破坏了市场功能,因而,他主张货币供应量的变化应遵循"单一规则"。货币主义的政策主张对1979年以来的英国撒切尔政府和美国里根政府的经济政策有很大影响。

货币主义的货币政策在传递机制上与凯恩斯主义的货币政策不同。货币主义的基础理论是现代货币数量论,即认为影响国民收入与价格水平的不是利息率而是货币量。货币量直接影响国民收入与价格水平这一机制的前提是:人们的财富具有多种形式,如货币、债券、股票、住宅、珠宝、耐用消费品等。这样,人们在保存财富时就不仅是在货币与债券中作出选择,而是在各种财富的形式中进行选择。在这一假设之下,货币供应量的变动主要并不是影响利息率,而是影响各种形式的资产的相对价格。在货币供给量增加后,各种资产的价格上升,从而直接刺激生产,在短期内使国民收入增加,以后又会使整个价格水平上升。

货币主义的观点和主张。(1)反对把利息率作为货币政策的目标。因为货币供给量的增加只会在短期内降低利息率,但随着人们增加支出,物价上涨,信贷规模扩张,很快总需求会上升,最终推高利息率。这首先在于,货币供给量的增加使总需求增加,总需求增加一方面增加了货币需求量,另一方面提高了物价水平,货币实际供应量减少了,结果,利息率提高。(2)货币供应量增加,会提高人们的通货膨胀预期,从而也提高了名义利息率。财政政策由于需要向中央银行透支,它本质上仍然是货币政策,结果必然是通货膨胀。

第三节 相机抉择

一、相机抉择

相机抉择是指政府在进行需求管理时,可以根据市场情况和各项调节措施的特点,机动地决定和选择哪一种或哪几种措施。

财政政策措施与货币政策措施的特点是不同的。财政政策措施较直接,而货币政策较间接(通过利息率起作用),在猛烈程度、时延、实施阻力等方面各项措施都不一样:①猛烈程度。例如,政府支出的增加与法定准备率的调整作用都比较猛烈;税收政策与公开市场业务的作用都比较缓慢;②时延程度。例如,货币政策可以由中央银行决定,作用快一些,而财政政策从提案到议会讨论、通过,要经过一段相当长的时间;③影响范围。例如,政府支出政策影响面就大一些,公开市场业务的影响面则小一些;④政策阻力。例如增税与减少政府支出的阻力较大,而货币政策一般说来遇到的阻力较小。因此,在需要进行调节时,究竟应采取哪一项政策,或者如何对不同的政策手段进行搭配使用,并没有一个固定不变的程式,政府应根据不同的情况,灵活地决定。

【快问快答】财政政策与货币政策的区别是什么?

答:财政政策直接影响总需求规模并对国民收入和就业起作用。

货币政策间接地通过货币供应量和利率变化、影响总需求规模并对国民收入和就业发生作用。

政策配合要根据不同的经济形势采取不同的政策,概括地讲有四种配合方式:"双松""双紧""紧松""松紧"政策。例如,在经济发生严重的衰退、失业和经济萧条时,就要采取"双松"的政策,"双松"政策即扩张性财政政策和扩张性货币政策,它作用猛烈、发挥作用时间迅速,如紧急增加政府支出,或举办公共工程,降低准备金率和再贴现率、增加货币供应量等;相反,在经济发生严重通货膨胀时,宜采取"双紧"的紧缩性财政政策和紧缩性货币政策。

当经济像爬坡、增长乏力、总需求增长缓慢时,不能用作用猛烈的"双松"政策,而要采用一些作用缓慢的"松紧"政策(扩张性财政政策和紧缩性货币政策),以便在保持适度经济增长的同时,实现对经济结构的调整、避免通货膨胀;如果社会开始出现衰退的苗头可以采取"紧松政策"(紧缩性财政政策和扩张性货币政策),例如有计划地在金融市场上收购债券以便缓慢地增加货币供给量,降低利息率,而与此同时保持稳健的财政政策甚至较紧的财政政策,抑制社会总需求,防止经济过热和抑制通货膨胀。

相机抉择的实质是灵活地运用各种政策,所包括的范围相当广泛。例如,在什么情况下不用采用政策措施,可以依靠经济本身的机制自发地调节;什么情况下必须采用政策措施,等等。这些都属于运用政策的技巧。

二、菲利浦斯曲线及"临界点"

菲利浦斯曲线表示通货膨胀率(以 P 表示)与失业率(以 U 表示)此消彼长的关系,即失业率高,通货膨胀就低;反之,失业率较低,通货膨胀率就较高。

在进行政策选择时,菲利浦斯曲线提供了一个理论依据。也就是说,政府可以根据政策目标(失业率与通货膨胀率的不同组合)来决定采取不同的财政政策和货币政策。

在利用菲利浦斯曲线来确定政策时,政策目标的选择也不是没有限制的,一个国家或政府不能任意选择通货膨胀率与失业率的组合,如图 10-5,政府不能选择 a 点或 c 点。因为,在 a 点,虽然失业率较低,但通货膨胀率为 8%,为社会不能接受,这时,应采取紧缩性财政政策和货币政策。在 c 点,虽然通胀率较低,但失业率 7% 为社会不能接受,于是,需要采取扩张性的财政与货币政策,降低失业率。

"临界点"。临界点是指对于失业率和通货膨胀率的"社会可以接受程度",即图 10-5 中的阴影部分。如果失业率和通货膨胀率在阴影区域(6%,6%),表明此时是社会可以接受的,政府没有必要进行调节、干预,只有当失业率与通货膨胀率超出阴影区域,政府才有必要采取政策措施加以调节。

"临界点"在不同的国家和地区是不同的。20世纪60年代以后,菲利浦斯曲线不断向右上方移动,这使得"临界点",也得提高。如图10-6,当菲利浦斯曲线由 L 变为 M 后,M 不通过有阴影的部分,即不在"临界点"区域内,这时,无论采取什么样的财政和货币政策措施,都不能把通货膨胀率和失业率降低到"临界点"之内(阴影区域),因此,旧的"临界点"就被新的"临界点"代替。

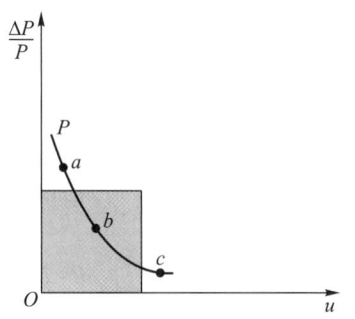 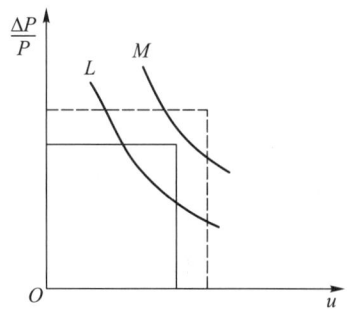

图 10-5 菲利浦斯曲线及临界点　　图 10-6 菲利浦斯曲线的恶化与临界点的移动

【背景资料】沃尔克反通货膨胀的代价

20世纪70年代末80年代初,美联储主席为反通货膨胀所付出的代价说明了菲利浦斯曲线的存在。

20世纪70年代,滞胀一直困扰着美国。1979年夏,通货膨胀率高达14%,失业率高达6%,经济增长率不到1.5%。在这种形势下,沃尔克被卡特总统任命为美联储主席。沃尔克上台后把自己的中心任务定为反通货膨胀。他把贴现率提高到12%,货币量减少,但到1980年2月通货膨胀率高达14.9%。与此同时,失业率高达10%。沃尔克顶住各方面压力,继续实施这种紧缩政策,终于在1984年使通货膨胀率降至4%,开始了20世纪80年代的繁荣。

沃尔克反通货膨胀的最终胜利是以高失业为代价的。经济学家把通货膨胀率减少1%的过程中每年国内生产总值减少的百分比称为牺牲率。国内生产总值减少必然引起失业加剧。这充分说明通货膨胀与失业之间在短期内存在交替关系,实现低通货膨胀在一定时期内要以高失业为代价。

经济学家把牺牲率确定为5%,即通货膨胀每年降1%,每年的国内生产总值减少5%,沃尔克把1980年10%的通货膨胀率降低至1984年的4%,按此推理,每年减少的国内生产总值应为30%。实际上,国内生产总值的下降并没有这么严重。其原因在于沃尔克坚定不移的反通货膨胀决心使人们对通货膨胀的预期下降,从而菲利浦斯曲线向下移动。这样,反通货膨胀的代价就小了。但代价仍然是有的,美国这一时期经历了自20世纪30年代以来最严重的经济衰退,失业率达到10%。

反通货膨胀付出的代价证明了短期菲利浦斯曲线的存在,也说明维持物价稳定的重要性。

三、IS-LM 分析

IS-LM 模型是说明产品市场和货币市场同时均衡时国民收入与利息率决定的模型。在 IS-LM 模型中,可以显示储蓄(S)、投资(I)、货币需求(L)与供给(M)如何影响国民收入和利息率(Y 和 i),利用 IS-LM 还可以分析财政政策和货币政策。所以,IS-LM 模型是宏观经济分析的核心。

IS 曲线的导出。根据 $C=C(Y)$;$I=I(i)$;$S=S(Y)$;国民收入均衡条件 $S=I$,可以得出:$S(Y)=I(i)$,即储蓄(S)是国民收入(Y)的递增函数,投资(I)是利息率的递减函数。如图 10-7,IS 曲线是描述商品(产品)市场达到均衡的曲线,当 $S(Y)=I(i)$ 时,国民收入与利息率之间存在着反方向变动关系的曲线。IS 曲线上的任一点,$S=I$,即总供给与总需求相等,它表明,利息率高则国民收入低,利息率低则国民收入高。之所以如此,是因为利息率与投资呈反方向变动。

LM 曲线的导出。根据 $L_1=L_1(Y)$,$L_2=L_2(i)$,货币市场均衡条件 $M=L$,可以得 $M=L_1(Y)+L_2(i)$。也就是说,当货币供给(M)不变时,由于 L_1(对货币的交易需求和预防需求)与国民收入同方向变动(递增函数),L_2(对货币的投机需求)与利息率是反方向变动(递减函数),L_1 上升(因国民收入 Y 上升),M 既定,为了使 $M=L$ 成立,货币的投机需求 L_2 必须减少。L_2 的减少是利息率上升的结果,L_1 的增加是国民收入增加的结果。因此,当货币市场实现均衡时,国民收入与利息率之间必然是同方向变动的关系,即 $M=L_1(Y)+L_2(i)$,$i\uparrow$,$L_2\downarrow$,$L_1\uparrow$,$Y\uparrow$,也就是当 M 不变,且 $M=L$ 时,$i\uparrow$,$Y\uparrow$。如图 10-8,LM 曲线表示,曲线上的任一点,$M=L=L_1(Y)+L_2(i)$。

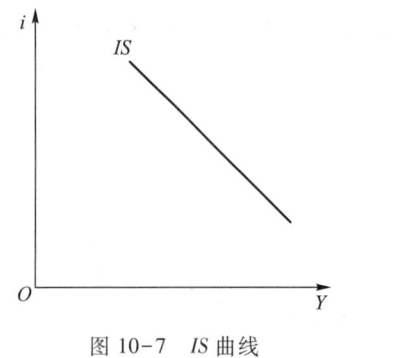
图 10-7　IS 曲线

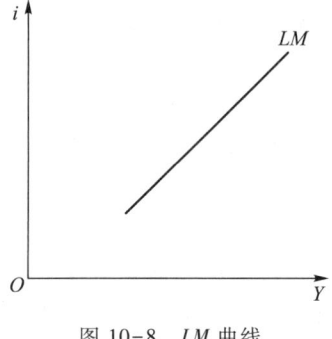
图 10-8　LM 曲线

IS-LM 模型及运用。把 IS 曲线与 LM 曲线放在一个图上就可以得出两个市场(商品市场和货币市场)均衡时,国民收入和利息率的决定。如图 10-9,两条曲线相交的 E 点,是两个市场同时均衡的点,此时 $I=S=L=M$ 这时决定了均衡的利息率水平为 i_E,均衡的国民收入为 Y_E,即当 $i=4\%$,$Y=5.6$ 万亿。而在 E 点以外,则不能实现两个市场的均衡。

总供求变动效应。从 IS-LM 模型可以看出:总需求(自发总需求 I)的变动引起利息率和国民收入的同方向移动(如图 10-10);货币量的变动引起 LM 曲线的移动,从而引起利息率反方向移动,引起国民收入同方向移动(如图 10-11)。

实际的均衡国民收入是由 LM 和 IS 曲线共同(交点)决定的,所以实际的收入变化要比单独考察 IS 曲线或 LM 曲线移动所引起的收入变化要小,因为:当 IS 曲线单独移动时,需求增加,收入会增加,对货币的需求增加,而货币供给不变,利率会上升,抑制了投资,这样,需求的增加使收入上升的同时又抵销了一部分收入(挤出效应),所以,收入增加的幅度要小于单独考察的 IS 曲线中收入增加的幅度;当 IS 曲线不变时,LM 曲线右移,货币增加,利率下降,投资和收入增加。利率下降,又使对货币的需求上升,从而抵销一部分货币供给的增加,也抵销了一部分收入的增加。所以,在两个市场模型中,任何一个市场的变动都会引起另一个市场发生变化并使收入的变化相对地减弱了。

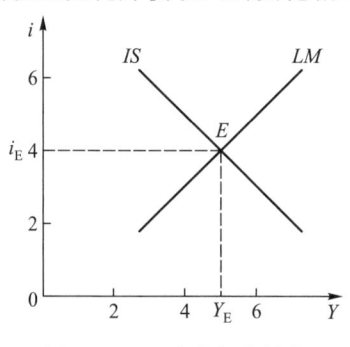

图 10-9　两个市场的均衡

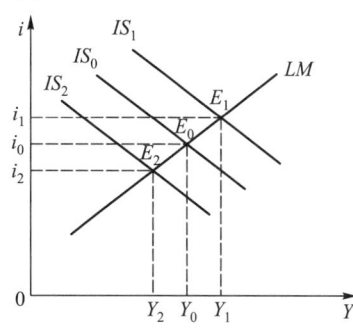

图 10-10　IS 曲线的移动

财政政策与货币政策的配合。在图 10-12 中,IS_0 与 LM_0 相交于 E_0,决定了国民收入为 Y_0,利息率为 i_0。实行扩张的财政政策,IS 曲线从 IS_0 移动到 IS_1,IS_1 与 LM_0 相交于 E_1,决定了国民收入为 Y_1,利息率为 i_1。这说明实行扩张性的财政政策使国民收入增加,利息率上升,而利息率的上升产生挤出效应,不利于国民收入的进一步增加。这时,再配合以扩张的货币政策,即增加货币量使 LM 曲线从 LM_0 移动到 LM_1,LM_1 与 IS_1 相交于 E_2,决定了国民收入为 Y_2,利息率为 i_0。这说明,在用扩张的货币政策与扩张的财政政策配合时,可以不使利息率上升,而又使国民收入有较大的增加,从而可以有效地刺激经济。

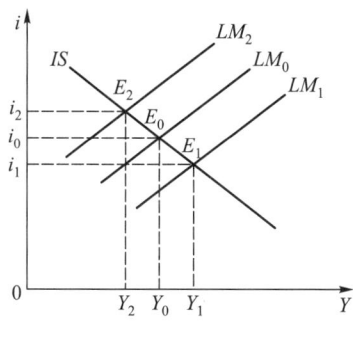

图 10-11　LM 曲线的移动

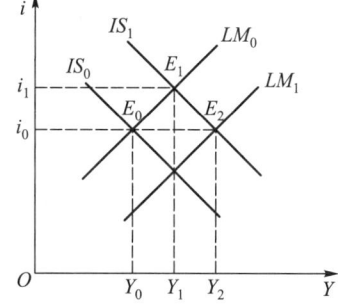

图 10-12　财政政策与货币政策的配合

在繁荣时期,也可以同时使用紧缩性财政政策与紧缩性货币政策,以便更有效地制止通货膨胀。有时还可以把扩张性的财政政策与紧缩性的货币政策配合,以便在刺激总需求的同时,又不至于引起严重的通货膨胀。或者把扩张性货币政策与紧缩性财政政策配合,以便在刺激总需求的同时,不增加财政赤字,等等。还可以把需求管理政策与供给管理政策配合,例如,在运用扩张性需求管理政策的同时,运用收入政策,把通货膨胀率控制在一定程度之内。

【案例】货币政策与财政政策组合

在开放经济的条件下如何调节经济,以实现经济繁荣是各国都遇到的问题。在 20 世纪

90年代克林顿政府成功地使美国经济保持了近10年之久的繁荣的经验,值得我们重视。

1993年,克林顿上任时,面临两个挑战:从1981年开始并一直增加的财政赤字已占GDP的4.9%,经济在衰退,失业率超过了7%。他的目标是减少赤字,实现充分就业。按传统理论这两个目标需要两种不同的政策。减少赤字要用紧缩政策,实现充分就业要用扩张性政策。在美国这样一个开放的经济中,应该用什么政策组合来同时实现这两个政策目标呢?

美国经济学家芒德尔证明了,在一个资本自由流动,而且实行浮动汇率的经济中,就对国内宏观经济的影响而言,财政政策的作用远远小于货币政策。因为在资本自由流动条件下,当实行扩张性货币政策使国内利率下降时,资本流出,汇率下降,可以促进出口与经济繁荣,而财政政策引起利率上升,对经济的刺激作用有限。于是克林顿采用紧缩性财政政策,减少支出,增加税收,结果财政赤字减少。美联储实行扩张性货币政策,刺激了投资,而投资增加,股市上场,又增加了人们的消费信心,消费也增加,边际消费倾向从长期的0.676上升到0.68。这就有力刺激了美国的经济,实现了繁荣。

第四节 供给管理政策及其他政策

一、供给管理政策

减税政策。许多经济学家,如拉弗等人指出,税收不但影响劳动供给,还影响对劳动的需求,从而影响投资。提高税率(工薪税)会提高人工成本,从而减少企业对劳动的需求。反之,降低工薪税则会增加企业对劳动的需求。

减税会减少政府的财政收入吗?拉弗认为,减税不一定减少财政收入。如图10-13,纵横轴分别代表政府财政收入总额和税率。显然,当税率为0时,财政收入为0;当税率为100%时,财政收入仍然为0。拉弗曲线说明,税率高政府财政收入不一定高。只有当税率为50%左右时,政府财政收入最高。拉弗认为,实际生活中的税率特别是边际税率已经超过50%,减税不但不会减少政府财政收入,反而可以由于征税和税基面有较大幅度的扩大而提高政府收入。

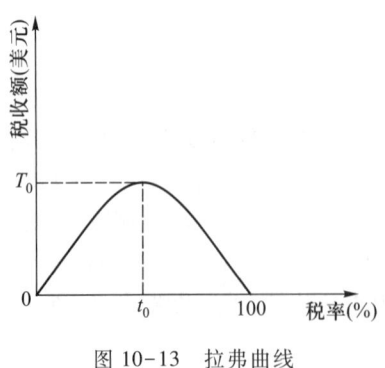

图10-13 拉弗曲线

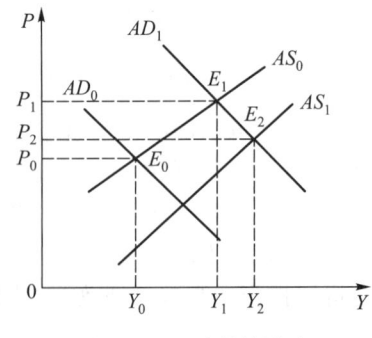

图10-14 减税的影响

减税在供给和需求方面的作用。如图10-14,开始时需求曲线和供给曲线为AD_0和AS_0,价格水平为P_0,国民收入为Y_0。减税后,总需求增加为AD_1,总供给增加为AS_1,总需求

增加到 AD_1 使价格水平上升,国民收入也相应增加;而总供给增加会降低价格水平,国民收入也提高;并且,总需求曲线移动的幅度大于总供给曲线移动的幅度,所以,减税会起到增加国民收入,提高价格的作用。

【快问快答】什么是供给政策？不同供给政策的含义是什么？

答:政府采取的侧重于影响总供给的政策措施就是供给政策。它包括:(1)市场导向的、以市场为基础的供给政策,它的理论依据是货币主义和古典自由主义理论,手段是增加市场的竞争程度和发挥价格机制作用,为企业"减负",激励企业家,调动生产积极性,增加供给,打破劳动市场垄断,加快流动。政策措施主要是"减税减支""清理管制""反垄断""放管服"和"负面清单制度"。(2)干预主义的供给政策的理论依据是凯恩斯主义理论,目标是依靠政府解决市场失灵,矫正市场低效。包括政府对教育和培训投资、研发支助、规范行业行为、进行行业重组、提供基础设施等。

【快问快答】美国减税有何影响？

答:(1)居民、家庭、企业和单位收入会增加,投资积极性上升。(2)利率上升,全球资本会回流美国本土。(3)短期联邦政府和地方政府收税可能会下降,甚至出现财政赤字;长期会刺激消费、投资以及 GDP 增长。

二、其他政策

(一) 收入政策

有的西方学者认为通货膨胀是由成本(工资)推动引起的。收入政策把工资与物价的调控作为对象,其办法是:① 工资—物价冻结;② 工资与物价指导线。政府规定工资增长率,要求企业、工会根据"工资指导线"确定工资增长率,企业要根据政府规定的工资、物价上涨的上限确定工人工资和产品涨价幅度,不执行者将受到惩罚(课以重税或法律惩治)。

(二) 指数化

通货膨胀会引起收入分配的变动,使一些人受害,另一些人受益,从而对经济产生不利的影响。指数化就是为了消除这种不利影响,以对付通货膨胀的政策。它的具体做法是,定期地根据通货膨胀率来调整各种收入的名义价值,以使其实际价值保持不变。主要的指数化措施有:

1. 工资指数化

按通货膨胀率指数来调整名义工资,以保持实际工资水平不变。在经济发生通货膨胀时,如果工人的名义工资没变,实际工资就下降了。这就会引起有利于资本家而不利于工人的收入再分配。为了保持工人的实际工资不变,在工资合同中就要确定有关条款,规定在一定时期内按消费物价指数来调整名义工资,这项规定称为"自动调整条款"。此外,也可以通过其他措施按通货膨胀率来调整工资增长率。工资指数化可以使实际工资不下降,从而维护社会的安定。但在有些情况下,工资指数化也会引起工资成本推动的通货膨胀。与工资指数化相关的是其他的收入指数化。

2. 税收指数化

按通货膨胀率指数来调整起征点与税率等级。当经济中发生了通货膨胀时,实际收入不变而名义收入增加了。这样,纳税的起征点实际上是降低了。在累进税制下,纳税者名义收入的提高使原来的实际收入进入了更高的税率等级,从而使交纳的实际税金增加。如果不实行税收指数化,就会使收入分配发生不利于公众而有利于政府的变化,成为政府加剧通货膨胀的动力。只有根据通货膨胀率来调整税收,即提高起征点并调整税率等级,才能避免不利的影响,使政府采取有力的措施来制止通货膨胀;此外,利息率等也应该根据通货膨胀率来进行调整。

(三) 贸易政策和汇率政策

1. 保护贸易政策。保护贸易政策有三种:①关税保护;②进口限额和出口补贴;③进口特许。这几种方式都会起到保护本国工业的作用,有的措施是降低了国内市场产品的供给总量而提高了国内产品的价格,尤其是提高了进口产品的价格,使其缺乏竞争力(如关税方式);有的措施直接限制国外产品的进口量,同样达到了提高进口产品价格的目的(如进口限额);而进口特许则是直接降低国内对进口品的需求。

保护主义的副作用是显而易见的:第一,对进口产品来说,使国内价格高于国外价格;第二,国内消费者对同样产品支付较高的货币量,因此会减少消费量,减少消费者剩余;第三,长期中使国内企业越来越依赖于保护政策,丧失国际竞争力。但是,也有的经济学家认为,保护政策可以改变一国的贸易条件,使国内生产者和消费者从中获益(如欧佩克组织成员从石油涨价中得到的巨额石油美元);保护政策可以保护"幼稚工业";还能减少失业,实现非经济目标,等等。

2. 汇率贬值政策:本国货币贬值会降低出口产品的相对价格,扩大出口,减少进口。贬值的益处需要通过一定时间才能显露出来。因为,汇率贬值后,绝大部分贸易按原来签订的合同交易,在按新汇率结算时,会使以本币计算的出口商品收汇减少,而以外汇支付的进口商品的数额却不变,于是就会在短期内使国际收支状况恶化。只有经过一段时期后,随着出口增加,进口减少,对经济才会产生有利的影响。例如,从1976年底到1978年底,美元汇率平均下跌15%,但贸易赤字却从1976年第四季度的30亿美元增加到1978年第一季度的110亿美元,到1978年第四季度才下跌至60亿美元。

3. 汇率管制政策。在浮动汇率之下,政府也要运用买卖外汇的方法对汇率进行干预,避免汇率的大幅度波动。这是因为汇率的波动影响人们对未来的预期,使人们对经济持悲观态度,从而影响经济的稳定性。特别是汇率的过分贬值还会使国内通货膨胀加剧,不利于物价稳定的目标。有时为了经济与非经济目标,也需要通过干预,维持较低或较高的汇率。

(四) 人力政策或就业政策

人力政策又称就业政策,是一种旨在改善劳动市场结构,以减少失业的政策。其中主要有:

1. 人力资本投资

由政府或有关机构向劳动者投资,以提高劳动者的文化技术水平与身体素质,适应劳动力市场的需求。从长期来看,人力资本投资的主要内容是增加教育投资,普及教育。从短期来看,是对工人进行在职培训,或者对由于技术不适应而失业的工人进行培训,增强他们的就业能力。

2. 完善劳动市场

失业产生的一个重要原因是劳动市场的不完善,例如劳动供求的信息不畅通,就业介绍机构的缺乏,等等。因此,政府应该不断完善和增加各类就业介绍机构,为劳动的供求双方提供迅速、准确而完全的信息,使工人找到满意的工作,企业也能得到他们所需要的工人。这无疑会有效地减少失业,尤其是降低自然失业率。

3. 协助工人进行流动

劳动者在地区、行业和部门之间的流动,有利于劳动的合理配置与劳动者人尽其才,也能减少由于劳动力的地区结构和劳动力的流动困难等原因而造成的失业。对工人流动的协助包括提供充分的信息,以及必要的物质帮助与鼓励。

【问题解答】2008—2017 年中国采取了哪些宏观经济政策?

答:采取了以下政策手段:
① 2009—2010 年,扩张性积极财政和灵活适度放松的货币政策,避免陷入美国次贷危机引起的全球金融危机;
② 2011—2016 年,积极财政政策和稳健的货币政策;
③ 2017 年,继续积极财政政策和稳健谨慎中性货币政策,由高速增长转入中速经济增长"新常态",推进"去产能、去库存、去泡沫、降成本、补短板"的供给侧结构性改革,降低企业税费负担、保障民生兜底的需要,从高速度转向防泡沫、防风险、高质量增长。

本 章 小 结

1. 宏观调控的目标包括充分就业、物价稳定、经济增长和国际收支平衡;
2. 在运用财政政策(政府支出与收入的变化)和货币政策来调节经济时,要根据宏观经济状况,采用扩张性和收缩性政策进行相机抉择(逆经济风向调节);
3. 财政政策效果快速、直接、迅猛,但在实施财政政策时,会遇到诸如赤字和挤出效应等许多问题。货币政策通过利率间接起作用:货币量→利率→总需求。货币政策工具包括改变法定准备率、调整再贴现率和进行公开市场业务;
4. 政府在调节政策干预经济活动时,应进行财政和货币政策的相机抉择。相机抉择的基础和理论核心是 IS-LM 模型。

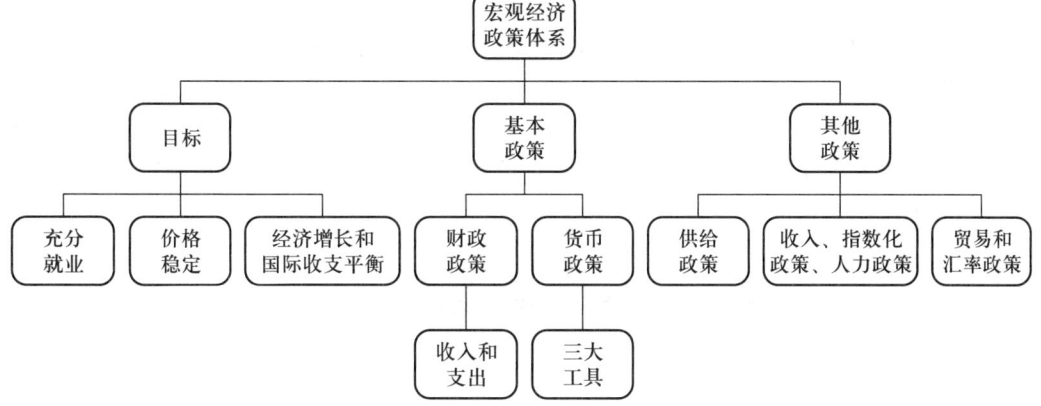

思 考 题

1. 财政政策的工具主要有哪些?(提示:收入和支出政策工具。收入政策工具包括税收、公债;支出政策工具包括转移支付、政府采购、公共工程支出。)

2. 什么是自动的或内在的稳定器?主要包括哪几种?(提示:所谓"自动稳定器",是指政府财政政策在不发生变动的情况下,本身会影响社会经济活动,可以自动抵消并缓和经济波动,维持经济的稳定发展。它主要有以下几种:第一,政府的所得税制度;第二,政府的转移支付,如失业救济、政府维持农产品价格的政策等。)

3. 政府在实施财政政策时,会遇到哪些困难?(提示:根据宏观调控或者需求管理的目标,灵活机动地选择不同的财政货币政策工具。)

4. 如果一国政府实行平衡预算,会对国民产出水平有影响吗?为什么?(提示:如果政府支出和税收按同等数额增加,由此引起的国民收入的增量等于政府支出的增量。因为,支出和税收的作用是相反的。如果一国政府实行平衡预算,经济萧条时,政府可以通过适当地增税来弥补等量的政府增支,这样,既可以增加国民收入和就业,又可以避免财政赤字。)

5. 中央银行控制货币供给的三大政策工具是什么?(提示:公开市场业务;贴现政策;准备率政策。)

6. 试述货币政策作用的局限性。(提示:经济萧条时期,商业银行会惜贷,企业预期利润率低,企业悲观,尽管利率下降,也不愿意贷款,货币政策失灵;通货膨胀时期,商业银行提高利率,企业预期利润率高,企业乐观,尽管利率上升,也会借款,货币政策失灵;货币供应量增加不一定会降低利率。因为,货币多了,人们不是必须买债券,人们或许会买房屋、耐用品、藏品、股票和保险,不会只买债券从而抬高债券价格并最终降低利率。这样,货币政策失灵。)

7. 凯恩斯为什么认为货币政策效果不好?(提示:因为,流动偏好规律作用,利率的下降有一个底线,达到底线,人们的货币需求趋于无穷大。例如,当名义利率为3%,而通货膨胀率为3%时,真实利率为零(3%-3%),借钱无成本,人们的货币需求趋于无穷,货币需求曲线呈现为一条水平线,货币增加必将陷入"流动偏好陷阱",利率不再下降而伴随通货膨胀。)

8. 什么是相机抉择?(提示:政府在进行需求管理时,要根据市场情况和各种调节措施的特点,机动地选择不同的政策措施。例如,或者积极财政政策与积极货币政策(松松搭配);或者紧缩性财政政策与紧缩性货币政策(紧紧搭配);或者积极财政政策与紧缩性货币政策(松紧搭配);紧缩性财政政策与扩张性货币政策(紧松搭配)或者审慎财政政策与审慎货币政策(不松不紧搭配),等等。)

练 习 题

一、单项选择题

1. 以下属于扩张性财政政策的是(　　)。
   A. 降低再贴现率　　　　　　B. 增加转移支付

C. 减少政府支出　　　　　　　　D. 增加货币供应量

2. 当经济中存在失业时,应该采取的财政政策工具是(　　)。
   A. 增加政府支出　　　　　　　　B. 提高个人所得税
   C. 提高公司所得税　　　　　　　D. 增加货币发行量

3. 属于紧缩性财政政策工具的是(　　)。
   A. 减少政府支出和减少税收　　　B. 减少政府支出和增加税收
   C. 增加政府支出和减少税收　　　D. 增加政府支出和增加税收

4. 当法定准备率为20%,商业银行最初所吸收的存款为3 000货币单位时,银行所能创造的货币总量为(　　)。
   A. 20 000货币单位　　　　　　　B. 80 000货币单位
   C. 15 000货币单位　　　　　　　D. 60 000货币单位

5. 中央银行提高再贴现率会导致货币供给量的(　　)。
   A. 增加和利率提高　　　　　　　B. 减少和利息率提高
   C. 增加和利率降低　　　　　　　D. 减少和利率降低

6. 紧缩性货币政策的运用会导致(　　)。
   A. 减少货币供给量,降低利率　　B. 增加货币供给量,提高利率
   C. 减少货币供给量,提高利率　　D. 增加货币供给量,降低利率

7. 如果中央银行向公众大量购买政府债券,它的意图是(　　)。
   A. 增加商业银行存入中央银行的存款　B. 减少商业银行的贷款总额
   C. 提高利息率水平　　　　　　　D. 降低利息率水平

8. 在哪种情况下,中央银行应该停止实施收缩货币供给量的政策?(　　)。
   A. 物价水平急剧上涨　　　　　　B. 经济出现衰退的迹象
   C. 经济出现过热的迹象　　　　　D. 利息率已下降到较低的水平

9. 利息率提高时,货币的投机需求将(　　)。
   A. 增加　　　　　　　　　　　　B. 不变
   C. 减少　　　　　　　　　　　　D. 不能肯定

10. 假定货币供给量不变,货币的交易需求和预防需求增加将导致货币的投机需求(　　)。
    A. 增加　　　　　　　　　　　　B. 不变
    C. 减少　　　　　　　　　　　　D. 不能肯定

11. 货币交易需求可由下列哪一函数关系表述?(　　)。
    A. $L=f(p)$　　　　　　　　　　B. $L=f(r)$
    C. $L=f(Y)$　　　　　　　　　　D. $L=f(N)$

12. 宏观经济政策的目标是(　　)。
    A. 充分就业,物价稳定
    B. 经济增长,物价稳定
    C. 经济增长,国际收支平
    D. 充分就业,物价稳定,经济增长,国际收支平衡

13. 不属于内在稳定器的项目是(　　)。
    A. 农产品价格维持制度　　　　　B. 累进所得税

C. 政府转移支付　　　　　　　　D. 政府公共工程支付

14. 在经济过热时,政府应该(　　)。

A. 减少政府财政支出,央行减少货币供给量

B. 增加财政支出并减少税收

C. 财政增加税收和财政支出

D. 央行增加货币供应,政府减少税收

15. 在经济萧条时期,实施货币政策时,(　　)。

A. 央行应增加商业银行的准备金

B. 中央银行在公开市场卖出政府债券

C. 央行应提高再贴现率

D. 央行应该降低再贴现率

16. 假如中央银行在公开市场上大量购买政府债券,会出现哪种情况?(　　)。

A. 利息率下降　　　　　　　　　B. 利息率提高

C. 收入增加　　　　　　　　　　D. 投资下降

17. LM 曲线是(　　)。

A. 描述产品市场达到均衡时,国民收入与价格之间关系的曲线

B. 描述货币市场达到均衡时,国民收入与利率之间关系的曲线

C. 描述产品市场达到均衡时,国民收入与利率之间关系的曲线

D. 在以利率为坐标,收入为横坐标的坐标系内的一条向右下方倾斜的曲线

18. 根据 IS-LM 模型(　　)。

A. 自发总需求增加,使国民收入减少,利率上升

B. 自发总需求增加,使国民收入增加,利率上升

C. 货币量增加,使国民收入增加,利率下降

D. B 和 C

19. 按照凯恩斯的观点,人们需要货币,是出于(　　)。

A. 交易动机　　　　　　　　　　B. 谨慎动机

C. 投机动机　　　　　　　　　　D. 以上都对

20. 下面不属于中央银行职能的(　　)。

A. 发行货币　　　　　　　　　　B. 代理国库

C. 为居民和企业贷款　　　　　　D. 制定货币政策

21. 当利率很低时,人们购买有价证券的风险将会(　　)。

A. 很低　　　　　　　　　　　　B. 很高

C. 可以忽略　　　　　　　　　　D. 不确定

22. 按照货币主义的观点,失业与通胀之间的交替关系(菲利浦斯曲线)(　　)。

A. 只存在于短期　　　　　　　　B. 存在于短期和长期

C. 只存在于长期　　　　　　　　D. 短期和长期中均不存在

23. 人们倾向于减少持有货币,原因是(　　)。

A. 银行利率极低　　　　　　　　B. 人们预期有价证券价格会上涨

C. 人们预期资产价格会上涨　　　D. B 和 C

24. 狭义货币不包括( )。
   A. 现金   B. 旅行支票
   C. 活期存款   D. 定期存款
25. 下面不属于政府转移支付的是( )。
   A. 国防经费   B. 社会保障金
   C. 企业救济金   D. 儿童福利金

(提示:BABCB CDBCC CDDAD ABDDC BADDA)

二、计算题

1. 已知 $M_d/P=0.3Y+100-15r$,$M_s=1\,000$,$P=1$。试推导出 LM 曲线。(提示:M 为名义货币,它除以价格水平 P 得到实际货币,因为 $P=1$,所以,M_d、M_s 就是实际货币需求和供给。令 $M_d=M_s$,$Y=300+50r$)

2. 已知 $C=100+0.7(Y-T)$,$I=900-25r$,$G=100$,$T=100$,$M_d/P=0.2Y+100-50r$,$M_s=500$,$P=1$。试求均衡的收入 Y 和利率 r。(提示:$Y=C+I+G$,得到 IS 曲线方程:$0.3Y+25r=1\,030$;$M_d/P=M_s/P$ 得到 LM 曲线方程:$0.2Y+100-50r=500$;联立解出:$Y=3\,075$,$r=4.3$。)

3. 已知货币供给量 $M=220$,货币需求方程为 $L=0.4Y+1.2/r$,投资函数为 $I=195-2\,000r$,储蓄函数为 $S=-50+0.25Y$。设价格水平 $P=1$,求两个市场同时均衡时的国民收入水平和利率水平。(提示:IS-LM 模型的经济含义是 $I=S=L=M$ 时国民收入与利率的关系。令 $S=I$ 得到 IS 曲线方程;货币市场均衡:$L=M/P$ 得到 LM 曲线方程;联立解得出:$Y=500$,$r=0.06$。)

【学习与讨论】关于宏观经济政策课堂的讨论

A:宏观经济学能解决政府的问题吗?20世纪30年代以来,凯恩斯主义大行其道,政府高举干预和调控大旗驰骋经济世界,这就是直到今天还有深远影响的"凯恩斯革命"。

B:但从20世纪60年代中期开始,政府开支大增、石油涨价、通货膨胀出现,而高物价并未带来高就业,而是高失业。政府为减少失业而采取的任何措施都会造成高物价;为降低物价的措施又带来高失业率,经济学把这称之为"滞胀"。

C:"滞胀"问题直到今天还在困扰一些发达国家。

A:为了治理"滞胀",经济发达国家采取了如下办法:一方面利用货币政策对付通货膨胀,由中央银行负责操作;另一方面利用财政政策对付失业,由政府具体操作。

B:货币政策与财政政策经常是相互矛盾的,政府与银行的偏好是不一致的:当银根紧缩、投资不足、经济不景气时,政府税收下降。与此同时,失业率上升,失业救济、福利补贴、转移性支付会自动上升,使政府开支迅速上升,收支不平衡,出现赤字。

A:耐人寻味的是,赤字并不会因为接踵而来的通货膨胀而减少或消除。事实是,赤字始终存在,因为政府支出刚性,一旦上去就难以收缩或下降,支出削减计划会受到各方的强烈反对;

B:赤字事实上是政府债务,政府借债会吃掉很大一部分私人储蓄,从而挤掉了部分本应有的消费和投资支出;政府举债,从资金市场上筹措资金、填补赤字,对货币需求增加,利率上升,挤出效应导致私人投资下降,国内货币价格上升、出口下降;

A:如果这时银行开口子,扩大货币供应量,就存在出现新一轮通货膨胀的危险。

C:这样看来,调节经济是一件非常复杂的事情,如果调节经济仅仅是运用"凯恩斯政策工具箱"中的各种工具,那么经济学家就无事可做了,即使是天才的经济学家,也不可能提供解决所有问题的答案。

B:是啊,宏观政策运用的高难度和复杂性有利于解决更多的经济学家的就业问题。

A:事实上,经济学家把难题又还给了政府。他们说:"政府在调节政策干预经济活动时,应进行相机抉择"。

经济学重要概念

第一章 重要概念

1. **资源**:指用于满足人类需要的有形物品和无形物品。经济学讲的资源是经济资源——必须付出代价(成本)才能获取的稀缺资源,包括土地、劳动、资本、企业家才能。

2. **稀缺**:指相对于人类多样无限的需要而言,满足需要的资源是有限的。

3. **选择**:是指资源配置,即如何利用既定的资源去生产量多质优的经济物品,以便更好地满足人类的需要。

4. **经济学**:研究稀缺资源配置与利用的科学。

5. **机会成本**:作出一项决策时所放弃的另外多项决策中的潜在收益最高的那一项目的潜在收益。

6. **资源配置问题**:就是由资源的稀缺性和选择性引发的生产什么,怎样生产,为谁生产这三大基本问题。

7. **资源利用**:是指人类社会如何更好地利用现有的稀缺资源,使之生产出更多的物品。

8. **生产可能性曲线**:一个社会用其全部资源和当时的技术所能生产的各种产品和劳务的最大数量的组合。

9. **市场经济**:指通过市场配置社会资源的经济形式,它是竞争性价格、市场供求、市场体系等一系列市场要素及其相互关系的总和。

10. **供求分析**:是指在分析经济现象或考虑经济问题时,总是要从供给和需求这两个方面来考虑,供求的相互作用总是要反映在价格上。

11. **成本收益分析**:是指人们作出每一项决策都会比较成本与收益。当成本或收益变动时,人们的行为也会改变。给定成本下争取最大收益,或者给定收益下使得成本最小,这是理性人或经济人的行为原则。

12. **边际分析**:是指当自变量发生微小变动时,因变量就随之变动。例如,在经济决策中人们不能根据总成本与总收益的比较决定产量水平,只有比较边际成本与边际收益才能作出满足利润最大化要求的决策。

第二章 重要概念

1. **效用**:消费者从消费某种商品或劳务中得到的主观上的享受或有用性。

2. **边际**：新增加或减少的部分。

3. **边际效用**：是指消费者在一定时间内增加消费某种商品和劳务带来的满足或效用。

4. **边际效用递减规律**：随着个人连续消费越来越多的某种商品，他从中得到的增加的或额外的效用量是递减的。

5. **消费者均衡原则**：在消费者的收入和各种商品市场价格既定的条件下，当花费在任一种商品上的最后一元所得到的边际效用正好等于花费在其他任何一种商品上的最后一元所得到的边际效用时，该消费者得到了最大的满足或效用。

6. **消费者剩余**：是指消费者愿意支付的价格高于商品实际市场价格的差额，即消费者剩余＝边际效用－销售价格。

第三章 重要概念

1. **生产函数**：生产出最大产出量与这一产出所需要的投入之间的关系。

2. **边际产量(MP)**：是指在其他投入不变时，增加某一种投入所增加的产量或额外产出量。

3. **边际收益(产量)递减规律**：是指在保持技术不变和其他投入不变时，连续增加同一单位的某一种投入所增加的产量迟早会逐步减少，从而引起边际收益(产量)减少。

4. **最优要素投入组合点**(生产均衡点)：企业在既定成本下实现最大产量的最优要素投入组合点，即生产均衡点，它是等成本线与等产量曲线相切的点。

5. **边际成本**：是指生产增加一单位产出所增加的成本。

6. **平均成本**：也称单位成本。是总成本除以总产量所形成的成本。

7. **平均可变成本**：是总可变成本除以产出量所形成的成本。

8. **盈亏平衡点**：边际成本与平均成本最低点相交的点，当平均收益或单位价格与该点相等时，厂商收支相抵。

9. **停止营业点**：边际成本与平均可变成本最低点相交的点，当平均收益或单位价格与该点相等时，厂商停止营业。

10. **边际收益**：是指厂商增加一单位产品销售所获得的收入增量。

11. **经济利润**：是指企业的总收益与总成本(包括显成本和隐成本两个部分)之间的差额。

第四章 重要概念

1. **需求**：指居民在一定时期内，在不同价格水平上愿意并且能够购买的商品量，即价格与其需求量之间的"价格—数量"组合关系(复数)。

2. **需求量**：是指在一定时期内，按照某种给定的价格人们愿意并能够购买的商品数量。

3. **一元需求函数**：假定影响需求量的非价格因素不变，考察某一商品的需求量同这种商品的价格之间存在的一一对应的关系，叫一元需求函数。

4. **多元需求函数**：考察所有因素对需求量的影响，叫多元需求函数。

5. **收入效应**：是指价格变化导致居民实际收入的变化，从而引起需求量的变化。

6. **替代效应**：某种商品价格上升而引起的其他商品对该商品的取代就是替代效应。

7. **需求的变动**：指在商品本身价格不变的情况下，由于其他非价格因素的变化所引起的需求的变动。

8. **需求变动效应**：假定供给曲线不变，当需求的增加使需求曲线向右移动时，均衡价格和均衡数量会增加；当需求的减少使需求曲线向左移动时，均衡价格和均衡数量会下降。也就是说需求与均衡价格和均衡数量同方向变动。

9. **需求量的变动**：指其他因素不变的情况下，商品本身价格变动所引起的需求量的变动。

10. **供给**：厂商或企业在一定时期内，在不同价格水平上愿意并且能够提供的商品量，即价格与其供给量之间的"价格—数量"组合关系（复数）。

11. **供给量**：指厂商或企业在一定时期内，当非价格因素不变时，在某一给定价格水平上愿意并且能够提供的商品量。

12. **供给量的变动**：指其他因素不变的情况下，商品本身价格变动所引起的供给量的变动。

13. **供给的变动**：指商品本身价格不变的情况下，其他因素变动所引起的供给的变动。

14. **供给定理**：当非价格因素不变时，某种商品的供给量与其价格呈同方向变动，即供给量随着商品本身价格上升而增加，随着商品本身价格的下降而减少。

15. **均衡**：指供给与需求达到了平衡的状态。

16. **均衡价格**：指供给与需求达到了均衡时的价格。

17. **均衡数量**：需求量与供给量在某一价格水平上正好相等的情况，经济学称之为均衡状态，此时的价格为均衡价格，此时的供给量和需求量正好一致，称为均衡数量。

18. **最低限价**（支持价格）：政府为了扶植某一行业而规定的该行业产品的最低价格。

19. **最高限价**（限制价格）：政府为了限制某些生活必需品的涨价而规定的某种商品的最高价格。

20. **供给变动效应**：假定需求曲线不变，该种商品价格不变，当供给的增加使供给曲线向右移动时，均衡数量增加而均衡价格降低；当供给的减少使供给曲线向左移动时，均衡数量减少而均衡价格提高，这被称供给变动效应。

21. **数量的边际收益**：是指厂商增加一单位数量（ΔQ）所增加的收益，用 MR 表示。

22. **要素的边际收益**：是指厂商增加一单位要素（L、K 或 N）使用量所增加数量的收益，用 MRP 表示，它等于要素的边际数量与产品的边际收益之积，即 $MRP = MR \cdot MP$。

23. **数量的边际成本**：是指厂商增加一个单位数量（ΔQ）所增加的成本，用 MC 表示。

24. **要素的边际成本**：是指厂商增加使用一单位生产要素所增加的成本。要素的"边际成本"也被称为边际要素成本，简记为 MFC，它表示增加一单位生产要素使用量所花费成本的增加量。

25. **地租**：由土地供给曲线与需求曲线的交点所决定的土地使用价格称其为地租。

26. **租金**：是指固定供给的一般资源的服务价格。

27. **准租金**：对供给量暂时固定的生产要素的支付，即短期内固定生产要素带来的收益。

28. **经济租金**：要素所有者实际得到的收入如果高于他们所希望得到的收入，则超过的部分就是经济租金。

29. **资本**：是由经济制度本身生产出来并用作投入要素以便生产更多商品和劳务的物品。

30. **利息率**：使用资本（或资本服务）的价格，通常称为利息率。

31. **实际利息率**：就是名义利息率减去通货膨胀率。

第五章　重要概念

1. **博弈分析**：在寡头市场上，厂商抉择的后果是不确定的，厂商行为后果主要受对手行为影响，厂商既相互勾结又相互欺瞒，他们经常考虑的是采取什么策略打败对手。博弈论是研究寡头厂商在价格、产量、广告、研发等方面的对局策略的理论。

2. **不完全竞争市场**：完全竞争以外的市场，包括完全垄断、寡头垄断和垄断竞争市场。

3. **外部性**：是指生产或消费行为给他人带来非自愿的成本或收益，却不用支付由此带来的成本或不能从这些收益中得到补偿。外部性也称外部影响、外部关系、外在性、溢出效应和毗邻影响。

4. **产权**：是拥有某种资源或利益并可以交易的权利。

5. **共有财产**：是任何人都可以使用而无须支付直接费用的物品，这些物品归社会或群体所有，任何人都可以无偿使用，如蓝天、洁净的空气、阳光、黑夜、秩序、国防等。

6. **科斯定理**：如果财产权是明确的并且可以无成本（交易成本很小）地进行协商和交易，则无论最初的财产权属于谁，市场总会有效地配置资源并解决外部性问题。科斯定理是美国芝加哥大学教授科斯提出的，后被西方学者作为用于解决外部经济影响的市场化思路。

7. **交易成本**：也称交易费用。它通常是指在直接生产过程之外的费用支出。

8. **市场失灵**：是由于经济生活中存在垄断、外部性、公共物品、不完全信息，使市场机制在许多场合不能导致资源的有效配置。

第六章　重要概念

1. **滞胀**：实际国民收入下降而失业率和价格水平上升的现象叫做滞胀。

2. **国民生产总值（GNP）**：是指一个国家在一定时期内本国居民在国内国外生产的所有物品和劳务的市场价值总额。

3. **国内生产总值（GDP）**：是指一个国家在一定时期内在其领土范围内，本国居民和外国居民生产的所有最终物品和劳务的市场价值总额。

4. **潜在国内生产总值**：又叫充分就业国内生产总值，是指当资源得到充分利用时一国经济能够生产的总产值。

5. **潜在总供给**：是指在现有的经济资源得到充分有效利用（不能仅仅理解为充分就业）的情况下，国民经济各部门可能向社会提供的商品总量。

6. **均衡国民收入和均衡价格水平**：由总供给和总需求相互作用（均衡）决定的国民收入和价格水平称之为均衡国民收入和均衡价格水平。

第七章 重要概念

1. **边际消费倾向**：增加的消费在增加的收入中所占的比例。边际消费倾向说明了收入变动量在消费变动和储蓄变动之间分配的情况。一般地说，边际消费倾向总是大于 0 而小于 1 的，即 0<MPC<1。

2. **消费函数**：消费与收入之间的依存关系。在其他条件不变的情况下，消费随收入的变动而同方向变动，即收入增加，消费增加；收入减少，消费减少。以 C 表示消费水平，Y 表示国民收入，则在两部门经济中，消费与收入之间的关系可以用函数形式为：$C=C(Y)$。

3. **线性消费函数**：在分析短期消费与收入之间关系时，尤其是在不考虑边际消费倾向作用的条件下，消费函数可以由线性消费函数表示为：$C=a+bY$，其中，a、b 为常数。在式中，a 被称为自主性消费，它不受收入变动的影响；bY 是由收入引致的消费，它随着收入的增加而增加。线性消费函数表明，随着收入的增加，消费按固定不变的一个比例 b 增加，此时，消费曲线是一条向右上方倾斜的直线。

4. **资本边际效率（MEC）**：是一个贴现率，这一贴现率恰好使得一项资本品带来的各项预期收益的贴现值之和等于该项资本品的价格。如果一项资本品在未来一定时期内预期获得的收益依次为 $R_1,R_2,\cdots,R_n$，而此项资本品的购买价格为 R_0，那么满足下列等式的 r_C 即为该项资本品的边际效率：

$$R_0 = \frac{R_1}{1+r_C} + \frac{R_2}{(1+r_C)^2} + \cdots + \frac{R_n}{(1+r_C)^n}$$

5. **投资函数**：投资取决于市场利息率，并且随着利息率的降低而逐渐增加，即投资是利息率的减函数。以 I 表示经济中的投资，r 表示利息率，则投资函数可以一般地表示为：$I=I(r)$。

6. **自主投资和引致投资**：投资函数以线性的形式表示出来为：$I=I_0-dr$，其中，d 是一个常数。在式中，I_0 不随利息率的变动而变动，因而称它为自主投资；$-dr$ 则是由利息率变动引发的投资，故称为引致投资。

7. **投资乘数**：由投资变动引起的收入改变量与投资支出改变量以及政府购买支出的改变量之间的比率。其数值等于边际储蓄倾向的倒数。

第八章 重要概念

1. **失业者**：在一定年龄规定范围内（如 10—65 周岁），有工作能力，愿意工作并积极寻找工作而未能按当时通行的实际工资水平找到工作的人。

2. **充分就业**：在现有工作条件和工资水平下，所有愿意工作的人都参加了工作的就业量。

3. **周期性失业**：如果均衡的国民收入水平低于潜在的或充分就业时的国民收入水平，此时就存在失业，即需求不足引起失业。

4. **资本边际效率递减规律**：一定资本增量预期的收益与其供给价格（重置成本）之间的比率递减趋势。

5. **边际消费倾向递减规律**:随着收入的增加,消费也增加,但在增加的收入量中,用来消费的部分所占比例越来越少。

6. **流动偏好**:人们喜欢以货币形式保持一部分财富的愿望或动机。

7. **流动偏好陷阱**:由于预期利息率不可能再下降,或者说预期有价证券不可能再上涨,人们义无反顾地放弃、抛售证券,保持对货币的巨大需求(表现为货币需求曲线的水平状态)。这种情况叫做"凯恩斯陷阱"或"流动偏好陷阱"。

第九章 重要概念

1. **经济增长**:一国的商品和劳务总量的增加,即国内生产总值的增加。衡量经济增长的指标通常有二:一是实际国内生产总值,即以不变价格计算的国内生产总值。二是人均国内生产总值,即按人口增加的情况修正实际国内生产总值。

2. **优势理论**:各国专门生产该国最擅长、最有效率的产品,然后换取它们无法生产或生产效率不高的产品,最终大家都有利可图。

3. **汇率**:一国货币单位同他国货币单位的兑换比率。

4. **国际收支**:一国在一定时期内(通常是一年内)对外国的全部经济交往所引起的收支总额的对比。

第十章 重要概念

1. **宏观经济政策**:说明利用哪些政策调控手段促使经济达到充分就业、物价稳定、经济持续稳定增长和国际收支平衡目标。

2. **转移支付**:把资金转移给政府以外的个人。

3. **挤出效应**:增加某一数量的公共支出,就会减少相应数量的私人投资,从而总需求仍然不变。

4. **政府支出乘数**:指政府的支出引起的国民收入增加倍数。

5. **税收乘数(赋税乘数)**:指政府增加或减少税收所引起的国民收入变动的程度。

6. **平衡预算乘数**:指政府支出和税收的等量变动而引起的国民收入变动的倍数,一般表示为政府支出乘数和税收乘数之和。

7. **法定准备率**:中央银行以法律形式规定的商业银行在所吸收存款中必须保持的准备金的比例。

8. **货币乘数**:表明中央银行发行的货币量所引起的实际货币供给量增加的倍数。

9. **公开市场业务**:中央银行在金融市场上买进或卖出有价证券。

10. **贴现**:商业银行向中央银行获取贷款的方式。

11. **贴现率**:商业银行向中央银行进行这种贴现时所付的利息率。

12. **准备率**:商业银行吸收的存款中用做准备金的比率。

13. **内在稳定器**:某些财政政策由于其本身的特点,具有自动地调节经济,使经济稳定的机制,也被称为自动稳定器。

14. **相机抉择**:政府在进行需求管理时,可以根据市场情况和各项调节措施的特点,机动地决定和选择哪一种或哪几种措施。

15. **工资指数化**：按通货膨胀率指数来调整名义工资，以保持实际工资水平不变。

16. **税收指数化**：按通货膨胀率指数来调整起征点与税率等级。

17. **人力资本投资**：由政府或有关机构向劳动者投资，以提高劳动者的文化技术水平与身体素质，适应劳动力市场的需求。

18. **法定准备率货币乘数**：表明中央银行发行的货币量所引起的实际货币供给量增加的倍数。

19. **公开市场业务**：中央银行在金融市场上买进或卖出有价证券。

参考文献

[1] 萨缪尔森.经济学[M].10版.北京:商务印书馆,1981.
[2] 雷诺兹.宏观经济学[M].北京:商务印书馆,1986.
[3] 雷诺兹.微观经济学[M].北京:商务印书馆,1986.
[4] 高鸿业,吴易风.现代西方经济学[M].北京:经济科学出版社,1988.
[5] 凯恩斯.就业、利息和货币通论[M].北京:商务印书馆,1988.
[6] 萨缪尔森,诺德豪斯.经济学[M].12版(上、下册).北京:中国发展出版社,1992.
[7] 萨缪尔森,诺德豪斯.经济学[M].14版.纽约:麦格鲁—希尔公司,1992.
[8] 宋承先.现代西方经济学[M].上海:复旦大学出版社,1994.
[9] 凯斯,费尔.经济学原理[M].北京:人民大学出版社,1994.
[10] 魏杰.经济学[M].北京:高等教育出版社,1995.
[11] 汪祥春,夏德仁.西方经济学[M].大连:东北财经大学出版社,1995.
[12] 缪代文,陈友龙.西方经济学[M].北京:当代世界出版社,1998.
[13] 刘凤良,吴汉洪.经济学[M].北京:高等教育出版社,1998.
[14] 曼昆.经济学原理[M].北京:生活读书新知三联书店,北京大学出版社,1999.
[15] 曼斯费尔德.微观经济学[M].9版.北京:人民大学出版社,1999.
[16] 怀特海德.经济学[M].北京:新华出版社,1999.
[17] 张泽荣.20世纪的经济学发现[M].北京:经济科学出版社,2000.
[18] 缪代文.微观经济学与宏观经济学[M].北京:高等教育出版社,2000.
[19] 吴汉洪,郭杰.经济学基础[M].北京:高等教育出版社,2001.
[20] 陈友龙,缪代文.现代西方经济学[M].北京:人民大学出版社,2002.
[21] 马龙龙,裴艳丽.政府、政策与经济学[M].北京:高等教育出版社,2002.
[22] 梁小民.西方经济学[M].北京:中央广播电视大学出版社,2004.
[23] 缪代文.微观经济学与宏观经济学[M].6版.北京:高等教育出版社,2017.
[24] 缪玉林,何淘.微观经济学[M].北京:科学出版社,2005.
[25] 缪代文.西方经济学[M].北京:人民大学出版社,2016.
[26] 刘凤良.西方经济学[M].北京:人民大学出版社,2005.
[27] 赵英军.西方经济学[M].北京:机械工业出版社,2006.
[28] 缪代文.经济学[M].上海:上海交通大学出版社,2008.

后 记

经全国高等教育自学考试指导委员会同意,由经济管理类专业委员会负责高等教育自学考试电子商务专业教材的审定工作。

《经济学》(2018年版)自学考试教材由中国人民大学缪代文教授担任主编。

参加本教材审稿讨论会并提出修改意见的有中国人民大学杨其静教授及李三希副教授。

对于编审人员付出的辛勤劳动,在此一并表示感谢。

全国高等教育自学考试指导委员会
经济管理类专业委员会
2018年6月